Alexander Willemsen
Einführung und Inhaltskontrolle von Ethikrichtlinien

FORUM ARBEITS- UND SOZIALRECHT

herausgegeben von
Prof. Dr. Richard Giesen, Prof. Dr. Matthias Jacobs,
Prof. Dr. Dr. h.c. Horst Konzen und Prof. Dr. Meinhard Heinze †

Band 32

Einführung und Inhaltskontrolle von Ethikrichtlinien

Alexander Willemsen

Centaurus Verlag & Media UG 2009

Zum Autor:
Alexander Willemsen, geb. 1981, absolvierte ein Studium der Rechtswissenschaften an der Bucerius Law School, Hamburg sowie an der Washington University in St. Louis. 2008 promovierte er an der Universität zu Köln. Er ist seit März 2008 Rechtsreferendar am OLG Düsseldorf.

Die Deutsche Bibliothek – Cip-Einheitsaufnahme

Willemsen, Alexander:
Einführung und Inhaltskontrolle von Ethikrichtlinien / Alexander Willemsen. – Freiburg: Centaurus-Verl., 2009
(Forum Arbeits- und Sozialrecht; Bd. 32)
Zugl.: Köln, Univ., 2008
ISBN 978-3-8255-0732-9   ISBN 978-3-86226-389-9 (eBook)
DOI 10.1007/978-3-86226-389-9
ISSN 0936-028X

Alle Rechte, insbesondere das Recht der Vervielfältigung und Verbreitung sowie der Übersetzung, vorbehalten. Kein Teil des Werkes darf in irgendeiner Form (durch Fotokopie, Mikrofilm oder ein anderes Verfahren) ohne schriftliche Genehmigung des Verlages reproduziert oder unter Verwendung elektronischer Systeme verarbeitet, vervielfältigt oder verbreitet werden.

© CENTAURUS Verlag & Media KG, Freiburg 2009

Umschlaggestaltung: Antje Walter, Titisee-Neustadt
Satz: Vorlage des Autors

Meinen Eltern

Vorwort

Diese Arbeit lag im Sommersemester 2008 der Rechtswissenschaftlichen Fakultät der Universität zu Köln als Dissertation vor. Die Disputation erfolgte am 18.12.2008.

Meinem Doktorvater Herrn Professor Dr. Ulrich Preis, der meine Untersuchung mit wertvollem Rat begleitete, möchte ich herzlich für die Unterstützung und Förderung der Arbeit danken.

Mein Dank gilt Herrn Professor Dr. Martin Henssler für die zügige Erstellung des Zweitgutachtens.

Herrn Professor Dr. Matthias Jacobs, Bucerius Law School, Hamburg, danke ich für die Aufnahme dieser Arbeit in die von ihm herausgegebene Schriftenreihe.

Ferner danke ich Herrn Dr. Sebastian Naber für die hilfreichen Diskussionen und kritischen Hinweise, die die Entstehung dieser Arbeit begleitet haben.

Mein tief empfundener Dank gilt Marie-Christine Steinhausen, die mich stets und in jeder Hinsicht unermüdlich unterstützt.

Schließlich schulde ich meinen Eltern unendlichen Dank für alles, was sie mir ermöglicht haben, ihre rückhaltlose Unterstützung und Geduld. Ihnen widme ich diese Arbeit.

Köln, im Mai 2009 *Alexander Willemsen*

Inhaltsverzeichnis

Teil A	**Grundlagen**	**1**
§ 1	**Einleitung**	**1**
§ 2	**Gang der Untersuchung**	**5**
§ 3	**Ursprünge und Entwicklung der Ethikrichtlinie**	**7**
I.	Begriff der Ethikrichtlinie	7
II.	Ursprünge	8
III.	Entwicklung	10
1.	Frühindustrialisierung	10
2.	Weimarer Republik	11
3.	Das Dritte Reich	11
4.	Nachkriegszeit	12
5.	Fazit	13
§ 4	**Motive für die Einführung von Ethikrichtlinien**	**15**
I.	Unternehmensimage	15
II.	Arbeitnehmerschutz	16
III.	Neutrales Wirtschaftsverhalten	17
IV.	Schutz des Unternehmens	18
V.	Verdeutlichung arbeitnehmerseitiger Pflichten	19
VI.	Rechtliche Verpflichtung	19
1.	Verpflichtung nach deutschem Recht	19
2.	Verpflichtung nach US-amerikanischem Recht	21
a)	Rechtsgrundlage	22
b)	Umfang der gesetzlichen Pflichten	24
VII.	Fazit	25
§ 5	**Form und Inhalt gängiger Ethikrichtlinien**	**27**
I.	Äußere Gestaltung	27
II.	Gängige Regelungsinhalte	28
1.	Programmsätze	29
2.	Verhaltensvorschriften	30
a)	Interessenkonflikte	31
aa)	Interessenkonflikte mit Kunden und Lieferanten	31
bb)	Interessenkonflikte zwischen Arbeitnehmer und Arbeitgeber	32

		cc)	Interessenkonflikte mit Familienangehörigen	33
	b)		Verschwiegenheit	33
	c)		Schutz von materiellem und geistigem Firmeneigentum	34
	d)		Faires Geschäftsgebaren	34
	e)		Sonstige Vorschriften	35
		aa)	Vorschriften zum Arbeitsumfeld	36
		bb)	Umweltschutz	36
		cc)	Repräsentationspflichten	37
3.			„Whistleblowing"	38
4.			Sanktionsklauseln	39
III.			Zusammenfassung	39

Teil B   Einführung von Ethikrichtlinien — 41

§ 6   Einseitige Einführung von Ethikrichtlinien — 43

   I. Umsetzung durch Direktionsrecht — 43

   II. Umsetzung durch Änderungskündigung — 46

§ 7   (Zweiseitige) Einführung von Ethikrichtlinien per Vertrag — 49

   I. Einführung per Arbeitsvertrag — 49

   II. Einführung per Zusatzvereinbarung — 50

§ 8   Einführung per Betriebsvereinbarung — 53

   I. Betriebsvereinbarung zwischen Arbeitgeber und Einzelbetriebsrat — 54

   II. Betriebsvereinbarung zwischen Arbeitgeber und Gesamtbetriebsrat — 55

      1. Inhalt und Reichweite der Gesamtbetriebsvereinbarung — 55

      2. Zuständigkeit des Gesamtbetriebsrates — 56

          a) Originäre Zuständigkeit — 56

          b) Auftragszuständigkeit — 61

      3. Gesamtbetriebsrat als zwingender Verhandlungspartner — 61

      4. Fazit — 63

   III. Betriebsvereinbarung zwischen Arbeitgeber und Konzernbetriebsrat — 64

      1. Inhalt und Reichweite der Konzernbetriebsvereinbarung — 65

      2. Zuständigkeit des Konzernbetriebsrates — 66

          a) Originäre Zuständigkeit — 66

          b) Auftragszuständigkeit — 68

      3. Fazit — 69

	IV.	Betriebsvereinbarung zwischen Konzernmutter und Arbeitnehmervertretungen des Tochterunternehmens	69
	1.	Betriebsvereinbarung zwischen Konzernleitung und einem Einzelbetriebsrat des Tochterunternehmens	70
	2.	Betriebsvereinbarung zwischen Konzernleitung und Gesamtbetriebsrat	73
	3.	Fazit	74
	V.	Betriebsvereinbarung zwischen Arbeitgeber und Europäischem Betriebsrat	74
	VI.	Fazit	75
§ 9		**Einführung per Tarifvertrag**	**77**
§ 10		**Fazit**	**81**

Teil C Inhaltskontrolle von Ethikrichtlinien   **83**

§ 11   **Interessenlage**   **87**

     I.   Arbeitnehmerinteressen   87

         1.   Schutzinteresse   87

         2.   Mitwirkungsinteresse   88

         3.   Fazit   89

     II.   Arbeitgeberinteressen   89

         1.   Eigeninteressen des Arbeitgebers   89

         2.   Interessen des Mutterunternehmens   90

             a)   Relevante Interessen des Mutterunternehmens   90

                 aa)   Vereinheitlichungsinteresse   91

                 bb)   Haftungsvermeidungsinteresse   91

             b)   Berücksichtigung von Interessen des Mutterunternehmens   92

                 aa)   Interessen des Mutterunternehmens als Eigeninteressen des Tochterunternehmens   93

                 bb)   Eingeschränkte Berücksichtigung von Konzernbelangen in der Interessenabwägung   94

             c)   Fazit   96

         3.   Zusammenfassung   96

§ 12   **Grundrechtswirkung bei der Inhaltskontrolle von Ethikrichtlinien**   **99**

     I.   Grundrechtswirkung im Arbeitsverhältnis   99

         1.   Grundsätze einer Grundrechtswirkung im Arbeitsrecht   100

             a)   Mittelbare Drittwirkung der Grundrechte   100

             b)   Lehre von den Schutzpflichten   100

             c)   Typisierung   102

	2.	Strukturelle Unterlegenheit	102
	3.	Fazit	104
II.		Relevante Grundrechte bei der Einführung von Ethikrichtlinien	105
	1.	Berührte Schutzbereiche auf Arbeitnehmerseite	105
	2.	Berührte Schutzbereiche auf Arbeitgeberseite	107
	3.	Fazit	108
III.		Grundrechtswirkung bei einzelnen Einführungsinstrumenten	108
	1.	Grundrechtswirkung beim Arbeitsvertrag	109
	2.	Grundrechtswirkung bei der Betriebsvereinbarung	110
		a) Keine unmittelbare Grundrechtswirkung	111
		b) Grundrechtswirkung über den Schutzpflichten-Ansatz	113
		c) Fazit	114
	3.	Grundrechtswirkung beim Tarifvertrag	114
IV.		Zusammenfassung	118

§ 13 AGB-Kontrolle vertraglich eingeführter Ethikrichtlinien — 121

I.	AGB-Kontrolle im Arbeitsrecht	121
II.	Anwendungsbereich der AGB-Kontrolle	124
III.	Einbeziehungskontrolle	126
IV.	Inhaltskontrolle von vertraglich eingeführten Ethikrichtlinien	131

	1.	Grundzüge einer Inhaltskontrolle nach § 307 ff BGB	131
	2.	Die Bereichsausnahme des § 307 Abs. 3 BGB	133
		a) Keine Inhaltskontrolle nebenpflichtkonkretisierender Ethikklauseln	133
		aa) Arbeitsvertragliche Haupt- und Nebenleistungspflichten	133
		bb) Keine Interessenabwägung bei deklaratorischen Ethikklauseln	135
		cc) Nebenpflichten als Gegenstand deklaratorischer Ethikklauseln	136
		(1) Interessenwahrungspflichten	137
		(a) Verschwiegenheitpflichten	137
		(b) Nebentätigkeitsverbote	139
		(c) Verbot der Annahme von Schmiergeldern	142
		(d) Schutz von Unternehmenseigentum	145
		(2) Schutzpflichten	147
		(a) Anzeige-, Aufklärungs- und Auskunftspflichten	147
		(b) Pflicht zur Abwendung von Schäden und Störungen	151
		(c) Wahrung der betrieblichen Ordnung	152
		(3) Sanktionen	155

	(4)	Fazit	157
b)		Umfang arbeitsvertraglicher Hauptleistungspflichten	158
c)		US-amerikanisches Börsenrecht als „Rechtsvorschriften" im Sinne von § 307 Abs. 3 BGB	159
d)		Zusammenfassung	161

3. Nebenpflichterweiterung als unangemessene Benachteiligung nach § 307 Abs. 1 und 2 BGB ... 162
   a) Prinzipielle Möglichkeit einer vertraglichen Nebenpflichterweiterung ... 163
   b) Nebenpflichterweiterung als „unangemessene Benachteiligung" ... 164
      aa) Die Regelbeispiele des § 307 Abs. 2 BGB ... 164
      bb) Verstoß gegen § 307 Abs. 2 Nr. 1 BGB ... 167
         (1) Tatbestand des § 307 Abs. 2 Nr. 1 BGB ... 168
         (2) Das besondere Abweichungsinteresse des Arbeitgebers ... 170
            (a) Besonderheiten des Vertragstyps ... 171
            (b) Kompensation des Vertragspartners ... 172
            (c) Höherrangiges Interesse des Verwenders ... 175
               (i) Unternehmensimage ... 177
               (ii) Rechtliche Verpflichtung ... 178
               (iii) Konzerninteressen ... 179
         (3) Fazit ... 180
      cc) Verstoß gegen § 307 Abs. 1 Satz 1 BGB ... 181
   c) Ergebnis ... 182

4. Transparenzgebot nach § 307 Abs. 1 Satz 2 BGB ... 182
5. Außerdienstliche Verhaltenspflichten ... 184
   a) Indirekter Arbeitsbezug ... 186
   b) Berechtigtes Interesse des Arbeitgebers ... 186
   c) Fazit ... 190
6. Zusammenfassung ... 190

V. AGB-Kontrolle der einzelnen Ethikklauseltypen ... 191
   1. Reine Programmsätze ... 192
   2. Verhaltensregeln ... 192
   3. Whistleblowing ... 194
   4. Sanktionsklauseln ... 198

VI. Ergebnis ... 199

§ 14 Inhaltskontrolle bei Einführung durch Betriebsvereinbarung ... 201

I.	Gegenständliche Grenzen (Außenschranken)		201
II.	Inhaltliche Grenzen (Innenschranken)		204
	1. Prinzipielle Ansätze		205
	2. Inhaltskontrolle am Maßstab des § 75 BetrVG		208
		a) Billigkeits- oder Rechtskontrolle	208
		b) Grundrechtskontrolle unter dem Schutzpflichten-Ansatz	210
		c) Grundzüge einer Verhältnismäßigkeitsprüfung	211
		aa) Prüfung der Angemessenheit	212
		bb) Ansätze der Rechtsprechung	213
		cc) Außerdienstliches Verhalten	214
III.	Ergebnis		215

§ 15 Inhaltskontrolle bei einseitiger Einführung von Ethikrichtlinien 216

I.	Direktionsrecht		216
	1. Grundlagen des Direktionsrechts		216
	2. Grenzen des Direktionsrechts		218
		a) Grenzen aus dem Inhalt der Direktionsklausel	218
		b) Grenzen aus Arbeitsvertrag, Gesetz und Kollektivrecht	221
		c) Grenze billigen Ermessens, § 106 GewO	222
		d) Außerdienstliches Verhalten als Gegenstand des Direktionsrechts	223
	3. Reichweite des Direktionsrechts bei der Einführung von Ethikrichtlinien		226
		a) Reine Programmsätze	226
		b) Verhaltensregeln	227
		c) Whistleblowing	229
		d) Sanktionsklauseln	230
	4. Zwischenergebnis		230
II.	Änderungskündigung		231
	1. Personenbedingte Änderungskündigung		232
	2. Verhaltensbedingte Änderungskündigung		232
	3. Betriebsbedingte Änderungskündigung		233
	4. Druckänderungskündigung		235
III.	Ergebnis		236

§ 16 Inhaltskontrolle bei tarifvertraglicher Einführung 239

I.	Umfang tarifvertraglicher Regelungsmacht	239
II.	Rechtskontrolle von Tarifverträgen	241
	1. Europäisches und internationales Recht	241

	2.	Verfassungsrecht	242
	3.	Zwingendes Gesetzesrecht	243
III.		Inhaltskontrolle tarifvertraglich eingeführter Ethikrichtlinien	244
IV.		Günstigkeitsprinzip	245
V.		Ergebnis	247

Teil D Betriebliche Mitbestimmung bei der Einführung von Ethikrichtlinien — 249

§ 17 Mitbestimmungsrecht des Betriebsrates — 249

I.		Mitbestimmungspflichtigkeit der Einführung von Ethikrichtlinien	249
II.		Mitbestimmungsrecht des Betriebsrates bei typischen Klauseln	250
	1.	Regelungen zum Ordnungsverhalten, § 87 Abs. 1 Nr. 1 BetrVG	251
	a)	Verschwiegenheitsverpflichtungen	253
	b)	Verhalten gegenüber Medienvertretern	253
	c)	Whistleblower-Klauseln	254
	d)	Zuwendungen Dritter	256
	e)	Wiedergabe gesetzlicher Vorschriften	257
	f)	Sog. „Liebesverbote"	258
	g)	Sanktionsklauseln	258
	h)	Fazit	259
	2.	Technische Einrichtungen, § 87 Abs. 1 Nr. 6 BetrVG	259
	3.	Arbeits- und Gesundheitsschutz, § 87 Abs. 1 Nr. 7 BetrVG	261
	4.	Personalfragebögen, § 94 BetrVG	261
	5.	Auswahlrichtlinien, § 95 Abs. 1 BetrVG	262
	6.	Allgemeine Informations- und Beratungspflichten	262
III.		Ausübung der Mitbestimmungsrechte	263
IV.		Einigungsstellenverfahren	264
V.		Rechtsfolgen einer Missachtung von Mitbestimmungsrechten	266
VI.		Die teilmitbestimmte Ethikrichtlinie	267
VII.		Zusammenfassung	269

Teil E Ergebnis — 271

Literaturverzeichnis — 275

Quellennachweis zitierter Ethikrichtlinien — 301

Teil A Grundlagen

§ 1 Einleitung

„Allen Meistern und Arbeitern ist es untersagt, gegen einander gerichtliche Klage zu führen oder sich zu verheirathen, ohne dem Chef ihre Absicht vorgetragen zu haben. Zuwiderhandlungen werden mit 3-10 Mark bestraft, und tritt unter erschwerenden Umständen die Kündigung ein." So lautete § 36 der Fabrikordnung der Gebr. Stumm in Neunkirchen; eine Klausel, die am 14. April 1891 die Debatte um das Arbeiterschutzgesetz vor dem Reichstag veranschaulichen sollte.[1]

Mehr als 100 Jahre später sollte es erneut ein Brüderpaar[2] sein, das Verhaltensregeln für Arbeitnehmer ins Zentrum des arbeitsrechtlichen Interesses rückt: Anfang 2005 stieß eine unternehmensinterne Ethikrichtlinie des weltgrößten Einzelhandelskonzerns *Wal-Mart*, mit der erheblich in das Privatleben der Beschäftigten eingegriffen werden sollte, auf große öffentliche Wahrnehmung und Kritik. Insbesondere eine Klausel dieses Regelwerkes, ein „Liebesverbot", das Beziehungen zwischen Arbeitnehmern des *Wal-Mart*-Konzerns ausdrücklich untersagte[3], stieß auf erheblichen Widerspruch.

Spätestens die in diesem Zusammenhang geführten Beschlussverfahren vor dem *Bundesarbeitsgericht*[4] und dem *LAG Düsseldorf*[5] haben den Begriff der „Ethikrichtlinie" ins Zentrum des allgemeinen Interesses gerückt. In Fachkreisen wurde begonnen, sich intensiv mit diesem Problemkreis auseinanderzusetzen.

Während Ethikrichtlinien in den USA bereits auf eine längere Tradition zurückblicken können[6], ist dieser Begriff dem deutschen Arbeitsrecht erst seit kurzem bekannt. Im Jahre 2002 hatte sich das *Bundesarbeitsgericht*[7] erstmals mit den Zulässigkeitsvoraussetzungen eines ethischen Regelwerkes auseinanderzusetzen: Re-

---

[1] Ständiger Bericht über die Verhandlungen des Dt. Reichstages, 8. Legislaturperiode, 1. Session, 1890/1891, Bd. 4, S. 2280.
[2] Die Söhne des Firmengründers Sam Walton, S. Robson „Rob" Walton und Jim C. Walton, sind Vorstandsvorsitzender bzw. Vorstandsmitglied der 1962 gegründeten Wal-Mart Inc.
[3] „Sie dürfen nicht mit Jemandem ausgehen oder in eine Liebesbeziehung mit Jemandem treten, wenn Sie die Arbeitsbedingungen dieser Person beeinflussen können, oder der Mitarbeiter Ihre Arbeitsbedingungen beeinflussen kann."; aus der Ethikrichtlinie des Wal-Mart-Konzerns, zitiert nach LAG Düsseldorf v. 14.11.2005 – 10 TaBV 46/05, NZA-RR 2006, 81.
[4] BAG v. 22.07.2008 – 1 ABR 40/07, NZA 2008, 1248.
[5] LAG Düsseldorf v. 14.11.2005 – 10 TaBV 46/05, NZA-RR 2006, 81.
[6] Einen Überblick bietet *Mahnhold*, Compliance und Arbeitsrecht, S. 31 ff.
[7] BAG v. 28.05.2002 – 1 ABR 32/01, AP Nr. 39 zu § 87 BetrVG 1972 Ordnung des Betriebes.

dakteure einer Wirtschaftszeitung wehrten sich gegen Verhaltensvorschriften, die den Besitz von Wertpapieren und die Ausübung von Nebentätigkeiten reglementierten. Dennoch: Begreift man Ethikrichtlinien als Verhaltensregeln[8], so lässt sich kaum erklären, warum Rechtsprechung und Literatur – obwohl diese Problematik seit über hundert Jahren bekannt ist – bisher weder die Reichweite noch den Umfang zulässiger Ethikrichtlinien eindeutig festzulegen vermochten.[9]

Entwicklungen im US-amerikanischen Recht drängen nun aber auf die Aufarbeitung der Problematik: Im Anschluss an den sog. *Sarbanes-Oxley Act*[10] sind Zulassungsbestimmungen zahlreicher US-amerikanischer Börsen erlassen worden, die börsennotierte Gesellschaften – und mitunter auch deren deutsche Konzerntöchter – zur Einführung von umfangreichen Verhaltenskodizes verpflichten.[11] Nach Sec. 303A Nr. 10 des New York Stock Exchange's Listed Company Manual sind etwa die ihm unterfallenden Unternehmen verpflichtet, einen Verhaltenskodex einzuführen und zu veröffentlichen, der unter anderem den Umgang mit Interessenkonflikten, die Durchsetzung von Verschwiegenheitspflichten und gesetzeskonformem Verhalten, Fairness im Geschäftsverkehr, den Schutz von Unternehmenseigentum und die Meldung von Verstößen (sog. „Whistleblowing", dt. etwa „Verpfeifen") regeln soll.[12] Da diese Verpflichtung alle Unternehmen trifft, die an der NYSE gelistet sind, müssen beispielsweise auch deutsche Unternehmen wie die Daimler AG Ethikrichtlinien erlassen.

Die Einführung von solchen US-amerikanisch geprägten Verhaltens- und Ethikrichtlinien trifft in Deutschland und in Europa allerdings auf eine Vielzahl von kulturellen Hindernissen: So gehört es im deutschen Arbeitsrecht keineswegs zu den Kernaufgaben des Arbeitgebers, seinen Arbeitnehmern moralische Maßstäbe zu vermitteln. Jedenfalls ist er durch den Arbeitsvertrag nicht zum Sittenwächter

---

[8] so auch *Junker*, BB 2005, 602, 602.
[9] Insofern überrascht es auch nicht, dass selbst das BAG in der Handelsblatt-Entscheidung (v. 28.05.2002 – 1 ABR 32/01, AP Nr. 39 zu § 87 BetrVG 1972 Ordnung des Betriebes) entscheidende Fragen unbeantwortet ließ.
[10] eigentlicher Titel: „Act to protect investors by improving the accuracy and reliability of corporate disclosures made persuant to the securities laws, and for other purposes"v. 30.07.2002, Pub. L. No. 107-204, 116 Stat. 745. Der Kurztitel "Sarbanes-Oxley Act" oder auch SOX / SarbOx bezieht sich auf die beiden Initiatoren des Gesetzesvorhabens, Senator Paul Sabanes (Dem.) und Representative Michael G. Oxley (Rep.).
[11] Einen Überblick bietet *Meyer*, NJW 2006, 3606.
[12] Sec. 303A Nr. 10 NYSE Listed Company Manual; in der jeweils aktuellsten Form unter http://www.nyse.com/lcm abrufbar

über die in seinem Betrieb tätigen Arbeitnehmer berufen.[13] Mag der deutsche Arbeitgeber auch in begrenztem Maße eine soziale Funktion wahrnehmen, so bleibt die intellektuelle Ausformung und tatsächliche Befolgung ethischer Anforderungen Privatsache des Arbeitnehmers. Eine Moralprärogative des Arbeitgebers stößt deswegen schon im Grundsatz auf Widerstand.

Doch nicht nur das grundsätzliche Konzept, auch bestimmte Ausformungen von Ethikrichtlinien sind hoch umstritten: Als besonders problematisch erweisen sich neben den Liebesverboten etwa die „Whistleblowing"-Klauseln, nach denen Arbeitnehmer – teils mittels anonymer Telefonhotlines – dem Arbeitgeber Verstöße von Kollegen melden sollen. Während diese Klauseln im US-amerikanischen Rechtsraum eher nüchtern gehandhabt werden, stellt man sie hierzulande dem Denunziantentum gleich[14].

Abgesehen von diesen kulturellen Bedenken bestehen rechtliche Fragestellungen. Dem Arbeitgeber, der einen Ethikkodex einführen möchte, bietet sich nahezu die gesamte Bandbreite arbeitsrechtlicher Umsetzungsinstrumente an, um seine Arbeitnehmer wirksam an derartige Regelwerke zu binden: Er könnte den Kodex einseitig per Direktionsrecht erlassen, Einzelvereinbarungen mit den jeweils betroffenen Arbeitnehmern treffen, Änderungskündigungen aussprechen oder eine Betriebsvereinbarung oder einen Tarifvertrag abschließen. Jedes einzelne Umsetzungsinstrument weist dabei sowohl aus Arbeitgeber- als auch aus Arbeitnehmersicht gewisse Vor- und Nachteile auf, die es abzuwägen gilt.[15] Und schließlich existiert eine ganze Reihe gesetzlicher Vorgaben, die die Auswahl zwischen den Umsetzungsinstrumenten beschränken können. Welches Umsetzungsinstrument sich also im konkreten Einzelfall als besonders geeignet zur Einführung von Ethikrichtlinien erweist, hängt von vielen unterschiedlichen Faktoren ab. Die vorliegende Arbeit will die sich regelmäßig bietenden Umsetzungsmöglichkeiten darstellen und deren Vorzüge sowie Risiken zusammenfassen.

---

[13] Vgl. BAG v. 23.06.1994 – 2 AZR 617/93, AP Nr. 9 zu § 242 BGB Kündigung.
[14] *Barthel/Huppertz*, AuA 2006, S. 204 (204); *Schneider*, AiB 2006, 10, 11. *Schmitt-Rolfes*, AuA 2005, 321 erkennt darin gar Parallelen zum „nationalsozialistischen Schnüffler- und Denunziationssystem".
[15] Zu diesen Aspekten ausführlich unten in Teil B (S. 41 ff.).

§ 2 Gang der Untersuchung

Die Frage nach Einführung und Inhaltskontrolle von Ethikrichtlinien ist ein arbeitsrechtliches Querschnittsproblem, das viele Bereiche dieses Rechtsgebietes berührt. Die Untersuchung gliedert sich deswegen in vier Teile:

Teil A ist den Grundlagen gewidmet. Hier werden zunächst Begriff, Ursprünge und die Entwicklung der Ethikrichtlinie dargestellt (§ 3) und die Motive aufgezeigt, die den Arbeitgeber zu einer Einführung von Ethikrichtlinien bewegen (§ 4). Es folgt eine Analyse der typischen Regelungsinhalte gängiger Ethikrichtlinien (§ 5).

Teil B beschäftigt sich mit den rechtlichen Gestaltungsinstrumenten, die das Arbeitsrecht zu einer verbindlichen Einführung von Ethikrichtlinien in das Arbeitsverhältnis bereithält. Zu diesem Zwecke werden die Möglichkeiten einer einseitigen (§ 6) und einer vertraglichen Einführung (§ 7), einer Einführung im Rahmen der Betriebsverfassung (§ 8) und schließlich die Möglichkeiten einer tarifvertraglichen Einführung (§ 9) aufgezeigt.

Teil C widmet sich den jeweiligen inhaltlichen Grenzen der zur Verfügung stehenden Einführungsinstrumente. Ausgangspunkte sind die bei einer Einführung von Ethikrichtlinien zugrunde liegende Interessenlage der beteiligten Parteien (§ 11) sowie die Berücksichtigung der betroffenen Grundrechte (§ 12). Danach folgt eine ausführliche Betrachtung der im Rahmen einer Einführung von Ethikrichtlinien vorzunehmenden AGB-Kontrolle (§ 13). Es schließen sich Ausführungen zu den Grundsätzen einer Inhaltskontrolle von Ethikrichtlinien bei der Einführung durch Betriebsvereinbarung (§ 14), Direktionsrecht und Änderungskündigung (§ 15) sowie durch Tarifvertrag (§ 16) an.

Teil D geht der Frage nach einem Mitbestimmungsrecht des Betriebsrates bei der Einführung von Ethikrichtlinien nach (§ 17).

In Teil E schließlich werden die gewonnenen Erkenntnisse über Einführung und Inhaltskontrolle von Ethikrichtlinien einer zusammenfassenden Würdigung zugeführt.

§ 3 Ursprünge und Entwicklung der Ethikrichtlinie

Bevor auf die mit der Einführung von Ethikrichtlinien verbundenen rechtlichen Probleme ausführlich eingegangen wird, lohnt sich eine nähere Auseinandersetzung mit den Ursprüngen der Ethikrichtlinie und ihrer bisherigen Entwicklung. Es zeigt sich dabei recht schnell, dass Ethikrichtlinien keineswegs – wie vielfach behauptet[1] – eine Entwicklung des US-amerikanischen Rechtskreises darstellen, die nun von den deutschen Anwendern lediglich übernommen wurde. Vielmehr sind Ethikrichtlinien – freilich in einer etwas anderen Ausprägung – dem deutschen Arbeitsrecht schon länger bekannt.[2] Zuvor bleibt allerdings zu klären, was genau unter dem Begriff „Ethikrichtlinie" zu verstehen ist.

I. Begriff der Ethikrichtlinie

Das Konzept der Ethikrichtlinie tritt in der Praxis unter vielfältigen Bezeichnungen auf, etwa als „Verhaltensrichtlinien" oder „-regeln"[3], „Ethik-" und „Verhaltenskodizes"[4], „Firmencredo"[5] oder schlicht als „Leitsätze"[6]. Teilweise – und unter Hinweis auf ihre Herkunft aus dem anglo-amerikanischen Raum – werden aber auch die Bezeichnungen „Code of Ethics" oder „Code of Conduct"[7], „Corporate Governance-Grundsätze"[8] oder „Compliance-Richtlinien"[9] gebraucht. Selbst die Rechtsprechung hat sich augenscheinlich (noch) nicht auf einen eindeutigen Terminus festgelegt: Das *ArbG Wuppertal*[10] spricht in seinen Leitsätzen sowohl von einer „ethischen Richtlinie" als auch von einer „Verhaltensrichtlinie" oder einem „Verhaltenskodex". Auch das *Bundesarbeitsgericht*[11], das *LAG Düsseldorf*[12] sowie das *LAG Frankfurt*[13] reden sowohl von „Ethikrichtlinien" als auch „Verhaltensregeln".

---

[1] In diese Richtung deuten aber etwa *Ohlendorf/Bünning*, AuA 2006, 200, 200 oder *Wisskirchen/Jordan/Bissels*, DB 2005, 2190, 2190.
[2] Dazu unten § 3II ff. (S. 6 ff.).
[3] *Bachner/Lerch*, AiB 2005, 229, 229.
[4] *Wisskirchen/Jordan/Bissels*, DB 2005, 2190, 2190.
[5] Vgl. LAG Schleswig-Holstein v. 29.08.2006 – 6 Sa 72/06, FA 2006, 380.
[6] *Borgmann*, NZA 2003, 352, 352.
[7] *Wisskirchen/Jordan/Bissels*, DB 2005, 2190, 2190.
[8] *Bachner/Lerch*, AiB 2005, 229, 229.
[9] *Borgmann*, NZA 2003, 352, 352.
[10] ArbG Wuppertal v. 15.6.2005 – 5 BV 20/05, NZA-RR 2005, 476.
[11] BAG v. 22.07.2008 – 1 ABR 40/07, NZA 2008, 1248.
[12] LAG Düsseldorf v. 14.11.2005 – 10 TaBV 46/05, NZA-RR 2006, 81.
[13] LAG Frankfurt v. 18.01.2007 – 5 TaBV 31/06 (n.r.), AiB 2007, 663.

Gemeint ist allerdings immer das Gleiche: Als „Ethikrichtlinien" werden betriebliche Regelwerke beschrieben, mit denen allgemein formulierte, ethische Anforderungen in mehr oder weniger konkrete Verhaltensanweisungen bzw. Organisationsstrukturen übertragen werden.[14] Diese Verhaltenspflichten treffen den Arbeitnehmer nicht nur in Bezug auf seinen Arbeitgeber, sondern auch auf seine Arbeitskollegen.

Ethikrichtlinien sind also nichts anderes als Verhaltensregeln, bei denen nicht die Arbeitssicherheit oder die Arbeitsleistung, sondern die Einhaltung ethischer Anforderungen im Vordergrund steht. Unter dem neuen Begriff der „Ethikrichtlinie" wird also nur eine besondere Ausprägung der Verhaltensrichtlinie zusammengefasst.

II. Ursprünge

Qualifiziert man Ethikrichtlinien als eine Form der betrieblichen Verhaltensregel, so sind die Ursprünge von Ethikrichtlinien nicht erst in den jüngsten Entwicklungen des US-amerikanischen Börsenrechts zu suchen.[15] Sie finden sich vielmehr in den dem Arbeitsrecht seit langem bekannten Betriebs- oder Arbeitsordnungen.

Dass der Wert des Arbeitsergebnisses nicht nur durch die vertraglich geschuldete Arbeitsleistung des Arbeitnehmers, sondern auch durch die Art und Weise der Leistungserbringung bestimmt wird, wurde schon früh erkannt[16]. Aus diesem Grunde wollte der Arbeitgeber nicht bloß die tatsächliche Arbeitsleistung, sondern – teilweise mit Hinweis auf die Fürsorgepflicht des Arbeitgebers[17] – auch die Umstände, unter denen der Arbeitnehmer seine Arbeitsleistung zu erbringen hatte, verbindlich festlegen. Da insbesondere formelle Arbeitsbedingungen[18] kaum normative Ausprägung erfahren hatten[19], wurden von den Arbeitgebern sog. Arbeits- oder Betriebsordnungen erlassen, mit denen individuell zugeschnittene Arbeitsbedin-

---

[14] *Borgmann*, NZA 2003, 352, 352.
[15] So aber wohl *Schneider/Sittard*, NZA 2007, 654, 654.
[16] Vgl. *Nikisch*, Arbeitsrecht, 2. Aufl., S. 1.
[17] *Hueck/Nipperdey*, Arbeitsrecht Band I, 2. Auflage, S. 222.
[18] Unter den formellen Arbeitsbedingungen versteht man die Dienst- und Ordnungsvorschriften, die die Ordnung des Betriebs und das damit zusammenhängende Verhalten der Arbeitnehmer im Betrieb regeln, während die materiellen Arbeitsbedingungen unmittelbar das Verhältnis von Leistung und Gegenleistung betreffen; vgl. Richardi/*Richardi*, § 87 BetrVG Rn. 35.
[19] *Hromadka*, ZfA 1979, 203, 204; *Preis*, Vertragsgestaltung, S. 73.

gungen und Ordnungsvorschriften für alle Arbeitnehmer oder bestimmte Gruppen von ihnen einheitlich festgelegt wurden.[20]

Im Unterschied zu den heutigen Ethikrichtlinien war zwar die Produktivitätsmaximierung hinsichtlich des einzelnen Arbeitnehmers der Leitfaden dieser frühen Regelwerke. Neben der Optimierung der Arbeitsleitung setzte mancher Arbeitgeber mittels einer Verhaltensordnung allerdings auch schon zu Zeiten der Frühindustrialisierung seine gesellschaftspolitischen Vorstellungen durch[21] und nutzte Verhaltensregelwerke, um seine eigenen Moralvorstellungen auf die Belegschaft zu übertragen. Diesem Zweck diente beispielsweise die eingangs zitierte Vorschrift der Fabrikordnung der Gebr. Stumm in Neunkirchen.[22] Insofern ist es nichts Neues, dass Betriebsordnungen auch zur Vermittlung von Moralmaßstäben benutzt werden.

Damals wie heute bestanden auch gesetzliche Verpflichtungen, über das reine Arbeitsverhalten hinaus moralische Anforderungen zu vermitteln. Während heutzutage auf den *Sarbanes-Oxley Act* oder das *Listed Company Manual* der New York Stock Exchange verwiesen wird[23], galt damals § 356 Abs. 2 Satz 8 Preuß. Allg. Landrecht vom 05.02.1794, wonach der Meister beispielsweise dazu verpflichtet war, „über das Betragen der Gesellen Aufsicht zu führen; sie zur Besuchung des öffentlichen Gottesdienstes, und zu einem stillen und regelmäßigen Lebenswandel fleißig anzumahnen; von Lasten und Ausschweifungen aber, so viel an ihm ist, abzuhalten".

Es bleibt demnach festzuhalten, dass Ethikrichtlinien als eine Ausformung der Betriebsordnung zu qualifizieren sind[24] und ihre Ursprünge in den dem deutschen Arbeitsrecht bereits seit Jahrzehnten bekannten Betriebsordnungen finden. Anders als aber bei Betriebsordnungen weisen Ethikrichtlinien keinen ausschließlich innerbetrieblichen Bezug auf: Über die Reglementierung des betriebsinternen Verhaltens hinaus kommt Ethikrichtlinien in besonderem Maße auch eine Außenwirkung zu. Kunden, Lieferanten und Behörden sollen von den hohen moralischen Maßstäben des Unternehmens und seiner redlichen Geschäftspraxis überzeugt werden. Dieser Komplex – der später noch Gegenstand einer ausführlichen Betrachtung

---

[20] *Koch*, Die Arbeitsordnung, S. 13.
[21] *Hromadka*, ZfA 1979, 203, 204 ff. erläutert, wie weitreichend und drakonisch die gesetzlichen Befugnisse des Arbeitgebers waren.
[22] Oben unter Teil A (S. 1 ff.).
[23] Mehr dazu unter § 4 VI. (S. 19 ff.).
[24] So auch *Schlachter*, FS Richardi, S. 1067, 1068. Auch Tschöpe/*Schmalenberg*, Rn. 188 scheint davon auszugehen, dass Ethikrichtlinien eine Ausprägung der Betriebsordnung sind.

sein soll[25] – unterscheidet die Ethikrichtlinie maßgeblich von der Betriebsordnung im herkömmlichen Sinne.

III. Entwicklung

Betriebliche Regelwerke sind, wie bereits gezeigt, schon früh dazu benutzt wurden, ethische Anforderungen zu vermitteln. Das Konzept der Ethikrichtlinie „im weitesten Sinne" kann also auf eine lange Geschichte zurückblicken[26]. Im Laufe der Zeit haben sich aber freilich nicht nur die Inhalte solcher Regelwerke, sondern auch die rechtlichen Rahmenbedingungen geändert, unter denen der Arbeitgeber die Arbeits- oder Betriebsordnungen erlassen konnte.

1. Frühindustrialisierung

In der Zeit der Frühindustrialisierung konnte der Arbeitgeber aufgrund seiner wirtschaftlichen Überlegenheit weitgehend diktieren, unter welchen Bedingungen seine Arbeitnehmer zu arbeiten hatten[27]. In für größere Betriebe obligatorischen[28], für kleine Betriebe fakultativen Fabrikordnungen legte der Arbeitgeber Disziplin- und Verhaltensvorschriften für seine Arbeitnehmer fest. Zu Beginn des 19. Jahrhunderts füllten Betriebsordnungen auf diese Weise die Lücke, die die Einführung der Vertragsfreiheit gerissen hatte.[29]

Die Betriebsordnungen jener Zeit weisen eine erhebliche Regelungsdichte und -vielfalt auf: Mittels der Fabrikordnung wurde etwa auch Erziehungsarbeit geleistet, wenn Pünktlichkeit, rechtes Betragen im Betrieb und das Verbot von Unzucht auf dem Fabrikgelände propagiert wurden.[30] Gerade diese Teile alter Fabrikordnungen dürften durchaus als „Urform" der heutigen Ethikrichtlinien bezeichnet werden, weil sich hier zum ersten Mal ein „Moraltransfer" zwischen Arbeitgeber und Arbeitnehmer erkennen lässt. Anders als bei heutigen Ethikrichtlinien bestanden zugunsten der Belegschaft allerdings keine Gestaltungs- oder Kontrollmöglichkeiten. Dies sollte sich jedoch in der Zeit der Weimarer Republik maßgeblich ändern.

---

[25] Unten unter § 4 (S. 15 ff.).
[26] Dagegen *Schuster/Darsow*, NZA 2005, 273, 273, die Ethikrichtlinien als jüngeres Produkt globalisierender Kapitalmärkte ansehen.
[27] *Hromadka*, ZfA 1979, 203, 204.
[28] In Unternehmen mit mehr als 20 Arbeitnehmern mussten beispielsweise nach dem sächsischen Gewerbegesetz vom 15.10.1861 (GVBl. Für das Kgr. Sachsen, S. 30) Fabrikordnungen erlassen werden.
[29] *Preis*, Vertragsgestaltung, S. 73.
[30] *Hromadka*, ZfA 1979, 203, 206.

2. Weimarer Republik

Nach der Einführung des Betriebsrätegesetzes vom 04.02.1920[31] änderte sich die Bezeichnung („Arbeitsordnung" statt „Fabrikordnung"), und Arbeitnehmern wurde es ermöglicht, inhaltlich am Regelwerk mitzuwirken. So wurde es der jeweiligen Belegschaftsvertretung gestattet, gem. § 78 Ziff. 3 BRG „die Arbeitsordnung oder sonstige Dienstvorschriften [...] mit dem Arbeitgeber zu vereinbaren". Aufgrund der Regelungen des Betriebsrätegesetzes standen sich Belegschaft und Arbeitgeber hinsichtlich des Inhaltes der Arbeitsordnung nun erstmals nahezu gleichgewichtig[32] gegenüber.[33] Gemeinsam wurden Sachverhalte wie Arbeitszeit, Verhalten bei der Arbeit, Versäumung der Arbeit[34], aber auch Rauch- und Alkoholverbote, Betriebsstrafen und Lohnverwirkung geregelt und in einer als Betriebsvereinbarung erlassenen „Arbeitsordnung" festgelegt[35]. Die Arbeitsordnung stellte damit das abschließende Regelwerk eines Betriebes dar, in dem die Verhaltenspflichten der jeweiligen Arbeitnehmer ausführlich fixiert waren. Dieses konnte freilich auch Verhaltensregeln umfassen, die zur Vermittlung von Moralmaßstäben eingeführt wurden. Anders als bei den bereits bekannten Klauseln aus früherer Zeit hatten die Arbeitnehmer in der Weimarer Republik hingegen die Möglichkeit, derartige Klauseln nicht bloß hinnehmen und befolgen zu müssen, sondern aktiv an deren Gestaltung mitzuwirken. Insofern wurde der einseitige „Moraltransfer" von Arbeitgeber zu Arbeitnehmer erstmals durchbrochen. Es bleibt allerdings festzuhalten, dass trotz der erstmaligen Mitwirkungsrechte der Arbeitnehmer die Arbeitsordnung mangels angemessener Schranken nach wie vor einen weiten inhaltlichen Gestaltungsspielraum aufwies.

3. Das Dritte Reich

Das Dritte Reich stellte einen Rückschritt in der Entwicklung der arbeitnehmerseitigen Beteiligungsrechte bei der Gestaltung von Arbeits- oder Betriebsordnungen dar. Die Arbeitnehmerbeteiligung an der Gestaltung der Arbeitsordnung

---

[31] RGBl. S. 147.
[32] Wenn keine Einigung zwischen Gruppenrat und Arbeitgeber zustande kam, wurde die Arbeitsordnung von einem Schlichtungsausschuss verbindlich festgesetzt. Zu diesem Verfahren *Koch*, Die Arbeitsordnung, S. 14.
[33] Richardi/*Richardi*, Einleitung Rn. 11; *Hromadka*, ZfA 1979, 203, 214. Zuvor wurde die Arbeitsordnung einseitig vom Arbeitgeber erlassen, lediglich Anhörungsrechte mussten dabei beachtet werden, vgl. Richardi/*Richardi*, Einleitung Rn. 8.
[34] Diese und weitere Sachverhalte wurden ausdrücklich in dem Erlass des Reichsarbeitsministers vom 31.07.1920, ZBlDR 1920 S. 1351 ff. erwähnt.
[35] *Hromadka*, ZfA 1979, 203, 214.

wurde mit der Einführung des Gesetzes zur Ordnung der Nationalen Arbeit (AOG)[36] aufgehoben[37]. Die in größeren Betrieben obligatorische „Betriebsordnung"[38] wurde nun vom „Führer des Betriebes" als Satzung[39] schriftlich erlassen.[40] Den obligatorischen und fakultativen Inhalt der Betriebsordnungen legte dabei § 27 AOG fest. Zum fakultativen Inhalt einer Betriebsordnung gehörten dabei insbesondere Vorschriften zum Verhalten der Arbeitnehmer im Betrieb[41].

Anders als in der Zeit vor dem Betriebsrätegesetz konnte der Arbeitgeber nicht nur aufgrund wirtschaftlicher Überlegenheit, sondern auch als autonomer Satzungsgewalt *de jure* Verhaltensvorschriften für seine Arbeitnehmer festsetzen.[42]

Somit war quasi wieder der *status quo* einer Betriebsordnung zu Zeiten der Frühindustrialisierung erreicht. Vorschriften in Betriebsordnungen, mit denen den Arbeitnehmern eine in dieser Zeit fragwürdige Moral vermittelt werden sollten, konnten vom Arbeitgeber autonom eingeführt werden. Dieser Rückschritt konnte erst nach dem Ende des Zweiten Weltkrieges ausgeglichen werden.

4. Nachkriegszeit

Nach dem Kriegsende 1945 sollte im Nachkriegsdeutschland an das Arbeitsrecht der Weimarer Republik angeknüpft[43] und das Konzept der „Arbeitsordnung" fortgeführt werden: Der Regierungsentwurf zum BetrVG 1952[44] sah in den §§ 61 ff. Regelungen zu einer sog. „Betriebssatzung" vor, zu deren fakultativen Inhalten auch Vorschriften über das Verhalten der Arbeitnehmer im Betrieb zählen durften[45]. Anders als zu Zeiten der Weimarer Republik konnte der Betriebsrat hinsichtlich der Betriebssatzung allerdings nicht nur bloße Beratungs-, sondern volle Mitbestimmungsrechte ausüben[46].

---

[36] Gesetz zur Ordnung der nationalen Arbeit vom 20. Januar 1934 (RGBl. 1934, S. 45).
[37] *Hueck/Nipperdey*, Arbeitsrecht I, 7. Aufl., 21; Richardi/*Richardi*, Einleitung Rn. 12.
[38] Gemäß § 26 AOG mussten in Betrieben mit mindestens 20 regelmäßig Beschäftigten Betriebsordnungen erlassen werden.
[39] *Latour*, Die Rechtsnatur der Betriebsordnung, S. 64; *Hromadka*, ZfA 1979, 203, 215.
[40] Vgl. § 26 AOG.
[41] Vgl. § 27 Abs. 3 AOG.
[42] *Hromadka*, ZfA 1979, 203, 215.
[43] *Hueck/Nipperdey*, Arbeitsrecht I, 7. Aufl., 22; *Hromadka*, ZfA 1979, 203, 216.
[44] Abgedruckt in RdA 1950, S. 343–350.
[45] § 62 lit. e) Reg-Entw. BetrVG, RdA 1950, S. 343, 346.
[46] Vgl. § 61 Abs. 1 Reg-Entw. BetrVG, RdA 1950, S. 343, 346: „Arbeitgeber und Betriebsrat regeln durch Betriebssatzung: [...]".

Das Betriebsverfassungsgesetz von 1952 folgte diesem Vorschlag nicht. Vorschriften zur Einführung von „Fabrik-", „Arbeits-" oder „Betriebsordnungen" fehlen im Gesetzestext, der Begriff der „Betriebssatzung" taucht nirgends auf.[47] Vielmehr wird den Betriebsparteien in §§ 52 Abs. 2, 57 BetrVG 1952 und in §§ 77, 88 BetrVG 1952 generell gestattet, Betriebsvereinbarungen und damit auch Arbeitsordnungen abzuschließen.[48] In ihrem charakteristischen Kern stimmen jedoch die Kataloge des § 56 BetrVG 1952[49] und des heutigen § 87 BetrVG mit den Regelungsgegenständen von Betriebsordnungen überein[50], so dass es den Betriebspartnern unbenommen bleibt, Arbeitsordnungen und insbesondere Verhaltensvorschriften für Arbeitnehmer des Betriebes zu erlassen. Freilich besteht die Verpflichtung zum Erlass einer Arbeitsordnung für größere Betriebe im Gegensatz zur früheren Rechtslage nicht mehr. Tatsächlich wird von der Möglichkeit, ein betriebliches Regelwerk (häufig unter der Bezeichnung „Betriebsordnung") per Betriebsvereinbarung zu erlassen, zumindest in Großunternehmen rege Gebrauch gemacht.[51] Arbeitgeber und Arbeitnehmervertretung stehen sich nach dem BetrVG gleichgewichtig gegenüber[52], und das Initiativrecht nach § 87 BetrVG ermöglicht es der Arbeitnehmervertretung sogar, auf Vorschlag der Arbeitnehmer eine Arbeitsordnung einzuführen.[53]

5. Fazit

Die rechtlichen Rahmenbedingungen für eine Einführung von Arbeits- und Betriebsordnungen haben sich im Laufe der Zeit wesentlich verändert. Während die Fabrikordnung ursprünglich einseitig durch den Arbeitgeber erlassen wurde, konnten die Arbeitnehmer erstmals in der Weimarer Zeit bei der inhaltlichen Gestaltung von Arbeitsordnungen mitwirken. Seit der Einführung des Betriebsverfassungsgesetzes im Jahre 1952 stehen sich die Betriebspartner nunmehr gleichgewichtig gegenüber, so dass der (wirksame) Erlass einer Arbeitsordnung gegen den Willen der Belegschaft kaum mehr möglich sein sollte. Dies stellt eine entscheidende Weiterentwicklung zum ursprünglichen Konzept der Arbeitsordnung dar: Aufgrund der gegenüber den Anfängen hinzugetretenen Mitarbeiterbeteiligung bei

---

[47] *Hessel*, DB 1953, 801, 801.
[48] *Hromadka*, ZfA 1979, 203, 216.
[49] *Hessel*, DB 1953, 801, 801.
[50] *Hromadka*, ZfA 1979, 203, 216.
[51] Vgl. allein die Ausführungen dazu bei *Preis*, Vertragsgestaltung, S. 73 ff.
[52] *Hessel*, DB 1953, 801, 801.
[53] BAG v. 14.11.1974 – 1 ABR 65/73, AP Nr. 1 zu § 87 BetrVG 1972; *Fitting*, § 87 BetrVG Rn. 583 ff.; ErfK/*Kania*, § 87 BetrVG Rn. 9.

der Einführung von Betriebsordnungen ist der Arbeitgeber nicht mehr „Herr über die Betriebsmoral". Dies korrespondiert auch mit den sozialen Entwicklungen der letzten Jahrzehnte: Gesellschaftlicher Wandel und Wertepluralismus haben den Arbeitgeber seit der Zeit der Frühindustrialisierung bis heute von einer sozialen Instanz auf einen wirtschaftlichen Partner reduziert.

Während die Arbeitnehmer durch das BetrVG 1952 Einfluss auf die inhaltliche Gestaltung gewannen, verlor die Arbeitsordnung zugleich an Reichweite. Mit Einführung des BetrVG 1952 entfiel nicht bloß die Verpflichtung des Arbeitgebers, eine Arbeitsordnung zu erlassen. Zunehmende Normierung formeller Arbeitsbedingungen ließ darüber hinaus das Bedürfnis nach betrieblichen Verhaltensordnungen mehr und mehr sinken. Viele Arbeitsbedingungen wurden sukzessive als Mindeststandards in Arbeitsschutzgesetzen normiert und der Umfang arbeitvertraglicher Nebenpflichten durch Rechtsprechung konkretisiert. Betriebliche Verhaltensregelwerke verloren in der Folge zunehmend an Bedeutung.

Um der Belegschaft hingegen die unternehmensspezifischen ethischen Anforderungen durch konkrete Verhaltensanweisungen zu vermitteln, stellen solche Regelwerke aber ein probates Mittel dar. Jedenfalls in Großunternehmen werden Betriebsordnungen also wieder an Bedeutung gewinnen – in Form der Ethikrichtlinie.[54]

---

[54] Vgl. auch *Junker*, BB 2005, 602, 602.

§ 4 Motive für die Einführung von Ethikrichtlinien

Die Entscheidung, Ethikrichtlinien einzuführen und zu praktizieren, fußt auf einer vielschichtigen Motivlage: Aspekte wie Unternehmensimage, Arbeitnehmerschutz und Haftungsminimierung sprechen aus Arbeitgebersicht für die Einführung eines unternehmensweit einheitlichen Ethikstandards. Hinzu kommt das Bedürfnis, mit der Einführung von Ethikrichtlinien gesetzlichen Anforderungen zu entsprechen. Im Folgenden soll versucht werden, innerhalb der mannigfachen Motive, die einer Einführung von Ethikrichtlinien im Unternehmen zugrunde liegen, die wichtigsten und häufigsten Beweggründe zu identifizieren und zu erläutern.

I. Unternehmensimage

Das Image eines Unternehmens hat einen starken, unmittelbaren Einfluss auf den marktwirtschaftlichen Erfolg.[1] Das Kontrahierungsverhalten des Kunden hängt nämlich maßgeblich davon ab, welches Image er dem Unternehmen zuordnet.[2]

Kunden, Lieferanten und insbesondere potentiellen Investoren soll verdeutlicht werden, dass sich das Unternehmen in jeglicher Hinsicht an strengen, ethisch korrekten Handlungsrichtlinien orientiert.[3] Eine Befolgung hoher Moralvorstellungen und eingeführter Ethikstandards dürfte in der Regel positive Assoziationen bei der Kundschaft wecken.[4] Es überrascht daher auch nicht, dass die Ethikregeln praktizierenden Unternehmen ihre Regelwerke häufig als Hochglanz-Broschüren mit aufwändigem Layout präsentieren.[5] Zugleich verfolgt eine solche Kommunikation aber auch einen Abschreckungseffekt, um unredliche Marktteilnehmer vom Unternehmen fernzuhalten: Die explizite Bindung des Unternehmens an ethisch korrekte Handlungsmaximen soll beispielsweise verhindern, dass die eigenen Mitarbeiter das Ziel von Bestechungsversuchen werden.

Die Image-Vorteile stellen normalerweise aber nur positive Begleiterscheinungen der Einführung von Ethikrichtlinien dar. Der grundsätzliche Entschluss, ethische Regelwerke zu implementieren, wird in den seltensten Fällen ausschließlich auf den zu erwartenden Imagevorteilen beruhen.

---

[1] *Mayer/Mayer*, Imagetransfer, S. 13 ff.
[2] *Spiegel*, Struktur der Meinungsverteilung, S. 29; *Bergler*, Das Eindrucksdifferenzial, S. 83.
[3] *Eisenbeis/Nießen*, FS Leinemann, S. 697, 698.
[4] So auch Borgmann, NZA 2005, 352, 352; *Schuster/Darsow*, NZA 2005, 273, 273.
[5] Siehe insbesondere die Ethikregeln der Daimler AG (noch als „DaimlerChrysler AG's Code of Ethics" tituliert), der Deutschen Bank AG, der Deutschen Telekom AG oder der SAP AG.

Große Aktiengesellschaften legen aber viel Wert auf ihr Unternehmensimage, weil ihm nicht nur gegenüber den Kunden, sondern auch gegenüber den Aktionären große Bedeutung zukommt. Als Entscheidungsfaktor wird das durch Ethikrichtlinien aufgewertete Unternehmensimage also immerhin in dieser Hinsicht entsprechende Berücksichtigung finden.[6]

II. Arbeitnehmerschutz

Ein ungleich erheblicheres Motiv zur Einführung von Ethikrichtlinien dürfte der Schutz der eigenen Arbeitnehmer sein. Der Arbeitgeber ist nach § 618 BGB und anderen Unfallverhütungsvorschriften verpflichtet, eine für seine Mitarbeiter sichere Arbeitsumgebung zu schaffen. Ethikrichtlinien können diesbezügliche Maßnahmen flankieren, wenn sie etwa Verhaltensanweisungen zur Arbeits- und Anlagensicherheit[7] enthalten. Abgesehen davon sollen wie auch immer geartete Angriffe von Kollegen auf einzelne Mitarbeiter verhindert werden. Dies lässt sich beispielsweise durch die Verpflichtung der Belegschaft zu diskriminierungsfreiem Verhalten erreichen.

In diesem Sinne ruft beispielsweise der Verhaltenskodex der Altana AG zum „fairen, höflichen und respektvollen Umgang der Mitarbeiterinnen und Mitarbeiter"[8] untereinander auf; ähnliche Vorschriften finden sich in den Ethikrichtlinien der Bayer AG[9] oder der Siemens AG[10]. Da alle Mitarbeiter sämtlicher Hierarchiestufen gleichermaßen an die Richtlinie gebunden sind, entfaltet ein derartiger Schutz auch im Verhältnis von Vorgesetzten zu Untergebenen und bei Personalentscheidungen Geltung. Insofern erfasst der Schutz der Ethikrichtlinie beispielsweise bei Einstellungsentscheidungen also nicht nur die aktuelle Belegschaft, sondern auch künftige Mitarbeiter.

Doch neben der Gefahr von Diskriminierung können Ethikrichtlinien weitere Risiken minimieren, die den Betriebsfrieden beeinträchtigen können. Einen solchen Zweck verfolgte beispielsweise das im Rahmen des *Wal-Mart*-Verfahrens massiv kritisierte „Liebesverbot am Arbeitsplatz": Ein solches Verbot soll eigentlich jegliche Gefahr sexueller Belästigung durch Mitarbeiter unterbinden[11] und Störungen

---

[6] So auch *Kock*, MDR 2006, 673, 673; explizit als Regelungsmotiv benannt wird das Unternehmensimage etwa im Code of Conduct der SAP AG, S. 4.
[7] Vgl. beispielsweise Nr. 2 und 3 der Verhaltensrichtlinie der Bayer AG.
[8] Nr. 1 Grundsätze, Punkt 3.
[9] Nr. 11 der Richtlinie, „Das Verhalten untereinander: Fairness und Respekt sind gefragt".
[10] Punkt A.3 „Mutual Respect, Honesty and Integrity".
[11] ArbG Wuppertal v. 15.06.2005 – 5 BV 20/05 – m. Anm. *Simon/Kock*, DB 2005, 1800, 1800.

des Betriebsfriedens, beispielsweise durch ständig angezettelte Streitereien eines eifersüchtigen Kollegen, verhindern.[12] Das „Liebesverbot" der *Wal-Mart*-Ethikrichtlinie wurde aber freilich auf ganz andere Weise, nämlich als einen unerträglichen Eingriff des Arbeitgebers in die Partnerwahl des Arbeitnehmers, aufgefasst[13]. Die inhaltliche Zulässigkeit einer solchen Klausel soll aber erst zu einem späteren Zeitpunkt beurteilt werden.[14]

III. Neutrales Wirtschaftsverhalten

Ein aus wirtschaftlicher Sicht erhebliches Motiv für die Einführung von Ethikrichtlinien stellt die Gewährleistung neutralen Geschäftsverhaltens dar. Fast alle gängigen Ethikrichtlinien enthalten Vorschriften zum Umgang der Mitarbeiter mit Interessenkonflikten. Die Gründe dafür sind einleuchtend: Unternehmen sind auf das neutrale Geschäftsverhalten ihrer Mitarbeiter angewiesen, weil Interessenkonflikte oder falsches Verhalten gegenüber Kunden, Lieferanten oder Wettbewerbern ernsthafte wirtschaftliche Schäden nach sich ziehen können. Jedes Jahr entstehen allein in Deutschland augrund von Korruption in der Wirtschaft Schäden in Milliardenhöhe.[15]

Aus Unternehmenssicht stellen beispielsweise Kick-back-Zahlungen[16] und manipulierte Auftragsvergaben erhebliche Risiken dar, die den wirtschaftlichen Erfolg eines Unternehmens maßgeblich beeinflussen können. Über eigenmächtige Preisabsprachen mit Konkurrenten oder Bilanzmanipulationen können Mitarbeiter dagegen Haftungsfälle auslösen, die vorrangig das Unternehmen zu tragen hat. Dies gilt auch für jene Fälle, in denen sich Mitarbeiter des Unternehmens – aus welchen Gründen auch immer – gegenüber Behörden oder Amtsträgern falsch verhalten. Und schließlich ist mit einem Mitarbeiterfehlverhalten gegebenenfalls auch eine beträchtliche Rufschädigung verbunden.[17]

Es besteht also seitens des Unternehmens ein erhebliches Interesse daran, dass seine Mitarbeiter möglichst neutral auftreten und objektive, von sachwidriger Beeinflussung freie Entscheidungen treffen. Mittels Ethikrichtlinien können die Mi-

---

[12] *Kolle/Deinert*, AuR 2006, 177, 177.
[13] Vgl. insbesondere *Schneider*, AiB 2006, 10 ff.
[14] Später unter Teil B (S. 41 ff.).
[15] Vgl. „Bundeslagebild Korruption 2004" des Bundeskriminalamtes (BKA) v. 14.11.2005, S. 46, abrufbar unter http://www.bka.de/lageberichte/ko.html.
[16] Vgl. zu dem Begriff der sog. „Kick-back-Zahlungen" LK-*Schünemann*, § 266 Rn. 125 d).
[17] *Borgmann*, NZA 2005, 352, 352.

tarbeiter zu einem derartigen Verhalten angehalten und die dargestellten wirtschaftlichen Risiken zumindest ansatzweise eingedämmt werden.

Insofern lässt sich eine Vielzahl gängiger Vorschriften in Ethikrichtlinien auf die Gewährleistung eines neutralen Geschäftsverhaltens zurückführen.[18] Aufgrund der weitreichenden wirtschaftlichen Bedeutung eines solchen Verhaltens kann der damit verbundene Motivationskomplex ohne weiteres als eines der Zentralanliegen gängiger Ethikrichtlinien bezeichnet werden.

IV. Schutz des Unternehmens

Ein weiteres wichtiges Motiv für die Einführung von Ethikrichtlinien stellt der Schutz des Unternehmens dar. Dieser Beweggrund korrespondiert mit der Gewährleistung eines neutralen Wirtschaftsverhaltens, weil auch hier das Unternehmen vor unfreiwilligen Vermögenseinbußen etwa durch Straftaten der Arbeitnehmer (§ 242 StGB, § 266 StGB) oder der Wirtschaftsspionage durch Konkurrenten bewahrt werden soll. Zu diesem Zweck finden sich freilich bereits in den Arbeitsverträgen Klauseln zum Schutz der materiellen und immateriellen Unternehmensgüter, etwa Vertraulichkeitsvereinbarungen. Zusätzlich kann ist es jedoch sinnvoll, derartige Pflichten der Mitarbeiter in Form einer Ethikrichtlinie zusammenzufassen. Insofern regeln Ethikrichtlinien zusätzlich zu den vertraglichen Regelungen beispielsweise den Schutz von Firmeneigentum und die Vertraulichkeit unternehmensinterner Informationen. Dem einzelnen Arbeitnehmer wird es dadurch erleichtert, einen Überblick über seine Verpflichtungen zu gewinnen und sich in konkreten Situationen vertragsgemäß zu verhalten.

Nicht nur das von Bereicherungsabsicht geführte Fehlverhalten der Mitarbeiter, sondern auch bloße Unaufmerksamkeiten können Vermögensschäden auslösen. So kann etwa die Missachtung gesetzlicher Umweltschutzvorschriften durch Mitarbeiter eine erhebliche Geldstrafe sowie Schadensersatzpflichten des Unternehmens herbeiführen. Aus diesem Grund haben viele Unternehmen den Umweltschutz als ein zentrales Anliegen in ihre Ethikrichtlinie aufgenommen. In großen Industrieunternehmen, denen aufgrund ihres Tätigkeitsbereiches schon bei kleineren Betriebsunfällen ein erhebliches Haftungsrisiko wegen der Verletzung von Umweltschutzvorschriften droht, werden derartige Klauseln häufig um die Anweisung zur Einhaltung sämtlicher Umweltschutzvorschriften ergänzt. Dass gerade

---

[18] Siehe Kapitel § 4 III. (S. 15 f.).

dem Umweltschutz meist ein eigener Abschnitt gewidmet wird[19], hängt aber auch mit der positiven Wirkung derartiger Regeln zusammen, die sich Unternehmen – insbesondere der Chemiebranche – für das Unternehmensimage erhoffen.

V. Verdeutlichung arbeitnehmerseitiger Pflichten

Gleichermaßen kommt als Motiv für eine Einführung von Ethikrichtlinien in Betracht, dass der Arbeitgeber die arbeitsvertraglichen und gesetzlichen Pflichten der bei ihm beschäftigten Arbeitnehmer zusammenfassen möchte. Auf diesem Wege wird der Belegschaft ein Überblick verschafft, welche gesetzlichen Vorgaben zu beachten sind und welches Verhalten im Arbeitsverhältnis erwartet wird.

Insofern können Ethikrichtlinien dazu benutzt werden, abstrakte arbeitsvertragliche Pflichten in konkrete, betriebsspezifische Handlungsanweisungen umzuformen, um den regelungsunterworfenen Arbeitnehmern eine Erfüllung dieser Pflichten zu erleichtern. Zudem erhöht die konkrete Darstellung gesetzlicher Vorschriften die Rechtssicherheit bei den Beschäftigten: Vielfach ist es dem durchschnittlichen Arbeitnehmer nämlich nicht ohne weiteres möglich, einschlägige straf- und haftungsrechtliche Tatbestände zuverlässig abzuschätzen.[20] Selbst Straftatbestände des Insiderstrafrechts (§ 38 i.V. mit § 13, 14 WpHG), der Kurs- und Marktmanipulation (§§ 20a, 20b WpHG) und der gewerbs- und bandenmäßigen Steuerhinterziehung (§ 370a AO) sind häufig unbekannt, obwohl im Arbeitsalltag – je nach Beschäftigung – Berührungspunkte drohen.[21] Durch eine Umsetzung einschlägiger Tatbestände in konkrete Verhaltensanweisungen kann die Gefahr einer unbeabsichtigten Verletzung gesetzlicher Pflichten effizient verringert werden.

VI. Rechtliche Verpflichtung

Zu den bisher dargestellten Motiven, die für eine Einführung von Ethikrichtlinien sprechen können, tritt gegebenenfalls ein entscheidender Beweggrund[22] hinzu: die rechtliche Verpflichtung zur Einführung von Ethikrichtlinien.

1. Verpflichtung nach deutschem Recht

Das deutsche Recht enthält keine ausdrückliche Verpflichtung zum Erlass von Ethikrichtlinien. Es sind keine gesetzlichen Vorgaben erkennbar, die den Arbeitge-

---

[19] vgl. etwa Punkt 6 des „Programms für gesetzmäßiges und verantwortungsbewusstes Handeln" der Bayer AG.
[20] so auch *Borgmann*, NZA 2005, 352, 352; *Bachner/Lerch*, AiB 2005, 229, 229.
[21] *Borgmann*, NZA 2003, 352, 352.
[22] *Kock*, MDR 2006, 673, 673; *Borgmann*, NZA 2005, 352, 352.

ber zu einer Übertragung seiner ethischen Anforderungen in konkrete Verhaltensanweisungen gegenüber seinen Mitarbeitern verpflichten würden.

Die hier ansässigen Unternehmen können Ethikrichtlinien allerdings dazu nutzen, bestimmten gesetzlichen Verpflichtungen nachzukommen: Nach § 618 BGB hat der Arbeitgeber etwa den Arbeitnehmer vor den bei der Arbeitsleistung drohenden Gefahren für Leben und Gesundheit zu schützen und für die Aufrechterhaltung des Anstandes und der guten Sitten im Betrieb zu sorgen.[23] Er kann Ethikrichtlinien dazu nutzen, diesen Pflichten nachzukommen, indem er beispielsweise betriebsspezifische, der Arbeitssicherheit dienende Verhaltensanweisungen in den Verhaltenskodex aufnimmt. Auf gleiche Weise kann er die Vorgaben des öffentlich-rechtlichen Arbeitsschutzes[24] (z. B. ArbZG; MuSchG, ArbSchG, BetrSichV) oder anderen Schutzgesetzen (z. B. BeschSchG) mit der Aufnahme korrespondierender Verhaltensbestimmungen umsetzen.

Je nach Geschäftsbereich des betroffenen Unternehmens können jedoch auch über die allgemeinen Anforderungen des öffentlich-rechtlichen Arbeitsschutzes hinausgehende Vorgaben bestehen, die einer Umsetzung durch Ethikrichtlinien zugänglich sind. In Unternehmen der Finanzdienstleistungsbrache ist zur Erfüllung der nach § 33 Abs. 1 WpHG bestehenden gesetzlichen Unterrichtungs- und Organisationspflichten die Einführung von Mitarbeiterrichtlinien erforderlich.[25] Gemäß einer von der Bundesanstalt für Finanzdienstleistungsaufsicht (*BaFin*) erlassenen Richtlinie zur Konkretisierung der Organisationspflichten nach § 33 WpHG sind diese Unternehmen zur Aufstellung von Verhaltensregeln für Mitarbeiter verpflichtet.[26] Diesen Anforderungen entsprechen die Finanzdienstleister durch die Einführung von entsprechenden Ethikrichtlinien.[27] Diese Ethikregeln beinhalten beispielsweise Vorschriften zur sofortigen Meldung von Wertpapieren, über die vertrauliche Informationen vorliegen, an eine unternehmensinterne Compliance-Stelle.

Ein weiterer Grund für die Einführung von Ethikrichtlinien könnte § 12 AGG darstellen. Nach dieser Vorschrift ist der Arbeitgeber verpflichtet, die erforderli-

---

[23] HWK-*Krause*, § 618 BGB Rn. 1.
[24] Zu Inhalt und Umfang des öffentlich-rechtlichen Arbeitsschutzes vgl *Bopp*, Der Arbeitsschutz, passim.
[25] *Eisenbeis/Nießen*, FS Leinemann, S. 697, 698; *Mahnhold*, Compliance und Arbeitsrecht, S. 72 ff.
[26] *BaFin*, Richtlinie zur Konkretisierung der Organisationspflichten von Wertpapierdienstleistungsunternehmen gemäß § 33 Abs. 1 WpHG vom 25. Oktober 1999 (Bundesanzeiger Nr. 210 vom 6. November 1999, S. 18 453), unter 3.3.3.1.
[27] *Schuster/Darsow*, NZA 2005, 273, 275.

chen Maßnahmen zum Schutz vor Benachteiligungen wegen eines in § 1 AGG genannten Grundes zu treffen. Hierzu gehören gemäß § 12 Abs. 1 Satz 2 AGG auch vorbeugende Schutzmaßnahmen – wie etwa die Einführung verbindlicher Anweisungen zu diskriminierungsfreiem Verhalten als Teil einer Ethikrichtlinie.[28] Ethikrichtlinien werden den Anforderungen des § 12 AGG gleichwohl aber nur genügen, wenn sie bestimmten Voraussetzungen entsprechen, also etwa alle verpönten Benachteiligungsgründe im Sinne von § 1 AGG beinhalten und hervorheben, dass verbotene Benachteiligungen arbeitsrechtliche Konsequenzen haben können.[29] Zudem erscheint es zweifelhaft, ob der Erlass einer entsprechenden Ethikrichtlinie zur Gleichbehandlung auch in benachteiligungssensiblen Bereichen oder im Hinblick auf Führungskräfte ausreicht, um den Voraussetzungen von § 12 AGG zu entsprechen. Gegebenenfalls ist in diesen Fällen eine weiterreichende Schulung erforderlich.[30] Im Hinblick auf die übrige Belegschaft können Ethikrichtlinien jedoch eine gegenüber Inhouse-Seminaren und Schulungen kostengünstigere und weniger zeitintensive Möglichkeit darstellen, den Erfordernissen des § 12 AGG zu entsprechen.

Es bleibt somit festzuhalten, dass das deutsche Recht eine Einführung von Ethikrichtlinien nicht zwingend vorschreibt. Dennoch können die hiesigen Unternehmen Ethikkodices dazu nutzen, um den zwingenden Vorgaben des öffentlich-rechtlichen Arbeitsschutzes oder anderen Vorschriften, etwa dem WpÜG oder dem AGG, nachzukommen.

2. Verpflichtung nach US-amerikanischem Recht

Regelmäßig wird bei der Einführung von konzernweiten Ethikrichtlinien auf deren Notwendigkeit nach US-amerikanischem Recht verwiesen.[31] Die Verpflichtung nach US-amerikanischem Recht dürfte vielfach das Hauptmotiv bei der Einführung von Ethikrichtlinien darstellen.[32]

---

[28] *Kock*, MDR 2006, 673, 673.
[29] Einen umfassenden Katalog von Voraussetzungen stellen *Schneider/Sittard*, NZA 2007, 654, 655 auf.
[30] *Schneider/Sittard*, NZA 2007, 654, 655 ff.
[31] *Schuster/Darsow*, NZA 2005, 273, 273; *Wisskirchen/Körber/Bissels*, BB 2006, 1567, 1567.
[32] *Schuster/Darsow*, NZA 2005, 273, 273.

a) Rechtsgrundlage

Causa einer rechtlichen Verpflichtung zur Einführung von Ethikkodizes nach US-amerikanischem Recht ist der *Sarbanes-Oxley-Act* (SOX) vom 30. Juli 2002[33]. Nach den Verfahren *Enron* und *Worldcom* sollten mit diesem Gesetzesvorhaben rechtswidriges Fehlverhalten im Bereich des Rechnungs- und Bankwesens sowie die Wirtschaftskriminalität innerhalb eines Unternehmens aktiv unterbunden werden.[34] Hierzu ist auch die Empfehlung bzw. Verpflichtung zum Erlass von Ethikrichtlinien und deren Veröffentlichung vorgesehen[35].

Die Inhalte des *Sarbanes-Oxley-Acts* wurden von verschiedenen börsenaufsichtlichen Regelwerken, etwa den „Standard Instructions" der SEC[36], dem „Listed Company Manual" der New York Stock Exchange (NYSE LCM)[37] und dem "NASDAQ Manual"[38], aufgegriffen. Mittelbar entfalten diese Vorschriften auch in Deutschland Wirkung, soweit deutsche Unternehmen selbst oder ihre Konzernmütter an diesen US-Handelsplätzen notiert sind.[39]

Entgegen einer weit verbreiteten Ansicht[40] schreibt der *Sarbanes-Oxley-Act* selbst aber nicht die Einführung von konzernweiten, für alle Arbeitnehmer verbindlichen Ethikrichtlinien vor. Nach Sec. 406 SOX 2002 soll die *Securities and Exchange Commission* die gelisteten Unternehmen lediglich zu dem Erlass eines „Code of Ethics" für die obere Hierarchieebene, also etwa für Vorstände, Auf-

---

[33] Benannt nach seinen Initiatoren, Senator Paul Sabanes (D-Md.) und dem Abgeordneten Michael G. Oxley (R-Oh.), auch *Public Accounting Reform and Investor Protection Act of 2002* genannt, Pub. L. No. 107-204, 116 Stat. 745.
[34] Vgl. *Büssow/Taetzner*, BB 2005, 2437.
[35] Während Sec. 406 Sarbanes-Oxley Act 2002; SEC Item 406 of Regulation S-K und NASDAQ Rule 4350(n) die Einführung eines Code of Conduct lediglich nahelegen, verpflichtet NYSE Listed Company Manual Section 303A.10 ausdrücklich zur Einführung eines solchen Regelwerkes. *Schneider/Sittard*, NZA 2007, 654, 654 (in FN 4) beziehen sich demgegenüber allein auf den Sarbanes-Oxley Act und gehen demnach davon aus, dass keine ausdrückliche Pflicht zur Implementierung eines Code of Conduct besteht.
[36] abrufbar unter http://sec.gov/about/forms/regs-k.pdf.
[37] unter http://www.nyse.com/regulation/listed/1182508124422.html abrufbar.
[38] abrufbar unter http://nasdaq.complinet.com.
[39] *Büssow/Taetzner*, BB 2005, 2437, 2437.
[40] Vgl. insoweit *Wisskirchen/Jordan/Bissels*, DB 2005, 2190, 2190; *Schuster/Darsow*, NZA 2005, 273, 273; *Bittmann/Lenze* Anm. zu LAG Düsseldorf v. 14.11.2005 – 10 TaBV 46/05, DB 2005, 165, 165; *Barthel/Huppertz*, Personal-Profi 2006, 204, 204; *Ohlendorf/Bünning*, Personal-Profi 2006, 200, 200.

sichtsräte oder Abschlussprüfer, verpflichten.[41] Ethikrichtlinien für sämtliche Mitarbeiter schreiben demgegenüber allerdings das „Listed Company Manual" der New York Stock Exchange[42] oder das "NASDAQ Manual"[43] vor. Die Einhaltung dieser Handelsplatz-Vorschriften („marketplace rules") wird von der US-amerikanischen Börsenaufsicht (*Securities and Exchange Commission* - SEC) kontrolliert. Die an diesen Börsenplätzen gelisteten Unternehmen müssen konzernweite – also auch ihre Töchter in Deutschland erfassende – Ethikrichtlinien für alle Mitarbeiter erlassen.[44] Ist dies nicht der Fall, kann dem betreffenden Unternehmen ein beantragtes oder bisheriges Listing vorübergehend oder endgültig entzogen werden.[45]

Die Vorschriften des US-amerikanischen Börsenrechts betreffen zwar grundsätzlich nur das gelistete Unternehmen, nicht jedoch etwa ein (deutsches) Tochterunternehmen. Auf Grund der Verpflichtungen nach US-amerikanischem Recht ergibt sich aber zumindest ein mittelbarer Druck für deutsche Konzerntöchter, sich diesen Vorschriften zu unterwerfen, da die Konzernobergellschaft sonst mit erheblichen Sanktionen in den USA rechnen müsste.[46] Die Verpflichtung zur Einführung von Ethikrichtlinien ist also nicht *rechtlicher*, sondern vielmehr *faktischer* Natur, weil das (Mutter-)Unternehmen zur Erfüllung der Vorgaben für ein Listing an einer US-amerikanischen Wertpapierbörse die Einführung von Ethikrichtlinien auch im konzernzugehörigen, deutschen (Tochter-)Unternehmen durchsetzen muss.

Es bleibt festzuhalten, dass ein in Deutschland tätiges Unternehmen nur dann einer rechtlichen Pflicht zur Implementierung von Ethikrichtlinien unterliegt, wenn es selbst an einer US-amerikanischen Wertpapierbörse wie der NYSE oder dem NASDAQ gelistet ist. Für (deutsche) Konzerntöchter besteht hingegen keine entsprechende rechtliche Pflicht. Sie unterliegen vielmehr einer faktischen Pflicht zur Einführung von Ethikrichtlinien entsprechend der US-amerikanischen Vorschriften, weil sie die Vorgaben des Mutterunternehmens einer konzernweiten Einführung von Ethikrichtlinien zu beachten haben.

---

[41] Vgl. Sec. 406 a) Sarbanes-Oxley Act 2002; das gleiche gilt für die "Standard Instructions" der SEC, vgl. SEC Item 406 a) of Regulation S-K.
[42] NYSE Listed Company Manual Section 303A.10
[43] NASDAQ Rule 4350(n).
[44] zutreffend *Junker*, BB 2005, 602, 602.
[45] Vgl. etwa NASDAQ Rule 4300; NYSE Listed Company Manual Section 801.
[46] *Mahnhold*, Compliance und Arbeitsrecht, S. 97; *Meyer*, NJW 2006, 3605, 3606.

b) Umfang der gesetzlichen Pflichten

Die US-amerikanischen Rechtsquellen enthalten zunächst die grundsätzliche Verpflichtung, Ethikrichtlinien einzuführen. Demnach hat jedes der an den US-amerikanischen Handelsplätzen der *New York Stock Exchange* (NYSE) und der *National Association of Securities Dealers Automated Quotations* (NASDAQ) gelistete Unternehmen einen „Code of Ethics"[47], „Code of Conduct"[48] oder „Code of Business Conduct and Ethics"[49] einzuführen.[50]

Über die grundsätzliche Verpflichtung zur Einführung von Ethikrichtlinien hinaus enthalten die entsprechenden Vorschriften teilweise auch gesetzlich festgeschriebene Mindestinhalte, welche ein entsprechendes Regelwerk aufzuweisen hat. Nach Sec. 406 (c) SOX 2002 hat der nach dieser Vorschrift einzuführende „Code of Ethics" insbesondere Grundsätze zum Umgang mit Interessenkonflikten und beruflichen Beziehungen, zur Veröffentlichung von Geschäftsberichten sowie zur Einhaltung von geltendem Recht zu beinhalten.[51]

Die entsprechenden Vorschriften des NASDAQ Manual nehmen auf den Mindestinhalt nach Sec. 406 (c) SOX 2002 Bezug, verpflichten aber zusätzlich zur Einführung eines als „enforcement mechanism" bezeichneten Teils der Ethikrichtlinie, der die Einhaltung der Richtlinieninhalte – beispielsweise durch Androhung von Sanktionen – sicherstellt.[52]

Sec. 303A.10 NYSE Listed Company Manual schreibt dagegen lediglich die Einführung einer Ethikrichtlinie vor; anders als die entsprechenden Vorschriften im SOX 2002 und im NASDAQ Manual benennt die Vorschrift allerdings keinen gesetzlichen Mindestinhalt der Ethikrichtlinie. Die behördliche Kommentierung des NYSE Listed Company Manuals[53] empfiehlt jedoch einen umfassenden Klauselkatalog. Demnach sollen Ethikrichtlinien, um die Anforderungen von Sec. 303A.10 NYSE Listed Company Manual zu erfüllen, Vorschriften zu Interessenkonflikten,

---

[47] Sec. 406 (a) SOX 2002.
[48] NASDAQ Rule 4350(n).
[49] NYSE Listed Company Manual Section 303A.10.
[50] „Listed companies must adopt [...] a code of business conduct and ethics [...]",NYSE Listed Company Manual Section 303A.10; "Each issuer shall adopt a code of conduct [...]",NASDAQ Rule 4350(n) ; "[...] require each issuer [...] to disclose whether or not [...] such issuer has adopted a code of ethics [...]",Sec. 406 (a) SOX 2002.
[51] Vgl. Sec. 406 (c) (1)-(3) SOX 2002.
[52] Vgl. Sec. 4350 (n) NASDAQ Manual.
[53] abrufbar unter http://www.nyse.com/RegulationFrameset.html?nyseref=&displayPage=/listed/1022221393251.html.

fairem Geschäftsgebaren, Verschwiegenheit, dem Schutz von Unternehmenseigentum und der Einhaltung geltenden Rechts enthalten sowie zur Meldung „unethischen" oder illegalen Verhaltens aufrufen.[54]

Die einschlägigen Vorschriften des US-amerikanischen Börsenrechts nennen zwar die oben erwähnten Regelungsbereiche, die eine Ethikrichtlinie zwingend abzudecken hat, schreiben demgegenüber aber nicht vor, mit welchen konkreten Klauselinhalten diese Sachverhalte durch die Unternehmen reglementiert werden. Lediglich die behördliche Kommentierung zu Sec. 303A.10 NYSE Listed Company Manual enthält neben dem Hinweis, dass „jedes Unternehmen seine eigenen Regelungen treffen mag"[55] umfassende Empfehlungen, welche Vorschriften etwa zu Interessenkonflikten, Verschwiegenheit oder fairem Geschäftsgebaren getroffen werden sollten.[56] Es handelt sich hierbei jedoch ausdrücklich um unverbindliche Empfehlungen und nicht gesetzliche Inhaltsanforderungen.[57]

Demnach verpflichtet das US-amerikanische Börsenrecht die an den dortigen Handelsplätzen gelisteten Unternehmen zwar, eine konzernweite Ethikrichtlinie einzuführen, deren Vorschriften gewisse Problemfelder wie etwa Interessenkonflikte oder Verschwiegenheit der Mitarbeiter abdecken. Die gesetzlichen Vorschriften geben demgegenüber aber keine konkreten Klauselinhalte vor, sondern überlassen die inhaltliche Ausgestaltung der Ethikklauseln den jeweiligen Unternehmen.

VII. Fazit

Eine arbeitgeberseitige Einführung von Ethikrichtlinien fußt auf einer vielfältigen Motivlage; eine bloße Rückführung auf hohe ethische Ansprüche eines Unternehmens greift deswegen zu kurz: Die Entscheidung zur Einführung von Ethikrichtlinien beruht im Wesentlichen auf ökonomischen Erwägungen. Vorschriften

---

[54] Vgl. die Behördliche Kommentierung von Sec. 303A.10, abrufbar unter http://www.nyse.com/RegulationFrameset.html?nyseref=&displayPage=/listed/1022221393251.html.

[55] „Each company may determine ist own policies, [...]", vgl. die behördliche Kommentierung zu Sec. 303A.10, abrufbar unter http://www.nyse.com/RegulationFrameset.html?nyseref=&displayPage=/listed/1022221393251.html.

[56] Vgl. die behördliche Kommentierung zu Sec. 303A.10, abrufbar unter http://www.nyse.com/RegulationFrameset.html?nyseref=&displayPage=/listed/1022221393251.html.

[57] „[...] all listed companies *should* address the most important topics, including [...]" (Hervorhebung vom Verfasser), vgl. die behördliche Kommentierung zu Sec. 303A.10, abrufbar unter http://www.nyse.com/RegulationFrameset.html?nyseref=&displayPage=/listed/1022221393251.html.

zu neutralem Geschäftsverhalten der Mitarbeiter und zum Schutz der materiellen und immateriellen Unternehmensgüter sowie Hinweise auf gesetzliche Pflichten der Arbeitnehmer korrespondieren unmittelbar mit der Gewinnerzielungsabsicht des Unternehmens: Wirtschaftliche Verluste (etwa aufgrund von Untreue eines Mitarbeiters oder Nachteile, die durch Interessenkonflikte entstehen) sollen vermieden, Haftungsverpflichtungen des Arbeitgebers für seine Mitarbeiter minimiert werden. Mit einem Ethikkonzept soll zudem häufig eine Verbesserung des Unternehmensimages erzielt und auf diesem Wege marktwirtschaftliche Vorteile realisiert werden. Darüber hinaus muss möglicherweise mit der Einführung von entsprechenden Regelwerken den Erforderinssen US-amerikanischer Börsenvorschriften entsprochen werden. Das jeweilige Unternehmen mag also nach außen hin einen hohen ethischen Standard als *causa* einer Einführung von Ethikrichtlinien kommunizieren, tatsächlich können aber auch darüber hinausgehende, wirtschaftliche Motive bestehen.

§ 5 Form und Inhalt gängiger Ethikrichtlinien

Ethikrichtlinien haben bei den großen deutschen Unternehmen einen hohen Verbreitungsgrad erreicht. Mittlerweile sind aufgrund ihres NYSE-Listings mindestens dreizehn der sog. DAX-30-Unternehmen zur Einführung von Ethikrichtlinien verpflichtet[1] und haben diese bereits implementiert.[2] Eine nähere Untersuchung dieser Ethikrichtlinien sowie des einschlägigen US-amerikanischen Börsenrechts lässt gewisse Mindestinhalte erkennen. Bevor diese Inhalte jedoch dargestellt werden, soll kurz auf die äußere Gestaltung dieser Richtlinien eingegangen werden.

I. Äußere Gestaltung

In der Praxis können Ethikrichtlinien auf unterschiedliche Weise gestaltet sein. So bietet es sich zunächst an, das gesamte Regelwerk bei einer arbeitsvertraglichen Einführung etwa als Anhang dem Arbeitsvertrag beizufügen. Bei einer Einführung von Ethikrichtlinien zu einem späteren Zeitpunkt als dem Abschluss des Arbeitsvertrages - beispielsweise bei einer Einführung per Zusatzvereinbarung zum Arbeitsvertrag oder Betriebsvereinbarung – können Ethikrichtlinien zum einen als persönliches Anschreiben, zum anderen aber auch durch Bekanntmachung am Schwarzen Brett oder als Inhalt des unternehmenseigenen Intranets veröffentlicht werden. Zudem ist es denkbar, dass zentrale Inhalte einer Ethikrichtlinie zur Kenntnisnahme der Arbeitnehmer zusätzlich in Posterform aufgehängt werden. Grundsätzlich kann sich der Arbeitgeber zur unternehmensinternen Kommunikation der Richtlinie also all derjenigen bewährten Mittel bedienen, die ihm ohnehin zum Informationstransfer auf die Belegschaft zur Verfügung stehen.

Im Hinblick auf Ethikrichtlinien gilt in diesem Zusammenhang jedoch eine Besonderheit: Um dem Motiv der Verbesserung des Unternehmensimages Rechnung zu tragen, müssen Richtlinieninhalte nicht nur der Belegschaft bekannt gemacht werden, sondern auch unternehmensextern kommuniziert werden können. Aus diesem Grunde reicht die äußere Gestaltung gängiger Ethikrichtlinien zu Gunsten einer möglichst positiven Kommunikation über bloße Zweckmäßigkeitserwägungen weit hinaus. Um Lieferanten, Kunden und die Öffentlichkeit von den hohen moralischen Unternehmensstandards zu überzeugen, werden Ethikrichtlinien nicht selten als aufwendig gestaltete Hochglanzbroschüre verfasst. Exemplarisch

---

[1] Vgl. § 4 VI.1. (S. 18 f.).
[2] Dies sind die Allianz, Altana, BASF, Bayer, Daimler, Deutsche Bank, Deutsche Telekom, E.ON, Fresenius, Infineon, SAP, Schering und Siemens.

sind hier die Ethikrichtlinien der Deutsche Bank AG, der Daimler AG oder der Bayer AG zu nennen. Diese Kodices zeichnen sich durch ein komplexes Layout und vielfarbigen Druck auf qualitativ hochwertigem Papier aus. Optisch sind diese Richtlinien von Werbeprospekten häufig nicht zu unterschieden.

Der von einigen Unternehmen betriebene Aufwand bei der Kommunikation einer Ethikrichtlinie nach außen beschränkt sich jedoch nicht immer auf eine Präsentation der Richtlinie als Druckerzeugnis, sondern setzt sich zum Teil im Rahmen der Internetpräsenz des Unternehmens fort. Die Deutsche Telekom AG etwa bietet ihren Code of Conduct als Download an, der nach Öffnung der Datei bildschirmfüllend und mit eigener Menüstruktur über die Inhalte des firmeneigenen Ethikkonzeptes informiert.

Es gibt jedoch auch Unternehmen, bei denen das Motiv der Imageverbesserung weniger stark ausgeprägt zu sein scheint. Konsequenterweise zeichnen sich die Ethikrichtlinien dieser Unternehmen durch eine – im Vergleich zu den bisher genannten Beispielen - nüchternere Gestaltung aus. Dementsprechend wird beispielsweise bei der äußeren Gestaltung der Ethikrichtlinie der Siemens AG auf Farbdruck oder Bebilderung verzichtet. Stattdessen werden die Inhalte der Ethikrichtlinie im Rahmen eines puristischen Layouts dargestellt. Auch die Präsentation der Ethikrichtlinie der Schering AG auf der Homepage des Unternehmens beschränkt sich auf eine Wiedergabe des Richtlinientextes, die ohne eine besondere äußere Gestaltung auskommen muss.

Teils von der inhaltlichen Regelungsdichte, teils von der äußerlichen Gestaltung bestimmt ist der Umfang ethischer Regelwerke. Auch hier findet sich eine große Bandbreite. Während einige Ethikrichtlinien Heftformat aufweisen, wie etwa die Richtlinien der Bayer AG (28 Seiten) oder der Fresenius AG (45 Seiten), haben andere Richtlinien mit sechs (Altana AG) oder acht Seiten (Alianz AG) Broschürenformat.

II. Gängige Regelungsinhalte

So vielfältig wie die äußeren Gestaltungsformen sind auch die möglichen Regelungsinhalte der Kodizes. Dies liegt darin begründet, dass die jeweiligen Ethikrichtlinien den besonderen Bedürfnissen des einzelnen Unternehmens angepasst sind. Eine abschließende Darstellung der Regelungsinhalte von Ethikrichtlinien ist aus diesem Grunde nicht möglich.

Dennoch können zumindest typische Regelungsinhalte und gewisse „Standard-Klauseln" identifizieren werden: Leitbild für die inhaltliche Gestaltung von

Ethikrichtlinien nach US-amerikanischem Recht ist Sec. 303A.10 NYSE LCM[3]. Diese Vorschrift gibt zunächst den personellen Anwendungsbereich von Ethikrichtlinien vor. Danach muss sich die Ethikrichtlinie auf sämtliche Mitarbeiter, und nicht bloß auf Mitglieder der Führungsebene, erstrecken.[4]

Darüber hinaus definiert Sec. 303A.10 NYSE LCM den wesentlichen Inhalt von Ethikrichtlinien. In die entsprechenden Regelwerke sollen Vorschriften zu Interessenkonflikten („Conflicts of interest"), zur Sicherstellung, dass kein persönlicher Vorteil aus der Position im Unternehmen geschlagen wird („Corporate Opportunities"), zur Verschwiegenheit der Mitarbeiter („Confidentiality"); fairem Geschäftsverhalten („Fair dealing"), der Einhaltung von geltendem Recht („Compliance with laws, rules and regulations"), dem Umgang mit Firmeneigentum („Protection and proper use of assets"), sowie die Ermutigung zur Meldung von Verstößen gegen den Kodex („Encouraging the reporting of any illegal or unethical behaviour") aufgenommen werden.

Obwohl die Vorschrift im NYSE LCM lediglich einen fakultativen Soll-Inhalt vorgibt, zeigt ein Blick in die praktizierten Ethikrichtlinien, dass die in Sec. 303A.10 NYSE LCM aufgelisteten Punkte auch in Deutschland für gewöhnlich übernommen werden.[5] Insofern lässt sich ein gewisser Standard-Inhalt von Ethikrichtlinien identifizieren, der grundsätzlich mittels vier unterschiedlicher Klauselarten vermittelt wird: Bloße Programmsätze, Verhaltensvorschriften, sog. „Whistleblowing"-Klauseln[6] und Strafklauseln.

1. Programmsätze

Ethikrichtlinien als bloßes Mittel des Arbeitgebers zum Moraltransfer zu qualifizieren, greift angesichts der komplexen Motivlage, die bereits oben[7] erläutert wurde, deutlich zu kurz. Allerdings weisen viele Ethikrichtlinien Klauseln ohne konkrete Verhaltensanweisungen auf, die hohe ethische Standards und Geschäftsmoral vermitteln sollen[8]. Bei diesen Klauseln handelt es sich um reine Programm-

---

[3] So auch *Eisenbeis/Nießen*, FS Leinemann, S. 697, 699.
[4] Sec. 303A.10 NYSE LCM: „Listed Companies must adopt and disclose a code of business and ethics for directors, officers and employees, and promptly disclose waivers of the code for directors and executive officers".
[5] Vgl. auch *Eisenbeis/Nießen*, FS Leinemann, S. 697, 699.
[6] Die sog. „Whistleblowing"-Klausel ist eigentlich ein Unterfall der Verhaltensvorschrift, die aber aufgrund ihrer praktischen Bedeutung und besonderen Problematik gesondert behandelt werden soll.
[7] vgl. oben Kapitel § 4 (S. 13 ff.).
[8] dazu auch *Grobys*, NJW Heft 39/2005, S. I.

sätze, deren Inhalt sich beispielsweise auf den abstrakten Aufruf zu „fairem Geschäftsgebaren" beschränkt.[9] Entsprechend fordert die Richtlinie der Allianz AG die Arbeitnehmer zu „redlichem" und „fairem" Geschäftsverhalten „mit Anstand und Integrität" auf[10], die Deutsche Telekom AG verpflichtet sich in ihrem Ethikkodex zur Förderung der personellen und kulturellen Vielfalt[11], und die Richtlinie der Daimler AG bezieht die Wahrung der Menschenrechte, die Missbilligung für Zwangs- und Kinderarbeitarbeit und die Gewährleistung von Chancen- und Lohngleichheit mit ein[12]. Häufig enthalten Ethikrichtlinien auch Vorschriften, die zum höflichen und respektvollen Umgang untereinander auffordern.[13]

Programmsätze sind regelmäßig zu abstrakt formuliert, als dass sie ein konkretes Verhalten einfordern würden[14]. Insofern bereiten derartige Klauseln in der Praxis auch nur in Ausnahmefällen Probleme, weil sie innerhalb ihres personellen Anwendungsbereiches zu keinen bestimmten Verhaltensweisen verpflichten und dementsprechend auch nicht ohne weiteres gegen sie verstoßen werden kann.[15]

2. Verhaltensvorschriften

Eine typische Ethikrichtlinie besteht zum größten Teil aus einfachen Verhaltensvorschriften, mit denen die abstrakten vertraglichen Nebenpflichten der Arbeitnehmer oder die Moralvorstellungen des Arbeitgebers zu ausdrücklichen Verhaltensanweisungen konkretisiert werden. Derartige Klauseln bilden das Herzstück des Ethikrichtlinieninhaltes[16]. Im Mittelpunkt dieser Verhaltensanweisungen steht die Umsetzung von Motiven wie der Schutz materieller und immaterieller Unternehmenswerte, die Schaffung eines sicheren Arbeitsumfeldes und die Gewährleistung eines neutralen Geschäftsverhaltens. Insofern enthalten viele Ethikrichtlinien typische und mit diesen Motiven korrespondierende Vorschriften zu Interessenkonflikten, Verschwiegenheit, Schutz von Firmeneigentum oder zum fairen Geschäftsgebaren.

---

[9] Dass Vorschriften zum fairen Geschäftsgebaren aber durchaus auch konkrete Verhaltensvorschriften enthalten können, wird unter § 5II.2.d) (S. 34 f.) näher erläutert.
[10] Punkt 1 Abs. 2 des Verhaltenskodex der Allianz AG
[11] S. 13 „Diversity" des Code of Conduct der Deutsche Telekom AG.
[12] S. 17 der Verhaltensrichtlinie der Daimler AG.
[13] Beispiel bei *Eisenbeis/Nießen*, FS Leinemann, 697, 702.
[14] So auch *Grobys*, NJW Heft 39/2005, S. I.
[15] Vgl. dazu etwa unten § 13V.1. (S. 185) und § 15I.3.a) (S. 219).
[16] Vgl. schon oben § 3I. (S. 5); ferner *Borgmann*, NZA 2003, S. 352 352.

a) Interessenkonflikte

In fast allen gängigen Ethikrichtlinien finden sich Vorschriften zur Vermeidung von und zum Umgang mit Interessenkonflikten. Nach den gängigen Definitionen tritt ein Interessenkonflikt immer dann auf, wenn die persönlichen Interessen des Arbeitnehmers mit denjenigen des Unternehmens dahingehend kollidieren, dass der Arbeitnehmer die ihm zugewiesenen Aufgaben nicht mehr objektiv oder effektiv ausüben kann.

Derartige Klauseln sind häufig eng mit entsprechenden Vorschriften zur Vermeidung einer Ausnutzung der im Unternehmen bekleideten Position für private Zwecke verknüpft.[17] Insofern sind die Klauselinhalte recht vielfältig: Es werden Interessenkonflikte mit Kunden und Lieferanten geregelt, aber auch Konstellationen, in denen es zwischen dem einzelnen Mitarbeiter und dem Unternehmen selbst zu Interessenkonflikten kommt, etwa beim Insider-Trading oder durch die Wahrnehmung privater Vorteile.

aa) Interessenkonflikte mit Kunden und Lieferanten

Im Zentrum der Verhaltensanweisungen im Rahmen von Lieferantenbeziehungen steht die Vermeidung von Vorteilsannahme und Korruption durch die eigenen Mitarbeiter. So rufen die einschlägigen Vorschriften beispielsweise zu objektiver Auswahl von Angeboten durch Lieferanten auf.[18]

Um eine Beeinflussung von Mitarbeitern durch Geschäftspartner jedoch effektiv zu verhindern, sieht eine Vielzahl von Ethikrichtlinien ausführliche Regelungen für die Annahme von unentgeltlichen Zuwendungen, etwa Geschenken, Einladungen zu Veranstaltungen oder der Übernahme von Reise- und Bewirtungskosten, vor.[19]

In dieser Hinsicht ausführliche Regelungen enthält die Verhaltensrichtlinie der Daimler AG.[20] Danach dürfen Mitarbeiter der Daimler AG grundsätzlich keine Zuwendungen oder Gefälligkeiten von Geschäftspartnern fordern.[21] Unaufgefor-

---

[17] *Eisenbeis/Nießen*, FS Leinemann, S. 697, 700.
[18] etwa § 10 der Bayer AG - Ethikrichtlinie „Geschäftsbeziehungen zu Dritten: Nur sachliche Kriterien zählen" oder „Dealing with Vendors", S. 31 f. des Fresenius Code of Conduct.
[19] vgl. § 11 Allianz Group Code of Conduct; § 4 Altana AG Code of Conduct; „Dealing with Vendors", S. 31 f. des Fresenius Code of Conduct; § 3 SAP AG Code of Business Conduct; § 4 der Schering Group Ethical Standards.
[20] Abschnitt IV. „Interessenkonflikte" der Verhaltensrichtlinie der Daimler AG.
[21] IV. Nr. 1.1 der Verhaltensrichtlinie der Daimler AG.

derte Zuwendungen sind teilweise ganz untersagt[22], in ihrem Ausmaß beschränkt[23], nur nach Meldung an den Vorgesetzten zulässig[24] oder unterliegen einer Vergütungspflicht[25]. Welche dieser Restriktionen Anwendung findet, bemisst sich maßgeblich nach der Art der Zuwendung.

bb) Interessenkonflikte zwischen Arbeitnehmer und Arbeitgeber

Mit Ethikrichtlinien kann nicht nur die Neutralität im Verhältnis zwischen dem einzelnen Mitarbeiter und Kunden bzw. Lieferanten durchgesetzt werden, sondern auch Konflikten im Verhältnis zwischen dem Mitarbeiter und dem Arbeitgeber selbst vorgebeugt werden. Ein solcher Konflikt kann sich etwa durch die Aufnahme einer Nebentätigkeit des Mitarbeiters ergeben. Durch die zusätzliche Arbeitsbelastung kann dies zu einer verminderten Leistungsfähigkeit des Arbeitnehmers im Unternehmen führen. Vielfach wird allerdings auch ein möglicher Transfer vertraulicher Informationen wie etwa Betriebsgeheimnisse befürchtet. Insofern hat der betroffene Mitarbeiter gemäß der Richtlinie der Siemens AG seinen Vorgesetzten schriftlich zu unterrichten, bevor er eine Nebentätigkeit aufnimmt.[26] Die Richtlinie weist einen Katalog von Gründen auf, aufgrund derer eine Erlaubnis verweigert werden könnte.[27] Ähnliche Vorschriften finden sich in den Ethikrichtlinien der Allianz AG[28] und der Altana AG[29].

---

[22] IV. Nr. 1.3 Abs. 1 Satz 1 der Verhaltensrichtlinie der DaimlerChrysler AG: Die Übernahme von Reise- und Übernachtungskosten durch Geschäftspartner ist nicht gestattet; IV. Nr. 1.6 der Verhaltensrichtlinie der Daimler AG: Zahlungen, Kredite oder andere finanzielle Leistungen jeglicher Art durch Lieferanten, Händler oder Kunden sind strikt untersagt.

[23] IV. Nr. 1.4 der Verhaltensrichtlinie der Daimler AG: Eine Teilnahme an Großveranstaltungen auf Einladung eines Geschäftspartners ist höchstes zwei Mal pro Jahr gestattet.

[24] IV. Nr. 1.3 Abs. 1 Satz 2 der Verhaltensrichtlinie der Daimler AG: Geschäftsreisen im Flugzeug eines Geschäftspartners sind nur erlaubt, wenn der Vorgesetzte und eine weitere Führungskraft zugestimmt haben.

[25] IV. Nr. 1.3 Abs. 2 der Verhaltensrichtlinie der Daimler AG: Wenn ein Geschäftspartner die Übernachtung bezahlt oder die Übernachtung in Räumlichkeiten des Geschäftspartners erfolgt, so muss der marktübliche Preis an ihn gezahlt werden; vgl. ferner VI. Nr. 1.5 der Verhaltensrichtlinie der Daimler AG: Vergütungspflicht für den privaten Bezug von Waren und Dienstleistungen des Geschäftspartners.

[26] Sec. C. Nr. 3 der Business Conduct Guidelines der Siemens AG.

[27] Diese sind: Verminderte Leistungsfähigkeit, Widerspruch zu den Mitarbeiterpflichten innerhalb des Unternehmens, drohender Interessenkonflikt, vgl. Sec. C. Nr. 3 der Business Conduct Guidelines der Siemens AG.

[28] Punkt 15 des Verhaltenskodex der Allianz AG.

[29] Punkt 7 des Code of Conduct der Altana AG.

cc) Interessenkonflikte mit Familienangehörigen

Schließlich findet sich auch eine Reihe von Vorschriften, die mögliche Interessenkonflikte mit Familienmitgliedern des Arbeitnehmers zum Gegenstand haben. Gängig sind etwa Klauseln, nach denen die Arbeitnehmer als Vertreter des Unternehmens nicht mit eigenen Familienangehörigen Geschäfte tätigen dürfen[30] oder Vorschriften, nach denen die Weitergabe von Insiderwissen an Familienangehörige untersagt wird.[31] Denkbar sind zudem Ethikklauseln, mit denen beispielsweise der Umgang mit Familienangehörigen als Kollegen reglementiert werden soll.[32]

Solche Klauseln erweisen sich schon deshalb als problematisch, weil hier Dritte in die arbeitsvertraglichen Pflichten mit einbezogen werden. Ob sich dies als zulässig erweisen kann, wird später noch genauer zu begutachten sein.

b) Verschwiegenheit

Ein weiterer häufig anzutreffender Klauseltyp beschäftigt sich mit den Verschwiegenheitspflichten des einzelnen Arbeitnehmers. Gängige Klauseln umfassen nicht nur die allgemein gefasste Pflicht des Arbeitnehmers, über alle Betriebs- oder Geschäftsgeheimnisse für die Dauer und nach Beendigung des Beschäftigungsverhältnisses Stillschweigen zu bewahren, sondern verpflichten den Arbeitnehmer beispielsweise auch, jeden Versuch einer unautorisierten Informationserlangung zu melden[33]. Hinzu kommt die Aufforderung, dieses Gebot nicht nur gegenüber Dritten, sondern auch Kollegen aus anderen Geschäftsbereichen und insbesondere Familienmitgliedern zu beachten. Häufig werden die Arbeitnehmer auch verpflichtet, eigenständig Maßnahmen zum Schutz vertraulicher Informationen vor Einblicken Dritter oder unbeteiligter Kollegen zu ergreifen.[34]

Zudem wird häufig festgelegt, dass Äußerungen im Namen des Unternehmens gegenüber Vertretern der Medien nur mit ausdrücklicher Genehmigung des Unternehmens erlaubt sind.[35]

---

[30] Vgl. insoweit den von *Junker*, BB 2005, 602 ff. berichteten Verfahren vor dem *Tribunal de Grande Instance de Versailles*. Dort war eine Vorschrift enthalten, nach der der Arbeitnehmer den Arbeitgeber zu informieren hatte, sobald ein Familienmitglied eine Tätigkeit aufnahm, die dem Arbeiteber Konkurrenz machen könnte.

[31] Vgl. dazu BAG v. 28.05.2002 – 1 ABR 32/01, AP Nr. 39 zu § 87 BetrVG 1972 Ordnung des Betriebes.

[32] Punkt 2.5 des Code of Business Conduct der SAP AG.

[33] Punkt 3 Abs. 3 des Verhaltenskodex der Allianz AG.

[34] Punkt 3 Abs. 2 des Verhaltenskodex der Allianz AG.

[35] *Eisenbeis/Nießen*, FS Leinemann, S. 697, 702.

c) Schutz von materiellem und geistigem Firmeneigentum

Aufgrund seiner hohen Bedeutung für den Arbeitgeber[36] finden sich in vielen Ethikrichtlinien zahlreiche Verhaltensvorschriften zum Schutz von materiellem und geistigem Firmeneigentum. Typischerweise enthalten derartige Klauseln zumindest die Anweisung, dass Arbeitsmittel und sonstiges Firmeneigentum weder entwendet oder zu privaten Zwecken missbraucht noch Dritten ohne weiteres überlassen werden darf.[37] Die private Nutzung von Firmeneigentum oder dessen Entfernung aus dem räumlichen Bereich des Unternehmens wird in der Regel von der vorherigen Zustimmung des Vorgesetzten abhängig gemacht.[38] Die Ethikrichtlinien der Daimler AG und der Schering AG verpflichten die Mitarbeiter darüber hinaus auch dazu, Unternehmenseigentum aktiv vor Verlust, Diebstahl oder Missbrauch zu schützen.[39]

Im Rahmen von Vertraulichkeitsvorschriften wird nicht nur deren Einhaltung angemahnt[40]: Die Ethikrichtlinie der Altana AG etwa weist darauf hin, dass „bei der Erstellung von Dokumenten zu berücksichtigen [ist], dass jedes beschriebene Blatt Papier und jeder Datenträger im ungünstigsten Fall in die Hände eines Mitbewerbers oder Prozessgegners gelangen und dann gegen unser Unternehmen verwendet werden könnte. Dies ist bereits bei der Erstellung von Dokumenten – auch von E-Mails – zu berücksichtigen."[41]

d) Faires Geschäftsgebaren

Vielfach enthalten Ethikrichtlinien Klauseln, die ein faires Geschäftsgebaren zum Gegenstand haben. Oftmals sind derartige Klauseln jedoch derart generell abgefasst, dass sie lediglich als bloße Programmsätze aufzufassen sind. Enthalten entsprechende Klauseln hingegen konkrete Handlungsanweisungen, erlangen sie die Qualität einer Verhaltensvorschrift.

---

[36] Vgl. oben § 4IV. (S. 16 f.).
[37] so etwa Punkt 18 Abs. 1 des Verhaltenskodex der Allianz AG.
[38] Vgl. Punkt 10 Abs. 2 („Umgang mit Unternehmenseigentum: Keine Nutzung für private Zwecke") des Programms für gesetzmäßiges und verantwortungsbewusstes Handeln" der Bayer AG; S. 35 des Business Code of Conduct der Fresenius AG.
[39] V. 1. der Verhaltensrichtlinie der Daimler AG bzw. Punkt 9 des Code of Conduct der Schering AG.
[40] Z. B. Punkt 8 Abs. 1 des Code of Conduct der Altana AG oder Punkt 3 Abs. 2 des Verhaltenskodex der Allianz AG.
[41] Punkt 8 Abs. 3 des Code of Conduct der Altana AG. Eine ähnliche Regelung enthält auch Punkt 12 des Programms für gesetzmäßiges und verantwortungsbewusstes Handeln" der Bayer AG.

Dies ist etwa dann der Fall, wenn die Ansprüche an ein „faires" Geschäftsgebaren für bestimmte Verhandlungssituationen konkretisiert werden. Dies gilt etwa für besondere Vorschriften über das Auftreten und Verhalten der Mitarbeiter Behörden, Amtsträgern oder der Öffentlichkeit gegenüber. So ruft die Ethikrichtlinie der Bayer AG etwa gegenüber Behörden „zur Kooperation bei Wahrung unserer Rechte"[42] auf: Die Wahrung von Verfahrensrechten und des „Schweigeprivilegs" sei kein Schuldeingeständnis, deswegen sollten die Erteilung von Auskünften und die Vorlage von Akten nur nach Rücksprache erfolgen[43].

Die Richtlinie der Allianz AG befasst sich ausführlich mit den Voraussetzungen, unter denen Zuwendungen an Vertreter öffentlicher Institutionen erlaubt sind[44]: Demnach sind Geschenke oder Vergünstigungen an diese Stellen nur dann erlaubt, wenn sie „den angemessenen Respekt vor dem öffentlichen Amt oder der politischen Rolle zum Ausdruck bringen"[45]. Derartige Zuwendungen sollten im Übrigen nur durch oder im Auftrag eines Mitgliedes der Geschäftsführung gemacht werden.[46]

Der Begriff des „Fairen Geschäftsgebarens" wird in gängigen Ethikrichtlinien mitunter recht weit verstanden, so dass dieser Abschnitt auch für die Aufnahme allgemeiner ordnungspolitischer Maßgaben genutzt wird.[47] Die Bandbreite möglicher Regelungen ist insoweit vielfältig: Sie reicht von einem betriebliches Alkohol- und Drogenverbot über das Verbot eines Mit-Sich-Führens von Waffen bis hin zu Vorschriften zur Benutzung der Betriebsküche.[48] Richtigerweise handelt es sich hierbei jedoch nicht um Vorschriften einer ehrenhaften Berufsausübung, sondern allgemeine Fragen der Betriebsordnung.

e) Sonstige Vorschriften

Bisher beschränkte sich die Darstellung auf Verhaltensregeln, die dem nach Sec. 303A.10 NYSE LCM empfohlenen Mindestinhalt von Ethikrichtlinien zuzuordnen sind. Ethikkodices können aber freilich Klauseln enthalten, die über diese Inhalte hinausgehen. Um einen Überblick zu bieten, welche Klauseln außerhalb des

---

[42] Punkt 13 des Programms für gesetzmäßiges und verantwortungsbewusstes Handeln" der Bayer AG.
[43] So auch Punkt 9 Abs. 1 des Code of Conduct der Altana AG.
[44] Vgl. Punkt 13 des Verhaltenskodex der Allianz AG.
[45] Punkt 13 Abs. 3 S. 1 des Verhaltenskodex der Allianz AG.
[46] Punkt 13 Abs. 3 S. 2 des Verhaltenskodex der Allianz AG.
[47] Insoweit *Eisenbeis/Nießen*, FS Leinemann, S. 697, 702.
[48] Beispiele nach *Eisenbeis/Nießen*, FS Leinemann, S. 697, 702.

Mindestinhaltes nach Sec. 303A.10 NYSE LCM als Verhaltensregeln in eine Ethikrichtlinie aufgenommen werden können, sollen im Folgenden noch weitere mögliche Vorschriften dargestellt werden.

aa) Vorschriften zum Arbeitsumfeld

Vorschriften zum Arbeitsumfeld finden sich häufig nur in den Ethikrichtlinien solcher Unternehmen, die aufgrund ihres Geschäftsbereichs einen Teil der Mitarbeiter in gefahrgeneigten Bereichen einsetzen. Deshalb enthalten überwiegend nur die Ethikrichtlinien großer Industrieunternehmen Vorschriften, die die Sicherheit des Arbeitnehmers im Betrieb zum Gegenstand haben.

So fordert beispielsweise die Ethikrichtlinie der Altana AG zu „aktivem Mitdenken" und „Gefahrenbewusstsein" der Mitarbeiter auf.[49] Die Ethikrichtlinie des Bayer-Konzerns enthält Vorschriften, die Grundsätze der Arbeits-, Anlagen- und Produktsicherheit aufstellen[50]. Diese Grundsätze sind sehr plastisch gestaltet: Im täglichen Umgang mit Gefahrenquellen – so die Richtlinie – sei eine nachlassenden Sorgfalt zu befürchten, da die tagtägliche Einhaltung von Präventionsvorschriften als lästig empfunden werde und der Trugschluss einer Beherrschung des Gefahrenpotentials drohe. Es müsse sich daher jeder zur konsequenten Anwendung der Gefahrschutzvorschriften zwingen.[51] Die Ethikrichtlinie der Siemens AG fordert ebenfalls zu ununterbrochener Aufmerksamkeit hinsichtlich der Arbeitssicherheit auf.[52]

bb) Umweltschutz

In enger Verknüpfung mit den Vorschriften zur Arbeitssicherheit finden sich in den Ethikrichtlinien großer Industrieunternehmen häufig Vorschriften zum Umwelt- und Klimaschutz. Aufgrund des zunehmenden gesellschaftlichen Bewusstseins für Umweltschäden und den damit verbundenen Klimawandel wird auch von Wirtschaftsunternehmen erwartet, in dieser Hinsicht Verantwortung zu übernehmen. Um eine solche Verantwortung zu dokumentieren, weisen Ethikklauseln zum Beispiel auf den hohen Stellenwert des Umwelt- und Klimaschutzes im Unternehmen hin und rufen zu einem sorgfältigen Umgang mit umweltschädlichen Materia-

---

[49] Punkt 3 Abs. 4 Code of Conduct der Altana AG.
[50] Punkt 3. – 5. des „Programms für gesetzmäßiges und verantwortungsbewusstes Handeln" der Bayer AG.
[51] Punkt 3. des „Programms für gesetzmäßiges und verantwortungsbewusstes Handeln" der Bayer AG.
[52] Sec. F. Nr. 2 Abs. 2 der Business Conduct Guidelines der Siemens AG.

lien auf. Die Richtlinie der Bayer AG etwa fasst unter dem gesonderten Punkt „Schutz der Umweltmedien"[53] sowohl die Grundprinzipien einer Inanspruchnahme von natürlicher Ressourcen (z. B. die Beachtung einer vorherigen behördlichen Genehmigungspflicht) als auch konkrete Verhaltensanweisungen zum Umgang mit Schadstoffen zusammen (z. B. Wahrung der Transportsicherheit oder die sofortige Meldung von Freisetzungen von Schadstoffen bei einer zuständigen Stelle). Auf ähnliche Weise erhebt die Richtlinie der Altana AG die „Vermeidung und Beherrschung von Gefahren für Mensch und Natur" zu einem „wesentlichen Bestandteil verantwortungsbewussten Handelns".[54]

Doch nicht nur Unternehmen der Chemiebranche berücksichtigen in ihren Richtlinien den Umwelt- und Klimaschutz in besonderem Maße: Die Ethikrichtlinie der Siemens AG etwa weist den Umweltschutz nicht nur als Unternehmensziel von höchster Priorität aus, sondern fordert darüber hinaus bereits die Produktentwicklung zu umweltfreundlichem Design auf, so dass die Unternehmensprodukte schon in der Entwicklungsphase am Maßstab des Umweltschutzes ausgerichtet werden.[55] Und auch die Richtlinie der Allianz AG verlangt, durch „Materialeinsparung, Energie sparende Planung, Bau und Betrieb von Gebäuden sowie Vermeidung, Reduzierung und Recycling von Abfällen" sicherzustellen, dass die Unternehmensaktivitäten nur einen geringen Einfluss auf die Umwelt haben.[56]

cc) Repräsentationspflichten

Denkbar sind – über die bisher dargestellten Klauselinhalte hinaus – auch solche Ethikvorschriften, mit denen der Arbeitgeber Einfluss auf die Repräsentation des Unternehmens durch die Mitarbeiter nehmen möchte. Solchen Klauseln können sich schon deshalb als problematisch erweisen, weil dadurch unter Umständen erheblich in den Privatbereich des Arbeitnehmers eingegriffen wird. So kann eine entsprechende Ethikklausel etwa die Arbeitnehmer lediglich dazu anhalten, in der Öffentlichkeit nicht abschätzig über den Arbeitgeber zu sprechen. Weiterreichende Klauseln können jedoch dazu dienen, drohende Glaubwürdigkeitsverluste des Arbeitgebers zu vermeiden: So ist beispielsweise denkbar, dass ein Unternehmen der Tabakbranche seinen Arbeitnehmern zumindest in der Öffentlichkeit ein aktives Eintreten für Rauchverbote untersagt.

---

[53] Punkt 6 des „Programms für gesetzmäßiges und verantwortungsbewusstes Handeln" der Bayer AG.
[54] Punkt 3 Abs. 1 des Code of Conduct der Altana AG.
[55] Sec. F. Nr. 1 Abs. 1 der Business Conduct Guidelines der Siemens AG.
[56] Punkt 18 Abs. 2 des Verhaltenskodex der Allianz AG.

Doch nicht nur die Förderung des Unternehmensimages oder die Vermeidung von Glaubwürdigkeitsverlusten, sondern auch geschäftliche Interessen spielen eine Rolle, wenn der Arbeitgeber auf das Auftreten seiner Angestellten in der Öffentlichkeit Einfluss nehmen will. Insofern könnte etwa ein Rüstungskonzern von seinen Mitarbeitern die Unterstützung einer Initiative zum Abbau von Waffenverboten oder Handelsembargos verlangen oder ein privater Postanbieter dazu aufrufen, aktiv gegen einen Mindestlohn in diesem Geschäftsbereich einzutreten.

In welchem Maße Arbeitnehmer die Interessen des Arbeitgebers auch in der Öffentlichkeit zu wahren und zu fördern haben, kann sich also per Ethikrichtlinie ganz unterschiedlich bestimmen lassen. Die Maßgaben entsprechender Klauseln können etwa von dem Gebot, den Arbeitgeber nicht zu verunglimpfen, bis hin zur Pflicht, aktiv die wirtschaftspolitischen Vorstellungen des Arbeitgebers zu vertreten, reichen.

3. „Whistleblowing"

Eine besondere Ausformung der Verhaltensregel stellt die sog. „Whistleblowing"-Klausel[57] dar, die Bestandteil fast aller Ethikrichtlinien ist. Eine typische „Whistleblowing"-Klausel ruft neben der Einhaltung der Richtlinienvorschriften auch dazu auf, Verstöße von Kollegen den Vorgesetzten[58] oder einer „Compliance"-Abteilung[59] zu melden. Zum Teil werden aber auch anonyme Telefon-Hotlines eingerichtet[60], um Verstöße gegen die geltende Ethikrichtlinie aufzunehmen. Auf diese Art und Weise soll sichergestellt werden, dass Verstöße auch dann erfasst werden, wenn die Ressourcen der unternehmenseigene Innenrevision oder Compliance-Abteilung für eine umfassende Kontrolle nicht ausreichen.

Die Vereinbarkeit eines derartigen Verfahrens mit deutschem Arbeitsrecht ist allerdings sehr umstritten.[61] Aufgrund des *Sarbanes-Oxley-Acts* sind aber alle in

---

[57] Die „Whistleblowing"-Klauseln in Ethikrichtlinien dürfen nicht mit dem zuweilen ebenfalls als „Whistleblowing" bezeichneten Problem einer Strafanzeige gegen den Arbeitgeber durch den Arbeitnehmer, das etwa *Müller*, NZA 2002, 424 ff. beschreibt, verwechselt werden.
[58] Eine entsprechende Regelung enthält beispielsweise Punkt XII.1. der Verhaltensrichtlinie der Daimler AG.
[59] So etwa Punkt 22 des Verhaltenskodex der Allianz AG.
[60] Eine solche Telefonhotline wird beispielsweise bei der Bayer AG betrieben, vgl. S. 27, linke Spalte des Programms für gesetzmäßiges und verantwortungsbewusstes Handeln" der Bayer AG.
[61] Hierzu *Barthel/Huppertz*, Personal-Profi 2006, 204; *Breinlinger/Krader*, RDV 2006, 60.

den USA börsennotierten Unternehmen dazu verpflichtet, ein anonymisiertes Verfahren zur Meldung von Verstößen einzurichten.[62]

4. Sanktionsklauseln

Um die Inhalte einer Ethikrichtlinie effektiv umsetzen zu können, bedarf es bestimmter Sanktionsklauseln, die ein Zuwiderhandeln gegen Richtlinieninhalte bestrafen. Ein Verstoß kann dabei ganz unterschiedliche Arten von Sanktionen auslösen. Zum einen enthalten Ethikrichtlinien Sanktionen, die sich ohnehin schon aus Arbeits- und Zivilrecht ergeben können, etwa Abmahnungen[63] oder Schadenersatzforderungen[64]. Darüber hinaus können Ethikrichtlinien aber auch Sanktionen vorsehen, deren konkrete Ausgestaltung im kodifizierten Arbeitsrecht keine Entsprechung findet. Dazu gehören zum Beispiel Disziplinarmaßnahmen[65] und Bußgelder[66]. Schließlich enthalten Ethikrichtlinien in der Regel auch Klauseln, die bei erheblichen Zuwiderhandlungen die Kündigung des Arbeitsverhältnisses[67] in Aussicht stellen. Darüber hinaus wird häufig darauf hingewiesen, dass bei Verletzung der Ethikrichtlinie zivil- und strafrechtliche Konsequenzen drohen können[68].

III. Zusammenfassung

Gängige Ethikrichtlinien – dies hat die vorangehende Untersuchung gezeigt – enthalten zum Teil reine Programmsätze, mit denen der Arbeitgeber seinen Arbeitnehmern eigene Moralvorstellungen vermitteln möchte. Solch abstrakt formulierte Programmsätze bieten jedoch kein nennenswertes arbeitsrechtliches Konfliktpotential. Da sie die Arbeitnehmer zu keinem konkreten Verhalten verpflichten, beschränkt sich ihre Wirkung auf eine positive Außendarstellung. Zudem treten Programmsätze in gängigen Ethikrichtlinien gegenüber einer Vielzahl von konkreten Verhaltensanweisungen in den Hintergrund.

---

[62] *Kock*, MDR 2006, 673, 673 m. w. N.
[63] Programm für gesetzmäßiges und verantwortungsbewusstes Handeln" der Bayer AG, S. 25; Punkt 10 Abs. 2 des Code of Conduct der Altana AG.
[64] Programm für gesetzmäßiges und verantwortungsbewusstes Handeln" der Bayer AG, S. 25; Punkt 10 Abs. 2 des Code of Conduct der Altana AG.
[65] Punkt XII.2. Abs. 1 der Verhaltensrichtlinie der Daimler AG; Punkt 21 des Verhaltenskodex der Allianz AG.
[66] Punkt 21 des Verhaltenskodex der Allianz AG.
[67] Punkt XII.2. Abs. 1 der Verhaltensrichtlinie der Daimler AG; Punkt 21 des Verhaltenskodex der Allianz AG; Punkt 10 Abs. 2 des Code of Conduct der Altana AG.
[68] Punkt 9 des Code of Business Conduct der SAP AG.

Diese Verhaltensanweisungen stellen das Herzstück gängiger Ethikrichtlinien dar. Typische Fallgruppen derartiger Ethikklauseln sind Verhaltensvorschriften zu Interessenkonflikten, Verschwiegenheitspflichten, dem Schutz von Firmeneigentum und fairem Geschäftsgebaren. Darüber hinaus existiert jedoch noch eine Vielzahl weiterer denkbarer Klauselinhalte. Zugunsten einer kompakten Darstellung der mit einer Einführung von Ethikrichtlinien verbundenen arbeitsrechtlichen Probleme soll sich der Schwerpunkt der Untersuchung jedoch auf die soeben genannte Auswahl von Verhaltensregeln beschränken, zumal diese Auswahl die praktisch relevantesten Fallgruppen enthält.[69] Abgesehen von den Programmsätzen und Verhaltensvorschriften sind schließlich noch zwei besondere Klauseltypen, die sog. Sanktions- und Whistleblowing-Klauseln, hervorzuheben, die ebenfalls eine Reihe arbeitsrechtliche Fragen aufwerfen. Bevor jedoch auf die inhaltliche Zulässigkeit derartiger Klauseln näher eingegangen wird, bedarf es einer genaueren Untersuchung, auf welche Weise Ethikrichtlinien überhaupt wirksam in das Arbeitsverhältnis eingeführt werden können.

---

[69] Die Auswahl umfasst zudem die nach Sec. 303A.10 NYSE LCM vorgeschriebenen Regelungsbereiche von Ethikrichtlinien.

Teil B Einführung von Ethikrichtlinien

Nachdem die typischen Inhalte von Ethikrichtlinien umrissen wurden, stellt sich die Frage, mit welchen rechtlichen Gestaltungsinstrumenten der Arbeitgeber Ethikregeln in das Arbeitsverhältnis einführen kann. Grundsätzlich lässt sich zwischen einseitigen und beidseitigen Möglichkeiten zur Einführung differenzieren.

Eine einseitige Einführung von Ethikrichtlinien ermöglicht es dem Arbeitgeber, unabhängig von der Zustimmung des Arbeitnehmers ein ethisches Regelwerk im Betrieb einzuführen. Instrumente einer solchen einseitigen Einführung sind das Direktionsrecht des Arbeitgebers sowie die Änderungskündigung.

Von der einseitigen Einführung zu unterscheiden ist die beidseitige Einführung von Ethikrichtlinien: Eine vertraglich vereinbarte Einführung setzt beispielsweise voraus, dass sich der Arbeitgeber mit dem jeweiligen Arbeitnehmer über die Einführung einer Ethikrichtlinie einigt. Dies kann im Arbeitsvertrag oder durch Zusatzvereinbarung mit dem Arbeitnehmer vereinbart werden.

Je nachdem welches Instrumentarium gewählt wird, unterscheiden sich die Voraussetzungen, welche an die zulässigen Regelungsinhalte der jeweiligen Ethikrichtlinie zu stellen sind, erheblich.[1] Die Analyse der wirksamen Einführung von Ethikrichtlinien soll daher zweigeteilt erfolgen: Zuerst bedarf es einer isolierten Betrachtung der dem Arbeitgeber zur Verfügung stehenden rechtlichen Gestaltungsinstrumente, um Ethikrichtlinien in das Arbeitsverhältnis einzuführen. Erst in einem zweiten Schritt sollen danach die jeweiligen inhaltlichen Grenzen der zur Verfügung stehenden Einführungsinstrumente beleuchtet werden, wie sie sich beispielsweise bei einer vertraglichen Einführung aus §§ 305 ff. BGB ergeben.

---

[1] *Schuster/Darsow*, NZA 2003, 352, 354.

§ 6 Einseitige Einführung von Ethikrichtlinien

Die vorangehende Untersuchung der Motiv- und Interessenlage hat gezeigt, dass Ethikrichtlinien typischerweise auf Initiative des Arbeitgebers eingeführt werden. Im Regelfall wird der Arbeitgeber deshalb vor der Umsetzung den Entwurf eines Regelwerkes entwickelt haben, welchen er möglichst „eins zu eins" in seinem Unternehmen implementieren möchte.

Aus Sicht des Arbeitgebers erscheinen zur Einführung von Ethikrichtlinien deshalb besonders diejenigen Möglichkeiten interessant, mit denen er einseitig auf die bestehenden Arbeitsverhältnisse einwirken kann. In diesen Fällen können Regelungen ohne die Beteiligung der Arbeitnehmer oder des Betriebsrates getroffen werden. Dies erweist sich aus Sicht des Arbeitgebers insbesondere deshalb als vorteilhaft, weil nur auf diese Weise eine vollständige Kodifizierung der unternehmenseinheitlichen Ethikvorstellungen möglich erscheint, während bei einer arbeitnehmerseitigen Beteiligung die konsensbedingte „Verwässerung" einer Ethikrichtlinie droht. Der Arbeitnehmer hingegen ist im Falle einer einseitigen Einführung von Ethikrichtlinien zunächst schutzlos: Er hat keine Möglichkeiten, den Inhalt der jeweiligen Ethikrichtlinie zu modifizieren.

Möglichkeiten einer einseitigen Einführung von Ethikrichtlinien bieten grundsätzlich das Direktionsrecht des Arbeitgebers sowie der Ausspruch einer Änderungskündigung gegenüber den betroffenen Arbeitnehmern. Im Folgenden sollen die Möglichkeiten einer einseitigen Implementierung von Ethikrichtlinien allein aus verfahrenstechnischer Sicht dargestellt und beleuchtet werden. Welche inhaltlichen Anforderungen an die auf diesem Wege eingeführten Ethikregeln zu richten sind, bedarf demgegenüber einer späteren ausführlicheren Betrachtung.[1]

I. Umsetzung durch Direktionsrecht

Weil der Arbeitsvertrag im Allgemeinen lediglich die Arbeitsverpflichtung des Arbeitnehmers festgelegt, ohne jedoch die Einzelheiten der Erbringung der Arbeitsleistung näher zu bestimmen, steht dem Arbeitgeber diesbezüglich die sogenannte Leitungs- oder Weisungsbefugnis bzw. das Direktionsrecht bei der Ausführung der Arbeit zu.[2] Das Direktionsrecht ist jedem Arbeitsverhältnis immanent[3] und gibt

---

[1] Unten unter § 15 (S. 216 ff.).
[2] Schaub/*Schaub*, § 31 Rn. 67.
[3] BAG v. 27.03.1980 - 2 AZR 506/78, DB 1980, 1603 = EzA § 611 BGB Direktionsrecht Nr. 2; HWK-*Lembke* § 106 GewO Rn. 3; ErfK/*Preis* § 611 BGB Rn. 233.

dem Arbeitgeber die Befugnis, die Arbeitspflicht des Arbeitnehmers etwa nach Art und Weise, Zeit und Ort näher zu konkretisieren.[4] Es erlaubt dadurch dem Arbeitgeber, die Ausführung der Arbeit zu regeln, ein den Arbeitsvollzug begleitendes Verhalten anzuordnen oder ein sonstiges, organisationsbedingtes Verhalten zu fordern.[5]

Ethikrichtlinien ließen sich als eine solche Konkretisierung der Arbeitspflicht auffassen und könnten damit einen zulässigen Gegenstand des Weisungsrechts[6] darstellen. Lediglich der Gesichtspunkt, dass es sich bei Ethikrichtlinien um abstrakte Regelwerke – und keine konkret-individuellen Weisungen – handelt, lässt an der Möglichkeit zweifeln, das Direktionsrecht zur Einführung von Ethikregeln nutzen zu können. Die per Weisung erteilten Verhaltensregeln können jedoch sowohl konkret-individueller als auch abstrakt-genereller Natur sein.[7] Ähnlich einer Allgemeinverfügung im Verwaltungsrecht (vgl. § 35 S. 2 VwVfG) kann der Arbeitgeber also eine Sammelweisung gegenüber allen Arbeitnehmern oder bestimmten Abteilungen eines Betriebes erklären.[8]

Ethikrichtlinien sind als solche abstrakt-generelle Sammelweisungen zu qualifizieren. Anstatt an bestimmte Arbeitnehmer und konkrete Situationen anzuknüpfen, gibt die Weisung des Arbeitgebers in Form der Ethikrichtlinie nämlich nur abstrakte Tatbestände vor, bei deren Vorliegen den Arbeitnehmern bestimmte Verhaltensweisen abgefordert werden. Ungeachtet der inhaltlicher Anforderungen, die an wirksame Weisungsinhalte zu richten sind und deren Umfang an anderer Stelle eingehend betrachtet werden soll[9], können Ethikrichtlinien somit grundsätzlich auch per Direktionsrecht eingeführt werden.

Die Ausübung des Direktionsrechts stellt eine einseitige, empfangsbedürftige Willenserklärung dar.[10] Sofern Ethikrichtlinien deshalb per Sammelweisung eingeführt werden, ist die tatsächliche Kenntnisnahme durch den Arbeitnehmer Wirksamkeitsvoraussetzung der jeweiligen Ethikrichtlinie. In jedem Fall muss also sichergestellt werden, dass die einzelnen Arbeitnehmer tatsächlich von dem Inhalt der Ethikrichtlinie Kenntnis nehmen. Wird eine Ethikrichtlinie also beispielsweise

---

[4] *Dütz*, Arbeitsrecht Rn. 54; *Löwisch*, Arbeitsrecht Rn. 868; *Preis*, Praxislehrbuch zum Individualarbeitsrecht § 18 VI 1.
[5] *Birk*, Leitungsmacht, S. 21.
[6] Dazu HWK-*Lembke*, § 106 GewO Rn. 12 ff.
[7] MüArbR/*Blomeyer* § 48 Rn. 32.
[8] HWK-*Lembke* § 106 GewO Rn. 44.
[9] Dazu ausführlich unten § 15I. (S. 209 ff.).
[10] HWK-*Lembke* § 106 GewO Rn. 6.

per E-Mail oder durch die Einstellung ins firmeneigene Intranet[11] erfolgen, sollte eine tatsächliche Kenntnisnahme etwa mit einer Empfangsbestätigung sichergestellt werden und ggf. mit konventionellen Benachrichtigungen auf Intranetinhalte hingewiesen werden[12]. Kleinere Betriebe[13] verfügen dagegen in den seltensten Fällen über ein ausgeprägtes elektronisches Informationssystem. Die Bekanntmachung der Ethikrichtlinien kann daher zumeist auf konventionellem Wege durchgeführt werden, etwa durch ein Rundschreiben oder auch durch den Aushang der Richtlinie am „Schwarzen Brett". Letzteres stellt eine tatsächliche Kenntnisnahme allerdings nicht immer sicher, so dass auf eine persönliche Empfangsbestätigung nicht verzichtet werden sollte.

Aus Sicht des Arbeitgebers stehen dem Vorteil einer praktisch recht unkomplizierten Einführung per Direktionsrecht jedoch auch gewisse Nachteile gegenüber. Die engen inhaltlichen Grenzen des Weisungsrechts aus § 106 Satz 1 GewO müssen beachtet werden und die eingeführten Ethikklauseln insofern den Grenzen des billigen Ermessens entsprechen.[14] Zusätzlich unterliegt die Einführung von Ethikrichtlinien per Sammelanweisung aufgrund ihres kollektiven Charakters mitunter der Mitbestimmung durch den Betriebsrat, sofern die Weisung nicht bloß das unmittelbare Arbeitsverhalten[15] zum Gegenstand hat.[16] Die einseitige Implementierung von Ethikregeln entbindet den Arbeitgeber also keineswegs davon, sich mit dem Betriebsrat über die Einführung und den Inhalt einer solchen Richtlinie zu beraten.[17] Diese umfassenden Kontrollmechanismen relativieren den Vorteil, Ethikrichtlinien mittels Direktionsrecht einseitig – und damit auch gegen den Widerstand einiger oder vieler Regelungsunterworfener – einführen zu können.

Nicht zuletzt kann eine Einführung per Direktionsrecht zudem zu einer mangelnden Akzeptanz der Ethikrichtlinie innerhalb der Belegschaft führen, weil die Arbeitnehmer ihre Interessen bei einer einseitigen Einführung als übergangen erachten könnten. Es ist demnach davon auszugehen, dass eine Einführung von

---

[11] Im Fall *Wal-Mart* (ArbG Wuppertal v. 15.6.2005 - 5 BV 20/05 - NZA-RR 2005, 476) wurde der ungekürzte, 28-seitige Text der Ethikrichtlinie in die „*Wal-Mart Pipeline*" (Intranet) eingestellt.

[12] Den Mitarbeitern von *Wal-Mart* beispielsweise wurde zusammen mit der monatlichen Gehaltsabrechnung eine ausgedruckte Zusammenfassung der Richtlinie zugesandt.

[13] Wegen der geringeren Betriebsgröße und der damit verbundenen besseren Kontrollmöglichkeiten bzw. geringeren Haftungsrisiken kommen Ethikrichtlinien für kleinere Betriebe eher selten in Betracht.

[14] Dazu unten § 15I.2.c) (S. 215 f.).

[15] Tschöpe/*Schmalenberg*, Teil 2 A Rn. 33.

[16] Näheres dazu unten unter § 17 (S. 249 ff.).

[17] Vgl. *Borgmann/Faas*, NZA 2004, 241, 243.

Ethikrichtlinien mittels Direktionsrecht allenfalls dann in Frage kommt, wenn die Ethikrichtlinie weniger sensible Regelungsbereiche zum Gegenstand hat oder in ihrem Anwendungsbereich keine Betriebsräte gebildet wurden.

II. Umsetzung durch Änderungskündigung

Als zweite Möglichkeit einer einseitigen Einführung von Ethikrichtlinien kommt der Ausspruch einer Änderungskündigung in Betracht. Die Änderungskündigung ist in § 2 KSchG legaldefiniert und dient der Änderung von Arbeitsbedingungen[18] jenseits des Umfanges des Direktionsrechts[19]. Eine Änderungskündigung bietet sich grundsätzlich immer dann an, wenn sich der Arbeitgeber eine Vertragsänderung nicht vorbehalten hat oder vorbehalten konnte.[20] Grundsätzlich handelt es sich bei der Änderungskündigung um ein zusammengesetztes Rechtsgeschäft, das aus zwei Elementen besteht: Die Kündigung des bisherigen Arbeitsvertrages und das Angebot, ihn zu geänderten Bedingungen fortzusetzen.[21] Nimmt der Arbeitnehmer die geänderten Bedingungen an, schließt er zwar einen neuen Arbeitsvertrag. Da sich der neue Arbeitsvertrag allerdings nahtlos an den bisherigen Arbeitsvertrag anschließt, liegt dennoch ein einheitliches Arbeitsverhältnis vor.[22] Die Änderungskündigung kann auf zwei unterschiedliche Arten ausgesprochen werden: Die Kündigung erfolgt entweder unter der Bedingung, dass eine angebotene Vertragsänderung nicht angenommen wird.[23] Oder der Arbeitgeber kündigt ohne Bedingung, bietet aber die Fortsetzung des Arbeitsverhältnisses zu geänderten Bedingungen an.[24]

Da die Änderungskündigung auch als Massenänderungskündigung ausgesprochen werden kann[25], bietet sie sich durchaus als Instrument zur Einführung von Ethikrichtlinien an. Sofern der Arbeitgeber per Änderungskündigung Ethikrichtlinien in ein Arbeitsverhältnis einbeziehen will, erfordert dies zwar grundsätzlich – wie bei einer Umsetzung per Vereinbarung – das Einverständnis des Arbeitnehmers, weil die Ethikrichtlinien nur dann Teil des Arbeitsvertrages werden, wenn der jeweilige Arbeitnehmer der Fortführung des Arbeitsverhältnisses unter geän-

---

[18] HWK-*Molkenbur* § 2 KSchG Rn. 4.
[19] MüArbR/*Berkowsky* § 145 Rn. 21 ff.; *Preis*, Praxislehrbuch zum Individualarbeitsrecht § 67 I.
[20] *Hromadka*, „Möglichkeiten und Grenzen der Änderungskündigung", NZA 1996, 1.
[21] BAG v. 30.05.1980 - 7 AZR 215/78, AP Nr. 8 zu § 611 BGB Arzt-Krankenhausvertrag.
[22] MüArbR/*Berkowsky* § 145 Rn. 1.
[23] *Dütz*, Arbeitsrecht Rn. 408; *Preis*, Individualarbeitsrecht, § 67 I.
[24] *Dütz*, Arbeitsrecht Rn. 408; *Preis*, Individualarbeitsrecht, § 67 I.
[25] zu den dann auftretenden Schwierigkeiten einer Abgrenzung zum Arbeitskampf APS/*Künzl*, § 2 KSchG Rn. 44.

derten Bedingungen zustimmt.[26] Anders als bei einer Einführung von Ethikrichtlinien per Vereinbarung kann der Arbeitgeber durch Ausspruch einer Änderungskündigung jedoch seinem Ansinnen Nachdruck verleihen, indem er dem Arbeitnehmer die Beendigung des Arbeitsverhältnisses im Falle der Ablehnung vor Augen hält.[27] Insofern bietet eine Änderungskündigung nach § 2 KSchG dem Arbeitgeber die gegenüber einem gewöhnlichen Änderungsvertrag aussichtsreichere Möglichkeit zur einheitlichen Einführung von Ethikrichtlinien. Hingegen dürfte die Akzeptanz einer auf diesem Wege eingeführten Ethikrichtlinie innerhalb der Belegschaft im Gegensatz etwa zu einer vertraglichen Vereinbarung schon deshalb äußerst gering ausfallen, weil den die Ethikrichtlinie ablehnenden Arbeitnehmern die Entlassung droht.

Dem Arbeitnehmer auf der anderen Seite bieten sich drei Möglichkeiten, auf die Änderungskündigung zu reagieren[28]: Er kann das Änderungsangebot des Arbeitgebers ohne Vorbehalt annehmen, so dass der Arbeitsvertrag einvernehmlich geändert wird und mit Ablauf der Kündigungsfrist die neuen Arbeitsbedingungen gelten. Der Arbeitnehmer kann das Änderungsangebot des Arbeitgebers aber auch vorbehaltlos ablehnen. In diesem Fall hat die Änderungskündigung die Wirkung einer Beendigungskündigung und muss somit auch den Voraussetzungen des § 1 KSchG entsprechen. Schließlich – als dritte Möglichkeit – kann der Arbeitnehmer die angebotenen Änderungen unter dem Vorbehalt der sozialen Rechtfertigung annehmen. Dann steht der kraft Vorbehalt zustande gekommene Änderungsvertrag unter der auflösenden Bedingung, dass die Sozialwidrigkeit der Änderungskündigung gerichtlich festgestellt wird (vgl. § 2 i. V. m. § 4 Satz 2, § 8 KSchG).[29] Reagiert ein Arbeitnehmer demnach auf eine per Änderungskündigung eingeführte Ethikrichtlinie mit deren Annahme unter Vorbehalt, so bleibt der Arbeitgeber so lange im Unklaren über die verbindliche Wirkung des Regelwerkes, bis dessen soziale Rechtfertigung gerichtlich festgestellt wurde.[30]

Welchen Anforderungen genau die Einführung von Ethikrichtlinien per Änderungskündigung entsprechen muss, soll aber erst später unter § 15 II (S. 231 ff.) ausführlich betrachtet werden. Dennoch soll bereits hier zur Verdeutlichung des

---

[26] Stahlhacke/*Preis*, Rn. 1262.
[27] *Lieb*, Arbeitsrecht Rn. 396.
[28] vgl. Stahlhacke/*Preis*, Rn. 1262.
[29] BAG v. 28.04.1982 - 7 AZR 1139/79, AP Nr 3 zu § 2 KSchG 1969; BAG v. 27.09.1984 - 2 AZR 62/83, AP Nr 8 zu § 2 KSchG 1969; Stahlhacke/*Preis*, Rn. 1263; ErfK/*Oetker*, § 2 KSchG Rn. 33.
[30] Dazu Stahlhacke/*Preis*, Rn. 1269 ff.; HWK-*Molkenbur*, § 2 KSchG Rn. 43 f.

Verhältnisses zwischen den beiden einseitigen Einführungsinstrumenten auf Folgendes hingewiesen werden: Eine Änderungskündigung ist schon dann sozial ungerechtfertigt, wenn der Arbeitgeber die erstrebte Änderung der Arbeitsbedingungen über ein milderes Mittel, etwa die Ausübung seines Weisungsrechts, erreichen kann.[31] Eine Einführung von Ethikrichtlinien per Änderungskündigung kommt also nur dann in Betracht, wenn das Direktionsrecht keine ausreichenden Umsetzungsmöglichkeiten bietet.

---

[31] HWK-*Molkenbur*, § 2 KSchG Rn. 43.

§ 7 (Zweiseitige) Einführung von Ethikrichtlinien per Vertrag

Ethikrichtlinien können nicht nur durch einseitige Maßnahmen des Arbeitgebers, sondern darüber hinaus auch per Arbeitsvertrag oder durch eine Zusatzvereinbarung zum Arbeitsvertrag eingeführt werden. Die einseitige Einführung von Ethikrichtlinien dürfte aus Sicht des Arbeitgebers zwar deutlich geeigneter sein, konzernweit einheitliche Ethikrichtlinien zügig zu implementieren.

Dennoch stellt die Einführung von Ethikrichtlinien per Vereinbarung die deutlich gängigere Methode dar. Dies verwundert zunächst. Sofern die geplanten Ethikrichtlinien nämlich von der Zustimmung jedes Arbeitnehmers abhängen, werden sie zugleich zur inhaltlichen Disposition gestellt. Der Arbeitgeber hat also zu befürchten, dass es zu einer Konsensbildung kommt, in deren Verlauf der ursprüngliche Inhalt der Ethikrichtlinien umfassenden Änderungen unterzogen wird, so dass das ursprüngliche Regelungsziel der Ethikrichtlinien nunmehr möglicherweise verfehlt würde.

Aus Arbeitnehmersicht bietet die Einführung von Ethikrichtlinien per Vereinbarung die deutlich besseren Möglichkeiten einer angemessenen Berücksichtigung von Arbeitnehmerinteressen als die einseitige Umsetzung per Direktionsrecht oder Änderungskündigung. Dies hat unmittelbare Auswirkungen auf die Akzeptanz der Richtlinien in der Belegschaft. Zudem dürfte das Ideal einer umsichtigen und ethisch verantwortungsvollen Belegschaft nur glaubhaft vermittelt werden können, wenn das Ethikkonzept nicht einseitig, sondern durch Übereinkunft zwischen Arbeitnehmer und Arbeitgeber implementiert wurde.

Bei einer zwischen Arbeitgeber und den Arbeitnehmern vereinbarten Einführung von Ethikrichtlinien ist zunächst zwischen einer Einführung per Arbeitsvertrag oder per Zusatzvereinbarung zu unterscheiden. Im Folgenden sollen die Möglichkeiten einer vertraglichen Umsetzung von Ethikrichtlinien allein aus verfahrenstechnischer Sicht dargestellt und beleuchtet werden. Welche inhaltlichen Anforderungen an die auf diesem Wege eingeführten Ethikregeln zu stellen sind, bedarf demgegenüber einer ausführlicheren Betrachtung an späterer Stelle.[1]

I. Einführung per Arbeitsvertrag

Die Einführung von Ethikrichtlinien kann zunächst per Arbeitsvertrag vereinbart werden. Praktisch bietet sich die Aufnahme des Richtlinientextes in einen gesonderten Vertragsteil oder die Aufnahme einer Bezugnahmeklausel, die auf die

---

[1] Unten in § 13 (S. 121 ff.).

Richtlinie verweist, an. Eine Vereinbarung mit (dynamischer) Bezugnahmeklausel ist in der Regel vorzugswürdig, weil andernfalls mit jeder Änderung der Ethikrichtlinie auch eine Änderung des einzelnen Arbeitsvertrages einhergehen müsste.

Eine Einführung von Ethikrichtlinien per Arbeitsvertrag kommt freilich nur bei Neueinstellungen in Betracht. Im Hinblick auf bereits bestehende Arbeitsverhältnisse können Ethikrichtlinien allenfalls per Zusatzvereinbarung zum bestehenden Arbeitsvertrag eingeführt werden. Aus diesem Grunde bietet sich der Arbeitsvertrag prinzipiell nur dann als Einführungsinstrument an, wenn in dem jeweiligen Betrieb bereits Ethikrichtlinien angewandt werden und lediglich sichergestellt werden soll, dass auch neu eingestellte Arbeitnehmer diesen unterliegen. Eine sukzessive Einführung von Ethikrichtlinien per Arbeitsvertrag, nach der nur für neu eingestellte Arbeitnehmer eine Geltung von Ethikrichtlinien vereinbart wird, ist dagegen unpraktikabel: Sie käme allenfalls für Betriebe mit hoher Personalfluktuation in Betracht; es würde aber höchstwahrscheinlich auch dort zu lange dauern, bis tatsächlich alle im Betrieb beschäftigten Arbeitnehmer erfasst wären.

II. Einführung per Zusatzvereinbarung

Während sich eine Einführung von Ethikrichtlinien per Arbeitsvertrag im Grunde nur für Neueinstellungen anbietet, kann im Hinblick auf bestehende Arbeitsverhältnisse eine Umsetzung durch Zusatzvereinbarung zum bestehenden Arbeitsvertrag erfolgen.

Allerdings bestehen auch hier Zweifel an der Praktikabilität: Anders als etwa bei kollektiven Vereinbarungen wie der Betriebsvereinbarung ist es bei diesem Umsetzungsinstrument notwendig, mit jedem einzelnen Arbeitnehmer eine Vereinbarung abzuschließen. Dies mag in Kleinbetrieben keine Schwierigkeiten bereiten. Hält man sich jedoch vor Augen, dass gerade multinationale Konzerne – und gerade dort greifen häufig die gesetzlichen Verpflichtungen des US-amerikanischen Börsenrechts[2] – Ethikrichtlinien für erforderlich halten, so wird es gerade in diesen Fällen schwierig, mit möglicherweise mehreren Tausend Arbeitnehmern jeweils Einzelvereinbarungen zu treffen. Dies ist mit einem hohen administrativen Aufwand verbunden und kann die Umsetzung eines Ethikkonzeptes nicht unerheblich verzögern.

Es bestehen also bereits in dieser Phase der Untersuchung begründete Zweifel, ob sich Ethikrichtlinien tatsächlich sinnvoll per Arbeitsvertrag oder Zusatzvereinbarung einführen lassen. Das Erfordernis der Zustimmung jedes einzelnen Arbeit-

---

[2] S. o. § 4III. (S. 17 f.).

nehmers zur Einführung einer Ethikrichtlinie kann gerade in großen Unternehmen zu erheblichen Verzögerungen bei der Implementierung eines Ethik-Konzeptes führen. Derartige Probleme bestehen bei einer einseitigen Einführung per Sammelweisung dagegen nicht. Hier ist – wie oben dargelegt[3] – lediglich die Kenntnisnahme der Richtlinie durch die Arbeitnehmer, nicht jedoch deren Zustimmung erforderlich. Insofern lassen sich Ethikrichtlinien auf dem Wege der Sammelweisung möglicherweise möglicherweise zügiger implementieren, als wenn sie per Vereinbarung eingeführt würden. Demgegenüber darf der Arbeitgeber bei einer Umsetzung von Ethikrichtlinien per Vereinbarung auf eine erhöhte Akzeptanz der Richtlinie in der Belegschaft hoffen.[4] Eventuell bietet jedoch eine Einführung per Betriebsvereinbarung die Möglichkeiten, die benannten Vorzüge zu verbinden und eine zügige Implementierung von Ethikrichtlinien bei zugleich hoher Akzeptanz unter den Arbeitnehmern zu erreichen.

---

[3] Unter § 6I. (S. 43 ff.).
[4] Vgl. oben unter § 7 (S. 49 ff.).

§ 8 Einführung per Betriebsvereinbarung

Die Probleme, die eine Einführung per Einzelvereinbarung bereitet, existieren bei einer Einführung von Ethikrichtlinien per Betriebsvereinbarung nicht: Da die Rechtsnormen einer Betriebsvereinbarung gemäß § 77 Abs. 4 Satz 1 BetrVG unmittelbar und zwingend für die einzelnen Arbeitsverhältnisse gelten[1], werden durch den Abschluss einer einzelnen Vereinbarung alle Arbeitnehmer des Betriebes im Sinne des § 5 Abs. 1 BetrVG einheitlich erfasst, ohne dass es ihrer gesonderten Zustimmung bedarf. Auch neu eintretende Arbeitnehmer unterfallen der Betriebsvereinbarung jedenfalls dann, wenn der Arbeitsvertrag eine Öffnungsklausel vorsieht.[2] Mit denjenigen Mitarbeitern, die in die Kategorien des § 5 Abs. 2 Nr. 1 bis 5 BetrVG fallen oder als leitende Angestellte im Sinne des § 5 Abs. 3 BetrVG zu qualifizieren sind, muss der Arbeitgeber hingegen entsprechende Parallelvereinbarungen abschließen, da diese von einer Betriebsvereinbarung nicht erfasst würden.[3]

Die Betriebsvereinbarung ist für den Arbeitgeber ein effizientes Umsetzungsinstrument, weil sich auf diesem Wege stets eine *einheitliche* Einführung von Ethikrichtlinien bewerkstelligen lässt. Dies erweist sich gerade in großen Konzernen, in denen stets einheitliche Ethikstandards realisiert werden sollen, als großer Vorteil. Es kann allerdings sein, dass der Arbeitgeber trotzdem die Einführung von Ethikrichtlinien per Einzelvereinbarung bevorzugt, etwa wenn er Wert auf eine persönliche Gegenzeichnung des Regelwerkes durch die Arbeitnehmer legt.

Demgegenüber hat der Arbeitgeber jedoch möglicherweise Beteiligungsrechte des Betriebsrates zu beachten.[4] Besteht tatsächlich ein Mitbestimmungsrecht des Betriebsrates im Hinblick auf bestimmte Richtlinieninhlte, bietet es sich allerdings an, statt eines getrennten Beteiligungsverfahrens und einer einzelvertraglichen Umsetzung direkt eine Betriebsvereinbarung mit dem Betriebsrat abzuschließen, weil ohnehin über die Einführung der Richtlinie verhandelt werden müsste. In betriebsratslosen Unternehmen fehlt dem Arbeitgeber hingegen der Verhandlungspartner

---

[1] WP/*Preis*, BetrVG, § 77 Rn. 21; HWK-*Gaul* § 77 BetrVG Rn. 2.
[2] Das Günstigkeitsprinzip verhindert andernfalls eine Geltung, weil die durch Betriebsvereinbarung eingeführten Ethikrichtlinien zusätzliche Pflichten des Arbeitnehmers begründen und somit ungünstiger sind.
[3] WP/*Preis*, BetrVG, § 77 Rn. 16; *Kock*, MDR 2006, 673, 673.
[4] Dazu ausführlin in Teil D (S. 249 ff.).

zum Abschluss einer Betriebsvereinbarung.[5] Insofern scheidet in solchen Unternehmen eine Einführung von Ethikrichtlinien auf diesem Wege aus.

Im Folgenden sollen die Möglichkeiten einer Umsetzung von Ethikrichtlinien per Betriebsvereinbarung allein aus verfahrenstechnischer Sicht dargestellt und beleuchtet werden.[6]

Als Verhandlungspartner einer Betriebsvereinbarung fungieren grundsätzlich Arbeitgeber und Betriebsrat (vgl. § 77 Abs. 2 BetrVG). Neben dem Einzelbetriebsrat kommt allerdings auch eine Einführung von Ethikrichtlinien unter Beteiligung des Gesamt-, des Konzern- und möglicherweise des Europäischen Betriebsrats in Betracht. Diese unterscheiden sich in den ihnen zugewiesenen Zuständigkeitsbereich voneinander.

I. Betriebsvereinbarung zwischen Arbeitgeber und Einzelbetriebsrat

Zunächst können Ethikrichtlinien eingeführt werden, indem Arbeitgeber und Einzelbetriebsrat eine Betriebsvereinbarung abschließen. Diese Konstellation stellt aus betriebsverfassungsrechtlicher Sicht den Regelfall nach § 77 Abs. 2 Satz 1 BetrVG dar, in dem der Vertragsarbeitgeber als Inhaber des Betriebes[7] mit dem zuständigen Einzelbetriebsrat verhandelt.

Kleine Unternehmen, in denen nur ein Betrieb samt zugehörigem Betriebsrat existiert, sind auf die Einführung von Ethikrichtlinien auf diesem Wege beschränkt. In größeren Unternehmen mit mehreren Betrieben und Betriebsräten erweist sich der Abschluss einer Betriebsvereinbarung mit dem Einzelbetriebsrat gegenüber einer Betriebsvereinbarung mit Gesamt- oder Konzernbetriebsrat[8] allerdings als nachteilig: Die Betriebsvereinbarung – und damit auch die mit ihr eingeführte Ethikrichtlinie – erstreckt sich in räumlicher Hinsicht allein auf denjenigen Betrieb, dessen Betriebsrat sie im Rahmen seiner Zuständigkeit mit dem Arbeitgeber abgeschlossen hat.[9] Eine per Betriebsvereinbarung mit dem Einzelbetriebsrat eingeführte Ethikrichtlinie gilt also immer nur allein für den jeweiligen Betrieb.

---

[5] Für betriebsratslose Betriebe kommt hingegen noch eine Einführung per Gesamtbetriebsvereinbarung in Betracht, sofern dieser gebildet wurde, vgl. § 50 Abs. 1 Satz 1 a. E.; Mehr dazu unten unter § 8II.4. (S. 63).

[6] Welche inhaltlichen Anforderungen an die auf diesem Wege eingeführten Ethikregeln zu stellen sind, bedarf demgegenüber einer ausführlicheren Betrachtung. Dies erfolgt später unter § 14 (S. 201 ff.).

[7] *Fitting*, § 77 BetrVG Rn. 20; Richardi/*Richardi*, Einl. BetrVG Rn. 119.

[8] Siehe dazu unten § 8IV.2. ff. (S. 73 ff.).

[9] *Fitting*, § 77 BetrVG Rn. 34; Richardi/*Richardi*, § 77 BetrVG Rn. 126.

In großen Unternehmen mit mehreren Betrieben stellt die Einführung von Ethikrichtlinien anhand der hier dargestellten Konstellation deswegen einen beschwerlichen Weg dar, weil in jedem einzelnen Betrieb des Unternehmens zwischen dem Betriebsrat und dem Arbeitgeber eine jeweils gesonderte Betriebsvereinbarung abgeschlossen werden müsste. Dies erhöht das Risiko, aufgrund individueller Verhandlungsergebnisse in den unterschiedlichen Betrieben abweichende Vereinbarungen schließen zu müssen und eine konzerneinheitliche Ethikrichtlinie deshalb nicht durchsetzen zu können. In Unternehmen mit mehreren Betriebsräten dürfte eine Einführung von Ethikrichtlinien per Betriebsvereinbarungen mit den Einzelbetriebsräten aufgrund originärer Zuständigkeit des Gesamtbetriebsrates aber ohnehin regelmäßig unwirksam sein.[10]

Aufgrund dieser Erwägungen ist eine Einführung von Ethikrichtlinien mittels Betriebsvereinbarung zwischen Arbeitgeber und Einzelbetriebsrat also lediglich in Unternehmen mit nur einem Betriebsrat zu empfehlen.

II. Betriebsvereinbarung zwischen Arbeitgeber und Gesamtbetriebsrat

Neben dem Abschluss einer Betriebsvereinbarung zwischen Arbeitgeber und Einzelbetriebsrat kommt die Einführung von Ethikrichtlinien mittels einer Betriebsvereinbarung zwischen Arbeitgeber und Gesamtbetriebsrat in Betracht. Ein Gesamtbetriebsrat ist gemäß § 47 Abs. 1 BetrVG zwingend zu bilden, sofern in einem Unternehmen mehrere Betriebsräte bestehen.[11] Der Gesamtbetriebsrat vertritt dann die Interessen der Arbeitnehmer auf Unternehmensebene[12].

Eine Betriebvereinbarung zwischen Arbeitgeber und Gesamtbetriebsrat stellt jedoch nur dann ein taugliches Instrument zur Einführung von Ethikrichtlinien dar, wenn die einzelnen Betriebe hinreichend an sie gebunden sind und der Gesamtbetriebsrat in dieser Angelegenheit wirksam Betriebsvereinbarungen abschließen kann.

1. Inhalt und Reichweite der Gesamtbetriebsvereinbarung

Sofern der Gesamtbetriebsrat im Rahmen seiner originären Zuständigkeit nach § 50 Abs. 1 BetrVG tätig wird, wird die entsprechende Betriebsvereinbarung häufig als „Gesamtbetriebsvereinbarung" bezeichnet.[13] Nimmt der Gesamtbetriebsrat

---

[10] Vgl. unten § 8II.3. (S. 61 ff.).
[11] *Fitting*, § 47 BetrVG Rn. 3; *Preis*, Praxislehrbuch zum Kollektivarbeitsrecht, § 147 V. 2. a).
[12] *Preis*, Praxislehrbuch zum Kollektivarbeitsrecht, § 147 V. 2. a).
[13] vgl. etwa GK-BetrVG/*Kreutz*, § 50 Rn. 68; Richardi/*Annuß*, § 50 BetrVG Rn. 69; *Fitting*, § 50 BetrVG Rn. 73.

demgegenüber eine Auftragszuständigkeit gem. § 50 Abs. 2 Satz 1 BetrVG wahr, so schließt er keine Gesamtbetriebsvereinbarungen, sondern „einfache" Betriebsvereinbarungen ab.[14]

Im Rahmen seiner Zuständigkeit kann der Gesamtbetriebsrat die ihm zustehenden Mitbestimmungsrechte freilich auch auf andere Weise – zum Beispiel als Regelungsabrede oder Betriebsabsprache – ausüben als durch den Abschluss einer Gesamtbetriebsvereinbarung. Insbesondere der Arbeitgeber wird jedoch bei der Einführung von Ethikrichtlinien in der Regel den Abschluss einer Gesamtbetriebsvereinbarung anstreben, weil die Gesamtbetriebsvereinbarung gegenüber etwa der Betriebsabsprache bei gleichem Verhandlungsaufwand einen entscheidenden Vorteil bietet: Die vom Gesamtbetriebsrat geschlossenen (Gesamt-) Betriebsvereinbarungen gelten gemäß § 51 Abs. 5 BetrVG in Verbindung mit § 77 Abs. 4 S. 1 BetrVG unmittelbar und zwingend in allen vom Gesamtbetriebsrat vertretenen Betrieben.[15] Ein einmal mit dem Gesamtbetriebsrat vereinbarter Ethikkodex kann damit also einheitlich in allen Betrieben des Unternehmens eine verbindliche Wirkung entfalten, ohne dass (ggf. zusätzlich) mit den jeweilgen Einzelbetriebsräten verhandelt werden müsste.

2. Zuständigkeit des Gesamtbetriebsrates

Die Einführung von Ethikrichtlinien per Gesamtbetriebsvereinbarung ist nur unter der Voraussetzung zulässig, dass der Gesamtbetriebsrat überhaupt für den Abschluss einer entsprechenden Gesamtbetriebsvereinbarung zuständig ist. Dies ist aber nur dann der Fall, wenn die Einführung von Ethikrichtlinien entweder in den originären Zuständigkeitsbereich[16] des Gesamtbetriebsrates nach § 50 Abs. 1 BetrVG fällt oder eine Auftragszuständigkeit[17] nach § 50 Abs. 2 BetrVG vorliegt.

a) Originäre Zuständigkeit

Kraft originärer Zuständigkeit ist der Gesamtbetriebsrat nach dem Wortlaut des § 50 Abs. 1 BetrVG zuständig für die Behandlung von Angelegenheiten, die das Gesamtunternehmen oder eine Mehrzahl von Betrieben betreffen und die von den Einzelbetriebsräten nicht geregelt werden können. Diese beiden Voraussetzun-

---

[14] Richardi/*Annuß*, § 50 BetrVG Rn. 69.
[15] So auch GK-BetrVG/*Kreutz*, § 50 Rn. 68.
[16] Vgl. zu dem Begriff der originären Zuständigkeit *Fitting*, § 50 BetrVG Rn. 15 ff.
[17] Vgl. dazu *Fitting*, § 50 BetrVG Rn. 62 ff.

gen müssen kumulativ vorliegen[18]: Nur ein betriebsübergreifender Sachverhalt, der nicht durch die Einzelbetriebesräte geregelt werden kann, begründet also die originäre Zuständigkeit des Gesamtbetriebsrates. Die Einführung einer unternehmensweiten Ethikrichtlinie betrifft das Gesamtunternehmen[19] und kann daher zwanglos als betriebsübergreifender Sachverhalt im Sinne von § 50 Abs. 1 BetrVG charakterisiert werden.

Bevor das grundsätzliche Vorliegen der zweiten Voraussetzung, das „Nichtregelnkönnen" durch die Einzelbetriebsräte, untersucht werden kann, muss zunächst aber geklärt werden, was unter diesem unbestimmten Rechtsbegriff[20] überhaupt zu verstehen ist.

Bei strengem Verständnis würde die Zuständigkeit des Gesamtbetriebsrates immer dann ausscheiden, wenn die jeweilige Angelegenheit per Parallelvereinbarung auch durch die Einzelbetriebsräte geregelt werden könnte. Dies kann allerdings nicht richtig sein, da der Gesamtbetriebsrat bei diesem Verständnis nie zuständig wäre – ihm würden lediglich die wenigen gesetzlich zugewiesenen Kompetenzen (vgl. § 54 BetrVG und § 107 Abs. 2 Satz 2, Abs. 3 Satz 6 BetrVG oder §§ 38, 49 WO 1953) verbleiben. Eine Begrenzung des Zuständigkeitsbereiches des Gesamtbetriebsrates auf diejenigen Sachverhalte, für die eine Regelung auf betrieblicher Ebene denkgesetzlich ausscheiden würde, ist demnach abzulehnen.[21]

Nach früherer Ansicht des *Bundesarbeitsgerichts* lag eine fehlende betriebliche Regelungsmöglichkeit demgegenüber immer dann vor, wenn die Regelung der Angelegenheit dem Betriebsrat objektiv oder subjektiv unmöglich ist oder ein zwingendes Erfordernis für eine mindestens betriebsübergreifende Regelung besteht.[22] Den jeweiligen Einzelbetriebsräten ist die Regelung einer Angelegenheit immer dann objektiv unmöglich, wenn eine Maßnahme ihrem Gegenstand nach ausschließlich betriebsübergreifend ist und auch gedanklich nicht in Teilakte zer-

---

[18] BAG v. 26.01.1993 -1 AZR 303/92, AP Nr. 102 zu § 99 BetrVG 1972; GK-BetrVG/*Kreutz*, § 50 Rn. 21; HWK-*Hohenstatt/Dzida* § 50 BetrVG Rn. 3 f.

[19] Vgl. GK-BetrVG/*Kreutz*, § 50 Rn. 6.

[20] So GK-BetrVG/*Kreutz*, § 50 Rn. 25; Richardi/*Annuß*, § 50 BetrVG Rn. 7 spricht gar von einer „sibyllinisch formulierten Einschränkung".

[21] So auch *Ehrich*, Die Zuständigkeit des Gesamtbetriebsrats nach § 50 Abs. 1 Satz 1 BetrVG und ihre Bedeutung bei den betrieblichen Beteiligungsrechten, ZfA 1993, 427, 437; *Richardi* in: FS Gitter, 789, 791; Richardi/*Annuß*, § 50 BetrVG Rn. 8.

[22] BAG v. 06. 12. 1988 – 1 ABR 44/87, AP Nr. 37 zu § 87 BetrVG 1972 Lohngestaltung; BAG v. 18. 10. 1994 – 1 ABR 17/94, AP Nr. 70 zu § 87 BetrVG 1972 Lohngestaltung; vgl. auch Richardi/*Annuß*, § 50 BetrVG Rn. 9.

legt werden kann[23], etwa bei der Errichtung und Verwaltung von unternehmensbezogenen Sozialeinrichtungen[24]. Subjektiv ist den Einzelbetriebsräten dagegen beispielsweise eine Regelung im gesamten Bereich der freiwilligen Mitbestimmung unmöglich, wenn der Arbeitgeber nur auf überbetrieblicher Ebene zu einer Regelung bereit wäre.[25]

Diese Jurisdiktion begegnete allerdings berechtigten Einwänden des Schrifttums. Zum einen wurde bemängelt, dass mit der objektiven und subjektiven Unmöglichkeit wohl kaum etwas anderes gemeint sein kann als mit dem zwingenden Erfordernis einer betriebsübergreifenden Regelung.[26] Zum anderen blieb die Rechtsprechung eine handhabbare Definition der objektiven und subjektiven Unmöglichkeit schuldig[27] und musste teilweise auf weitere Hilfserwägungen zur Ausfüllung dieser Begriffe zurückgreifen[28].

Mittlerweile berücksichtigt die Rechtsprechung die vom Schrifttum geäußerte Kritik und zieht – abseits von objektiver und subjektiver Unmöglichkeit – das zwingende Erfordernis einer unternehmenseinheitlichen oder zumindest betriebsübergreifenden Regelung als entscheidendes Beurteilungskriterium einer originären Gesamtbetriebsratszuständigkeit heran.[29] Richtigerweise räumt das *Bundesarbeitsgericht* dem Tatsachenrichter dabei einen gewissen Beurteilungsspielraum ein[30], da die Frage nach der fehlenden betrieblichen Regelungsmöglichkeit in § 50 Abs. 1 Satz 1 BetrVG letztlich einer abstrakten Beantwortung unzugänglich bleibt[31] und anhand konkreter Umstände des Einzelfalls zu entscheiden ist[32].

Es steht nun also in Frage, ob vor dem Hintergrund einer unternehmenseinheitlichen bzw. betriebsübergreifenden Einführung von Ethikrichtlinien ein solches

---

[23] GK-BetrVG/*Kreutz*, § 50 Rn. 28.
[24] GK-BetrVG/*Kreutz*, § 50 Rn. 28; vgl. aber auch Richardi/*Annuß*, § 50 BetrVG Rn. 14.
[25] So ausdrücklich BAG v. 06. 12. 1988 – 1 ABR 44/87, AP Nr. 37 zu § 87 BetrVG 1972 Lohngestaltung Rn. 47; *Ehrich*, ZfA 1993, 427, 439, GK-BetrVG/*Kreutz*, § 50 Rn. 28; undeutlich *Fitting*, § 50 BetrVG Rn. 24.
[26] *Ehrich*, ZfA 1993, 427, 442.
[27] *Ehrich*, ZfA 1993, 427, 442; Richardi/*Annuß*, § 50 BetrVG Rn. 9.
[28] BAG v. 11.02.1992 – 1 ABR 51/91, AP Nr 50 zu § 76 BetrVG 1972; *Ehrich*, ZfA 1993, 427, 442.
[29] BAG v. 14.12.1999 – 1 ABR 27/98, AP Nr. 104 zu § 87 BetrVG 1972 Lohngestaltung; BAG v. 23.10.2003 – 7 ABR 55/01, AP Nr. 26 zu § 50 BetrVG 1972; BAG v. 26.04.2005 – 1 AZR 76/04, AP Nr. 12 zu § 87 BetrVG 1972; ferner GK-BetrVG/*Kreutz*, § 50 Rn. 28; Richardi/*Annuß*, § 50 BetrVG Rn. 13.
[30] ausdrücklich BAG v. 26.01.1993 – 1 AZR 303/92, AP Nr 102 zu § 99 BetrVG 1972 Rn. 34.
[31] *Ehrich*, ZfA 1993, 427, 442f.; Richardi/*Annuß*, § 50 BetrVG Rn. 13.
[32] *Fitting*, § 50 BetrVG Rn. 22; Richardi/*Annuß*, § 50 BetrVG Rn. 19.

zwingendes Erfordernis besteht, das die Zuständigkeit des Gesamtbetriebsrat für eine dahingehenden Vereinbarung mit dem Arbeitgeber begründen könnte. Bloße Zweckmäßigkeitserwägungen, Kosten- oder Koordinierungsinteressen des Arbeitgebers reichen für ein zwingendes Erfordernis dabei freilich noch nicht aus.[33] Je weniger ein Regelungsgegenstand mit den Besonderheiten des einzelnen Betriebes zu tun hat, desto eher wird die Angelegenheit in den Zuständigkeitsbereich des Gesamtbetriebsrates fallen.[34]

Zunächst spricht jedoch gegen eine originäre Zuständigkeit des Gesamtbetriebsrates, dass es sich bei den mitbestimmungspflichtigen Tatbeständen in einer Ethikrichtlinie maßgeblich um Fragen der Ordnung des Betriebes im Sinne von § 87 Abs. 1 Nr. 1 BetrVG handelt.[35] Das *Bundesarbeitsgericht* geht davon aus, dass die Zuständigkeit für die Regelung sozialer Angelegenheiten im Zweifelsfall bei den Einzelbetriebsräten liegt, weil die Mitbestimmungstatbestände betriebs- und nicht unternehmensbezogen ausgestaltet sind.[36] Ausnahmsweise soll eine Zuständigkeit nur dann in Betracht kommen, wenn wegen produktionstechnischer Abhängigkeiten mehrerer Betriebe voneinander eine einheitliche Regelung aus sachlichen Gründen zwingend erforderlich sei, etwa wenn „bei fehlender einheitlicher Regelung eine technisch untragbare Störung eintreten würde, die zu unangemessenen betrieblichen oder wirtschaftlichen Auswirkungen führen könnte".[37] An eine originäre Zuständigkeit des Gesamtbetriebsrates bei der Einführung von Ethikrichtlinien sind demzufolge hohe Anforderungen zu knüpfen: Sachliche Gründe müssen es als zwingend erforderlich erscheinen lassen, Ethikrichtlinien per einheitlicher Regelung unter Beteiligung des Gesamtbetriebsrats zu erlassen, statt mit den Einzelbetriebsräten zu verhandeln.

Hierzu reicht es nicht aus, dass die Inhalte einer gewöhnlichen Ethikrichtlinie zwar einen gewissen Bezug zum jeweils konkreten Einzelbetrieb aufweisen, sich jedoch maßgeblich an die Belegschaft des Unternehmens als Ganze richten.[38] Auch das Interesse des Arbeitgebers, den ethischen Maßstab für sämtliche Beschäftigte seines Konzerns oder Unternehmens einheitlich festlegen zu können, kann allein

---

[33] Richardi/*Annuß*, § 50 BetrVG Rn. 13; *Fitting*, § 50 BetrVG Rn. 23.
[34] *Fitting*, § 50 BetrVG Rn. 23.
[35] Dazu ausführlich unten § 17II.1. (S. 251 ff.).
[36] BAG v. 06.04.1976 - 1 ABR 27/74, AP Nr. 2 zu § 50 BetrVG 1972.
[37] BAG v. 23.09.1975 - 1 ABR 122/73, AP Nr. 1 zu § 50 BetrVG 1972.
[38] So etwa die Verhaltensrichtlinie der Daimler AG oder der „konzernweite Verhaltenskodex für alle Mitarbeiter" der Deutsche Bank AG.

nicht genügen, um die originäre Zuständigkeit des Gesamtbetriebsrates zu begründen.

Ein ungleich dringenderes Erfordernis für eine unternehmenseinheitliche Regelung stellt jedoch der Gesichtspunkt dar, dass eine sinnvolle Kodifizierung von ethischen Standards nur unternehmenseinheitlich erfolgen kann. Andernfalls würden die mit der Einführung der Ethikrichtlinie verfolgten Ziele verfehlt: Die nicht unbedeutende Außenwirkung einer Ethikrichtlinie kann sich nur dann entfalten, wenn alle Mitarbeiter des Unternehmens gleichermaßen an sie gebunden sind. Und auch der Gleichbehandlungsgrundsatz gebietet es, die Arbeitnehmer eines Unternehmens einem einheitlichen Ethikkodex zu unterwerfen, statt bestimmte vergleichbare Betriebe mit strengeren oder schwächeren Kodices auszustatten. Zudem ist kaum vorstellbar, welche rationalen Argumente es rechtfertigen sollen, einem einzelnen Betrieb höhere oder niedrigere Wertmaßstäbe zuzuweisen, als dem Rest des Unternehmens. Allenfalls in Mischunternehmen, deren Sparten in unterschiedlich sensiblen Geschäftsfeldern tätig sind, könnten bestriebsspezifisch unterschiedliche Ethikrichtlinien sachgemäß erscheinen. Von diesen Ausnahmen abgesehen können ethische Maßstäbe aber sinnvoll nur unternehmenseinheitlich, nicht jedoch betriebsspezifisch festgelegt werden.[39]

Aus faktischen Gründen kann deswegen – zumindest in Unternehmen mit einheitlichen Strukturen – keine annähernd adäquate Regelung mit den Einzelbetriebsräten herbeigeführt werden. Zwar ist dem *Bundesarbeitsgericht* zuzustimmen, wenn es die grundsätzliche Zuständigkeit der Einzelbetriebsräte für die Regelung sozialer Angelegenheiten damit begründet, dass die Mitbestimmungstatbestände betriebs- und nicht unternehmensbezogen ausgestaltet sind. Im Fall der Einführung einer unternehmensweiten Ethikrichtlinie bedürfen diese an sich betriebsbezogenen Angelegenheiten als Teil des Richtlinieninhalts jedoch regelmäßig einer unternehmenseinheitlichen Umsetzung. Deswegen kann in diesem Fall ausnahmsweise keine Regelung auf Betriebsebene erfolgen.[40] Insoweit bestehen sachlich zwingende Gründe, die einer vom *Bundesarbeitsgericht* bei sozialen Angelegenheiten im Zweifelsfall angenommenen Zuständigkeit der Einzelbetriebsräte entgegenstehen. Stattdessen fällt die Einführung einer unternehmensweit geltenden Ethikrichtlinie in den originären Zuständigkeitsbereich des Gesamtbetriebsrates.[41]

---

[39] Vgl. LAG Düsseldorf v. 14.11.2005 – 10 TaBV 46/05, DB 2006, 162.
[40] Vgl. dazu LAG Frankfurt v. 18.01.2008 – 5 TaBV 31/06, AuA 2007, 695 (nicht rechtskräftig, Rechtsbeschwerde eingelegt unter dem Aktenzeichen 1 ABR 40/07).
[41] So auch LAG Düsseldorf v. 14.11.2005 – 10 TaBV 46/05, DB 2006, 162.

Es ist demnach festzuhalten, dass in Unternehmen mit mehreren Betriebsräten die Mitbestimmung bei der Einführung von Ethikrichtlinien grundsätzlich in den originären Zuständigkeitsbereich des Gesamtbetriebsrates nach § 50 Abs. 1 Satz 1 BetrVG fällt. Sofern ein Gesamtbetriebsrat existiert, kann der Arbeitgeber demnach per Gesamtbetriebsvereinbarung die Einführung einer unternehmensweiten Ethikrichtlinie vereinbaren.

b) Auftragszuständigkeit

Gemäß § 50 Abs. 2 BetrVG kann ein Einzelbetriebsrat durch Beauftragung die Zuständigkeit des Gesamtbetriebsrates in Angelegenheiten begründen, die normalerweise in den Zuständigkeitsbereich des einzelnen Betriebsrates fallen.[42] Dadurch sollen bessere Verhandlungsmöglichkeiten wahrgenommen werden, weil der Gesamtbetriebsrat einen engeren Kontakt mit der Unternehmensleitung aufweist.[43] Insofern kann durch Delegation auf den Gesamtbetriebsrat eine betriebsübergreifende oder unternehmenseinheitliche Regelung in Angelegenheiten geschaffen werden, in denen dies zwar zweckmäßig, jedoch im Hinblick auf § 50 Abs. 1 Satz 1 BetrVG nicht zwingend erforderlich erscheint.

Die Zuständigkeit des Gesamtbetriebsrates für den Abschluss einer Gesamtbetriebsvereinbarung zur Einführung von Ethikrichtlinien kann demnach durch wirksame Delegation durch die Einzelbetriebsräte ohne weiteres herbeigeführt werden. Da aber bereits – wie oben festgestellt[44] – eine originäre Zuständigkeit des Gesamtbetriebsrates für diese Angelegenheit vorliegt, bedarf es einer Delegation durch die Einzelbetriebsräte nicht. Insofern scheidet eine Auftragszuständigkeit des Gesamtbetriebsrates für die Einführung von Ethikrichtlinien aus.

3. Gesamtbetriebsrat als zwingender Verhandlungspartner

Aus Arbeitgebersicht bietet die Gesamtbetriebsvereinbarung den Vorteil, dass nur *eine* Einigung, und zwar mit dem Gesamtbetriebrat, erforderlich ist, um Ethikrichtlinien einheitlich für das gesamte Unternehmen einzuführen. Der Abschluss von Betriebsvereinbarungen mit den jeweiligen Einzelbetriebsräten könnte eine derartige Einheitlichkeit nicht garantieren, weil individuelle Verhandlungsergebnisse zu betriebsspezifischen Ethikrichtlinien führen könnten.

---

[42] GK-BetrVG/*Kreutz*, § 50 Rn. 53; *Fitting*, § 50 BetrVG Rn. 62.
[43] GK-BetrVG/*Kreutz*, § 50 Rn. 53.
[44] Siehe § 8II.2.a) (S. 56 ff.).

Doch gerade in Unternehmen mit wenigen Betrieben sind Fälle denkbar, in denen der Arbeitgeber gleichwohl per Einzelvereinbarungen mit den Betriebsräten Ethikrichtlinien einführen möchte. Unter Umständen erhofft sich der Arbeitgeber eine höhere Akzeptanz der Ethikrichtlinie, wenn er statt des Gesamtbetriebsrates den jeweiligen Betriebsrat beteiligt. Der einzelne Betriebsrat steht nämlich häufig in einer engeren Beziehung zu den einzelnen Arbeitnehmern eines Betriebs. Möglicherweise führen aber auch individuelle Verhandlungserfahrungen mit den unterschiedlichen Betriebsratsmitgliedern dazu, dass der Arbeitgeber eine Beteiligung der Einzelbetriebsräte gegenüber dem Gesamtbetriebsrat präferiert.

Der Grundsatz der Zuständigkeitstrennung zwischen Einzelbetriebsrat und Gesamtbetriebsrat, der jedenfalls im Bereich der notwendigen Mitbestimmung gilt[45], steht einem solchen Vorhaben allerdings entgegen. Im Einzelfall kann entweder nur der Einzelbetriebsrat oder nur der Gesamtbetriebsrat für die Behandlung einer bestimmten Angelegenheit zuständig sein.[46] Originäre Mitbestimmungsrechte des Gesamtbetriebsrates und entsprechende Mitbestimmungsrechte der Einzelbetriebsräte schließen sich gegenseitig aus.[47] Diese Alternativzuständigkeit ergibt sich daraus, dass der Gesamtbetriebsrat gemäß § 50 Abs. 1 Satz 1 BetrVG nur dann zuständig ist, wenn die Angelegenheit nicht „durch die einzelnen Betriebsräte innerhalb ihrer Betriebe geregelt werden" kann.[48] Existiert ein Gesamtbetriebsrat in dem betroffenen Unternehmen, so hat dieser die Mitbestimmungsrechte bei einer Einführung von Ethikrichtlinien wahrzunehmen. Dem Arbeitgeber steht insoweit also nicht die Wahlmöglichkeit einer Beteiligung des Gesamtbetsiebsrats oder der Einzelbetriebsräte zu, sondern er ist vielmehr auf den Gesamtbetriebsrat als Verhandlungspartner festgelegt.[49]

Die grundsätzliche Zuständigkeit des Gesamtbetriebsrates für die Einführung von Ethikrichtlinien führt allerdings dann zu massiven Problemen, wenn trotz Vorliegens der Voraussetzungen nach § 47 Abs. 1 BetrVG kein Gesamtbetriebsrat errichtet worden ist. Im originären Zuständigkeitsbereich des Gesamtbetriebsrates kann der Einzelbetriebsrat nämlich nicht einmal dann tätig werden, wenn (gesetz-

---

[45] Vgl. *Fitting*, § 50 Rn. 10; weiter GK-BetrVG/*Kreutz*, § 50 Rn. 17 ff., der von einer generellen Zuständigkeitstrennung nicht nur im Bereich der zwingenden Mitbestimmung ausgeht.
[46] GK-BetrVG/*Kreutz*, § 50 Rn. 18; *Fitting*, § 50 Rn. 10.
[47] So BAG v. 06.04.1976 – 1 ABR 27/74. Ap Nr. 2 zu § 50 BetrVG 1972; BAG v. 03.05.1984 – 6 ABR 68/81, AP Nr. 5 zu § 95 BetrVG 1972.
[48] GK-BetrVG/*Kreutz*, § 50 Rn. 18.
[49] BAG v. 11.12.2001 - 1 AZR 193/01, AP Nr. 22 zu § 50 BetrVG 1972; WP/*Roloff*, § 50 BetrVG Rn. 26; GK-BetrVG/*Kreutz*, § 50 Rn. 72 ff.; ferner in Bezug auf Ethikrichtlinien LAG Düsseldorf v. 14.11.2005 – 10 TaBV 46/05, DB 2006, 162.

widrig) kein Gesamtbetriebsrat errichtet wurde.[50] Die Betriebsparteien können zwingende gesetzliche Zuständigkeiten nicht durch freiwillige Vereinbarungen umgehen. Sie können daher einer Angelegenheit zwingender Mitbestimmung[51], für deren Ausübung kraft Gesetzes der Gesamtbetriebrat zuständig ist, nicht durch Vereinbarungen auf der betrieblichen Ebene vorgreifen.[52]

Für den Inhaber eines Unternehmens mit mehreren Betrieben und Betriebsräten bedeutet dies, dass eine wirksame Mitbestimmung bei der Einführung von Ethikrichtlinien in jedem Fall nur durch den Gesamtbetriebsrat erfolgen kann, und nicht etwa hilfsweise durch die Einzelbetriebsräte. Dementsprechend ist es für die wirksame Einführung von Ethikrichtlinien per Betriebsvereinbarung in derartigen Unternehmen faktische Voraussetzung, dass ein Gesamtbetriebsrat gebildet wurde. Andernfalls können die bestehenden Mitbestimmungsrechte nicht wahrgenommen und die Richtlinien deshalb nicht wirksam eingeführt werden.

Etwas anderes gilt lediglich dann, wenn in einem Unternehmen mit mehreren betriebsratsfähigen Betrieben nur in einem dieser Betriebe ein Betriebsrat existiert. Dann kann ein Gesamtbetriebsrat nicht errichtet werden (vgl. § 50 Abs. 1 BetrVG) und der einzige im Unternehmen bestehende Betriebsrat kann dann an der Einführung von Ethikrichtlinien beteiligt werden, sofern die Maßnahme auch seinen Betrieb betrifft.[53]

Es bleibt somit festzuhalten, dass in einem Unternehmen mit mehreren Betriebsräten die Einführung von Ethikrichtlinien nicht wirksam per Beteiligung der Einzelbetriebsräte vereinbart werden kann. Es ist vielmehr Voraussetzung einer verbindlichen Einführung von Ethikrichtlinien, dass ein Gesamtbetriebsrat existiert und seine originären Mitbestimmungsbefugnisse in dieser Angelegenheit wahrnimmt.

4. Fazit

Für die Einführung von Ethikrichtlinien in einem Unternehmen mit mehreren Einzelbetriebsräten ist der Gesamtbetriebsrat originär zuständig. Eine entsprechende, zwischen Gesamtbetriebsrat und Unternehmensleitung geschlossene Gesamtbetriebsvereinbarung wirkt unmittelbar und einheitlich im gesamten Unternehmen.

---

[50] Richardi/*Annuß*, § 50 BetrVG Rn. 46; GK-BetrVG/*Kreutz*, § 50 Rn. 19; *Fitting*, § 50 BetrVG Rn. 10.

[51] Die Einführung von Ethikrichtlinien ist als Frage der Ordnung des Betriebs gem. § 87 Abs. 1 Nr. 1 BetrVG zwingend mitbestimmungspflichtig, s. u. § 17 (S. 249 ff.).

[52] *Fitting*, § 50 BetrVG Rn. 10.

[53] Richardi/*Annuß*, § 50 BetrVG Rn. 46.

Dabei werden auch diejenigen Betriebe erfasst, für die bisher kein Betriebsrat gebildet wurde. In Angelegenheiten seines originären Zuständigkeitsbereiches – wie etwa die Einführung von unternehmensweiten Ethikrichtlinien –, vertritt der Gesamtbetriebsrat nämlich auch betriebsratslose Betriebe (vgl. § 50 Abs. 1 Satz 1 a. E.).[54]

Eine Beteiligung der Einzelbetriebsräte stellt aufgrund strikter Zuständigkeitstrennung keine zulässige Alternative zur Mitbestimmung durch den Gesamtbetriebsrat dar. In einem Unternehmen mit mehreren Betriebsräten kann eine Vereinbarung mit den Einzelbetriebräten die Beteiligung des Gesamtbetriebsrates auch dann nicht ersetzen, wenn ein Gesamtbetriebsrat gesetzeswidrig nicht gebildet wurde.

Der Gesamtbetriebsrat ist damit in Unternehmen mit mehreren Betrieben grundsätzlich zwingender betriebsverfassungsrechtlicher Verhandlungspartner des Arbeitgebers bei der Einführung von Ethikrichtlinien.

III. Betriebsvereinbarung zwischen Arbeitgeber und Konzernbetriebsrat

Schließlich kommt eine Einführung von Ethikrichtlinien mittels Konzernbetriebsvereinbarung in Betracht.

Durch Beschlüsse der einzelnen Gesamtbetriebsräte kann für den Konzern gemäß § 54 Abs. 1 Satz 1 BetrVG ein Konzernbetriebsrat gebildet werden. Anders als beim Gesamtbetriebsrat[55] ist die Errichtung eines Konzernbetriebsrats fakultativ, also nicht zwingend[56]. Aus diesem Grund ist der Arbeitgeber – im Gegensatz zu dem Fall, dass ein Gesamtbetriebsrat gesetzeswidrig nicht gebildet wurde[57] – auch nicht daran gehindert, ein anderes Arbeitnehmergremium (Einzelbetriebsrat, Gesamtbetriebsrat) bei der Einführung von Ethikrichtlinien zu beteiligen, wenn ein Konzernbetriebsrat nicht gebildet wurde.

Die Konzernbetriebsvereinbarung stellt jedoch nur dann ein taugliches Instrument zur Einführung von Ethikrichtlinien im Unternehmen dar, wenn die einzelnen Unternehmen bzw. Betriebe hinreichend an sie gebunden sind und der Konzernbetriebsrat in dieser Angelegenheit wirksam Konzernbetriebsvereinbarungen abschließen kann.

---

[54] GK-BetrVG/*Kreutz*, § 50 Rn. 45; Richardi/*Annuß*, § 50 BetrVG Rn. 51; WP/*Roloff*, § 50 BetrVG Rn. 20.
[55] Vgl. oben § 8II. (S. 55 ff.).
[56] GK-BetrVG/*Kreutz*, § 54 Rn. 1; *Fitting*, § 54 BetrVG Rn. 4.
[57] Siehe oben § 8II.3. (S. 61 ff.).

1. Inhalt und Reichweite der Konzernbetriebsvereinbarung

Der Konzernbetriebsrat ist nach dem Gesetz im Rahmen seines originären Zuständigkeitsbereichs Repräsentant der betriebsverfassungsrechtlich organisierten Konzernbelegschaft. Er ist insoweit befugt, für die zu ihr gehörenden Arbeitnehmer eine Betriebsvereinbarung zu schließen.[58] Betriebsvereinbarungen, die der Konzernbetriebsrat im Rahmen seiner originären Zuständigkeit abschließt, werden üblicherweise als „Konzernbetriebsvereinbarungen" bezeichnet.[59] Bei einer Delegation nach § 58 Abs. 2 BetrVG spricht man dagegen von einer Gesamtbetriebsvereinbarung bzw. Betriebsvereinbarung, die nur mit den jeweils beauftragten Einzel- oder Gesamtbetriebsräten der Konzernunternehmen abgeschlossen wird.[60]

Die zwischen Konzernarbeitgeber und Konzernbetriebsrat abgeschlossenen Konzernbetriebsvereinbarungen gelten nach § 77 Abs. 4 Satz 1 BetrVG unmittelbar und zwingend, und zwar für alle Arbeitsverhältnisse der in den Konzernunternehmen beschäftigten Arbeitnehmer.[61] Schließt der Konzernbetriebsrat im Rahmen seiner Zuständigkeit mit dem Arbeitgeber demnach eine Konzernbetriebsvereinbarung über die Einführung einer Ethikrichtlinie ab, so wird diese Richtlinie verbindlich für alle Arbeitnehmer des Konzerns eingeführt. Nichts anderes gilt für diejenigen Fälle, in denen ein Tochterunternehmen mit dem Konzernbetriebsrat verhandelt, weil der Konzernbetriebsrat im Rahmen seiner Zuständigkeit auch mit den abhängigen Konzernunternehmen Regelungen treffen kann.[62]

Ähnlich wie eine Gesamtbetriebsvereinbarung lässt der Abschluss einer Konzernbetriebsvereinbarung damit ein Höchstmaß an Planungssicherheit zu, da die Einführung einer Ethikrichtlinie auf diese Weise nur der Vereinbarung mit einem einzigen Arbeitnehmergremium bedarf. Insoweit ist die konzernweit einheitliche Einführung einer Ethikrichtlinie beim Abschluss einer Konzernbetriebsvereinbarung stets gewährleistet. Dies bietet dem Arbeitgeber auch einen gewissen Vorteil gegenüber dem Abschluss einer Gesamtbetriebsvereinbarung, da diese für jedes Konzernunternehmen einzeln abgeschlossen werden müsste.

---

[58] Richardi/*Richardi/Annuß*, § 58 BetrVG Rn. 35.
[59] GK-BetrVG/*Kreutz*, § 58 Rn. 49; Richardi/*Richardi/Annuß*, § 58 BetrVG Rn. 45.
[60] Richardi/*Richardi/Annuß*, § 58 BetrVG Rn. 45.
[61] BAG v. 22.01.2002 – 3 AZR 554/00, AP Nr. 4 zu § 77 BetrVG 1972 Betriebsvereinbarung; GK-BetrVG/*Kreutz*, § 58 Rn. 11; *Fitting*, § 58 BetrVG Rn. 35; a. A. Richardi/*Richardi/Annuß*, § 58 BetrVG Rn. 43; Joost, MüArbR/*Joost*, § 315 Rn. 82.
[62] Richardi/*Richardi/Annuß*, § 58 BetrVG Rn. 44.

2. Zuständigkeit des Konzernbetriebsrates

Damit Ethikrichtlinien wirksam per Konzernbetriebsvereinbarung eingeführt werden können, muss der Konzernbetriebsrat in dieser Angelegenheit überhaupt zuständig sein. Die Zuständigkeit des Konzernbetriebsrates bemisst sich nach § 58 BetrVG und ist im Großen und Ganzen der Zuständigkeitsabgrenzung zwischen dem Gesamtbetriebsrat und den Einzelbetriebsräten nachgebildet.[63] Deshalb ist auch bei der Zuständigkeit des Konzernbetriebsrates zwischen einer originären Zuständigkeit und einer Zuständigkeit kraft Auftrages zu unterscheiden.[64]

a) Originäre Zuständigkeit

Der Konzernbetriebsrat ist kraft originärer Zuständigkeit nach § 58 Abs. 1 Satz 1 BetrVG für die Behandlung von Angelegenheiten zuständig, die den Konzern oder mehrere Konzernunternehmen betreffen und nicht durch die einzelnen Gesamtbetriebsräte innerhalb ihrer Unternehmen geregelt werden können. In Anlehnung an die Rechtslage bei § 50 Abs. 1 BetrVG ist allgemein anerkannt, dass eine Angelegenheit dann ausschließlich vom Konzernbetriebsrat wahrgenommen werden kann, wenn im konkreten Fall ein zwingendes Erfordernis für eine konzerneinheitliche oder jedenfalls konzernunternehmensübergreifende Regelung besteht.[65] Weil es sich bei dem Konzernbetriebsrat allerdings um ein fakultatives Gremium handelt, wird vielerorts eine enge Auslegung befürwortet.[66]

Ob bei der Einführung von Ethikrichtlinien ein zwingendes Erfordernis für eine konzerneinheitliche oder jedenfalls konzernunternehmensübergreifende Regelung besteht, kann nicht abschließend beurteilt werden. Es kommt vielmehr auf die konkreten Umstände des Einzelfalls an. Während im Hinblick auf eine originäre Zuständigkeit des Gesamtbetriebsrates noch mit dem zwingenden Erfordernis betriebsübergreifend einheitlicher Ethikrichtlinien argumentiert werden konnte, büßt dieses Argument seine Stichhaltigkeit jedenfalls dann ein, wenn Ethikrichtlinien im Mischkonzern eingeführt werden. In einem Konzern, dessen Tochterunternehmen streng voneinander getrennt in diversen Sparten und unter unterschiedlichen Fir-

---

[63] Vgl. Begründung des RegE, BT-Drucks. 715/70, S. 44; Richardi/*Richardi/Annuß*, § 58 BetrVG Rn. 5; *Fitting*, § 58 BetrVG Rn. 7.
[64] Vgl. Zum Gesamtbetriebsrat oben unter § 8II.2. (S. 56 ff.); ferner *Fitting*, § 58 BetrVG Rn. 7.
[65] BAG v. 20.12.1995 - 7 ABR 8/95, AP Nr. 1 zu § 58 BetrVG 1972; BAG v. 12.11.1997 – 7 ABR 78/96, AP Nr. 2 zu § 58 BetrVG 1972; GK-BetrVG/*Kreutz*, § 58 Rn. 25; *Fitting*, § 58 BetrVG Rn. 11.
[66] Richardi/*Richardi/Annuß*, § 58 BetrVG Rn. 8; GK-BetrVG/*Kreutz*; § 58 Rn. 25, jeweils m. w. N..

men operieren, mag eine konzerneinheitliche oder konzernunternehmensübergreifende Einführung von Ethikrichtlinien nämlich weder zwingend erforderlich noch gewünscht sein. Die Konzernleitung möchte vielleicht nur in einzelnen Tochterunternehmen Ethikrichtlinien einführen. Unter Umständen will die Konzernspitze die Richtlinien allerdings auch konzernweit einführen, dafür aber bestimmte, etwa als Finanzdienstleister tätige Tochterunternehmen allein aufgrund gesetzlicher Verpflichtungen anderen ethischen Maßstäben unterwerfen als die übrigen Tochterunternehmen. In derartigen Fällen dürfte eine originäre Konzernbetriebsratszuständigkeit zu verneinen sein. Es ist dann auch aus praktischen Erwägungen sinnvoller, auf der Ebene des Tochterunternehmens mit den Gesamtbetriebsräten zu verhandeln.

Anders ist die Lage möglicherweise dann zu beurteilen, wenn eine einheitliche Einführung von Ethikrichtlinien für den gesamten Konzern angestrebt wird. In diesem Fall können die Verhandlungen mit den Arbeitnehmervertretern deutlich effizienter gestaltet werden, wenn nicht mit den einzelnen Gesamtbetriebsräten, sondern nur mit dem Konzernbetriebsrat verhandelt wird. Bloße Koordinierungsinteressen der Konzernleitung oder Zweckmäßigkeitserwägungen reichen aber auch hier nicht schon aus, um das zwingende Erfordernis einer einheitlichen Regelung darzustellen.[67]

Eine Zuständigkeit des Konzernbetriebsrates ist nach der Rechtsprechung des *Bundesarbeitsgerichts* allerdings dann zu bejahen, wenn der Zweck einer Maßnahme nur durch einheitliche Regelung auf Konzernebene erreichen werden kann.[68] Dies kann bei der Einführung von Ethikrichtlinien durchaus der Fall sein. Zwar können Ethikrichtlinien, wie oben dargestellt, auch per Gesamtbetriebsvereinbarung eingeführt werden. Sie weisen dann aber häufig als Verhandlungsergebnis einen unternehmensspezifischen Zuschnitt auf. Insofern birgt eine Einführung auf der Ebene der Tochterunternehmen die Gefahr, dass letztendlich keine einheitliche Konzernethikrichtlinie, sondern eine Vielzahl unternehmensspezifischer Ethikrichtlinien verabschiedet wird.

Zumindest in Konzernen mit einer homogenen Struktur gilt jedoch der bereits oben im Bezug auf die Betriebsebene[69] dargelegte Grundsatz, dass unterschiedliche

---

[67] BAG v. 20.12.1995 - 7 ABR 8/95, AP Nr. 1 zu § 58 BetrVG 1972; BAG v. 12.11.1997 – 7 ABR 78/96, AP Nr. 2 zu § 58 BetrVG 1972; GK-BetrVG/*Kreutz*; § 58 Rn. 25; Richardi/*Richardi*/*Annuß*, § 58 BetrVG Rn. 8.

[68] BAG v. 22.07.2008 – 1 ABR 40/07, NZA 2008, 1248; BAG v. 20.12.1995 - 7 ABR 8/95, AP Nr. 1 zu § 58 BetrVG 1972.

[69] Vgl. oben § 8II.2.a) (S. 56 ff.).

Ethikstandards für vergleichbare Unternehmen kaum zu rechtfertigen wären. Die beabsichtigten positiven Effekte für das Konzernimage können zudem allein durch eine konzerneinheitliche Regelung realisiert werden, wenn die gesellschaftsrechtliche Zergliederung des Konzerns von außen kaum wahrnehmbar ist. Andernfalls können Kunden und Lieferanten nämlich nicht ohne weiteres nachvollziehen, welche Unternehmesteile an welche ethischen Maßstäbe gebunden sind. Im Hinblick auf solche Fallgestaltungen dürfte nach der Rechtprechung des *Bundesarbeitsgerichts* der Zweck der Ethikrichtlinie nur durch eine einheitliche Regelung auf Konzernebene erreicht werden können und deswegen ein zwingendes Erfordernis für die konzernweite einheitliche Regelung bestehen.

Insofern kann die Frage, ob die Einführung von Ethikrichtlinien in den den originären Zuständigkeitsbereich des (vorhandenen) Konzernbetriebsrates fällt, nicht abschließend beantwortet werden. Eine solche Beurteilung hat vielmehr im Einzelfall zu erfolgen. Zumindest aber bei einer konzernweiten Einführung von Ethikrichtlinien in einem Konzern mit homogener Geschäftsstruktur kann jedoch eine originäre Zuständigkeit des Konzernbetriebsrates angenommen werden. Unterschiedliche Ethikstandards für vergleichbare Unternehmen wären nämlich kaum zu rechtfertigen, zudem könnte das arbeitgeberseitige Motiv einer Imagverbesserung andernfalls nicht realisiert werden. Will ein Konzern also ethische Mindeststandards festlegen, die für sämtliche Konzernunternehmen und deren Beschäftigte gelten sollen, so kann dies sinnvoll nur durch eine einheitliche Regelung auf Konzernebene erfolgen.[70] Mittels Gesamtbetriebsvereinbarung können diesen Mindeststandards dann unternehmensspezifische Ergänzungen beigefügt werden, sofern dazu Veranlassung besteht.

b) Auftragszuständigkeit

Sofern keine originäre Zuständigkeit des Konzernbetriebsrates nach § 58 Abs. 1 Satz 1 BetrVG vorliegen sollte, kommt eine Zuständigkeit kraft Auftrages durch einen oder mehrere Gesamtbetriebsräte nach § 58 Abs. 2 BetrVG in Betracht. Dazu müsste ein zuständiger Gesamtbetriebsrat den Konzernbetriebsrat mit qualifizierter Mehrheit, das heißt mit der Hälfte der nach § 47 Abs. 7 BetrVG gewichteten Stimmen seiner Mitglieder[71], beauftragen, eine Angelegenheit für ihn wahrzunehmen. Aufgrund der Delegation kann der Konzernbetriebsrat die Verhandlungsbefugnisse des delegierenden Einzel- oder Gesamtbetriebsrates wahrnehmen sowie in dessen Namen Betriebsvereinbarungen abschließen.

---

[70] LAG Frankfurt v. 18.01.2007 - 5 TaBV 31/06 (n.r.), AiB 2007, 663.
[71] *Fitting*, § 58 BetrVG Rn. 25.

Eine Delegation an den Konzernbetriebsrat bietet ähnliche Vorteile wie eine Delegation nach § 50 Abs. 2 BetrVG, etwa bessere Verhandlungsmöglichkeiten aufgrund des engeren Kontaktes des Konzernbetriebsrates zur Konzernspitze. Die Herbeiführung einer Auftragszuständigkeit des Konzernbetriebsrates kann daher insbesondere dann sinnvoll sein, wenn in anderen Tochterunternehmen Ethikrichtlinien bereits praktiziert werden und von diesen Erfahrungen profitiert werden soll.

3. Fazit

Auch die Konzernbetriebsvereinbarung erweist sich als taugliches Instrument zur Einführung von Ethikrichtlinien. Sie eignet sich besonders für Konzerne, in denen per Rahmenrichtlinie zunächst ein konzernweit einheitlicher ethischer Mindeststandard geschaffen werden soll, der in den einzelnen Konzernunternehmen per Gesamtbetriebsvereinbarung um (tochter-)unternehmensspezifische Vorschriften ergänzt wird. Eine originäre Zuständigkeit des Konzernbetriebsrates dürfte im Regelfall aber nur dann vorliegen, wenn eine konzernweite Ethikrichtlinie für einen Konzern mit einheitlicher Geschäftsstruktur eingeführt wird. Liegt demgegenüber keine originäre Zuständigkeit des Konzernbetriebsrates vor, kann möglicherweise dennoch eine Konzernbetriebsvereinbarung abgeschlossen werden, wenn die Zuständigkeit des Konzernbetriebsrates kraft Auftrages begründet wird.

IV. Betriebsvereinbarung zwischen Konzernmutter und Arbeitnehmervertretungen des Tochterunternehmens

Gerade in großen Konzernen bietet es sich an, die Einführung von Ethikrichtlinien von der Konzernspitze aus voranzutreiben. Auf diese Weise lässt sich ein nicht bloß unternehmenseinheitlicher, sondern möglicherweise sogar konzerneinheitlicher Ethikkodex verwirklichen. Eine solch umfassende Einführung ist jedoch mit besonderen Hindernissen verbunden: In internationalen Konzernen muss eine einheitliche Ethikrichtlinie beispielsweise den Erfordernissen unterschiedlichster Rechtsordnungen genügen. Im nationalen Recht bedarf dagegen die Frage einer Beantwortung, ob der Konzernspitze außer dem Konzernbetriebsrat auch noch andere betriebsverfassungsrechtliche Verhandlungspartner zur Verfügung stehen, mit denen sie die Einführung von Ethikrichtlinien vereinbaren könnte. In Betracht kommen insoweit die Einzelbetriebsräte und die Gesamtbetriebsräte der Tochterunternehmen.

1. Betriebsvereinbarung zwischen Konzernleitung und einem Einzelbetriebsrat des Tochterunternehmens

Ethikrichtlinien könnten möglicherweise auch durch Betriebvereinbarung zwischen dem Mutterunternehmen und den Einzelbetriebsräten der Konzerntöchter eingeführt werden. Dies bietet den Vorteil, dass die Konzernspitze einheitlich als Vertragspartei der jeweiligen Betriebsvereinbarungen auftritt. Die Verhandlungen mit dem Betriebsrat über die Betriebsvereinbarung müssen also nicht einzeln in den jeweiligen Betrieben zwischen Arbeitgeber und Betriebsrat erfolgen und koordiniert werden, sondern können konzentriert zwischen Konzernspitze und den jeweiligen Betriebsräten erfolgen. Dies verringert die Gefahr abweichender Vereinbarungen und erhöht damit die Chance auf die Durchsetzung einer konzerneinheitlichen Ethikrichtlinie.

Dessen ungeachtet bestehen gewisse Bedenken, ob die Konzernspitze tatsächlich in Verhandlungen mit dem Einzelbetriebsrat des Tochterunternehmens treten kann: So fällt die Wahrnehmung der Mitbestimmungsrechte bei einer Einführung von Ethikrichtlinien unter Umständen in den originären Zuständigkeitsbereich von Gesamt- oder Konzernbetriebsrat, sofern diese gebildet wurden. Demnach könnte der Konzernspitze der Einzelbetriebsrat als Verhandlungspartner entzogen sein. Hinzu kommt noch ein weiterer Einwand: Wenn Betriebsvereinbarungen zwischen dem Betriebsrat und dem Arbeitgeber gemeinsam zu beschließen sind (§ 77 Abs. 2 Satz 1 BetrVG), so gilt als „Arbeitgeber" im Sinne des Betriebsverfassungsgesetzes der Inhaber der betrieblichen Ordnungsgewalt und Vertragsarbeitgeber der dort Beschäftigten.[72] Da die Konzernspitze jedoch weder Inhaber des Betriebes noch Vertragsarbeitgeber der betroffenen Belegschaft ist, erscheint es demnach zunächst ausgeschlossen, dass Ethikrichtlinien auch per Betriebsvereinbarung zwischen der Konzernleitung und dem Betriebsrat des Tochterunternehmens eingeführt werden können.

Allerdings: Für den Bereich des nach § 58 Abs. 1 BetrVG zuständigen Konzernbetriebsrats ist anerkannt, dass ihm als Verhandlungs- und Vertragspartner auch die Konzernobergesellschaft gegenüberstehen kann.[73] Der herrschenden Konzernspitze kommt somit zumindest teilweise eine betriebsverfassungsrechtliche

---

[72] Vgl. BAG v. 12.11.1997 – 7 ABR 78/96, AP Nr. 2 zu § 58 BetrVG; *Fitting*, § 77 BetrVG Rn. 20; Richardi/*Richardi*, Einl. BetrVG Rn. 119.

[73] BAG v. 12.11.1997 – 7 ABR 78/96, AP Nr. 2 zu § 58 BetrVG; *Fitting*, § 58 BetrVG Rn. 6 m. w. N.; ausführlich zum Problem der Zuständigkeitsbestimmung auf Arbeitgeberseite Richardi/*Richardi/Annuß*, BetrVG, 6. Aufl., § 58 Rz 35 ff.; GK-BetrVG/*Kreutz*, § 58 BetrVG Rn. 11; ferner *Junker*, Internationales Arbeitsrecht im Konzern, S. 405..

Arbeitgeberstellung zu. Aus dieser betriebsverfassungsrechtlichen Arbeitgeberstellung könnte man ableiten, dass die Konzernspitze nicht bloß mit dem Konzernbetriebsrat, sondern auch mit dem Betriebsrat des Tochterunternehmens Betriebsvereinbarungen abzuschließen vermag.

Hiergegen ergeben sich allerdings schwerwiegende Zweifel: Um wirksame Betriebsvereinbarungen schließen zu können, müssen die Zuständigkeiten von Arbeitgeber und Arbeitnehmervertretung nämlich miteinander korrespondieren. Zudem erscheint es mehr als fraglich, ob dies bei einer zwischen Betriebsrat des Tochterunternehmens und der Konzernspitze geschlossenen Betriebsvereinbarung tatsächlich der Fall ist.

Die betriebsverfassungsrechtlichen Zuständigkeiten sind nach gegenständlichen und nach partnerbezogenen Gesichtspunkten getrennt. Die gegenständliche Zuständigkeitstrennung weist den unterschiedlichen Gremien verschiedene Regelungsgegenstände zu. So wird etwa verhindert, dass die Konzernspitze einen Gegenstand aus dem (originären) Zuständigkeitsbereich des errichteten Gesamtbetriebsrats (vgl. § 50 BetrVG) durch Vereinbarung mit dem Konzernbetriebsrat regelt.[74] Die partnerbezogene Zuständigkeitstrennung demgegenüber weist der Arbeitnehmervertretung einen bestimmten Verhandlungspartner auf Seiten des Arbeitgebers zu. So ist beispielsweise dem Betriebsrat der Vertragsarbeitgeber bzw. Betriebsinhaber als Regelungspartner zugewiesen (vgl. § 77 Abs. 2 BetrVG).[75]

Gerade die partnerbezogene Zuständigkeitstrennung darf aber nicht durchbrochen werden. Dies würde das Grundprinzip aufheben, dass dem Betriebsrat auf Arbeitnehmerseite ausschließlich der Vertragsarbeitgeber auf Arbeitgeberseite gegenübersteht. Dann aber stünde etwa die Konzernspitze in sämtlichen Angelegenheiten als gleichgeordneter betriebsverfassungsrechtlicher Arbeitgeber für Verhandlungen zur Verfügung.[76] Spiegelbildlich könnten Betriebs- und Gesamtbetriebsräte ihre Beteiligungsrechte auch unmittelbar gegenüber der Konzernspitze geltend machen. Insofern würden grundsätzliche betriebsverfassungsrechtliche Zuständigkeitszuweisungen ausgehebelt.

Der Betriebsrat des Tochterunternehmens kann mit der Konzernspitze demnach keine Betriebsvereinbarung abschließen, mittels derer Ethikrichtlinien einge-

---

[74] BAG v. 06.04.1976 – 1 ABR 27/74, AP Nr. 2 zu § 50 BetrVG; *Fitting*, § 50 BetrVG Rn. 10.
[75] Vgl. BAG v. 12.11.1997 – 7 ABR 78/96, AP Nr. 2 zu § 58 BetrVG; *Fitting*, § 77 BetrVG Rn. 20; Richardi/*Richardi*, Einl. BetrVG Rn. 119.
[76] *Mahnhold*, Compliance und Arbeitsrecht, S. 336.

führt werden.[77] Ihm ist als Verhandlungspartner vielmehr der Betriebsinhaber, und nicht die Konzernspitze zugewiesen.

Es ist jedoch denkbar, dass sich der Arbeitgeber des Tochterunternehmens durch die Konzernspitze vertreten lassen könnte. Die dem Arbeitgeber zustehenden Rechte und Pflichten braucht dieser schließlich nicht in Person auszuüben, sondern kann sich vielmehr vertreten lassen.[78] Insofern ist eine Vertretung des Arbeitgebers durch Führungskräfte oder leitende Angestellte des Unternehmens zweifellos möglich.[79] Eine Vertretung durch Mitglieder der Konzernspitze wird hingegen generell abgelehnt, weil eine Vertretung durch betriebsfremde Personen grundsätzlich ausgeschlossen sei.[80] Demzufolge könnte der Arbeitgeber auch nicht die Konzernspitze bevollmächtigen, an seiner Stelle mit dem Betriebsrat zu verhandeln.

Wenn man sich jedoch den Grundsatz der vertrauensvollen Zusammenarbeit (§ 2 Abs. 1 BetrVG) vergegenwärtigt, der das Zusammenwirken zwischen den Betriebsparteien ganz entscheidend prägt, erscheint es nicht immer schlüssig, betriebsfremde Personen pauschal auszuschließen. Zu Recht setzt *Joost*[81] mit dem Gebot vertrauensvoller Zusammenarbeit den nach dem allgemeinen Zivilrecht gegebenen Möglichkeiten des Arbeitgebers Grenzen, die Handlungsorganisation personell beliebig zusammenzusetzen. Dies hänge damit zusammen, dass sich der Betriebsrat der Handlungsorganisation des Arbeitgebers nicht entziehen kann, sondern die geschaffenen Strukturen als gegeben hinnehmen muss. Insofern habe der Arbeitgeber bei der Bildung seiner eigenen Handlungsorganisation die Belange des Betriebsrates zu berücksichtigen; sie darf nicht so verfasst werden, dass eine vertrauensvolle Zusammenarbeit nicht stattfinden kann.[82]

Dem Betriebsrat muss demnach also stets ein sachkundiger und (entscheidungs-) kompetenter Verhandlungspartner auf Arbeitgeberseite gegenüberstehen. Angesichts des hohen Koordinierungsaufwandes bei der Einführung von Ethikrichtlinien in großen Unternehmen wird es sich regelmäßig als vorteilhafter erweisen,

---

[77] So auch *Mahnhold*, Compliance und Arbeitsrecht, S. 337. Da hier Verhandlungspartner der Betriebsrat des Einzelunternehmens ist, ergeben sich nicht die Probleme im Hinblick auf eine unmittelbare Wirksamkeit der Betriebsvereinbarung im Betrieb, die sich in der Konstellation Konzernspitze – Konzernbetriebsrat ergeben; vgl. dazu Richardi/*Richardi/Annuß*, BetrVG, 6. Aufl., § 58 Rz 35 ff.; GK-BetrVG/*Kreutz*, § 58 BetrVG Rn. 11 und unten unter § 8III. (S. 64 ff.).
[78] GK-BetrVG/*Kraft/Franzen*, § 1 Rn. 91.
[79] GK-BetrVG/*Kraft/Franzen*, § 1 Rn. 91; Richardi/*Richardi*, Einleitung BetrVG Rn. 123f.; *Fitting*, § 1 BetrVG Rn. 240; MüArbR/*v. Hoyningen-Huene*, § 299 Rn. 12.
[80] GK-BetrVG/*Kraft/Franzen*, § 1 Rn. 91; MüArbR/*v. Hoyningen-Huene*, § 299 Rn. 12.
[81] *Joost*, FS Zeuner, S. 67, 71.
[82] *Joost*, FS Zeuner, S. 67, 71.

dem Betriebsrat einen Verhandlungspartner zu geben, der mit den Zusammenhängen auf Unternehmens- oder Konzernebene vertraut ist und entsprechende Entscheidungsbefugnisse aufweist. Mitglieder der Konzernspitze haben zumeist einen besseren Überblick über Art und Ausmaß der Einführung von Ethikrichtlinien und können den Einzelbetriebsrat beispielsweise besser über die zur Einführung führenden Motive aufklären als Angehörige des Tochterunternehmens. Eine Beschränkung auf betriebsangehörige Personen würde in diesem Fall zu kurz greifen und eine effektive Zusammenarbeit sogar erschweren.[83] Insofern ist davon auszugehen, dass sich der Arbeitgeber auch durch unternehmensangehörige Personen vertreten lassen darf, sofern dies sachdienlich erscheint.

Konzernleitung und Einzelbetriebsrat des Tochterunternehmens können demnach keine Betriebsvereinbarung zur Einführung von Ethikrichtlinien abschließen. Eine Beschränkung der Vertretungsbefugnis des Arbeitgebers auf betriebsangehörige Personen greift in diesen Fällen allerdings zu kurz, vielmehr kann der Arbeitgeber auch Angehörige der Konzernspitze bevollmächtigen, für ihn mit dem Betriebsrat zu verhandeln. Die Betriebsvereinbarung kommt dann aber freilich gemäß den allgemeinen Vertretungsregeln zwischen dem Arbeitgeber des Tochterunternehmens und dem Einzelbetriebsrat zustande.

2. Betriebsvereinbarung zwischen Konzernleitung und Gesamtbetriebsrat

Aus denselben Gründen, aus denen die Möglichkeit einer Einführung von Ethikrichtlinien per Betriebsvereinbarung zwischen Konzernleitung und Einzelbetriebsrat des Tochterunternehmens ausscheidet, ist gleichermaßen eine Einführung per Gesamtbetriebsvereinbarung zwischen Konzernleitung und Gesamtbetriebsrat ausgeschlossen. Auch dem Gesamtbetriebsrat ist nämlich die Unternehmensleitung des Tochterunternehmens, und nicht etwa die Konzernspitze als Verhandlungspartner zugewiesen.[84] Eine Gesamtbetriebsvereinbarung können Konzernmutter und der Gesamtbetriebsrat des Tochterunternehmens also nicht wirksam abschließen.

Die Unternehmensleitung der Konzerntochter kann ihre Verhandlungsbefugnis allerdings im Rahmen des allgemeinen Vertretungsrechts wirksam an die Konzernleitung delegieren.[85] Es ist allerdings erforderlich, dass auf Arbeitgeberseite stets Personen tätig werden, denen hinsichtlich des Verhandlungsgegenstandes eigene Verhandlungs- und Entscheidungskompetenzen zustehen.[86] Insofern kann auch die

---

[83] So auch *Joost*, FS Zeuner, S. 67, 72.
[84] GK-BetrVG/*Kreutz*, § 50 Rn. 70; *Fitting*, § 50 BetrVG Rn. 14; MüArbR/*Joost*, § 313 Rn. 43.
[85] GK-BetrVG/*Kreutz*, § 50 Rn. 70; *Fitting*, § 50 BetrVG Rn. 14.
[86] GK-BetrVG/*Kreutz*, § 50 Rn. 70.

Konzernleitung zum Abschluss einer Betriebsvereinbarung über die Einführung von Ethikrichtlinien bevollmächtigt werden.

Unter der Voraussetzung, dass eine wirksame Vertretung vereinbart wurde, kann der Gesamtbetriebsrat des Tochterunternehmens mit der Konzernleitung über die Einführung einer Ethikrichtlinie verhandeln. Die geschlossene Gesamtbetriebsvereinbarung kommt dann allerdings nicht zwischen der Konzernmutter und dem Gesamtbetriebsrat des Tochterunternehmens, sondern nach den allgemeinen Regeln des Vertretungsrechts zwischen Gesamtbetriebsrat und dem durch die Konzernleitung vertretenen Tochterunternehmen zustande.

3. Fazit

Der Konzernspitze stehen demnach außer dem Konzernbetriebsrat auch noch die Einzelbetriebsräte und Gesamtbetriebsräte der Tochterunternehmen zur Verfügung, um über die Einführung von Ethikrichtlinien zu vereinbaren. Voraussetzung dafür ist jedoch eine wirksame Bevollmächtigung durch die betriebsverfassungsrechtlich vorgesehenen Verhandelungspartner, regelmäßig also die Unternehmensleitung des Tochterunternehmens.

V. Betriebsvereinbarung zwischen Arbeitgeber und Europäischem Betriebsrat

Schließlich verbleibt im Rahmen des Beziehungsgeflechts zwischen den unterschiedlichen Arbeitnehmergremien und dem Arbeitgeber noch die Option einer Einführung von Ethikrichtlinien per Vereinbarung zwischen Arbeitgeber und dem Europäischen Betriebsrat.

Dazu müsste aber zunächst beim Arbeitgeber überhaupt ein Europäischer Betriebsrat existieren. Gemäß § 1 Abs. 1 Satz 1 i. V. m. § 2 Abs. 1 EBRG sind in allen gemeinschaftsweit tätigen Unternehmen mit Sitz im Inland und gemeinschaftsweit tätigen Unternehmensgruppen, deren herrschendes Unternehmen im Inland liegt, auf freiwilliger Basis Europäische Betriebsräte zu vereinbaren. Kommt es nicht zu einer Vereinbarung, so wird ein Europäischer Betriebsrat gemäß § 1 Abs. 1 Satz 2 EBRG kraft Gesetzes errichtet. Der Europäische Betriebsrat wird dabei zusätzlich zu eventuell bereits bestehenden, auf das nationale Territorium bezogenen Arbeitnehmervertretungen gebildet.[87] Im Sinne des EBRG sind Unternehmensgruppen allerdings nur dann gemeinschaftsweit tätig, wenn sie mindestens 1000 Arbeitnehmer in den Mitgliedstaaten beschäftigen und mindestens zwei ihrer

---

[87] HWK-*Giesen*, EBRG Rn. 1.

Unternehmen mit Sitz in verschiedenen Mitgliedstaaten je mindestens 150 Arbeitnehmer in verschiedenen Mitgliedstaaten beschäftigen (vgl. § 3 Abs. 2 EBRG). Insofern kommt eine Einführung von Ethikrichtlinien unter Mitwirkung des Europäischen Betriebsrates ohnehin nur in großen Unternehmen oder Unternehmensgruppen in Frage.

Ungleich bedeutsamer in hiesigem Zusammenhang ist jedoch der Umstand, dass sich die Kompetenzen des Europäischen Betriebsrats auf bloße Anhörungs- und Unterrichtungsrechte beschränken (vgl. § 17 EBRG bzw. § 31ff. EBRG).[88] Es besteht hingegen nicht die Möglichkeit, in Anlehnung an die Konzernbetriebsvereinbarung etwa eine „Europäische Betriebsvereinbarung" zwischen Konzernleitung und Europäischem Betriebsrat abzuschließen.[89] Die Konzernführung kann bzw. muss den Europäischen Betriebsrat also zwar unterrichten und anhören, wenn die Einführung einer gemeinschaftsweit geltenden Ethikrichtlinie vorbereitet wird. Dies ermöglicht etwa die Koordination der Einführung vieler nationaler Ethikrichtlinien, indem beispielsweise eine Muster- oder Rahmenrichtlinie vorab im Europäischen Betriebsrat zur Diskussion gestellt würde. Zur tatsächlichen Umsetzung bleibt der Arbeitgeber jedoch auf die Möglichkeiten einer Konzern- oder Gesamtbetriebsvereinbarung beschränkt. Insofern scheidet die Option aus, Ethikrichtlinien per Vereinbarung zwischen der Konzernmutter und dem Europäischen Betriebsrat einzuführen.

VI. Fazit

Die Betriebsvereinbarung stellt eine attraktive Möglichkeit zur Einführung von Ethikrichtlinien dar. Ihre unmittelbare und zwingende Wirkung (§ 77 Abs. 3 BetrVG) gewährleistet eine umfassende und einheitliche Einführung. Darüber hinaus kann eine Einführung per Betriebsvereinbarung durchaus zu einer größeren Akzeptanz der Richtlinie bei der Belegschaft führen als eine einseitige Einführung, weil durch die Betriebsratsarbeit die Interessen der Arbeitnehmer bei der Gestaltung der Ethikrichtlinie effektiv vertreten werden können. Der Arbeitgeber hat zwar ein Arbeitnehmergremium gleichberechtigt an der Gestaltung der Richtlinie zu beteiligen, läuft auf diesem Wege aber nicht Gefahr, ein Mitbestimmungsrecht zu „übersehen" und damit eine (teilweise) materiellrechtlich unwirksame Richtlinie einzuführen.

---

[88] Tschöpe/*Clemenz*, Teil 4 A Rn. 44.
[89] HWK-*Giesen*, EBRG Rn. 1.

Je nach Unternehmensstruktur und geplanter Reichweite der Ethikrichtlinie sind Betriebsvereinbarungen über die Einführung von Ethikrichtlinien mit dem Einzelbetriebsrat, dem Gesamtbetriebsrat oder dem Konzernbetriebsrat abzuschließen. Der Arbeitgeber kann allerdings nicht frei wählen, mit welchem dieser Gremien er verhandeln möchte. Eine Beteiligung des Einzelbetriebsrates kommt nur dann in Frage, wenn in einem Unternehmen nur ein einzelner Betrieb samt Betriebsrat gebildet wurde. Bestehen in einem Unternehmen mehrere Betriebsräte, ist der Gesamtbetriebsrat vorranigiger Verhandlungspartner. Wurde dieser nicht gebildet, obwohl die Voraussetzungen nach § 47 BetrVG vorliegen, können Ethikrichtlinien nicht wirksam per Betriebsvereinbarung eingeführt werden. Die Errichtung eines Konzernbetriebsrates ist dagegen fakultativ, weshalb eine Betriebsvereinbarung mit den Gesamtbetriebsräten abgeschlossen werden kann, selbst wenn trotz Vorliegen der gesetzlichen Voraussetzungen kein Konzernbetriebsrat gebildet wurde.

Ungeachtet dieser verfahrenstechnischen Fragen stellt der Abschluss einer Betriebsvereinbarung nach der bisherigen Untersuchng den vorzugswürdigen Weg zur Einführung einer Ethikrichtlinie dar. Auf diese Weise lassen sich in besonderem Maße eine umfassende Einführung mit einer hohen Akzeptanz der Richtlinie in der Belegschaft und angemessener Berücksichtigung der Arbeitnehmerinteressen verbinden.

§ 9 Einführung per Tarifvertrag

Schließlich kommt eine Einführung von Ethikrichtlinien per Tarifvertrag in Betracht. Gemäß § 1 Abs 1 TVG können die Tarifvertragsparteien einen Tarifvertrag abschließen, der Rechtsnormen bezüglich des Inhaltes von Arbeitsverhältnissen enthalten kann. Insofern kann auch die Geltung eines ethischen Regelwerkes vereinbart werden.

Ähnlich einer Betriebsvereinbarung erweist sich eine Einführung von Ethikrichtlinien per Tarifvertrag deshalb als besonders vorteilhaft, weil die Normen des einschlägigen Tarifvertrages gem. § 4 Abs. 1 Satz 1 TVG „unmittelbar und zwingend" zwischen den beiden Arbeitsvertragsparteien gelten. Da es sich bei Ethikrichtlinien um Regeln zur Ordnung im Betrieb und damit um betriebliche Fragen im Sinne des § 3 Abs. 2 TVG handelt[1], entfalten die per Tarifvertrag eingeführten Ethikregeln bei einem tarifgebundenen Arbeitgeber diese Wirkung unabhängig von der Tarifgebundenheit der bei ihm beschäftigten Arbeitnehmer.[2] Der Tarifvertrag bietet damit die Möglichkeit, Ethikrichtlinien einheitlich und nur durch ein einziges Rechtsgeschäft einzuführen.

Den Tarifpartnern stehen unterschiedliche Modelle zur Verfügung, um die Gestaltung von Ethikrichtlinien per Tarifvertrag zu vereinbaren: Mit einem Verbandstarifvertrag kann zwar eine große Zahl von Unternehmen erfasst werden. Um allen Bedürfnissen der Tarifunterworfenen jedoch gerecht zu werden, dürften sich auf diesem Wege regelmäßig nur Rahmenrichtlinien zur Vermittlung eines ethischen Minimums vereinbaren lassen.[3] Eine Einführung per Verbandstarifvertrag würde aber auch bedeuten, dass der Arbeitgeber– anders als bei den bisher aufgezeigten Umsetzungsinstrumenten – an den Verhandlungen zur Einführung der Ethikrichtlinie gar nicht selbst beteiligt wäre, sondern seine Interessen durch den Arbeitgeberverband vertreten würden.

Wird das Regelwerk demgegenüber durch einen Firmentarifvertrag umgesetzt, ist der Arbeitgeber unmittelbar beteiligt. Eine Einführung auf diesem Wege weist zudem den Vorteil auf, dass die Ethikrichtlinie auf das jeweilige Unternehmen „maßgeschneidert" ist. Da im Regelfall die Einführung von Ethikrichtlinien aus einer Motivation des Arbeitgebers heraus erfolgt, bietet ein Firmentarifvertrag die

---

[1] HWK-*Henssler*, § 3 TVG Rn. 36.
[2] Wiedemann/*Oetker*, § 3 TVG Rn. 163.
[3] Vgl. insoweit unten unter § 16III. ff. (S. 244 ff.).

besseren Möglichkeiten, dem in der Praxis vorherrschenden Verlangen nach einer konzern- oder unternehmensspezifischen Umsetzung zu entsprechen.

Die Einführung von Ethikrichtlinien durch Tarifvertrag schafft zugleich „vollendete Tatsachen" im einzelnen Betrieb: Aufgrund des Tarifvorranges nach § 87 Abs. 1 Satz 1 BetrVG kann der Betriebsrat im Hinblick auf die Gestaltung der im Betrieb anwendbaren Ethikrichtlinie kein Initiativrecht mehr geltend machen, weil sein Mitbestimmungsrecht insoweit ausgeschlossen ist.[4] Dies könnte zwar als in gewisser Weise dem Betriebsklima dienlich aufgefasst werden, weil ein damit verbundenes Konfliktpotential aus den Betrieben auf die Ebene der Tarifvertragsparteien verlagert wird. Andererseits dürfte gerade eine solche Vorgehensweise auf den Widerstand des Betriebsrates stoßen, weil er sich der zu regelnden Materie sachlich näher wähnt.

Ob der Tarifvertrag allerdings wirklich das vorzugswürdige Instrument zur Einführung von Ethikrichtlinien darstellt, bleibt fraglich. Aus Sicht des Arbeitgebers steht nämlich zu befürchten, dass die Gewerkschaft, mit der er - oder der ihn vertretende Arbeitgeberverband – den Abschluss des Tarifvertrages anstrebt, die paritätische Verhandlungssituation dazu nutzt, eigene Moralvorstellungen in die Ethikrichtlinie einzubringen und damit das Konzept des Arbeitgebers zu verändern. Zudem soll mit Ethikrichtlinien typischerweise ein unternehmensbezogenes Konzept umgesetzt werden. Eine unternehmensspezifische Umsetzung von Ethikrichtlinien per Tarifnorm wird aber nur beim Abschluss eines Firmentarifvertrages gelingen, in aller Regel jedoch nicht mit Verbands- oder Branchentarifverträgen. Diese erfassen nämlich eine Vielzahl von Unternehmen, so dass sich mit ihnen sinnvoll nur ein gewisser ethischer Mindestrahmen vereinbaren lässt, hingegen keine unternehmensspezifischen Ethikrichtlinien. Zudem erscheint zweifelhaft, ob die Tarifpartner tatsächlich sachgerecht über die Einführung von Ethikrichtlinien verhandeln können. Ein Betriebsrat weist zu dieser Regelungsmaterie nämlich regelmäßig eine größere Sachnähe auf und könnte konkrete Arbeitnehmerinteressen folglich viel besser vertreten.

Zusammenfassend bleibt festzuhalten, dass auch ein Tarifvertrag dazu genutzt werden kann, Ethikrichtlinien wirksam einzuführen. Für eine Umsetzung auf diesem Wege bietet sich allerdings nur der Abschluss eines Firmentarifvertrages an, weil es sich bei Ethikrichtlinien typischerweise um eine unternehmensspezifische Regelungsmaterie handelt. Dem Arbeitgeber bietet die Einführung von Ethikrichtlinien per Tarifvertrag den Vorteil, dass er nur mit einem Verhandlungspartner

---

[4] Richardi/*Richardi*, § 77 BetrVG Rn. 248; MüArbR/*Matthes*, § 327 Rn. 70 ff..

über die Regelungsinhalte verhandeln muss und diese nach Abschluss des Tarifvertrages unmittelbar und zwingend (vgl. § 4 Abs. 1 TVG) für alle Arbeitnehmer seines Unternehmens, auch die nicht tarifgebundenen (vgl. § 3 Abs. 2 TVG), gelten.

§ 10 Fazit

Dem Arbeitgeber bietet sich ein umfangreiches Instrumentarium, um Ethikrichtlinien ins Arbeitsverhältnis einzuführen. Grundsätzlich kommt eine Umsetzung per Direktionsrecht, Änderungskündigung, Arbeitsvertrag, Zusatzvereinbarung, Betriebsvereinbarung oder Tarifvertrag in Betracht.

Bei der Beurteilung, auf welchem Wege sich eine Einführung von Ethikrichtlinien im konkreten Fall am besten bewerkstelligen lässt, hat der Arbeitgeber nicht nur den Inhalt des geplanten Regelwerkes zu berücksichtigen. Er muss auch die Unternehmensstruktur, den Anwendungsbereich der Richtlinie und das Maß an Arbeitnehmerakzeptanz, welches er anstrebt, in seine Überlegungen mit einbeziehen. Zusätzlich gilt es, die umfassenden Mitbestimmungsrechte des Betriebsrates zu beachten.[1]

Eine einseitige Einführung von Ethikrichtlinien per Direktionsrecht mag in den Augen des Arbeitgebers durchaus attraktiv erscheinen, weil ein Regelwerk auf diesem Wege unabhängig von einer Zustimmung der einzelnen Arbeitnehmer implementiert werden kann.[2] Das gleiche gilt, wenn er sich der Änderungskündigung bedient, um Ethikrichtlinien in seinem Unternehmen umzusetzen. Eine einseitige Umsetzung birgt jedoch stets das Risiko, dass die Belegschaft eine solchermaßen eingeführte Ethikrichtlinie möglicherweise nicht akzeptiert. Zudem entbindet auch eine einseitige Einführung von Ethikrichtlinien den Arbeitgeber nicht davon, die Mitbestimmungsrechte des Betriebsrates zu wahren.

Wenn der Arbeitgeber aber ohnehin im Bereich der erzwingbaren Mitbestimmung den Betriebsrat zu beteiligen hat, bietet es sich an, direkt mit ihm eine Betriebsvereinbarung über die Einführung einer Ethikrichtlinie abzuschließen. Der Arbeitgeber hat zwar die Inhalte der Ethikrichtlinie in den Verhandlungen zur Disposition zu stellen. Er kann dafür aber eine erhöhte Akzeptanz innerhalb der Belegschaft erreichen, weil deren Interessen – je nach Unternehmensstruktur und den vorhandenen Interessenvertretungen – von Einzel-, Gesamt- oder Konzernbetriebsrat effektiv vertreten werden können. Zudem lassen sich Ethikrichtlinien per Betriebsvereinbarung in die einzelnen Arbeitsverhältnisse implementieren, ohne dass zusätzliche Vereinbarungen mit den einzelnen Arbeitnehmern abgeschlossen werden müssten (vgl. § 77 Abs. 4 Satz 1 BetrVG).

---

[1] Dazu unten unter § 17 (S. 249 ff.).
[2] Insofern hat auch der *Wal-Mart*-Konzern (vergeblich) versucht, seine Ethikrichtlinie einseitig einzuführen, vgl. LAG Düsseldorf v. 14.11.2005 – 10 TaBV 46/05, DB 2006, 162.

Ein ähnlicher Effekt ließe sich freilich auch mit einer Einführung von Ethikrichtlinien per Tarifvertrag erreichen. Sinnvoll erscheint in diesem Zusammenhang allerdings nur der Abschluss eines Firmentarifvertrages. Die charakteristische Unternehmensbezogenheit von Ethikrichtlinien spricht allerdings für den Abschluss einer Betriebsvereinbarung. Zudem muss auf Arbeitnehmerseite auch nur mit Einzel-, Gesamt- oder Konzernbetriebsrat verhandelt werden. Andernfalls könnten mitunter auch unternehmensexterne (Verbands-)Interessen Einzug in die Richtlinie finden, wenn der Verhandlungspartner des Arbeitgebers etwa die Aufnahme gewerkschaftlich propagierter Standardinhalte in die Ethikrichtlinie verlangt. Nach alledem stellt die Betriebsvereinbarung den vorzugswürdigen Weg dar, Ethikrichtlinien rechtstechnisch umzusetzen und in das Arbeitsverhältnis einzuführen.

Teil C   Inhaltskontrolle von Ethikrichtlinien

Nach der eingehenden Untersuchung der zur Verfügung stehenden Instrumente einer Einführung von Ethikrichtlinien bedarf es nun einer genaueren Betrachtung der zulässigen Ethikrichtlinieninhalte. Im Zentrum dieser Frage steht die Bestimmung von Grundlagen, Umfang und Grenzen einer Inhaltskontrolle von Ethikrichtlinien.

Wie die obige Darstellung gängiger Richtlinieninhalte[1] gezeigt hat, werden Arbeitnehmerpflichten in vielfältiger Hinsicht durch Ethikrichtlinien konkretisiert und erweitert. Die Einführung einer Ethikrichtlinie kann deshalb auch mit erheblichen Nachteilen für die regelungsunterworfenen Arbeitnehmer verbunden sein, etwa weil bestimmte Richtlinienklauseln umfassende Nebenpflichten begründen. Um die betroffenen Arbeitnehmer effizient vor derartigen Nachteilen zu schützen, müssen dem Arbeitgeber bei der Einführung und der Gestaltung von Ethikrichtlinien rechtliche Grenzen gesetzt werden.

Zum einen werden diese Grenzen durch das Mitbestimmungsrecht des Betriebsrates definiert. Durch die erzwingbare Beteiligung des Betriebsrates bei der Einführung von Ethikklauseln mit mitbestimmungspflichtigem Inhalt finden die Arbeitnehmerinteressen bereits bei der inhaltlichen Gestaltung der Ethikrichtlinie besondere Berücksichtigung.[2] Die vom BetrVG gewährte, gleichberechtigte Verhandlungsposition wird der Betriebsrat dazu nutzen, die Aufnahme von als unangemessen empfundenen Inhalten bereits im Vorfeld der Einführung des Kodices so weit wie möglich zu verhindern. In diesem Hinblick handelt es sich bei der Mitbestimmung des Betriebsrates um eine „vorbeugende Inhaltskontrolle", da dieses Gremium im Rahmen seiner Beteiligungsrechte lediglich als angemessen erachteten Ethikklauseln zustimmen wird.

Dem präventiven Schutz durch die betriebliche Mitbestimmung steht das (repressive) Instrument der Inhaltskontrolle gegenüber, mit dem im Streitfall die inhaltliche Zulässigkeit bereits eingeführter Richtlinienklauseln überprüft werden kann. Da Ethikrichtlinien auf unterschiedliche Art und Weise in das Arbeitsverhältnis eingeführt werden können[3], variiert allerdings die Rechtsgrundlage einer Inhaltskontrolle von Fall zu Fall. Je nachdem, ob das Regelwerk etwa per Zusatzvereinbarung oder per Betriebsvereinbarung eingeführt wird, richtet sich die Prüfung nach

---

[1] Oben unter § 5II. (S. 28 ff.).
[2] Dazu später noch ausführlich unter § 17 (S. 249 ff.).
[3] Siehe oben Teil B (S. 41 ff.).

der AGB-Kontrolle gemäß §§ 305 ff. BGB oder nach einer Rechtskontrolle nach Maßgabe des § 75 BetrVG (vgl. § 310 Abs. 4 Satz 1 BGB).[4] Würde diesen Vorschriften ein unterschiedlicher Kontrollmaßstab innewohnen, vermag möglicherweise schon die Wahl des Einführungsinstrumentes die Qualität der Inhaltskontrolle erheblich zu beeinflussen.

Das Schrifttum hat sich bislang allerdings nur ansatzweise damit beschäftigt, Grundsätze einer Inhaltskontrolle von Ethikrichtlinien auf- und darzustellen[5], während sich die Rechtsprechung bisher zwar mit den Mitbestimmungsrechten des Betriebsrates bei der Einführung von Ethikrichtlinien, nicht jedoch mit der Inhaltskontrolle solcher Regelwerke befasst hat.[6]

Da in betriebsratslosen Betrieben allein eine Inhaltskontrolle die Arbeitnehmer vor unangemessenen Richtlinienklauseln schützt, besteht insofern zunächst das Bedürfnis, die Prinzipien einer Inhaltskontrolle von Ethikrichtlinien näher zu bestimmen und erst danach die Einzelheiten der Mitbestimmungsrechte des Betriebsrates bei der Einführung von Ethikrichtlinien unter § 17 (S. 249 ff.) darzustellen.

Grundsätzliche Bedeutung bei der Inhaltskontrolle von Ethikrichtlinien kommt den unbestimmten Rechtsbegriffen von „Treu und Glauben" sowie der „Billigkeit" zu: Bei einer Einführung per Direktionsrecht (vgl. § 106 GewO) oder Betriebsvereinbarung (vgl. § 75 BetrVG) hat sich der Klauselinhalt nach der Billigkeit zu richten; bei einer Einführung per Zusatzvereinbarung oder Arbeitsvertrag ist hingegen das Gebot von Treu und Glauben (vgl. § 307 Abs. 1 BGB) zu beachten. Wenn nach Billigkeit entschieden werden soll, sind offenbar alle beteiligten Interessen zu berücksichtigen[7], und das Gebot von Treu und Glauben (§ 242 BGB) enthält den Gedanken, dass der einzelne seine Interessen nicht ohne Rücksichtnahme auf die Belange des Mitmenschen verfolgen darf.[8]

Die Begriffe der „Billigkeit" und von „Treu und Glauben" sind demnach eng mit einer Abwägung der miteinander kollidierenden Arbeitgeber- und Arbeitneh-

---

[4] BAG v. 09.12.1981 – 5 AZR 549/79, AP Nr. 14 zu § 112 BetrVG 1972; Richardi/*Richardi*, § 77 BetrVG Rn. 118.
[5] Regelmäßig wird auf die Erforderlichkeit einer Inhaltskontrolle etwa nach § 305 ff. BGB hingewiesen, ohne jedoch näher auf deren Grundsätze einzugehen, vgl. *Eisenbeis/Nießen*, FS Leinemann, S. 697, 698; *Borgmann*, NZA 2003, S. 352, 354; *Meyer*, NJW 2006, 3608.
[6] Vgl. etwa BAG v. 22.07.2008 – 1 ABR 40/07, NZA 2008, 1248; LAG Düsseldorf v. 14.11.2005 – 10 TaBV 46/05, DB 2006, 162.
[7] BAG v. 19.06.1985 – 5 AZR 57/84, AP Nr. 11 zu § 4 BAT; *Schuster/Darsow*, NZA 2005, 273, 274.
[8] *Hubmann*, AcP 155, 85, 87 m. w. N.

merinteressen verknüpft. Unabhängig von dem jeweiligen Einführungsinstrument ist also bei jeder Form einer Inhaltskontrolle[9] von Ethikrichtlinien eine Interessenabwägung vorzunehmen[10]. Es erscheint daher sinnvoll, zunächst die miteinander kollidierenden Arbeitgeber- und Arbeitnehmerinteressen zu identifizieren und zu untersuchen, bevor auf die Besonderheiten einer Inhaltskontrolle von Ethikrichtlinien im Hinblick auf das jeweilige Einführungsinstrument eingegangen wird.

---

[9] bzw. einer Rechtskontrolle von Betriebsvereinbarungen nach § 75 BetrVG.
[10] *Struck*, FS Esser, 171, 171 spricht gar davon, dass die Interessenabwägung das ganze Recht beherrsche.

§ 11 Interessenlage

Werden Ethikrichtlinien in einem Betrieb eingeführt, so treffen aufgrund der Vielseitigkeit üblicher Richtlinienklauseln[1] eine große Zahl von Arbeitnehmer- und Arbeitgeberinteressen aufeinander. Um ein von allen Seiten als akzeptabel angesehenes Regelwerk einführen zu können, sind diese Interessen untereinander abzuwägen. Doch auch Drittinteressen sind zu berücksichtigen, wenn die Ethikrichtlinie beispielsweise auf Initiative des Mutterunternehmens hin implementiert werden soll. Dies kann, wie oben verdeutlicht, insbesondere dann der Fall sein, wenn die Konzernobergesellschaft aufgrund ihres Listings an Handelsplätzen in den USA den Vorschriften des dort geltenden Börsenrechts unterliegt.

I. Arbeitnehmerinteressen

Die Arbeitnehmerinteressen bei der Einführung von Ethikrichtlinien lassen sich maßgeblich auf deren Schutzbedürfnis vor unangemessenen und benachteiligenden Ethikklauseln und ihr Bedürfnis, eigene Inhalte in die Ethikrichtlinie einzubringen, zurückführen. Insofern maßgeblich sind demnach das Schutz- und das Mitwirkungsinteresse der Arbeitnehmer.

1. Schutzinteresse

Die Einführung von Ethikrichtlinien kann sich in verschiedenen Formen als nachteilig für den Arbeitnehmer und damit gegenläufig zu seinen Interessen herausstellen: Vielfach wird durch die Einführung einer Ethikrichtlinie eine derart erhebliche Ausweitung arbeitnehmerseitiger Pflichten befürchtet, dass dies einer zusätzlichen Arbeitsbelastung ohne Lohnausgleich gleichkommen könnte. Doch auch die Konkretisierung bestehender Pflichten kann zu einer zusätzlichen Belastung des Arbeitnehmers führen. Werden nämlich abstrakte Arbeitnehmerpflichten in konkrete Handlungsanweisungen umgeformt, verringert dies den Handlungsspielraum des Arbeitnehmers und erhöht zugleich aus seiner Sicht das Risiko, gegen diese Pflichten zu verstoßen. Dies ist etwa dann der Fall, wenn die Mitarbeiter einer Kette von Kfz-Werkstätten im Arbeitsvertrag zum sorgfältigen Umgang mit dem (werkstatteigenen) Werkzeug verpflichtet werden, eine entsprechende Richtlinienklausel aber beispielsweise zur wöchentlichen Reinigung des kompletten Werkzeugsatzes nach einem bestimmten Verfahren aufruft.

---

[1] Die gängigen Inhalte wurden unter § 5II.1 – V. (S. 28 ff.) beschrieben.

Darüber hinaus können einzelne Klauselinhalte, wie etwa der Aufruf zum „Whistleblowing", spürbare Auswirkungen auf das kollegiale Miteinander haben, das Betriebsklima nachhaltig belasten und zu einem negativen Arbeitsumfeld führen. Zusätzlich bewirken Ethikrichtlinien nicht selten die Abschöpfung von mit der Arbeitsleistung verbundenen Vorteilen, deren Inspruchnahme durch die Arbeitnehmer bisher vom Arbeitgeber geduldet wurde; so etwa die Annahme von Kunden- und Werbegeschenken oder Einladungen zu Restaurantbesuchen oder Sportevents. Und schließlich bleibt regelmäßig zu befürchten, dass durch die Einführung von Ethikrichtlinien von gesetzlich definierten Maßstäben, etwa dem Umfang von Sorgfalts- und Haftungspflichten, zum Nachteil der Arbeitnehmer abgewichen wird.

Insofern wird es im Zentrum der arbeitnehmerseitigen Interessenvertretung stehen, die Einführung entsprechender Ethikklauseln zu verhindern. Der bestehende Pflichtenkreis soll allenfalls konkretisiert, jedoch nicht erweitert werden, bestehende Vorteile sollen erhalten bleiben.

2. Mitwirkungsinteresse

Die Interessen der Arbeitnehmer beschränken sich allerdings keinesfalls darauf, bestimmte Inhalte aus Ethikrichtlinien fernzuhalten. Möglicherweise beinhalten die Arbeitnehmerinteressen umgekehrt, bestimmte Regelungen oder Sachverhalte in die einzuführende Ethikrichtlinie aufzunehmen. In solchen Fällen ist das „Mitwirkungsinteresse" der Arbeitnehmer betroffen. Aufgrund einschlägiger Mitbestimmungsrechte bei der Einführung von Ethikrichtlinien[2] bietet das Betriebsverfassungsrecht dem Betriebsrat umfangreiche Möglichkeiten, ein solches Interesse effektiv wahrzunehmen. Denkbar ist vor allem eine von Arbeitnehmerseite initiierte Einfügung von Klauseln, bei denen der Arbeitnehmerschutz vor Diskriminierung, unangemessener Behandlung oder sonstigen Gefahren am Arbeitsplatz im Vordergrund steht. Auf Arbeitnehmerinitiative können jedoch auch Klauseln eingefügt werden, die eigene Arbeitnehmerrechte begründen. Denkbar wäre etwa eine liberal ausformulierte Regelung zur politischen Betätigung im Betrieb, nach der in Zeiten des Wahlkampfes zur Bundestagswahl die Programme der zur Wahl stehenden Parteien an die Kollegen verteilt werden dürfen.

Das Mitwirkungsinteresse ist immer dann betroffen, wenn die Arbeitnehmerseite die Aufnahme völlig neuer Klauselinhalte anstrebt. Schutz- und Mitwirkungsinteresse können allerdings auch nebeneinander bestehen, wenn die Arbeitnehmer-

---

[2] Dazu später ausführlich unter § 17 (S. 249 ff.).

seite ihr Schutzinteresse durch eine Mitwirkung verfolgt, die auf die inhaltliche Abschwächung belastender oder die Verstärkung begünstigender Ethikklauseln abzielt. Insofern könnte die Arbeitnehmerseite darauf drängen, eine Whistleblowing-Klausel von einer „Muss"- in eine „Kann"-Vorschrift umzuwandeln oder – um das Beispiel von oben aufzugreifen – das Austeilen von Parteiprogrammen auch vor Landtagswahlen zu erlauben.

3. Fazit

Bei der Einführung von Ethikrichtlinien bestehen auf Seiten der Arbeitnehmer typischerweise zwei maßgebliche Interessen, das Schutz- und das Mitwirkungsinteresse. Zentrales Anliegen der Arbeitnehmer ist dabei der Schutz vor benachteiligenden Ethikklauseln. Das Mitwirkungsinteresse geht dagegen häufig mit dem Schutzinteresse einher, etwa wenn die Arbeitnehmerseite versucht, benachteiligende Klauseln abzuschwächen. Der Arbeitgeber muss sich also nicht nur darauf einstellen, bestimmte Klauseln gegenüber den Arbeitnehmern oder deren Vertretungsgremien zu verteidigen, sondern wird sich vielfach auch mit abweichenden und/oder ergänzenden Klauselvorschlägen von Arbeitnehmerseite auseinandersetzen müssen.

II. Arbeitgeberinteressen

Den Arbeitnehmerinteressen steht eine Vielzahl von möglichen Arbeitgeberinteressen gegenüber. Diese lassen sich grob in Eigeninteressen des Arbeitgebers und (Fremd-)Interessen des Mutterunternehmens aufteilen. Bei letzteren interessiert insbesondere die Frage, ob die Interessen des Mutterunternehmens bei der Einführung von Ethikrichtlinien überhaupt zu berücksichtigen sind, oder ob es allein auf die Interessen der regelungsunterworfenen Arbeitnehmer und des Arbeitgebers ankommt.

1. Eigeninteressen des Arbeitgebers

Die bei einer Einführung von Ethikrichtlinien vorhandenen Arbeitgeberinteressen sind maßgeblich auf die bereits zuvor dargestellten Motive[3] zurückzuführen, die den Arbeitgeber überhaupt erst zur Entwicklung einer Ethikrichtlinie bewegen. Gegenüber dem Schutz- und Mitwirkinteresse auf Arbeitnehmerseite kann der Arbeitgeber also im Hinblick auf die Gestaltung der Richtlinie auf seine ökonomi-

---

[3] Siehe oben § 4I. (S. 15 ff.).

schen Interessen[4] und die Erfüllung gesetzlicher Vorgaben verweisen. Der Arbeitgeber hat zudem ein starkes Interesse daran, die Richtlinie möglichst ohne Modifikationen durch die Arbeitnehmerseite umzusetzen, weil er seine Motive nur auf diese Weise vollständig verwirklichen kann. Bei einer solchen Einführung blieben jedoch die Schutz- und Mitwirkungsinteressen der Arbeitnehmer unberücksichtigt, die auf eine Beteiligung bei der Gestaltung der Ethikrichtlinie gerichtet sind. Der Arbeitgeber muss sich deswegen darauf einstellen, dass bestimmte Regelungsinhalte auf den Widerstand der Arbeitnehmer stoßen und abgeschwächt oder erweitert werden müssen. Ihm wird es aber ohnehin kaum möglich sein, für seine Ethikrichtlinie ein Mindestmaß an Akzeptanz zu erreichen, wenn diese ohne Rücksicht auf die Schutz- und Mitwirkungsinteressen der Arbeitnehmer eingeführt wurde.

2. Interessen des Mutterunternehmens

Möglicherweise sind neben den bereits dargestellten Arbeitnehmer- und Arbeitgeberinteressen auch die Interessen des Mutterunternehmens bei der Interessenabwägung zu berücksichtigen. Ein Interesse an der Einführung von Ethikrichtlinien kann schließlich nicht nur der Arbeitgeber, sondern auch die übergeordnete Konzerngesellschaft haben.

a) Relevante Interessen des Mutterunternehmens

Gerade bei deutschen Tochterunternehmen von an Wertpapierbörsen in den USA gehandelten Konzernmüttern wird der Impuls zur Umsetzung eines Ethikkonzeptes häufig von der Konzernobergesellschaft her kommen, weil sie dazu gesetzlich verpflichtet ist.[5] Darüber hinaus existieren allerdings noch weitere Interessen: Von einem Imagegewinn des Tochterunternehmens kann beispielsweise der Gesamtkonzern profitieren, ebenso kommen die mit der Einführung einer Ethikrichtlinie verbundenen ökonomischen Vorteile etwa einem beherrschenden Unternehmen mittelbar zugute. Diese Aspekte stellen bereits erhebliche Interessen des Mutterunternehmens dar, die bei einer Abwägung nicht unberücksichtigt bleiben dürfen. Von großer Bedeutung bei der Einführung von Ethikrichtlinien sind darüber hinaus das Vereinheitlichungs- und das Haftungsvermeindungsinteresse der Konzernspitze.

---

[4] Dass sich viele Motive auf ökonomische Interessen zurückführen lassen, wurde oben unter § 4VII. (S. 25 f.) bereits angesprochen.

[5] Zur gesetzlichen Verpflichtung zur Einführung von Ethikrichtlinien nach US-amerikanischem Recht, von der auch deutsche Konzerne betroffen sein können, siehe oben § 4VI.1. (S. 19 f.).

aa) Vereinheitlichungsinteresse

In der Praxis von besonderer Relevanz ist das Interesse des Mutterunternehmens an der Einführung einer konzernweit einheitlichen Ethikrichtlinie. Vielfach wird sich ausschließlich ein konzerneinheitliches Ethikkonzept als praktikabel herausstellen, da andernfalls etwa für jedes Tochterunternehmen eigene Ethikrichtlinien gestaltet werden müsste. Auch der Imagegewinn, den sich der Konzern von der Einführung einer Ethikrichtlinie verspricht, wird sich nur dann maximieren, wenn der Kodex auf einfache Weise nach außen hin kommuniziert werden kann. Dies ist insbesondere dann möglich, wenn ein einheitliches Regelwerk existiert, welches in ansprechender Form der Öffentlichkeit präsentiert werden kann.[6]

Ferner würde die Überwachung von Umsetzung und Einhaltung der Richtlinieninhalte bei einer uneinheitlichen Einführung deutlich erschwert und das Ethikkonzept als Ganzes möglicherweise in Frage gestellt, etwa weil sich inhaltlich unterschiedliche Ethikrichtlinien für vergleichbare Tochterunternehmen kaum rechtfertigen ließen[7] und zu einer mangelnden Akzeptanz der Richtlinie bei der Belegschaft führen würden. Die konzerneinheitliche Einführung würde demgegenüber nicht nur den Einführungsprozess beschleunigen, sondern auch die Richtlinienpraxis erleichtern, etwa weil bei Auslegungs- und Anwendungsfragen auf Erfahrungen mit der Richtlinie in anderen Konzernunternehmen zurückgegriffen werden kann. Insoweit ist das Vereinheitlichungsinteresse wichtiger Bestandteil des Konzerninteresses bei der Einführung von Ethikrichtlinien.

bb) Haftungsvermeidungsinteresse

Neben das Vereinheitlichungsinteresse tritt regelmäßig auch das Haftungsvermeidungsinteresse des Mutterunternehmens. Die Untersuchung der Motivlage bei der Einführung von Ethikrichtlinien hat gezeigt, dass im US-amerikanischen Rechtsraum gesetzliche Pflichten zur Einführung von Ethikrichtlinien bestehen, denen der Konzern nachkommen muss, sofern er an den dortigen Aktienbörsen gehandelt werden möchte.[8] Derartige Rechtsvorschriften zwingen etwa auch zur konzernweiten Einführung von ethischen Regelwerken.[9] Scheitert die Einführung

---

[6] Vgl. hierzu beispielsweise die aufwendig gestalteten Ethikrichtlinien der Daimler AG oder der Deutschen Telekom AG.

[7] Zu dieser Problematik, allerdings auf vergleichbare Betriebe bezogen, vgl. oben § 8II.2.a) (S. 56 ff.).

[8] Vgl. dazu insbesondere oben § 4VI.1. (S. 19 f.).

[9] Dies gilt z. B. für NYSE Listed Company Manual Section 303A.10 und NASDAQ Rule 4350(n).

von Ethikkodices in einem (deutschen) Tochterunternehmen, kann der betreffenden Konzernobergesellschaft ein beantragtes oder bisheriges Listing vorübergehend oder endgültig entzogen werden.[10] Dies kann freilich mit erheblichen finanziellen Einbußen und Imageverlusten für den Konzern verbunden sein. Insofern trägt das Mutterunternehmen neben dem Vereinheitlichungsinteresse in besonderer Weise auch ein Haftungsvermeidungsinteresse im Zusammenhang mit der Einführung von Ethikrichtlinien.

Angesichts dieser Erwägungen wird deutlich, dass sich die Interessenlage bei der Einführung von Ethikrichtlinien keineswegs auf die Arbeitsvertragsparteien beschränkt. Die vorstehenden Ausführungen haben gezeigt, dass auch das Mutterunternehmen – insbesondere mit dem Vereinheitlichungs- und dem Haftungsvermeidungsinteresse – gewichtige Interessen im Zusammenhang mit der Einführung von Ethikrichtlinien aufweist.

b) Berücksichtigung von Interessen des Mutterunternehmens

Es ist jedoch ungeklärt, ob und in welchem Rahmen diese Aspekte bei einer Interessenabwägung zwischen Arbeitgeber und Arbeitnehmer Berücksichtigung finden. Obwohl die dargestellten Konzerninteressen durchaus erheblich sind, könnte eine vollständige Berücksichtigung von Konzerninteressen das Verhandlungsgleichgewicht zwischen den Arbeitsvertragsparteien erheblich zugunsten des Arbeitgebers verschieben, weil dieser neben den eigenen immer auch eine große Anzahl an Konzerninteressen in die Interessenlage einführen könnte.

Grundsätzlich finden diejenigen Belange in der Interessenabwägung Berücksichtigung, die sich den beteiligten Arbeitsvertragsparteien zuordnen lassen. Insofern muss also untersucht werden, inwieweit die dargestellten Konzerninteressen zugleich Eigeninteressen einer Arbeitsvertragspartei – nämlich die des Arbeitgebers – sind. In diesem Fall fänden die aufgezeigten Interessen der Muttergesellschaft im Rahmen einer Interessenabwägung Berücksichtigung. Die Interessen der Konzernmutter könnten dann im Einzelfall das Schutz- und Mitwirkungsinteresse der Arbeitnehmer überwiegen, wenn andernfalls die Interessen des Tochternehmens allein nicht dazu ausgereicht hätten.

---

[10] Vgl. etwa NASDAQ Rule 4300; NYSE Listed Company Manual Section 801.

aa) Interessen des Mutterunternehmens als Eigeninteressen des Tochterunternehmens

Zur Begründung ließe sich zunächst arbeitsrechtlich argumentieren: Der Konzern oder zumindest die Konzernspitze sei aufgrund ihrer Konzernleitungsmacht neben dem vertraglichen Arbeitgeber als weiterer individualrechtlicher Arbeitgeber anzusehen.[11] Demzufolge wären diejenigen Interessen, die nicht das Tochterunternehmen selbst, sondern das Mutterunternehmen oder den Konzern betreffen, ebenfalls Arbeitgeberinteressen, weil eben nicht nur das Tochterunternehmen, sondern auch der Konzern oder die Konzernspitze Arbeitgeber des betroffenen Arbeitnehmers wären. Solche Ansätze, etwa von *Ramm* mit dem sozialen Schutzgedanken des Arbeitsrechts begründet[12], tragen jedoch nicht weit: Es fehlt jedenfalls an der Rechtssubjektivität des Konzerns und damit der Fähigkeit, Träger von Rechten und Pflichten zu sein.[13] Dementsprechend hat sich der Versuch, den Konzern als Arbeitgeber zu qualifizieren, im Arbeitrecht auch nicht durchgesetzt.[14] Folglich bietet das Arbeitsrecht auch keinen Ansatz, Interessen des Mutterunternehmens zugleich als Eigeninteressen einer Arbeitsvertragspartei zu deuten.

Nachdem arbeitsrechtliche Erwägungen hier nicht weiterführen, bietet sich möglicherweise ein gesellschaftsrechtlicher Ausgangspunkt an, um dennoch nachzuweisen, dass die im Rahmen einer Einführung von Ethikrichtlinien vorhandenen Konzerninteressen zugleich Eigeninteressen einer Vertragspartei sind. Wenn man nämlich die GmbH als zusammengefasstes gemeinschaftliches Interesse der Gesellschafter begreift[15], werden die Eigeninteressen der rechtlich selbständigen Gesellschaft von den gemeinsamen Interessen der Gesellschafter determiniert.[16] Demzufolge würden die Gesellschaftsinteressen stets mit den Interessen des Alleingesellschafters übereinstimmen[17]. Die Interessen des Mutterunternehmens an der Ein-

---

[11] Vgl. etwa *Ramm*, ZfA 1973, S. 263, 276.
[12] *Ramm*, ZfA 1973, S. 263, 276.
[13] *Windbichler*, Arbeitsrecht im Konzern, S. 68; *Junker*, Internationales Arbeitsrecht im Konzern, S. 29 m. w. N..
[14] Vgl. auch *Junker*, Internationales Arbeitsrecht im Konzern, S. 29.
[15] BGH v. 16.09.1985 – II ZR 275/84, NJW 1986, 188; Baumbach/Hueck/*Zöllner*, GmbHG/Konzernrecht Rn. 77; *Mahnhold*, Compliance und Arbeitsrecht, S. 291; *Schmidt*, Gesellschaftsrecht, S. 62 ff.
[16] MüKo-AktG/*Heider*, § 1 AktG Rn. 51: Gesellschaftsinteresse und Gesellschafterinteresse stimmen häufig überein. Vgl. ferner *Hartmann*, GmbHR 1999, 1061, 1062.
[17] Vgl. *Konzen*, NJW 1989, 2977, 2979. Eine Neuausrichtung der Interessen könnte sogar über eine Änderung des Gesellschaftszweckes erfolgen, die der Alleingesellschafter ohne weiteres vornehmen kann, vgl. Baumbach/Hueck/*Zöllner*, GmbHG § 53 Rn. 28.

führung von Ethikrichtlinien sind also dann zugleich stets Eigeninteressen des Tochterunternehmens, wenn das Mutterunternehmen Alleingesellschafterin des Tochterunternehmens ist. Grundsätzlich lassen sich Interessen des Mutterunternehmens demnach also durchaus auch als Eigeninteressen des Tochterunternehmens anführen.

bb) Eingeschränkte Berücksichtigung von Konzernbelangen in der Interessenabwägung

Gleichwohl ergeben sich gewisse Bedenken, wenn man derartige Interessen uneingeschränkt in die zum Ausgleich zu bringende Interessenlage zwischen Arbeitgeber und Arbeitnehmer bei der Einführung von Ethikrichtlinien einbeziehen würde: Durch die volle Einbeziehung sämtlicher Konzernbelange in die Interessenabwägung würden Arbeitnehmer und ihre Interessenvertretungen bei den Verhandlungen über die Einführung von Ethikrichtlinien mit einer Vielzahl von Arbeitgeberinteressen konfrontiert, die für sie ohne weiteres nicht nachprüfbar sind. Letztendlich könnte jedes noch so entfernte Konzerninteresse genannt und in die Interessenabwägung eingeführt werden.[18] Darüber hinaus verstärkt die volle Berücksichtigung von Konzernbelangen die Tendenz, dass bei der Einführung von Ethikrichtlinien Arbeitgeberinteressen die entsprechenden Arbeitnehmerinteressen überwiegen. Insofern modifiziert eine derartige Berücksichtigung die Ausgangslage einer Interessenabwägung regelmäßig zum Nachteil der Arbeitnehmer. Eine prognostizierbare Rechtsfindung erscheint vor diesem Hintergrund kaum mehr möglich.[19]

Darüber hinaus spricht eine Parallelwertung zu den Grundsätzen des gesellschaftsrechtlichen Zurechnungsdurchgriffs[20] gegen eine Einstellung von Konzerninteressen in die Interessenabwägung zwischen Arbeitgeber und Arbeitnehmer. Unter dem Begriff des Zurechnungsdurchgriffs werden diejenigen Fallgruppen zusammengefasst, in denen das Trennungsprinzip[21] bestimmte Einschränkungen erfährt, weil sich die Gesellschaft und der einzelne (Allein-)Gesellschafter gegenseitig Verhaltensweisen, Kenntnisse oder Fähigkeiten des anderen zurechnen lassen

---

[18] *Mahnhold*, Compliance und Arbeitsrecht, S. 291.
[19] *Mahnhold*, Compliance und Arbeitsrecht, S. 291.
[20] Dazu grundlegend MüKo-AktG/*Heider*, § 1 AktG Rn. 50 ff.; *Windbichler*, Arbeitsrecht im Konzern, S. 533 ff..
[21] Nach dem Trennungsprinzip handelt es sich bei der juristischen Pern einerseits und den Gesellschaftern andererseits um eigenständige Rechtspersönlichkeiten, die hinsichtlich ihrer Rechte und Pflichten, wie auch ihres Vermögen zuordnungsrechtlich voneinander zu unterscheiden sind, vgl. MüKo-AktG/*Heider*, § 1 AktG Rn. 44; KölnKomm-AktG/*Kraft*, § 1 AktG Rn. 38 ff..

müssen.²² Übertragen auf das Arbeitsverhältnis ergibt sich eine vergleichbare Konstellation, wenn das Tochterunternehmen zwar formal als Arbeitgeber auftritt, das Arbeitsverhältnis inhaltlich jedoch maßgeblich durch das Mutterunternehmen bestimmt würde. Trotz rechtlicher Selbständigkeit des Tochterunternehmens bestimmt nicht dessen vermeintliches Eigeninteresse, sondern das dahinter stehende Verbandsmitglied²³ die arbeitsvertragliche Beziehung.²⁴ Aus der Perspektive des Arbeitsvertrages ist damit die Trennung zwischen Gesellschaft und Gesellschafter (bzw. Arbeitgeber und Mutterunternehmen) aufgehoben, es handelt sich mithin um einen Durchgriff.

Als Durchbrechung des Trennungsprinzips ist der Durchgriff allerdings nur dann zulässig, wenn er gerechtfertigt ist.²⁵ Demzufolge ist zunächst festzuhalten, dass Konzerninteressen im Regelfall unberücksichtigt bleiben, weil davon auszugehen ist, dass eine Berücksichtigung nur in Ausnahmefällen gerechtfertigt werden kann. Insofern ist für jedes Konzerninteresse, welches in den Verhandlungen zwischen Arbeitnehmer und Arbeitgeber als ein zu berücksichtigendes Interesse angeführt wird, einzeln danach zu fragen, ob eine Rechtfertigung für dessen Berücksichtigung vorliegt.

Eine entsprechende Rechtfertigung dürfte regelmäßig dann fehlen, wenn die geltend gemachten Interessen des Mutterunternehmens deckungsgleich mit Interessen des Tochterunternehmens sind. Findet ein bestimmter Aspekt bereits durch das Tochterunternehmen Einzug in die Interessenabwägung, so ist nicht ersichtlich, warum eine doppelte Berücksichtigung erfolgen sollte. Demzufolge bleiben beispielsweise die oben dargestellten Interessen der Konzernmutter an Imagegewinn und Haftungsvermeidung ohne Bedeutung, weil bereits das Tochterunternehmen identische Interessen aufweist.²⁶

Anders liegt die Sachlage beim bereits oben dargestellten Vereinheitlichungsinteresse der Konzernobergesellschaft. Das Vereinheitlichungsinteresse ist ein originäres Konzerninteresse, welches in dieser Form nicht bereits im Tochterunternehmen vorhanden ist. Deswegen scheitert die Rechtfertigung seiner Berücksichtigung nicht schon am Argument der möglichen Doppelberücksichtigung. Im Gegenteil, wichtige Belange der Konzernspitze würden vernachlässigt, wenn das Vereinheitlichungsinteresse nicht in die Interessenabwägung miteinbezogen würde: Be-

---

[22] MüKo-AktG/*Heider*, § 1 AktG Rn. 50.
[23] Hier: Das Muterunternehmen als Alleingesellschafterin.
[24] *Mahnhold*, Compliance und Arbeitsrecht, S. 292.
[25] MüKo-AktG/*Heider*, § 1 AktG Rn. 45 ff.; KölnKomm-AktG/*Kraft*, § 1 AktG Rn. 39.
[26] So auch *Mahnhold*, Compliance und Arbeitsrecht, S. 292.

reits zuvor wurde hervorgehoben, dass die Einführung unterschiedlicher Ethikrichtlinien für vergleichbare Konzernunternehmen mitunter nicht zu rechtfertigen wäre.[27] Vor diesem Hintergrund ist zumindest in homogenen Konzernen, deren Tochtergesellschaften keinen wesentlichen Anlass zu einer differenziert unternehmensspezifischen Einführung von Ethikrichtlinien geben, ein Durchgriff des Vereinheitlichungsinteresses durchaus als gerechtfertigt anzusehen.[28] Dies gilt umso mehr, weil eine Berücksichtigung des Vereinheitlichungsinteresses auch mit Vorteilen für die Arbeitnehmer verbunden sein kann: Im Konfliktfall könnten sie bei konzerneinheitlichen Ethikrichtlinien beispielsweise auf Präzedenzfälle in anderen Konzernunternehmen verweisen.

Als einziges Konzerninteresse muss also im Einzelfall das Vereinheitlichungsinteresse der Konzernspitze bei der Interessenabwägung berücksichtigt werden.

c) Fazit

Grundsätzlich bleiben die vielfältigen Konzernbelange bei der Abwägung der widerstreitenden Interessen im Rahmen der Einführung von Ethikrichtlinien unberücksichtigt. Eine umfassende Berücksichtigung würde die Arbeitgeberinteressen vervielfachen und eine prognostizierbare Interessenabwägung vereiteln. In Ausnahmefällen können Konzernbelange dennoch berücksichtigt werden, wenn ihre Miteinbeziehung gerechtfertigt ist. Eine solche Rechtfertigung ist jedoch dann zu verneinen, wenn vergleichbare Interessen bereits auf der Ebene des Tochterunternehmens bestehen. Demgegenüber ist die Berücksichtigung des Vereinheitlichungsinteresses des Konzerns regelmäßig gerechtfertigt, sofern die Konzernstruktur eine konzerneinheitliche Einführung von Ethikrichtlinien als sinnvoll erscheinen lässt.

3. Zusammenfassung

Bei der Einführung von Ethikrichtlinien herrscht eine Interessenlage, die nicht nur von den Interessen der Arbeitsvertragsparteien bestimmt wird, sondern auch gewisse Konzerninteressen mit einbezieht.

Auf Seiten der Arbeitnehmer stehen die Schutz- und Mitwirkungsinteressen im Mittelpunkt, um unvorteilhafte Ethikklauseln abzuwehren und eigene Belange in die Ethikrichtlinie aufzunehmen. Der Arbeitgeber verfolgt demgegenüber ein

---

[27] Oben § 8III.2.a) (S. 66 ff.).
[28] Anders *Mahnhold*, Compliance und Arbeitsrecht, S. 292, der mangels Bezuges von Arbeitsvertrag und Interesse eine Rechtfertigung des Durchgriffs ablehnt.

Durchsetzungsinteresse, welches von dem Willen der Einführung einer Ethikrichtlinie ohne allzu viele Modifikationen durch die Arbeitnehmerseite geprägt ist. Im Konzern ist auf Seiten des Arbeitgebers unter Umständen zudem das Vereinheitlichungsinteresse des Mutterunternehmens an der Einführung einer möglichst konzerneinheitlichen Ethikrichtlinie zu berücksichtigen.

§ 12 Grundrechtswirkung bei der Inhaltskontrolle von Ethikrichtlinien

Die zuvor dargestellten Interessen der beteiligten Parteien müssen im Rahmen der Inhaltskontrolle von Ethikrichtlinien zum Ausgleich gebracht werden. Welche Anforderungen genau an einen solchen Ausgleich gestellt werden müssen, hängt nicht zuletzt von der Qualität der betroffenen Interessen auf Arbeitnehmer- und auf Arbeitgeberseite ab: Sollten sich die gegenläufigen Interessen auf Grundrechtspositionen der beteiligten Parteien zurückführen lassen, liegt nicht bloß ein Interessenkonflikt, sondern eine Grundrechtskollision vor.[1]

In diesem Fall reicht kein simpler Ausgleich im Sinne einer Güter- oder gar Wertabwägung.[2] Vielmehr muss nach den Anforderungen des *Bundesverfassungsgerichts*[3] eine Kollisionsauflösung durch Grundrechtsbegrenzung im Wege *praktischer Konkordanz* erfolgen.[4] Demnach ist der zu beiden Seiten hin schonendste Ausgleich zu suchen, der gleichwohl die kollidierenden Rechtsgüter einander so zuordnet, dass jedes von ihnen Wirklichkeit gewinnt.[5]

Bevor der konkrete Modus eines solchen Ausgleichs näher untersucht wird[6], muss jedoch zunächst danach gefragt werden, auf welche Weise Grundrechte im Arbeitsrecht überhaupt Wirkung entfalten. Anschließend werden die bei der Einführung von Ethikrichtlinien relevanten Grundrechte auf Arbeitnehmer- und Arbeitgeberseite identifiziert. Angesichts der vielfältigen Umsetzungsmöglichkeiten, die bei der Einführung von Ethikrichtlinien gewählt werden können, bedarf es einer weiteren Untersuchung, ob die Grundrechtswirkung im Rahmen der unterschiedlichen Umsetzungsinstrumente – etwa Arbeitsvertrag, Betriebsvereinbarung oder Tarifvertrag – wesentlich variiert.

I. Grundrechtswirkung im Arbeitsverhältnis

Bei der Frage nach der Grundrechtswirkung im Arbeitsrecht stellt sich nach *Fezer* die „Gretchenfrage an jeden Juristen: Wie hältst Du es mit dem Verhältnis

---

[1] ErfK/*Dieterich*, Einl. GG Rn. 70f.
[2] Vgl. *Hesse*, Grundzüge des Verfassungsrechts der Bundesrepublik Deutschland, Rn. 72.
[3] BVerfG v. 25.02.1975 - 1 BvF 1/74, 1 BvF 2/74, 1 BvF 3/74, 1 BvF 4/74, 1 BvF 5/74, 1 BvF 6/74, BVerfGE 39, 1, 43.
[4] *Hesse*, Grundzüge des Verfassungsrechts der Bundesrepublik Deutschland, Rn. 72; ErfK/*Dieterich*, Einl. GG Rn. 71; *Canaris*, JuS 1989, 161, 163.
[5] BVerfG v. 25.02.1975 - 1 BvF 1/74, 1 BvF 2/74, 1 BvF 3/74, 1 BvF 4/74, 1 BvF 5/74, 1 BvF 6/74, BVerfGE 39, 1, 43.
[6] Unten unter § 13 ff. (S. 121 ff.).

der Verfassung zum Privatrecht?"[7] Diese „Jahrhundertproblematik"[8] wurde mittlerweile einer befriedigenden Lösung zugeführt:

1. Grundsätze einer Grundrechtswirkung im Arbeitsrecht

Durch die ständige Rechtsprechung des *Bundesverfassungsgerichts* ist – zumindest für die Praxis – ein Rahmen abgesteckt, innerhalb dessen rein private Rechtsbeziehungen auf Grundrechtskonformität geprüft werden können.

a) Mittelbare Drittwirkung der Grundrechte

Mit der *Lüth*-Entscheidung hat das *Bundesverfassungsgericht* die *mittelbare Drittwirkung von Grundrechten* auf rein private Rechtsbeziehungen erklärt.[9] Die Schranken, die das Grundgesetz setzt, richten sich nach dieser Lehre unmittelbar nur an den Staat. Die Grundrechte stellen in ihrer Gesamtheit allerdings eine objektive Werteordnung dar und grundrechtliche Wertungen strahlen – skizzenhaft gesprochen – durch zivilrechtliche Generalklauseln (z. B. §§ 138, 242 BGB) auf das Privatrecht aus.[10] Da der Richter nach Art. 1 Abs. 3 GG unmittelbar an die Grundrechte gebunden ist, muss er deren objektiven Wertegehalt bei der Auslegung und der Anwendung des einfachen Rechts berücksichtigten.[11] Nur die Entfaltung der Grundrechte durch das Medium der das Privatrecht unmittelbar beherrschenden Vorschriften berücksichtigt nämlich angemessen, dass sich bei einem Streit zwischen Privaten über Rechte und Pflichten aus diesen Vorschriften Grundrechtsträger gegenüberstehen.[12]

b) Lehre von den Schutzpflichten

In der jüngeren Grundrechtsdogmatik wurde die Lehre von der mittelbaren Drittwirkung der Grundrechte zur *Lehre von den Schutzpflichten im Privatrecht* weiterentwickelt. Während es anfänglich von einer unmittelbaren Wirkung der

---

[7] *Fezer*, JZ 1998, 265, 267.
[8] *Fezer*, JZ 1998, 265, 267.
[9] BVerfG v. 15.01.1958 – 1 BvR 400/51, BVerfGE 7, 198, 206; die Vorarbeit dazu leistete *Dürig*, FS Nawiasky, S. 157 ff.; vgl. im Anschluss exemplarisch *Canaris*, AcP 184, 201, 208 ff.; *Fastrich*, Richterliche Inhaltskontrolle im Privatrecht, S. 173 f..
[10] Anders die von *Nipperdey* entwickelte Lehre von der unmittelbaren Wirkung der Grundrechte, vgl. *Nipperdey*, Grundrechte und Privatrecht, S. 14 ff.; vgl. ferner *Gamillscheg*, Die Grundrechte im Arbeitsrecht, S. 75; *Schwabe*, Die sogenannte Drittwirkung, S. 69 ff.
[11] *Preis,* Individualarbeitsrecht, S. 128.
[12] MüArbR/*Richardi*, § 10 Rn. 11.

Grundrechte im Arbeitsrecht ausgegangen war[13], hat sich mittlerweile auch das *Bundesarbeitsgericht* der Lehre von den Schutzpflichten im Privatrecht angeschlossen.[14] Diese Lehre fußt auf der – aus der Funktion der Grundrechte als Abwehrrechte[15] hergeleiteten – Anerkennung staatlicher Schutzpflichten zugunsten der Grundrechte einzelner Grundrechtsträger.[16] In den Entscheidungen zur Zulässigkeit der Vereinbarung eines Wettbewerbsverbotes bei Handelsvertretern[17] und zur Inhaltskontrolle von (privaten) Bürgschaftsverträgen[18] hat das *Bundesverfassungsgericht* entsprechende Schutzpflichten des Staates auch vor Eingriffen anderer Privater anerkannt.

Das verfassungsrechtliche Untermaßverbot[19] verlangt dementsprechend von der Judikative, schwächere Grundrechtsträger auch vor privaten Dritten zu schützen, wenn der Gesetzgeber selbst keinen hinreichenden Schutz gewährleistet.[20] Die Rechtsprechung hat also grundrechtliche Schutzgüter durch Rechtsfortbildung und Auslegung einfachen Rechts vor Eingriffen (nicht-staatlicher) Dritter zu bewahren.[21] Ihrer Kontrolle obliegt es, Vereinbarungen als noch zulässig oder schon unzulässig zu qualifizieren[22] und auf diese Weise sicherzustellen, dass die grundrecht-

---

[13] vgl. schon BAG v. 03.12.1954 - 1 AZR 150/54, AP Nr. 2 zu § 13 KSchG; ferner BAG v. 10.05.1957 – 1 AZR 249/56, AP Nr. 1 zu Art. 6 Abs. 1 GG Ehe und Familie; BAG v. 29.06.1962 – 1 AZR 343/61, AP Nr. 25 zu Art. 12 GG; BAG. v. 29.06.1962 – 1 AZR 350/61, AP Nr. 26 zu Art. 12 GG; BAG v. 28.09.1972 – 2 AZR 469/71, AP Nr. 2 zu § 134 BGB; BAG v. 12.01.1973 – 3 AZR 211/72, AP Nr. 4 zu § 87a HGB.

[14] BAG (GS) v. 27.02.1985 – GS 1/84, AP Nr. 14 zu § 611 BGB Beschäftigungspflicht.

[15] Vgl. statt vieler: *Poscher*, Grundrechte als Abwehrrechte, S. 15 ff.

[16] Vgl. BVerfG v. 25.02.1975 – 1 BvF 1-6/74, BVerfGE 39, 1, 42; BVerfG v. 14.01.1981 – 1 BvR 612/72, BVerfGE 56, 54, 73; BVerfG v. 30.11.1988 – 1 BvR 1301/84, BVerfGE 79, 174, 201 f.; *Hesse*, Grundzüge des Verfassungsrechts in der Bundesrepublik Deutschland, Rn. 350; *Calliess*, JZ 2006, 321, 322; kritisch zur Herleitung *Preu*, JZ 1991, 265 ff.; a. A. zuvor offenbar noch *v. Hoyningen-Huene*, Billigkeit im Arbeitsrecht, S. 129, der die Berücksichtigung der Grundrechte innerhalb der Prüfung der §§ 138, 242 BGB nicht erwähnt.

[17] BVerfG v. 07.02.1990 – 1 BvR 26/84, BVerfGE 81, 242.

[18] BVerfG v. 19.10.1993 – 1 BvR 567/89, BVerfGE 89, 214.

[19] Dieser Begriff stammt ursprünglich von *Schuppert*, Funktionell-rechtliche Grenzen der Verfassungsinterpretation, S. 15 und wurde in der Folge von anderen Autoren aufgenommen, vgl. etwa *Canaris*, AcP 184, 201, 228, und vom *BVerfG* rezipiert, BVerfG v. 28.05.1993 – 2 BvF 2/90, 2 BvF 4/92, 2 BvF 5/92, BVerfGE 88, 203.

[20] Dazu *Klein*, JuS 2006, 960 ff.

[21] BVerfG v. 25.02.1975 – 1 BvF 1/74, 1 BvF 2/74, 1 BvF 3/74, 1 BvF 4/74, 1 BvF 5/74, 1 BvF 6/74, BVerfGE 39, 1, 43.

[22] So nachdrücklich *Preis*, Vertragsgestaltung, S. 46. Die Anerkennung des Bedürfnisses, private Verträge gerichtlich zu kontrollieren, läuft freilich dem berühmten Ansatz von *Schmidt-Rimpler*,

lich geschützten Interessen schwächerer Grundrechtsträger nicht permanent beeinträchtigt werden.[23]

Auf der anderen Seite gilt es jedoch zu bedenken, dass der schützende Eingriff des Gerichts zugunsten der einen Partei gleichzeitig das grundrechtlich geschützte Interesse der anderen Partei beeinträchtigt.[24] Diese Kollision ist auf die schonendste Weise aufzulösen.[25] Es ist eine Abwägung der Interessen durchzuführen, die sich rechtstechnisch als Abwägung innerhalb zivilrechtlicher Generalklauseln (z. B. §§ 242, 138, 307 Abs. 1 Satz 1, 315 BGB, 105 GewO) verorten lässt.

c) Typisierung

Von erheblicher praktischer Bedeutung ist dabei die staatliche (ergo: gesetzgeberische wie richterliche) Befugnis zur *Typisierung*[26]: Die Kollisionslösung braucht keineswegs stets durch einzelfallbezogene Grundrechtsabwägung zu erfolgen, sondern ist auch durch generell-abstrakte Vorrangentscheidungen möglich.[27] Von Verfassungs wegen genügt es daher, wenn die (Fach-)Rechtsprechung auf verhältnismäßige Art und Weise die Kollision auflöst und auch ansonsten keinen Verfassungsverstoß vorliegt. Die Rechtsprechung hat dabei einen Spielraum und ist nicht an ein einziges Abwägungsergebnis gebunden.

2. Strukturelle Unterlegenheit

Es besteht allgemeine Einigkeit darüber, dass eine Korrektur nach den gerade dargestellten Maßstäben keinesfalls bei jedem Vertragsverhältnis geboten ist.[28] Das *Bundesverfassungsgericht* geht davon aus, dass erst bei *struktureller Unterlegenheit*[29] einer der Parteien eine Rechtspflicht zum Handeln besteht[29]: Ist der Vertragsinhalt für eine Partei ungewöhnlich belastend, hat der Staat sie zu schützen.[30]

Verträgen eine „Richtigkeitsgewähr" zuzusprechen, diametral zuwider, vgl. *Schmidt-Rimpler*, AcP 147, 130, 157.

[23] *Preis*, Vertragsgestaltung, S. 44 ff.; *Canaris*, AcP 184, 201, 225 ff.; krit. *Gamillscheg*, Die Grundrechte im Arbeitsrecht, S. 84 f.
[24] *Preis*, Vertragsgestaltung, S. 47.
[25] *Hesse*, Grundzüge des Verfassungsrechts der Bundesrepublik Deutschland, Rn. 72; ErfK/*Dieterich*, Einl. GG Rn. 71; *Canaris*, JuS 1989, 161, 163.
[26] Dies hebt *Canaris* zutreffend hervor, *Canaris*, JuS 1989, 161, 164.
[27] *Canaris*, JuS 1989, 161, 164.
[28] *Wiedemann*, JZ 1990, 695, 697; *Singer*, JZ 1995, 1133, 1138; *Preis*, Vertragsgestaltung, S. 46 f.
[29] Allgemein zur strukturellen Unterlegenheit als Anlass richterlicher Korrektur: *Gamillscheg*, Die Grundrechte im Arbeitsrecht, S. 28 ff.
[30] BVerfG v. 19.10.1993 – 1 BvR 567/89, BVerfGE 89, 214.

Hintergrund derartiger Überlegungen ist, dass es sich bei einer Verletzung der Schutzverpflichtung durch das (Fach-)Gericht in gewissem Sinne um eine „Unterlassungstat" handelt[31], weil das Gericht ja nicht selbst einen Grundrechtseingriff vornimmt, sondern es statt dessen lediglich unterlässt, den Betroffenen mit zivilrechtlichen Mitteln vor einem privaten Eingriff zu schützen. Dies legt nahe, in Parallelwertung zur zivil- und strafrechtlichen Unterlassungshaftung eine Rechtspflicht zum Handeln von dem Vorliegen besonderer Umstände abhängig zu machen. Ein solches Erfordernis berechtigt sich für staatliche Schutzpflichten im Privatrecht daraus, dass sich zwei Grundrechtsträger in allgemeiner Handlungsfreiheit gegenüberstehen und Beziehungen zwischen Bürgern untereinander grundsätzlich von staatlichen Beeinträchtigungen frei sind.[32] Insofern muss sich der Staat legitimieren, wenn er dennoch intervenieren möchte.[33]

Der Gedanke an eine strukturelle Ungleichheit ist dem Arbeitsrechtler indes besonders vertraut. Vielfach wird das Bild bemüht, der Arbeitgeber sitze „am längeren Hebel", der Arbeitnehmer hingegen nicht als „Gleichgewicht am Verhandlungstisch".[34] Die Schlussfolgerung, dass dem Arbeitsvertrag insofern die Regelung der Arbeitsbedingungen nicht (völlig) überlassen werden könne, ist Motiv einer Vielzahl arbeitsrechtlicher Vorschriften, mit der die Vertragsgestaltungsfreiheit im Arbeitsrecht eingeschränkt wird.[35]

Für Arbeitsverträge kommt als schwächere und damit schützenswerte Partei regelmäßig nur der Arbeitnehmer in Betracht. So befindet sich der Arbeitnehmer häufig in einer sozialen Abhängigkeit vom Arbeitgeber, weil er seine Lebensgrundlage maßgeblich aus dem Arbeitsverhältnis bestreitet. Abgesehen von finanziellen Erwägungen ist der Arbeitnehmer auch deswegen auf den Bestand des Arbeitsverhältnisses angewiesen, weil nur im Rahmen einer fortgesetzten Beschäftigung erlernte Qualifikationen und Kenntnisse erhalten und weiterentwickelt werden können.

Es ist anerkannt, dass der Arbeitnehmer im Moment des Vertragsschlusses im Sinne der Rechtsprechung des *Bundesverfassungsgerichtes* strukturell unterlegen

---

[31] *Oldiges*, FS Friauf, 281, 306; *Canaris*, JuS 1989, 161, 163.
[32] Sog. Neutralitätsgebot des Staates, vgl. *Oldiges*, FS Friauf, 281, 306.
[33] *Oldiges*, FS Friauf, 281, 306.
[34] Etwa *Gamillscheg*, Die Grundrechte im Arbeitsrecht, S. 29.
[35] *Gamillscheg*, Die Grundrechte im Arbeitsrecht, S. 28 ff.; MüArbR/*Richardi*, § 1 Rn. 11 ff.; krit. zum Ungleichgewicht z. B. *Zöllner*, Acp 176, 221, 229; *Bengelsdorf*, BB 1995, 978, 982 f..

ist.³⁶ Dies wird häufig mit der drohenden Arbeitslosigkeit begründet, die der Arbeitnehmer im Falle gescheiterter Arbeitsvertragsverhandlungen zu befürchten hat.³⁷ Nach zutreffender Ansicht des *Bundesverfassungsgerichts* dauert der Zustand struktureller Ungleichheit jedoch auch während des Arbeitsverhältnisses an und endet auch nicht mit dem Erreichen des Kündigungsschutzes nach dem Kündigungsschutzgesetz (§ 1, 23 KSchG)³⁸: Der einzelne Arbeitnehmer sei nämlich typischerweise ungleich stärker auf sein Arbeitsverhältnis angewiesen als der Arbeitgeber auf den einzelnen Arbeitnehmer. Insofern ändere auch ein Erreichen des gesetzlichen Kündigungsschutzes nichts an dem ungleichen wirtschaftlichen Kräfteverhältnis der Arbeitsvertragsparteien.³⁹

Unter Berücksichtigung dieser Situation liegt es dementsprechend nahe, ein strukturelles Ungleichgewicht zwischen Arbeitgeber- und Arbeitnehmerseite grundsätzlich auch dann anzunehmen, wenn über die Einführung von Ethikrichtlinien verhandelt wird. Dies gilt auch dann, wenn die Einführung von Ethikrichtlinien nicht durch eine Abrede zwischen Arbeitgeber und Arbeitnehmer vereinbart wird, sondern per Betriebsvereinbarung erfolgt. Dann steht dem Arbeitgeber als Verhandlungspartner zwar der Betriebsrat gegenüber, doch auch in dieser Konstellation existiert ein Ungleichgewicht. Der betriebsverfassungsrechtliche Schutz der Betriebsratsmitglieder vermag die Abhängigkeit, in der sie als Arbeitnehmer stehen, nach Ansicht des *Bundesarbeitsgerichts* weitgehend, jedoch nicht vollständig auszugleichen; zudem sei ihnen der Arbeitskampf verwehrt.⁴⁰

3. Fazit

Auch im Arbeitsrecht entfalten Grundrechte nach der Lehre von den Schutzpflichten gewisse Wirkung: Durch Rechtsfortbildung und Auslegung zivilrechtlicher Generalklauseln haben die Fachgerichten sicherzustellen, dass die grundrechtlich geschützten Interessen schwächerer Grundrechtsträger nicht dauerhaft beeinträchtigt werden. Bei ihrer Abwägung sind die Gerichte nicht zu einzelfallbezoge-

---

³⁶ Vgl. etwa BVerfG v. 26.06.1991 – 1 BvR 779/85, BVerfGE 84, 212, 229; BVerfG v. 28.01.1992 – 1 BvR 1025/82, 1 BvL 16/83, 1 BvL 10/91, BVerfGE 85, 191, 213; BVerfG v. 15.07.1998 – 1 BvR 1554/89, 1 BvR 963/94, 1 BvR 964/94, BVerfGE 98, 365, 395; BVerfGE v. 23.11.2006 – 1 BvR 1909/06, NZA 2007, 85, 87; siehe auch BAG (GS) v. 12.10.1960 – GS 1/59, AP Nr. 16 zu § 620 BGB Befristeter Arbeitsvertrag.
³⁷ Zuletzt BVerfG v. BVerfGE v. 23.11.2006 – 1 BvR 1909/06, NZA 2007, 85, 87.
³⁸ BVerfGE v. 23.11.2006 – 1 BvR 1909/06, NZA 2007, 85, 87.
³⁹ BVerfGE v. 23.11.2006 – 1 BvR 1909/06, NZA 2007, 85, 87.
⁴⁰ BAG v. 30.01.1970 – 3 AZR 44/68, AP Nr. 142 zu § 242 BGB Ruhegehalt. Krit. *Schliemann*, FS Hanau, S. 577, 603.

nen Entscheidungen verpflichtet, vielmehr reicht eine generell-abstrakte Vorrangentscheidung aus. Voraussetzung eines staatlichen Eingriffs zur Gewährleistung grundrechtlich geschützter Interessen ist jedoch das Vorliegen struktureller Unterlegenheit, die jedoch bei der Einführung von Ethikrichtlinien auf der Arbeitnehmerseite regelmäßig vorliegen dürfte.

II. Relevante Grundrechte bei der Einführung von Ethikrichtlinien

Aufgrund der vielfältigen Regelungen und Vorschriften gängiger Ethikrichtlinien kann deren Einführung in eine große Zahl von Grundrechten, sowohl auf Arbeitnehmer- als auch auf Arbeitgeberseite, eingreifen. Es ist deswegen zunächst zu untersuchen, welche Arbeitnehmergrundrechte und welche Arbeitgebergrundrechte genau betroffen sind.

1. Berührte Schutzbereiche auf Arbeitnehmerseite

Bereits zuvor[41] wurde hervorgehoben, dass das Interesse der Arbeitnehmer bei der Einführung von Ethikrichtlinien maßgeblich vom Schutz vor ungerechtfertigten Eingriffen durch die Ethikrichtlinie in ihre Rechtspositionen bestimmt wird. Doch nicht jedes Schutzinteresse findet uneingeschränkte Berücksichtigung, vielmehr muss das Schutzinteresse selbst schützenswert sein. Dies wirft die Frage auf, welche Interessen als schützenswert anzusehen sind. Jedenfalls wird man davon ausgehen können, dass grundrechtlich geschützte Positionen schützenswerte Interessen darstellen. Insofern sind immer diejenigen Schutzinteressen, die sich auf den Eingriff in Grundrechte der Arbeitnehmer beziehen, als erheblich anzusehen.

Recht schnell wird deutlich, dass Ethikrichtlinien häufig und erheblich in die grundrechtlich geschützten Positionen der Arbeitnehmer eingreifen. Die denkbaren Grundrechtseingriffe sind dabei so vielfältig wie die möglichen Richtlinieninhalte selbst und können deswegen hier auch nicht abschließend aufgezählt werden. Einige typische Beispiele sollen im Folgenden dennoch dargestellt werden.

Ohne weiteres ist etwa nachvollziehbar, dass viele Verhaltensregeln in Ethikrichtlinien, etwa Vorschriften zu Interessenkonflikten oder Verschwiegenheitspflichten, das Grundrecht der Allgemeinen Handlungsfreiheit nach Art. 2 Abs. 1 GG einschränken, indem sie den Arbeitnehmern präzise Handlungsanweisungen für bestimmte Situationen auferlegen und somit ihren Handlungsspielraum für diese Situationen einengen.

---

[41] Siehe oben § 1I.1. (S. 87 f.).

Andere Klauseln greifen dagegen in die Meinungsfreiheit der Arbeitnehmer nach Art. 5 Abs. 1 GG ein. Dies gilt nicht nur für Verschwiegenheitsverpflichtungen, die den Arbeitnehmer in der Kundgabe seiner eigenen Meinung über Betriebsinterna an betriebsfremde Personen einschränken, sondern etwa auch, wenn Ethikrichtlinien die Kommunikation zwischen Arbeitnehmern und Medienvertretern dahingehend einschränken, dass gar keine oder nur positive Aussagen zum Unternehmen gemacht werden dürfen.

In diesen Fällen wird möglicherweise auch in die Gewissensfreiheit nach Art. 4 Abs. 1 GG jedes einzelnen Arbeitnehmers eingegriffen, weil dieser nicht seinen inneren Überzeugungen nach handeln darf, um beispielsweise Missstände im eigenen Betrieb in der Öffentlichkeit zu rügen.[42] Das gleiche Problem kann bei umfassenden Verschwiegenheitsverpflichtungen auftreten, wenn diese den Arbeitnehmer zu einem Verschweigen von Sachverhalten anhalten, welches der betroffene Arbeitnehmer mit seinem Gewissen nicht vereinbaren kann.

Hohe praktische Relevanz haben die Fälle von Eingriffen durch Ethikrichtlinien in das allgemeine Persönlichkeitsrecht gem. Art. 2 Abs. 1 i. V. m. Art. 1 Abs. 1 GG. Sofern Ethikklauseln beispielsweise die Einsicht in Personal- und Krankenakten regeln[43] oder die Einführung von Personalfragebögen vorsehen[44], dürfte dies regelmäßig einen Eingriff darstellen. Erhebliche Eingriffe in das allgemeine Persönlichkeitsrecht stellen ferner Wertpapierhandelsbeschränkungen dar, die vor allem Wertpapierdienstleister in ihre Ethikrichtlinien implementieren, um eine Haftung für Insider-Geschäfte zu vermeiden. Die Kontrolle über die wirtschaftliche Disposition der Mitarbeiter schränkt hier das allgemeine Persönlichkeitsrecht erheblich ein.[45]

Das *ArbG Wuppertal* hat auch bei dem bereits näher dargestellten „Liebesverbot" der Wal-Mart-Richtlinie[46], das Beziehungen zwischen Arbeitnehmern des *Wal-Mart*-Konzernes ausdrücklich untersagte, einen Eingriff in das allgemeine Persönlichkeitsrecht angenommen.[47] In der Berufungsinstanz hat das *LAG Düsseldorf* dagegen das Verbot privater Liebesbeziehungen am Arbeitsplatz nicht nur als Verstoß gegen das allgemeine Persönlichkeitsrecht gewertet, sondern sah auch das

---

[42] Zum gewissensgebotenen Handeln und Freiheitsschutz vgl. *Rupp*, NVwZ 1991, 1033, 1035 f.
[43] Dazu LAG Düsseldorf v. 14.11.2005 – 10 TaBV 46/05, DB 2006, 162.
[44] *Borgmann*, NZA 2003, 352, 356.
[45] Dazu ausführlich *Mahnhold*, Compliance und Arbeitsrecht, S. 145.
[46] Oben unter Teil A (S. 1 ff.).
[47] ArbG Wuppertal v. 15.6.2005 – 5 BV 20/05, NZA-RR 2005, 476.

Recht der einzelnen Arbeitnehmer auf Achtung ihrer Würde verletzt.[48] Insoweit ist selbst ein Eingriff in die nach Art. 1 Abs. 1 GG garantierte Menschenwürde durch Ethikrichtlinien denkbar.

Es ist deutlich geworden, dass Ethikrichtlinien auf vielfältige Art in Grundrechte der Arbeitnehmer eingreifen können. Insoweit besteht ein gesteigertes Schutzinteresse der Arbeitnehmer, diese Grundrechte als Abwehrrechte gegenüber ungerechtfertigten Grundrechtseingriffen geltend zu machen. Bevor nun der Frage nachgegangen wird, welche Schutzmechanismen genau diese Abwehrrechte umsetzen könnten, bedürfen die (gegebenenfalls kollidierenden) Grundrechte des Arbeitgebers einer genaueren Betrachtung.

2. Berührte Schutzbereiche auf Arbeitgeberseite

Während die Problemlage auf Seiten der Arbeitnehmer von Eingriffen der Ethikrichtlinie in die Grundrechte der Mitarbeiter geprägt ist, bietet sich auf Seiten des Arbeitgebers ein anderes Bild: Hier wirken die Grundrechte nicht zum Schutz vor Eingriffen, sondern als Freiheitsrechte. Der Arbeitgeber nutzt seine in Art. 12 Abs. 1 GG und Art. 14 Abs. 1 GG garantierte Berufs- und Eigentumsfreiheit, um das Unternehmen nach seinen Vorstellungen zu gestalten und zu leiten.

Als Teil der Berufsfreiheit nach Art. 12 Abs. 1 GG vermittelt die Unternehmerfreiheit dem Arbeitgeber eine Führungs- und Organisationsfreiheit[49], die auch „die Dispositionsbefugnis des Unternehmers über die ihm und seinem Unternehmen zugeordneten Güter und Rechtspositionen"[50] umfasst. Insoweit darf der Arbeitgeber die Organisationsstruktur seines Unternehmens im Rahmen der geltenden Gesetze[51] frei gestalten.

Einen ähnlichen Schutz vermittelt auch die Eigentumsgarantie nach Art. 14 Abs. 1 GG, die nicht bloß das „Haben", sondern auch das „Ausüben" der Eigentumsposition schützt.[52] Die Eigentumsgarantie enthält einen Bestandschutz, der

---

[48] LAG Düsseldorf v. 14.11.2005 – 10 TaBV 46/05, DB 2006, 162, Rn. 135 ff.
[49] BVerfG v. 01.03.1979 – 1 BvR 532/77, 1 BvR 533/77, 1 BvR 419/78, 1 BvL 21/78, AP Nr 1 zu § 1 MitbestG; Sachs/Tettinger/Mann, Art. 12 GG Rn. 57; HWK-Hergenröder, Art. 12 GG Rn. 14; ausführlich Ossenbühl, AöR 115, 1 ff.
[50] BVerfG v. 03.12.1997 – 2 BvR 882/97, BVerfGE 97, 67, 83
[51] Art. 12 GG enthält einen berufsbezogenen Regelungsvorbehalt, dazu Sachs/Tettinger/Mann, Art. 12 GG Rn. 81 ff.
[52] BVerfG v. 28.01.1980 – 1 BvL 17/77, 1 BvL 7/78, 1 BvL 9/78, 1 BvL 14/78, 1 BvL 15/78, 1 BvL 16/78, 1 BvL 37/78, 1 BvL 64/78, 1 BvL 74/78, 1 BvL 78/78, 1 BvL 100/78, 1 BvL 5/79, 1 BvL 16/79, 1 BvR 807/78, BVerfGE 53, 257, 290; BVerfG v. 09.01.1991 – 1 BvR 929/89,

„das Recht auf Fortsetzung des Betriebs im bisherigen Umfang nach den schon getroffenen betrieblichen Maßnahmen"[53] sichert.

Mit der Einführung von Ethikrichtlinien verwirklicht der Arbeitgeber die in beiden dargestellten Grundrechten enthaltene Gestaltungsfreiheit, insbesondere dann, wenn er den Inhalt der einzuführenden Ethikrichtlinie vorgibt. Insofern lässt sich das Durchsetzungsinteresse des Arbeitgebers[54] auf seine Grundrechte aus Art. 12 Abs. 1 GG und Art. 14 Abs. 1 GG zurückführen, die er als Freiheitsrechte wahrnimmt. Andererseits liegt jedoch ein Eingriff in diese Grundrechte vor, wenn etwa die Arbeitnehmervertretung auf eine Mitwirkung bei der Gestaltung der Ethikrichtlinie besteht oder die wirksame Einführung einer mitbestimmungspflichtigen Ethikrichtlinie an der Zustimmungsverweigerung durch den Betriebsrat scheitert.

3. Fazit

Die bei der Einführung von Ethikrichtlinien kollidierenden Interessen des Arbeitgebers und der Arbeitnehmer lassen sich auf mehrere Grundrechte zurückführen. Im Hinblick auf die Arbeitnehmer steht die Schutzfunktion der unterschiedlichen Grundrechte im Vordergrund. Der Arbeitgeber hingegen betätigt sich der in Art. 12 Abs. 1 GG und Art. 14 Abs. 1 GG enthaltenen Freiheitsrechte, wenn er eine Ethikrichtlinie gestaltet und einführen will. Doch auch die Schutzfunktionen des arbeitgeberseitigen Grundrechts auf Berufsfreiheit und der Eigentumsgarantie können betroffen sein, etwa wenn die Arbeitnehmer die Ethikrichtlinie mitgestalten oder ihre Einführung verhindern wollen.

III. Grundrechtswirkung bei einzelnen Einführungsinstrumenten

Zuvor wurde bereits dargestellt, dass sich den Arbeitsvertragsparteien mehrere Instrumente für die Einführung von Ethikrichtlinien bieten, die qualitative Unterschiede aufweisen.[55] Nun fragt sich, welche Auswirkungen diese Unterschiede auf Maßstab und Umfang der Inhaltskontrolle von Ethikrichtlinien haben und ob sich mit der Wahl des Einführungsinstrumentes die Qualität der Inhaltskontrolle maßgeblich beeinflussen lässt.

BVerfGE 83, 201, 208f.; BVerfG v. 25.05.1993 – 1 BvR 345/83, BVerfGE 88, 366, 377; Sachs/*Wendt*, Art. 14 GG Rn. 41.
[53] BGH v. 18.09.1986 – III ZR 83/85, BGHZ 98, 341, 351.
[54] Dazu oben § 1 I II. (S. 89 ff.).
[55] Oben Teil B (S. 41 ff.).

Eine Ergebnisdivergenz bei der inhaltlichen Kontrolle von inhaltsgleichen, jedoch auf unterschiedliche Weise eingeführten Ethikklauseln kann sich jedoch nur dann ergeben, wenn die Rechtsgrundlage einer Inhaltskontrolle des jeweiligen Umsetzungsinstrumentes andere Maßstäbe ansetzt. So könnte die Inhaltskontrolle ein und derselben Ethikklausel zu unterschiedlichen Ergebnissen führen, wenn die Klausel beispielsweise einmal per Direktionsrecht erlassen wird und daher nach § 106 GewO[56] auf dem Prüfstand steht, ein anderes Mal jedoch per Vertrag vereinbart wurde und einer inhaltlichen Kontrolle nach § 305 ff. BGB[57] unterliegt.

Derartige Abweichungen könnten zunächst darauf zurückzuführen sein, dass die betroffenen Arbeitnehmer- und Arbeitgebergrundrechte in den jeweils einschlägigen Vorschriften unterschiedlich stark berücksichtigt werden. Möglicherweise erfahren Grundrechte also im Rahmen der Inhaltskontrolle einer einzelvertraglichen Regelung eine stärkere Berücksichtigung als etwa bei der Kontrolle einer betriebsverfassungsrechtlichen Vereinbarung, oder umgekehrt.

Es ist deswegen zunächst zu untersuchen, inwieweit Grundrechte bei den unterschiedlichen Instrumenten zur Einführung von Ethikrichtlinien Wirkung entfalten.

1. Grundrechtswirkung beim Arbeitsvertrag

Wie bereits oben erläutert[58], finden Grundrechte im Arbeitsrecht keine unmittelbare Anwendung. Die Arbeitsvertragsparteien können sich demnach also nicht direkt auf die den Grundrechten innewohnenden Schutz- oder Abwehrfunktionen berufen. Auch in Bezug auf den Arbeitsvertrag entfalten Grundrechte, etwa als Vorgabe eines zulässigen Vertragsinhaltes, keine direkte Wirkung. Sie stellen demzufolge auch keine Verbotsgesetze im Sinne von § 134 BGB dar.[59]

---

[56] Mittlerweile regelt § 106 GewO für alle Arbeitsverhältnisse einheitlich das Weisungsrecht des Arbeitgebers, vgl. ErfK/*Preis*, § 106 GewO Rn. 1.
[57] Voraussetzung hierfür ist freilich eine wirksame Einbeziehung nach § 305 BGB.
[58] Unter § 12I. (S. 99 ff.).
[59] Dies gilt freilich nicht für Art. 9 Abs. 3 S. 2 GG, der schon seinem Wortlaut nach ein Freiheitsrecht mit unmittelbarer Drittwirkung ist, so auch *Preis*, Individualarbeitsrecht, S. 125. Er stand in der WRV nicht allein: Nach Art. 118 Abs. 1 WRV hatte „jeder Deutsche das Recht, innerhalb der Schranken der allgemeinen Gesetze seine Meinung durch Wort, Schrift, Druck, Bild oder sonstige Weise frei zu äußern. An diesem Recht darf ihn kein Arbeits- oder Anstellungsverhältnis hindern, und niemand darf ihn benachteiligen, wenn er von diesem Rechte Gebrauch macht." Seine Fortgeltung über die Auslegung des Art. 5 Abs. 3 GG ist umstritten, *Ramm*, JZ 1991, 1, 4 (Fn. 28) m. w. N.

Die Grundrechtsbindung der Arbeitsvertragsparteien ist vielmehr, wie zuvor festgestellt[60], eine mittelbare: Die Privatautonomie – oder genauer: die Vertragsfreiheit – erlaubt es den Arbeitsvertragsparteien, den Inhalt des Arbeitsvertrages frei festzulegen. Die Überlegenheit des Arbeitgebers erfordert es jedoch, der Privatautonomie Schranken zu setzen. Die Geltung der Grundrechte im Arbeitsverhältnis beruht deshalb vornehmlich nicht auf ihrer Abwehrfunktion gegenüber der staatlichen Gewalt, sondern auf ihrer Schutzfunktion für die in den Grundrechten zum Ausdruck kommenden Werte und Rechtsgüter.[61]

Vornehmlich der Gesetzgeber ist aufgerufen, einen solchen Schutz zu verwirklichen. Im Arbeitsrecht sind aber maßgebliche Ordnungsgrundsätze nicht durch Gesetz abgesichert, sondern Ergebnis richterlicher Rechtsfindung.[62] Ansatzpunkte einer derartigen Rechtsfindung im Arbeitsvertragsrecht sind in erster Linie die einschlägigen Generalklauseln, die den möglichen Vertragsinhalt mitunter begrenzen. Zu den wichtigsten Generalklauseln, die den Inhalt eines arbeitsvertraglichen Schuldverhältnisses vorgeben könnten, gehören § 138 BGB, § 242 BGB, §§ 305 ff. BGB und § 106 GewO. Gemeinsam ist diesen Generalklauseln, dass sie allesamt unbestimmte Rechtsbegriffe aufweisen, wie etwa „gute Sitten", „Treu und Glauben" oder „billiges Ermessen".

Gemäß der Lehre von der mittelbaren Drittwirkung von Grundrechten hat die Rechtsprechung die den Grundrechten immanente objektive Werteordnung in die Auslegung dieser ausfüllungsbedürftigen Begriffe mit einzubeziehen. Grundrechte entscheiden somit eine arbeitsrechtliche Streitigkeit nicht unmittelbar, sondern benötigen immer eine auslegungs- und ausfüllungsbedürftige Norm des Zivilrechts als Einfallstor, um als objektive Werteordnung in ein privatrechtliches Rechtsverhältnis Einlass zu finden.[63].

2. Grundrechtswirkung bei der Betriebsvereinbarung

An anderer Stelle wurde bereits auf die außerordentlich große Bedeutung der Betriebsvereinbarung als rechtstechnisches Gestaltungsinstrument zur Einführung von Ethikrichtlinien hingewiesen.[64] Deshalb ist es von besonderem Interesse, inwieweit Grundrechte bei diesem Umsetzungsinstrument Wirkung entfalten.

---

[60] Vgl. oben unter § 12I. (S. 99 ff.).
[61] MüArbR/*Richardi*, § 10 Rn. 37.
[62] MüArbR/*Richardi*, § 10 Rn. 37.
[63] *Preis*, Individualarbeitsrecht, S. 125.
[64] Siehe oben unter § 8 (S. 53 ff.).

a) Keine unmittelbare Grundrechtswirkung

Dabei lässt sich zunächst vermuten, dass die Grundrechte bei der Betriebsvereinbarung auf eine andere Weise wirken als beim Arbeitsvertrag. Statt bloß mittelbar, könnten die Betriebsparteien beim Abschluss einer Betriebsvereinbarung möglicherweise sogar unmittelbar an die Grundrechte gebunden sein. Dies wird maßgeblich mit der Rechtsnatur von Betriebsvereinbarungen begründet.

Die Betriebsvereinbarung ist ein privatrechtlicher Normenvertrag.[65] Während Arbeitsverträge ausschließlich schuldrechtlicher Natur sind, weisen Betriebsvereinbarungen sowohl normative als auch schuldrechtliche Elemente auf.[66] Die normative Wirkung von Betriebsvereinbarungen beruht auf § 77 Abs. 4 Satz 1 BetrVG[67] und ist geradezu charakteristisch für die Betriebsvereinbarungen[68]. Die normativen Regelungen einer Betriebsvereinbarung haben insofern unmittelbare und zwingende Wirkung auf das Arbeitsverhältnis.[69]

Dies könnte freilich zu einer anderen Grundrechtswirkung als beim Arbeitsvertrag führen. Während Grundrechte im Privatrecht nämlich nur mittelbare Wirkung über die Auslegung der Generalklauseln erlangen, ließe sich überlegen, ob der normative Charakter der Betriebsvereinbarung es erfordert, eine Grundrechtswirkung bei der Betriebsvereinbarung nach anderen Grundsätzen zu beurteilen.

Die normativen Klauseln einer Betriebsvereinbarung ließen sich möglicherweise in die Nähe eines Gesetzes im materiellen Sinn verorten. So hat das *Bundesarbeitsgericht* etwa in seiner Entscheidung vom 15.01.1955[70] den Tarifvertrag als Gesetz im Sinne des Art. 1 Abs. 3 GG bezeichnet, weil er nach § 1 TVG Rechtsnormen enthält.[71] Gleichermaßen leitet das *Bundesarbeitsgericht*[72] die Einstufung

---

[65] BAG v. 01.08.2001 – 4 AZR 82/00, NZA 2002, 41, 43; BVerfG v. 23.04.1986 – 2 BvR 487/80, DB 1987, 279; HWK-*Gaul*, § 77 BetrVG Rn. 1.
[66] So auch in st. RSpr. das BAG, zuletzt BAG v. 12.12.2006 – 1 AZR 96/06, DB 2007, 866. Ausführlich zum normativen Charakter der Betriebsvereinbarung *Hanau*, RdA 1989, 207 ff; ferner HWK-*Gaul*, § 77 BetrVG Rn. 2 ff. Die schuldrechtliche Wirkung von Betriebsvereinbarungen ist nach herrschender Meinung anerkannt, wird aber von einzelnen Autoren mit Hinweis auf den Wortlaut von § 77 Abs. 4 Satz 1 BetrVG abgelehnt, vgl. dazu HWK-*Gaul*, § 77 BetrVG Rn. 5 ff.
[67] HWK-*Gaul*, § 77 BetrVG Rn. 2.
[68] ErfK/*Kania*, § 77 BetrVG Rn. 2.
[69] ErfK/*Kania*, § 77 BetrVG Rn. 2.
[70] BAG v. 15.01.1955 – 1 AZR 305/54, AP Nr. 4 zu Art 3 GG.
[71] *Hanau*, RdA 1989, 207, 208.
[72] BAG v. 06.09.1972 – 4 AZR 422/71, AP Nr. 2 zu § 4 BAT.

tariflicher Formvorschriften als gesetzliche Formvorschriften im Sinne von § 126 BGB daraus ab, dass der Tarifvertrag nach § 1 TVG Rechtsnormen enthält.[73]

Derartige Überlegungen ließen sich möglicherweise auf die Betriebsvereinbarung übertragen, weil auch die Betriebsvereinbarung Rechtsnormen enthält.[74] Insofern wäre auch die Betriebsvereinbarung als materielles Gesetz im Sinne des Art. 1 Abs. 3 GG anzusehen und die Betriebspartner wären in Bezug auf die Betriebsvereinbarung nicht bloß mittelbar, sondern unmittelbar an die Grundrechte gebunden. Dabei sprechen weitere, gute Gründe für eine unmittelbare Grundrechtsbindung der Betriebspartner: So ist die Beziehung zwischen regelungsunterworfenen Arbeitnehmern einerseits und Betriebspartnern andererseits für das Privatrecht untypisch. Zudem befindet sich der Arbeitnehmer in einer in vielerlei Hinsicht vergleichbaren Lage wie der Bürger gegenüber der staatlichen Rechtsetzung, und die normative und zwingende Wirkung der Betriebsvereinbarung ist nicht durch einen privatautonomen Akt der Arbeitnehmer legitimiert.[75]

Solchen Überlegungen hat das *Bundesverfassungsgericht* jedoch mit seiner Entscheidung vom 23.04.1986[76] eine Absage erteilt. Der Zweite Senat verwies in seiner Entscheidung auf die vertraglichen Grundlagen der Betriebsvereinbarung und auch darauf, dass die Betriebspartner trotz der normativen Wirkung von Betriebsvereinbarungen keine Grundrechtsadressaten im Sinne von Art. 1 Abs. 3 GG seien.[77] Wie der Senat zutreffend feststellt, sind Betriebsvereinbarungen, soweit sie im Wege der Einigung zwischen den Betriebspartnern zustande kommen, dem Bereich des Privatrechts zuzuordnen und erhalten nicht allein dadurch, dass der Gesetzgeber ihnen normative Wirkung zuerkannt hat, den Charakter eines Aktes der öffentlichen Gewalt.[78] Unter Hinweis auf das *Lüth-Urteil*[79] kommt der Zweite Senat sodann zu dem Ergebnis, dass eine unmittelbare Wirkung der Grundrechte auf dem Gebiet des Privatrechts nicht in Betracht komme.

---

[73] *Hanau*, RdA 1989, 207, 208.
[74] So BAG (GS) v. 16.09.1986 – GS 1/82, AP Nr. 17 zu § 77 BetrVG 1972; BAG v. 11.11.1986 – 3 ABR 74/85, AP Nr. 18 zu § 77 BetrVG 1972; *Hanau*, RdA 1989, 207, 207; a. A. *Kempen*, RdA 1994, 140, 151.
[75] So *Borngräber*, Die inhaltliche Kontrolle von Betriebsvereinbarungen, S. 68 f.
[76] BVerfG v. 23.04.1986 – 2 BvR 487/80, AP Nr. 28 zu Art 2 GG.
[77] BVerfG v. 23.04.1986 – 2 BvR 487/80, AP Nr. 28 zu Art 2 GG unter B. I. der Gründe, so auch GK-BetrVG/*Kreutz*, § 77 Rn. 293.
[78] BVerfG v. 23.04.1986 – 2 BvR 487/80, AP Nr. 28 zu Art 2 GG unter B. I. der Gründe.
[79] BVerfG v. 15.01.1958 – 1 BvR 400/51, BVerfGE 7, 198, 206.

b) Grundrechtswirkung über den Schutzpflichten-Ansatz

Aus dem grundlegenden Urteil des *Bundesverfassungsgerichts* vom 23.04.1986 lassen sich einige Rückschlüsse hinsichtlich der Wirkungsweise von Grundrechten im Rahmen des Betriebsverfassungsrechts ziehen. Wenn der Zweite Senat Betriebsvereinbarungen trotz ihrer normativen Wirkung dem Privatrecht zuordnet, muss er den Betriebsrat als privatrechtliches Institut erachten. Dies entspricht der herrschenden Sichtweise im Schrifttum[80], und auch das *Bundesarbeitsgericht* lässt eine solche Ansicht erkennen[81].

Dann jedoch kann kaum ein Unterschied zu der im Zusammenhang mit der Grundrechtswirkung im Privatrecht erörterten Konstellation bestehen: Bei grundrechtsbeeinträchtigenden Betriebsvereinbarungen besteht die gleiche Situation, die grundrechtliche Schutzpflichten aktuell werden lässt.[82] Wenn die Betriebspartner per Betriebsvereinbarung in die Grundrechte der Arbeitnehmer eingreifen, so ist dies mit einem Eingriff nicht-staatlicher Dritter in die Grundrechtspositionen anderer Privater vergleichbar.[83] Insofern ist es nur konsequent, wenn einige Autoren die Grundrechtswirkung bei Betriebsvereinbarungen über den Schutzpflichten-Ansatz herleiten.[84]

Im Anschluss an die Entscheidung des *Bundesverfassungsgerichts* ging zwar auch das *Bundesarbeitsgericht* fortan von einer lediglich mittelbaren Grundrechtsbindung der Betriebsparteien beim Abschluss von Betriebsvereinbarungen aus.[85] Den Schutzpflichten-Ansatz hat es sich in diesem Zusammenhang bislang allerdings nicht ausdrücklich zu eigen gemacht. Dass das Gericht mittlerweile neben Arbeitsverträgen auch bei Tarifverträgen – sie wirken wie Betriebsvereinbarungen

---

[80] Siehe etwa *Kirchhof*, Private Rechtsetzung, S. 214f.; *Waltermann*, Rechtsetzung durch Betriebsvereinbarung zwischen Privatautonomie und Tarifautonomie, S. 141; *Mahnhold*, Compliance und Arbeitsrecht, S. 254.
[81] BAG v. 27.05.1986 – 1 ABR 48/84, AP Nr. 15 zu § 87 BetrVG 1972 Überwachung.
[82] *Mahnhold*, Compliance und Arbeitsrecht, S. 254.
[83] So auch *Mahnhold*, Compliance und Arbeitsrecht, S. 254.
[84] Etwa GK-BetrVG/*Kreutz*, § 77 Rn. 293; Richardi/*Richardi*, § 77 BetrVG Rn. 100; HWK-*Gaul*, § 77 BetrVG Rn. 47; ErfK/*Dieterich*, Einl. GG Rn. 24; MüArbR/*Richardi* § 10 Rn. 35; *Preis/Greiner*, FS Rüfner, 653, 667 ff.; *Hanau*, RdA 1989, 207, 207; *Waltermann*, RdA 1990, 138, 141; *Kempen*, RdA 1994, 140, 151; *Hammer*, Die betriebsverfassungsrechtliche Schutzpflicht für die Selbstbestimmungsfreiheit des Arbeitnehmers, S. 103 ff. *Canaris*, JuS 1989, 161, 166 f. kommt zu einer analogen Anwendung des verfassungsrechtlichen Übermaßverbotes.
[85] Etwa BAG v. 27.05.1986 – 1 ABR 48/84, AP Nr. 15 zu § 87 BetrVG 1972 Überwachung unter B. II. 2. b) der Gründe; BAG (GS) v. 07.07.1989 – GS 3/85, AP Nr. 46 zu § 77 BetrVG 1972 unter C. I. 3. c) der Gründe.

normativ (§ 1 Abs. 1 TVG) – über die grundrechtlichen Schutzpflichten zu einer Grundrechtswirkung kommt[86], deutet allerdings an, dass es dieselbe Begründung auch in Bezug auf Betriebsvereinbarungen aufgreifen könnte.

c) Fazit

Arbeitgeber und Betriebsrat sind bei dem Abschluss einer Betriebsvereinbarung somit nicht unmittelbar an die Grundrechte gebunden. Es gelten vielmehr die Grundsätze einer mittelbaren Drittwirkung der Grundrechte sowie die Lehre von den Schutzpflichten. Das *Bundesarbeitsgericht* hat sich dieser Ansicht bislang allerdings nicht ausdrücklich angeschlossen. Da es den Schutzpflichten-Ansatz jedoch bereits heranzieht, um die Grundrechtswirkung bei Arbeits- und Tarifverträgen herzuleiten, spricht vieles dafür, dass es auch bei der Betriebsvereinbarung zu derselben Begründung findet.

3. Grundrechtswirkung beim Tarifvertrag

Schließlich bleibt zu untersuchen, wie die Grundrechtsbindung der Tarifvertragsparteien begründet werden kann. Zunächst muss jedoch differenziert werden: Da der Tarifvertrag sowohl aus einem normativen wie auch aus einem schuldrechtlichen Teil bestehen kann, ist auch die Grundrechtswirkung bei beiden Teilen zu unterscheiden. Sofern es sich um den schuldrechtlichen Teil des Tarifvertrages handelt, kann zwanglos auf die bereits dargestellten Grundsätze einer Grundrechtswirkung beim Arbeitsvertrag[87] verwiesen werden. Im schuldrechtlichen Teil des Tarifvertrages entfalten die Grundrechte über die zivilrechtlichen Generalklauseln – sei es § 138 BGB, sei es § 242 BGB – mittelbar Wirkung und binden so die Tarifpartner und die Gerichte bei der Anwendung.[88]

Ungleich schwieriger gestaltet sich die Untersuchung einer Grundrechtsbindung der Tarifpartner im Hinblick auf den normativen Teil eines Tarifvertrages. Die Rechtsnatur der Tarifnormen ähnelt derjenigen des materiellen Gesetzesrechts, was wiederum dazu führen könnte, dass die Tarifvertragsparteien bei der Normsetzung unmittelbar an die Grundrechte gebunden wären. Dementsprechend wurde

---

[86] Die bis dahin unumstößliche unmittelbare Grundrechtsbindung von Tarifverträgen ist somit aufgegeben, vgl. BAG v. 11.03.1998 – 7 AZR 700/96, AP Nr 12 zu § 1 TVG Tarifverträge: Luftfahrt unter III.2.b) der Gründe.

[87] Oben unter § 12III.1. (S. 109 f.).

[88] *Säcker/Oetker*, Grundlagen und Grenzen der Tarifautonomie, S.243.

früher in der Rechtsprechung des *Bundesarbeitsgerichts* und der herrschenden Literatur eine unmittelbare Grundrechtsbindung befürwortet.[89]

Demgegenüber lehnen nunmehr mehrere Senate des *Bundesarbeitsgerichts*[90] als auch ein Teil der Literatur[91] eine unmittelbare Grundrechtsbindung der Tarifparteien bei der Normsetzung ab. Eine unmittelbare Grundrechtswirkung hätte nämlich unweigerlich zur Folge, dass jeder relevante Grundrechtseingriff aufgrund der abwehrrechtlichen Funktion des jeweiligen Grundrechtes einen Rechtfertigungszwang auslöst, der je nach betroffenem Grundrecht unterschiedlichen Maßgaben folgt.[92] Regelmäßig wird jedoch jede Tarifnorm einer umfassenden Verhältnismäßigkeitsprüfung anhand der Kriterien Geeignetheit, Erforderlichkeit und Angemessenheit zur Wahrung tariflicher Ziele unterliegen.[93] Die Fachgerichte könnten dann Tarifnormen ähnlich wie staatliches Recht auf Grundrechtskonformität prüfen und – da die Vorlagepflicht des Art. 100 Abs. 1 Satz 1 GG für Tarifnormen nicht gilt[94] – die konkrete Tarifnorm außer Kraft setzen, soweit keine verfassungskonforme Auslegung möglich ist.[95] Eine solche Prüfung käme hingegen einer

---

[89] Grundlegend BAG v. 15.01.1955 – 1 AZR 305/54, AP Nr. 4 zu Art. 3 GG, bestätigt durch BAG v. 23.03.1957 – 1 AZR 326/56, AP Nr. 16 zu Art. 3 GG; *Säcker/Oetker*, Grundlagen und Grenzen der Tarifautonomie, S.243; *Lerche*, FS Steindorff, 897, 906; *Gamillscheg*, AcP 164, 385, 407; *Löwisch*, RdA 2000, 312, 314. Einen kurzen, dennoch vollständigen Überblick bieten *Jacobs/Krause/Oetker*, Tarifvertragsrecht, S. 19 ff.

[90] BAG v. 25.02.1998 – 7 AZR 641/96, AP Nr. 11 zu § 1 TVG Tarifverträge: Luftfahrt; BAG v. 11.03.1998 – 7 AZR 700/96, AP Nr. 12 zu § 1 TVG Tarifverträge: Luftfahrt; BAG v. 27.11.2002 – 7 AZR 414/01, AP Nr. 21 zu § 620 BGB Altersgrenze; BAG v. 27.05.2004 – 6 AZR 129/03, AP Nr. 5 zu § 1 TVG Gleichbehandlung; offen lassend BAG v. 23.02.2005 – 4 AZR 172/04, AP Nr. 33 zu § 1 TVG Tarifverträge: Lufthansa. Inwieweit nun auch der Dritte Senat des BAG von einer bloß mittelbaren Grundrechtsbindung der Tarifvertragsparteien ausgeht, bleibt offen. Während der 3. Senat in BAG v. 04.04.2000 – 3 AZR 729/98, AP Nr. 2 zu § 1 TVG Gleichbehandlung noch an seiner bisherigen Rechtsprechung zur unmittelbaren Grundrechtswirkung festgehalten hat, ließ er dies in BAG v. 12.10.2004 – 3 AZR 571/03, AP Nr. 2 zu § 3g BAT ausdrücklich offen.

[91] MüArbR/*Richardi*, § 10 Rn. 27 ff.; *Dieterich*, FS Schaub, 117, 133; *Schliemann*, FS Hanau, S. 577, 584 ff.; *Singer*, ZfA 1995, 611, 620; wohl auch schon *Zöllner*, RdA 1964, 443, 448.

[92] *Burkiczak*, RdA 2007, 17, 19.

[93] *Canaris*, AcP 184, 201, 244; *Jacobs/Krause/Oetker*, Tarifvertragsrecht, S. 20.

[94] Dies hat das BAG schon früh so gesehen, etwa BAG v. 15.01.1955 – 1 AZR 305/54, BAGE 1, 258, 263; BAG v. 06.04.1955 – 1 AZR 365/54, BAGE 1, 348, 352f.; BAG v. 23.03.1957 – 1 AZR 326/56, BAGE 4, 240, 252 ff. Hier tritt freilich ein Widerspruch offen zu Tage, wenn das BAG einerseits unter „Gesetz" im Sinne des Art. 100 Abs. 1 GG nur formelle Gesetze (also keine Tarifverträge), unter „Gesetzgebung" im Sinne des Art. 1 Abs. 3 GG hingegen alle materiellen Normen (also auch Tarifverträge) versteht; *Burkiczak*, RdA 2007, 17, 19.

[95] *Burkiczak*, RdA 2007, 17, 19.

durch Art. 9 Abs. 3 GG gerade ausgeschlossenen Tarifzensur gleich[96] und muss daher abgelehnt werden.

Hinzu kommt, dass alle am Normcharakter tariflicher Bestimmungen anknüpfenden Erklärungsansätze einer unmittelbaren Grundrechtswirkung daran kranken, dass Grundrechte nicht nur für den normativen Teil eines Tarifvertrages (einschließlich der Protokollnotizen)[97], sondern ebenso für den schuldrechtlichen Teil Relevanz entfalten.[98] Käme man aber zu einer unmittelbaren Grundrechtswirkung bei normativen tariflichen Bestimmungen, würde dies zu einer gespaltenen Grundrechtswirkung für den normativen und den schuldrechtlichen Teil des Tarifvertrages führen.

Richtigerweise ist deswegen davon auszugehen, dass lediglich eine mittelbare Grundrechtswirkung der tarifvertraglichen Regelungsbefugnis Grenzen setzt. Die Geltung dieser Grenzen beruht auf der mit der Tarifautonomie verbundenen Kartellfunktion der Verbände, die sich in ihrer verfassungsrechtlichen Garantie durch Art. 9 Abs. 3 GG auf die Wahrung und Förderung der Arbeits- und Wirtschaftsbedingungen innerhalb eines marktwirtschaftlichen Systems bezieht.[99] Die mit der Kartellfunktion verbundene Macht zur Regulierung von Arbeitsbedingungen lässt es notwendig erscheinen, die Grundrechtsgehalte gegenüber den Tarifvertragsparteien zu sichern.[100] Entsprechend der Lehre von den Schutzpflichten[101] muss der Staat aufgrund einer ihn treffenden Schutzpflicht dafür Sorge tragen, dass die Wertentscheidung der Grundrechte auch im Bereich privatautonomer Rechtsverhältnisse Anwendung findet[102], damit die tarifunterworfenen Mitglieder und deren Grundrechtsinteressen ihrerseits nicht schutzlos bleiben[103].

Die mittelbare Grundrechtsbindung der Tarifvertragsparteien für den normativen Teil eines Tarifvertrages ergibt sich damit aus der Schutzgebotsfunktion der Grundrechte.[104] Danach muss die staatliche Rechtsordnung freilich nur einen

---

[96] Jacobs/*Krause*/Oetker, Tarifvertragsrecht, S. 20.
[97] Vgl. BAG v. 05.04.1995 – 4 AZR 154/94, AP Nr. 18 zu § 1 TVG Tarifverträge: Lufthansa.
[98] Jacobs/*Krause*/Oetker, Tarifvertragsrecht, S. 20.
[99] Dazu MüArbR/*Richardi*, § 10 Rn. 27.
[100] MüArbR/*Richardi*, § 10 Rn. 27.
[101] Oben unter § 12I.1.b) (S. 100 ff.).
[102] *Preis*, Kollektives Arbeitsrecht, S. 227; Jacobs/*Krause*/Oetker, Tarifvertragsrecht, S. 21.
[103] *Dieterich*, FS Schaub, 117, 122. *Däubler*, Das Grundrecht auf Mitbestimmung, S. 213 ff, plädiert ebenfalls für eine mittelbare Grundrechtsbindung, will aber freilich den Arbeitgeber aus dem Grundrechtsschutz herausnehmen.
[104] ErfK/*Dieterich* GG Vorb. Rn. 23, 25; MüArbR/*Richardi*, § 10 Rn. 28; *Preis*, Kollektives Arbeitsrecht, S. 227; Jacobs/*Krause*/Oetker, Tarifvertragsrecht, S. 21; *Canaris* AcP 184, 201, 244;

grundrechtlichen Mindestschutz gewähren und aufgrund dessen prüfen, ob ein Tarifvertrag etwa den durch die Berufsfreiheit nach Art. 12 Abs. 1 GG[105] gebotenen Mindestschutz wahrt.[106] Das Fachgericht darf Tarifverträge dabei aber nicht derart intensiv an den Grundrechten messen, als wenn es sich um die Abwehr eines staatlichen Eingriffs handeln würde.[107] Tendenziell führt diese Ansicht von der Schutzpflichtfunktion der Grundrechte daher zu einem Kontrollmaßstab, der den Tarifvertragsparteien hinsichtlich der Grundrechtsbindung größere Freiräume lässt als sie der Gesetzgeber einzuhalten hätte.[108]

Die Schutzpflichtenlehre gilt nach weit verbreiteter Ansicht hingegen nur für die Freiheitsrechte.[109] Hinsichtlich der unmittelbaren Bindung der Tarifvertragspartner an die Gleichheitsrechte aus Art. 3 GG besteht dennoch Einvernehmen[110], gleichwohl wird sie unterschiedlich begründet. Zum einen wird der Charakter der Diskriminierungsverbote und des allgemeinen Gleichheitssatzes als fundamentale Rechtsprinzipien bemüht, welche für alle Teile des Rechts gälten.[111] Zum anderen wird angeführt, dass die Tarifvertragspartner aufgrund des verbandsrechtlichen Gebotes der Gleichbehandlung ohnehin an den allgemeinen Gleichheitssatz gebunden seien[112] bzw. dass bei willkürlicher Ungleichbehandlung die kollektive Interessenvertretung gestört würde und dies nicht mehr von der mitgliedschaftlichen Legitimation erfasst sei[113]. Nach *Wiedemann/Peters*[114] hat die unmittelbare Bindung der Tarifvertragsparteien an Art. 3 GG aufgrund der ständigen Rechtsprechung des

---

Burkiczak, RdA 2007, 17, 17; demgegenüber ist es inkonsequent, wenn eine mittelbare Grundrechtsbindung der Tarifparteien nach der Lehre von den Schutzpflichten zwar bejaht wird, diese Schutzpflichten dagegen aber so dimensioniert werden, dass dies einer unmittelbaren Grundrechtswirkung nahe kommt, so offenbar *Löwisch/Rieble*, § 1 TVG Rn. 219 ff.
[105] Ausführlich dazu *Säcker/Oetker*, Grundlagen und Grenzen der Tarifautonomie, S. 250 ff.
[106] Jacobs/*Krause*/Oetker, Tarifvertragsrecht, S. 23.
[107] Jacobs/*Krause*/Oetker, Tarifvertragsrecht, S. 21.
[108] BAG v. 30.08.2000 – 4 AZR 563/99, AP Nr. 25 zu § 4 TVG Geltungsbereich; *Burkiczak*, RdA 2007, 17, 18.
[109] *Burkiczak*, RdA 2007, 17, 18; Jacobs/*Krause*/Oetker, Tarifvertragsrecht, S. 21.
[110] BAG v. 04.04.2000 – 3 AZR 729/98, AP Nr. 2 zu § 1 TVG Gleichbehandlung; *Preis*, Kollektives Arbeitsrecht, S. 229.
[111] BAG v. 17.10.1995 – 3 AZR 882/94, AP Nr. 132 zu § 242 BGB; BAG v. 04.04.2000 – 3 AZR 729/98, AP Nr. 2 zu § 1 TVG Gleichbehandlung; Jacobs/*Krause*/Oetker, Tarifvertragsrecht, S. 23 m. w. N.
[112] Jacobs/*Krause*/Oetker, Tarifvertragsrecht, S. 23.
[113] *Dieterich*, FS Schaub, 117, 128f.
[114] *Wiedemann/Peters*, RdA 1997, 100, 101.

Bundesarbeitsgerichts zur unmittelbaren Geltung des Art. 3 GG im Tarifvertragsrecht bereits gewohnheitsrechtlichen Charakter gewonnen[115].

Gleichwohl bleibt die Koalitionsfreiheit nach Art. 9 Abs. 3 GG zu berücksichtigen, was zu einer Einschätzungsprärogative der Tarifvertragsparteien führt, und auch die Strukturgesetzlichkeiten des tariflichen Verhandlungsprozesses, der oft in kompromisshaften Ergebnissen endet, dürfen nicht unbeachtet bleiben.[116] Insofern können an den Tarifvertrag nicht dieselben Anforderungen gestellt werden wie sie etwa gesetzliche Regelungen zu erfüllen haben.[117]

Aufgrund des Umstandes, dass der Umfang des Prüfungsmaßstabes annähernd geklärt ist, verliert die dogmatische Grundfrage nach der unmittelbaren oder mittelbaren Bindung der Tarifparteien an den Gleichheitssatz zunehmend an Bedeutung.[118] Insofern wird diese Frage von der jüngeren Judikatur auch als für den Prüfungsmaßstab unerheblich offen gelassen.[119]

IV. Zusammenfassung

Die im Rahmen einer Einführung von Ethikrichtlinien miteinander kollidierenden Arbeitnehmer- und Arbeitgeberinteressen lassen sich auf einige Grundrechte zurückführen. Während auf Seiten des Arbeitgebers die Funktion der Grundrechte der Berufsfreiheit nach Art. 12 Abs. 1 GG und der Eigentumsgarantie nach Art. 14 Abs. 1 GG als Freiheitsrechte im Mittelpunkt stehen, entfalten die Grundrechte der allgemeinen Handlungsfreiheit nach Art. 2 Abs. 1 GG, der Meinungsfreiheit nach Art. 5 Abs. 1 GG, der Gewissensfreiheit nach Art. 4 Abs. 1 GG und das allgemeine Persönlichkeitsrecht nach Art. 2 Abs. 1 i. V. m. Art. 1 Abs. 1 GG auf Arbeitnehmerseite regelmäßig Schutzfunktionen.

Obwohl sich diese Grundrechte in erster Linie an den Staat richten, entfalten sie auch bei der Einführung von Ethikrichtlinien eine gewisse Bedeutung: Arbeitsvertragsparteien, Betriebs- und Tarifpartner sind jeweils mittelbar an die Grundrechte gebunden. Insofern haben die Grundrechte zwar nicht die Wirkung von Ver-

---

[115] So auch *Löwisch/Rieble*, § 1 TVG Rn. 221.
[116] *Dieterich*, FS Schaub, 117, 130.
[117] *Dieterich*, FS Schaub, 117, 130; Jacobs/*Krause*/Oetker, Tarifvertragsrecht, S. 22.
[118] Jacobs/*Krause*/Oetker, Tarifvertragsrecht, S. 22.
[119] BAG v. 25.06.2003 – 4 AZR 405/02, AP Nr. 1 zu § 1 TVG Beschäftigungssicherung; BAG v. 26.11.2003 – 4 AZR 693/02, AP Nr. 30 zu § 1 TVG Tarifverträge: Lufthansa; BAG v. 12.10.2004 – 3 AZR 571/03, AP Nr. 2 zu 3g BAT; BAG v. 16.08.2005 – 9 AZR 378/04, AP Nr. 8 zu § 1 TVG Gleichbehandlung; BAG v. 07.12.2005 – 5 AZR 228/05, AP Nr. 34 zu § 1 TVG Tarifverträge: Lufthansa.

botsgesetzen, erfüllen aber in Zusammenhang mit den aufgezigten Einführungsinstrumenten auf andere Weise eine Schutzfunktion:

Bei der Einführung von Ethikrichtlinien per Arbeitsvertrag oder Zusatzvereinbarung erfahren Grundrechte über die zivilrechtlichen Generalklauseln und auslegungsbedürftigen Normen als „grundrechtliches Wertesystem"[120] Berücksichtigung. Erfolgt die Einführung von Ethikrichtlinien mittels Betriebsvereinbarung, sind die Betriebspartner ebenfalls lediglich mittelbar an die Grundrechte gebunden. Bei Einführung von Ethikrichtlinien per Tarifvertrag findet nach der Theorie von den Schutzpflichten eine Kontrolle statt, ob die tarifvertraglichen Ethikklauseln noch dem Mindestschutz der jeweils betroffenen Freiheitsrechte entsprechen. Die Tarifvertragsparteien sind darüber hinaus unmittelbar an den allgemeinen Gleichheitssatz und die Diskriminierungsverbote nach Art. 3 GG gebunden.

Die Beurteilung, welche Richtlinieninhalte noch als zulässig anzusehen sind, hat sich also maßgeblich an den ins Arbeitsrecht einstrahlenden grundrechtlichen Wertungen auszurichten. Im Zuge dieser Bewertung ist die Kollision zwischen den Grundrechten von Arbeitgeber und Arbeitnehmer im Wege der Herstellung praktischer Konkordanz aufzulösen. Die Analyse der Wirkungsweise von Grundrechten im Rahmen der verschiedenen Umsetzungsinstrumente führt also nicht zu dem Schluss, dass erhebliche qualitative Unterschiede in dem jeweils vermittelten Schutzumfang bestehen. Vielmehr bieten alle Einführungsinstrumente einen vergleichbaren Grundrechtsschutz, so dass mögliche Unterschiede bei der inhaltlichen Gestaltungsbefugnis andere Ursachen haben müssen. Im Folgenden ist deshalb zu prüfen, ob sich solche Unterschiede auch aus den einfachgesetzlichen Rechtsgrundlagen der bei den verschiedenen Einführungsinstrumenten jeweils vorzunehmenden Inhaltskontrolle ergeben können. Zu diesem Zweck sind zunächst Umfang und Grenzen einer AGB-Kontrolle von Ethikrichtlinien nach §§ 305 ff. BGB zu untersuchen.

---

[120] Vgl. BVerfG v. 15.01.1958 – 1 BvR 400/51, BVerfGE 7, 198, 206.

§ 13 AGB-Kontrolle vertraglich eingeführter Ethikrichtlinien

Wenn eine Ethikrichtlinie durch Arbeitsvertrag oder Zusatzvereinbarung eingeführt wird, richtet sich die Zulässigkeit von Richtlinieninhalten maßgeblich nach der AGB-Kontrolle gemäß § 305 ff. BGB. Bevor jedoch näher auf die Voraussetzungen und Einzelheiten einer solchen Prüfung eingegangen wird, bedarf es im Vorfeld einer kurzen Betrachtung, inwieweit die AGB-Kontrolle überhaupt im Arbeitsrecht Anwendung findet.

I. AGB-Kontrolle im Arbeitsrecht

Nachdem das AGBG durch das Schuldrechtsmodernisierungsgesetz[1] mit den §§ 305 ff. BGB in das BGB integriert worden ist, ist auch die Bereichsausnahme nach § 23 Abs. 1 AGBG, nach der das AGBG bislang unter anderem auf das Arbeitsrecht keine Anwendung fand, entfallen.[2] Zuvor musste sich das Arbeitsrecht in Ermangelung eines mit der Inhaltskontrolle nach dem AGBG vergleichbaren Kontrollinstrumentes[3] mit der Überdehnung anderer Rechtsinstitute wie dem Institut der Billigkeitskontrolle (§ 242 BGB), der zivilrechtlichen Generalklauseln oder dem Verbot der Umgehung zwingender Schutzgesetze behelfen.[4] Um die damit verbundene Rechtsunsicherheit zu beseitigen und das Schutzniveau der Inhaltskontrolle im Arbeitsrecht demjenigen im Zivilrecht anzugleichen[5], hat der Gesetzgeber das Arbeitsrecht mit der Änderung der Bereichsausnahme in § 310 Abs. 4 BGB wieder näher an das Zivilrecht herangeführt.[6]

Gemäß § 310 Abs. 4 BGB ist die Inhaltskontrolle nach § 307 ff. BGB nunmehr auch auf Arbeitsverträge anwendbar. Die AGB-Kontrolle im Arbeitsrecht erfährt jedoch insoweit Einschränkungen, als nach § 310 Abs. 4 S. 2 BGB „die im Arbeitsrecht geltenden Besonderheiten angemessen zu berücksichtigen" sind und die Bereichsausnahme nur für Arbeitsverträge aufgehoben worden ist, für Tarifver-

---

[1] Gesetz zur Modernisierung des Schuldrechts v. 26.11.2001, BGBl. I, S. 3138-3129.
[2] *Gotthardt*, Arbeitsrecht nach der Schuldrechtsreform, Rn. 230.
[3] *Preis*, Vertragsgestaltung, S. 149 ff.
[4] HWK-*Gotthardt*, § 310 BGB Rn. 14; *Gotthardt*, Arbeitsrecht nach der Schuldrechtsreform, Rn. 230.
[5] Vgl. BT-Drs. 14/6857 S. 53f.; BT-Drs. 14/7052 S. 189; ferner ErfK/*Preis*, §§ 305-310 BGB Rn. 2.
[6] HWK-*Gotthardt*, § 310 BGB Rn. 15; *Gotthardt*, Arbeitsrecht nach der Schuldrechtsreform, Rn. 234.

träge, Betriebsvereinbarungen oder Dienstvereinbarungen hingegen weiter gilt.[7] Insofern ist streng zwischen individuellen und kollektiven Regelungen zu unterscheiden[8], weil nur erstere unter eine mögliche AGB-Kontrolle fallen.

Die Einbeziehung der Arbeitsverträge in die AGB-Kontrolle ist auch deshalb problematisch, weil eine „geltungserhaltende Reduktion" bei Allgemeinen Geschäftsbedingungen – nun auch nach der neueren Rechtsprechung des *Bundesarbeitsgerichts*[9] – unstreitig nicht vorgenommen wird.[10] Die Unwirksamkeit einer Regelung führt also – zum Nachteil des Arbeitgebers als Verwender dieser Allgemeinen Geschäftsbedingungen – zu deren vollständigen Wegfall. Der AGB-Kontrolle von Arbeitsverträgen kommt daher eine elementare Bedeutung zu. Dabei enthalten die §§ 305 ff. BGB im Grunde zwei Kontrollarten: eine Einbeziehungs- und eine Inhaltskontrolle.

Im Rahmen der *Einbeziehungskontrolle* wird geprüft, was überhaupt Vertragsbestandteil geworden ist: Nach § 305c Abs. 1 BGB werden etwa „überraschende Klauseln" nicht Vertragsbestandteil. Nach § 305c Abs. 2 BGB gehen darüber hinaus „Zweifel bei der Auslegung zu Lasten des Verwenders" (sog. *Unklarheitenregel*); die Auslegung erfolgt bei auslegungsbedürftigen AGB-Klauseln also zu Lasten desjenigen, der die Unklarheit verursacht hat.[11] § 306a BGB enthält schließlich ein allgemeines Umgehungsverbot bezüglich gesetzlicher Grundwertungen und -gestaltungen.[12]

Erheblich wichtiger ist jedoch die *Inhaltskontrolle*. Neben den speziellen Klauselverboten mit und ohne Wertungsmöglichkeit (§ 308 BGB bzw. § 309 BGB) muss die geprüfte Vertragsbedingung den allgemeinen Voraussetzungen des § 307 BGB entsprechen. Nach dieser Vorschrift muss die Klausel mit wesentlichen Grundgedanken gesetzlicher Regelungen vereinbar sein (§ 307 Abs. 2 Nr. 1 BGB) und der Vertragszweck darf nicht gefährdet werden (§ 307 Abs. 2 Nr. 2 BGB). Ferner verlangt das Transparenzgebot klare und unmissverständliche Regelungen

---

[7] Vgl. § 310 Abs. 4 S. 3 BGB; ferner *Gotthardt*, Arbeitsrecht nach der Schuldrechtsreform, Rn. 237.
[8] HWK-*Gotthardt*, § 310 BGB Rn. 14.
[9] Vgl. BAG v. 25.05.2005 – 5 AZR 572/04, AP Nr. 1 zu § 310 BGB; BAG v. 28.09.2005 – 5 AZR 52/05, AP Nr. 7 zu § 307 BGB.
[10] MüKo/*Müller-Glöge*, § 611 BGB Rn. 75; Moll/*Melms*, § 8 Rn. 60; ErfK/*Preis*, § 305-310 BGB Rn. 104; HWK-*Gotthardt*, § 306 BGB Rn. 4; *Lingemann*, NZA 2002, 181, 186; *Singer*, RdA 2003, 194, 203; *Thüsing*, NZA 2002, 591, 594; *Rolfs*, RdA 2006, 349, 349; krit. *Henssler*, RdA 2002, 129, 137.
[11] HWK-*Gotthardt*, § 305c BGB Rn. 7.
[12] *Zundel*, NJW 2006, 1237, 1238.

(§ 307 Abs. 1 Satz 2 BGB) und treuwidrige, unangemessene Benachteiligungen führen zur Unwirksamkeit der vertraglichen Regelung (§ 307 Abs. 1 Satz 1 BGB).[13] Quasi „überlagert" wird diese Billigkeitskontrolle durch § 310 Abs. 4 Satz 2 BGB, wonach die im Arbeitsrecht geltenden Besonderheiten angemessen zu berücksichtigen sind.[14]

Die Kontrolle von Arbeitsverträgen anhand der §§ 305 ff. BGB ist jedoch nicht das einzige Instrument der Vertragsinhaltskontrolle. Eine Inhaltskontrolle außerhalb der §§ 305 ff. BGB wird zwar die Ausnahme bleiben[15], weil vorformulierte Vertragsbedingungen in der Praxis sehr weit verbreitet sind. *Preis* etwa schätzt den Anteil formularmäßig gestalteter Arbeitsverhältnisse aufgrund einer umfassenden Studie in den Jahren 1988/1989 auf weit über 90%.[16] Über die AGB-Kontrolle hinaus verbleiben für die Inhaltskontrolle aber im Wesentlichen drei Ansatzpunkte: Die vertragliche Vereinbarung darf nicht gegen ein gesetzliches Verbot verstoßen (§ 134 BGB), sie darf nicht sittenwidrig sein (§ 138 BGB) und keine Umgehung zwingender Vorschriften beinhalten (§ 306a BGB analog).[17] Daneben bestehen spezialgesetzliche Regelungen der Inhaltskontrolle, etwa die Vorschriften über nachvertragliche Wettbewerbsverbote in §§ 74 ff. HGB.[18]

Zwar ist die Rechtsprechung abseits der AGB-Kontrolle stets bemüht, auch individuell formulierte und ausgehandelte Arbeitsverträge einer gewissen (Inhalts-)Kontrolle zu unterwerfen. Dazu bedient sich die Rechtsprechung verschiedener Instrumente[19], von denen vor allem die sog „Billigkeitskontrolle" hervorzuheben ist, mit deren Hilfe sie bestimmte Vertragsbestimmungen korrigiert.[20] Ethikrichtlinien sind jedoch als betriebsweite Regelwerke formuliert. Fälle, in denen aufgrund der fehlenden Voraussetzungen des § 305 BGB auf eine allgemeine Billigkeitskontrolle außerhalb der §§ 305 ff. BGB zurückgegriffen werden müsste, sind aus diesem Grunde praktisch nicht denkbar. Insofern kann die Billigkeitskont-

---

[13] HWK-*Gotthardt*, § 307 BGB Rn. 16 ff.
[14] *Zundel*, NJW 2006, 1237, 1238.
[15] *Mahnhold*, Compliance und Arbeitsrecht, S. 231.
[16] *Preis*; Vertragsgestaltung, S. 56.
[17] *Rolfs*, RdA 2006, 349, 352; ausf. ErfK/*Preis*, §§ 305-310 BGB Rn. 3 ff..
[18] ErfK/*Preis*, §§ 305-310 BGB Rn. 3.
[19] Siehe vor allem *Fastrich*, Richterliche Inhaltskontrolle im Privatrecht, passim; Staudinger*Richardi*, § 611 BGB Rn. 362 ff.
[20] BAG v. 31.10.1969 – 3 AZR 119/69, AP Nr. 1 zu § 242 BGB Ruhegehalt-Unterstützungskassen; BAG v. 13.05.1987 – 5 AZR 125/86, AP Nr. 4 zu § 305 BGB Billigkeitskontrolle.

rolle individuell formulierter und ausgehandelter Arbeitsverträge im Zuge dieser Untersuchung unberücksichtigt bleiben.

Somit stellt die AGB-Kontrolle nach §§ 305 ff. BGB das praktisch bedeutsamste Instrument einer Inhaltskontrolle vertraglich eingeführter Ethikrichtlinien dar. Deshalb bedarf es einer besonders eingehenden Betrachtung, welche Grenzen die AGB-Kontrolle nach § 305 ff. BGB der inhaltlichen Gestaltung vertraglich eingeführter Ethikrichtlinien setzt.

II. Anwendungsbereich der AGB-Kontrolle

Bevor eine Inhaltskontrolle gem. §§ 307 ff. BGB durchgeführt werden kann, muss jedoch zunächst überprüft werden, ob vertraglich eingeführte Ethikrichtlinien überhaupt dem Anwendungsbereich der AGB-Kontrolle unterfallen. Dessen äußerer Rahmen bemisst sich nach § 305 Abs. 1 BGB. Gemäß § 305 Abs. 1 BGB unterliegen Vertragsbedingungen nur dann einer AGB-Kontrolle, wenn sie für eine Vielzahl von Verträgen vorformuliert sind und von einer Vertragspartei bei Abschluss eines Vertrags gestellt werden.

Es stellt sich also zunächst die Frage, ob es sich bei Ethikrichtlinien um *vorformulierte* Vertragsbedingungen handelt. Berits zuvor wurde hervorgehoben, dass der Arbeitgeber die vielfätigen Motive, die ihn zur Einführung einer Ethikrichtlinie bewegen, in der Regel nur dann vollständig verwirklichen kann, wenn er den Inhalt der Richtlinie ohne Beteiligung der Arbeitnehmerseite festlegen kann.[21] Die Konzeption und Ausgestaltung einer Ethikrichtlinie wird dementsprechend zumeist ohne Beteiligung der Belegschaft und Rücksicht auf den Willen des einzelnen Arbeitnehmers erfolgen. Wenn der Arbeitnehmer im Rahmen einer vertraglichen Einführung von Ethikrichtlinien im Arbeitsvertrag oder in einer Zusatzvereinbarung zum ersten Mal mit deren Inhalten konfrontiert wird, sind die jeweiligen Klauseln also bereits definiert und einer individuellen Verhandlung zwischen Arbeitnehmer und Arbeitgeber entzogen. Stellte der Arbeitgeber den Entwurf der Ethikrichtlinie nämlich zur Disposition, würde das Scheitern einer unternehmensweit einheitlichen Richtlinienpraxis oder die Verletzung des Gleichbehandlungsgrundsatzes drohen. Aus diesen Gründen sind Ethikrichtlinien also typischerweise bereits im Vorfeld einer vertraglichen Einführung aufgestellt und damit nicht bei Vertragsschluss aus-

---

[21] Oben unter § 11 II. (S. 89 ff.).

gehandelt worden. Es handelt sich somit um „*vorformulierte*" Geschäftsbedingungen im Sinne von § 305 Abs. 1 BGB.[22]

Des Weiteren findet eine AGB-Kontrolle gemäß § 305 Abs. 1 BGB nur dann statt, wenn die Vertragsbedingung „*für eine Vielzahl von Verträgen*" (vgl. §305 Abs. 1 Satz 1 BGB) vorformuliert wurde. Aufgrund des weiten, sämtliche Arbeitnehmer eines Betriebes oder Unternehmens erfassenden personellen Anwendungsbereichs einer Ethikrichtlinie sind nur Ausnahmefälle denkbar, in denen das Erfordernis einer Vorformulierung für eine Vielzahl von Verträgen im Sinne des § 305 Abs. 1 BGB verfehlt würde. Nach allgemeiner Ansicht ist dazu nämlich lediglich die Bestimmung zu einer zumindest dreimaligen Verwendung ausreichend.[23] Maßgeblich ist hierbei jedoch die jeweils einzelne Klausel, nicht hingegen die Ethikrichtlinie in ihrer Gesamtheit.[24]

Es ist daher denkbar, dass bestimmte, nur an eine äußerst kleine Gruppe von Arbeitnehmern gerichtete Ethikklauseln das Erfordernis einer mindestens dreimaligen Verwendung nicht erfüllen. Einer Inhaltskontrolle nach den §§ 305 ff. BGB steht dies jedoch nicht im Wege: Zum einen kommt es bei der Frage nach einer für eine Vielzahl von Verträgen vorformulierte Vertragsbedingung nicht auf die tatsächliche Anzahl, sondern vielmehr die Absicht des Verwenders an, die jeweilige Klausel vielfach verwenden zu wollen.

Zum anderen ist die AGB-Kontrolle gemäß § 310 Abs. 3 Nr. 2 BGB auch dann einschlägig, wenn eine Vertragsbedingung zwar nur zur einmaligen Verwendung bestimmt ist, der *Verbraucher* auf Grund der Vorformulierung auf ihren Inhalt jedoch keinen Einfluss nehmen konnte. Dies lässt die ehemals heftig diskutierte Frage nach der Verbrauchereigenschaft des Arbeitnehmers aufkommen. Nachdem der Zweite und der Zehnte Senat des *Bundesarbeitsgerichts* im Zusammenhang mit dem Widerruf von Aufhebungsverträgen[25] bzw. der Höhe des Zinssatzes nach § 288 Abs. 1 bzw. 2 BGB[26] der Frage, ob der Arbeitnehmer in dieser Eigenschaft Verbraucher ist, noch ausweichen konnten, hat der Fünfte Senat sie im Jahre

---

[22] *Wolff*/Horn/Lindacher, § 1 AGBG Rn. 12; HWK-*Gotthardt*, § 305 BGB Rn. 5; *Stoffels*, AGB-Recht Rn. 119.
[23] BGH v. 15.04.1998 – VIII ZR 377/96, NJW 1998, 2286; *Wolff*/Horn/Lindacher, § 1 AGBG Rn. 14; *Stoffels*, AGB-Recht Rn. 128 m. w. N.
[24] BGH v. 03.04.1998 – V ZR 6/97, NJW 1998, 2600; *Wolff*/Horn/Lindacher, § 1 AGBG Rn. 13.
[25] BAG v. 27.11.2003 – 2 AZR 135/03, AP Nr. 1 zu § 312 BGB.
[26] BAG v. 23.02.2005 – 10 AZR 602/03, NZA 2005, 694.

2005 bejaht.[27] Insofern steht gemäß § 310 Abs. 3 Nr. 2 BGB auch die bloß einmalige Verwendung einer Ethikklausel der Inhaltskontrolle nach §§ 307 ff. BGB nicht entgegen.

Schließlich bleibt noch zu prüfen, ob die entsprechenden Klauseln im Sinne von § 305 Abs. 1 Satz 1 BGB von einer Vertragspartei bei Abschluss eines Vertrags gestellt werden. Vertraglich eingeführte Ethikrichtlinien sind typischerweise vom Arbeitgeber gestaltet worden und werden dem Arbeitnehmer zur Gegenzeichnung vorgelegt; sie werden also im Sinne des § 305 Abs. 1 Satz 1 BGB „*gestellt*". Dies allein begründet allerdings noch nicht den Anwendungsbereich der AGB-Kontrolle, vielmehr müssen die Geschäftsbedingungen auch *beim Abschluss eines Vertrages* gestellt werden. Dieses Erfordernis könnte einer AGB-Kontrolle entgegenstehen, werden Ethikrichtlinien doch zumeist nicht bereits beim Abschluss des Arbeitsvertrages vereinbart, sondern erst später in das bereits bestehende Arbeitsverhältnis eingeführt.[28] Dies verfängt jedoch nicht: „Beim Abschluss eines Vertrages" gestellt sind allgemeine Geschäftsbedingungen im Sinne des § 305 Abs. 1 BGB nämlich auch dann, wenn sie im Rahmen eines Änderungsvertrages einbezogen werden.[29] Insofern ergibt sich auch im Zusammenhang mit der Einführung von Ethikrichtlinien kein Unterschied, ob das Regelwerk zu Beginn des Arbeitsverhältnisses mit dem Abschluss des Arbeitsvertrages oder aber erst später durch eine Änderungs- oder Zusatzvereinbarung eingeführt wird.

Es bleibt somit festzuhalten, dass bei einer Einführung von Ethikrichtlinien per Arbeitsvertrag oder Zusatzvereinbarung die Voraussetzungen des § 305 Abs. 1 Satz 1 BGB regelmäßig erfüllt sind und damit der Anwendungsbereich der AGB-Kontrolle eröffnet ist.

III. Einbeziehungskontrolle

Bevor der Inhalt allgemeiner Geschäftsbedingungen am Maßstab der §§ 307 ff. BGB überprüft wird, muss im Rahmen der Einbeziehungskontrolle nach §§ 305 ff. BGB zunächst festgestellt werden, ob die zu prüfenden Klauseln überhaupt Ver-

---

[27] BAG v. 25.05.2005 – 5 AZR 572/04, AP Nr. 1 zu § 310 BGB; ebenso BAG v. 07.12.2005 – 5 AZR 535/04, AP Nr. 4 zu § 12 TzBfG. Im Schrifttum gibt es viele Gegenstimmen, unter anderem *Tschöpe/Pirscher*, RdA 2004, 358; *Bauer/Diller*, NJW 2002, 1609, 1610; *Henssler*, RdA 2002, 129, 133; *Hromadka*, NJW 2002, 2523, 2524; *Richardi*, NZA 2002, 1004, 1009.

[28] Dazu oben unter § 7II. (S. 50 ff.).

[29] *Wolf*/Horn/Lindacher, § 1 AGBG Rn. 13; HWK-*Gotthardt*, § 305 BGB Rn. 4; *Stoffels*, AGB-Recht Rn. 127; *Mahnhold*, Compliance und Arbeitsrecht, S. 232.

tragsbestandteil geworden sind.[30] Hierzu sind zunächst die positiven Mindestvoraussetzungen des § 305 Abs. 2 und 3 BGB zu untersuchen, bevor die jeweilige Klausel auf die negativen Einbeziehungsvoraussetzungen eines ihr innewohnenden Überraschungsmoments (§ 305c Abs. 1 BGB) oder einer sie verdrängenden Individualabrede (§ 305b BGB) hin überprüft wird.[31]

In der Praxis dürften Ethikrichtlinien einer Einbeziehungskontrolle in den meisten Fällen standhalten. So werden die Mindestvoraussetzungen des § 305 Abs. 2 und 3 BGB regelmäßig keine Probleme bereiten, wenn die jeweilige Ethikrichtlinie den Arbeitnehmern in vollständiger Textfassung zur Unterzeichnung vorgelegt werden. Etwas anderes kann sich jedoch ergeben, wenn etwa bei Neueinstellungen die Einbeziehung einer Ethikrichtlinie im Arbeitsvertrag vereinbart wird, der konkrete Richtlinientext dem Arbeitnehmer aber nicht unmittelbar zugänglich gemacht wird. Des Weiteren wird eine vorrangige Individualabrede gem. § 305b BGB aufgrund des erheblichen Interesses des Arbeitgebers an einer einheitlich geltenden Ethikrichtlinie nur in den seltensten Fällen allgemeine Geschäftsbedingungen verdrängen.

Eine bei der Einführung von Ethikrichtlinien erhebliche Einbeziehungsvoraussetzung enthält hingegen § 305c Abs. 1 BGB. Nach dieser Vorschrift werden Bestimmungen in Allgemeinen Geschäftsbedingungen, die nach den Umständen, insbesondere nach dem äußeren Erscheinungsbild des Vertrags, so ungewöhnlich sind, dass der Vertragspartner des Verwenders mit ihnen nicht zu rechnen braucht, nicht Vertragsbestandteil.[32] Die Vorschrift soll den durchschnittlichen Arbeitnehmer, der die ihm eingeräumte Möglichkeit, sich vom Inhalt der Allgemeinen Geschäftsbedingungen Kenntnis zu verschaffen, erfahrungsgemäß nicht oder nur unzureichend nutzt, vor unangemessenen Klauseln schützen.[33]

Angesichts der zum Teil erheblich in Arbeitnehmerrechte eingreifenden Ethikbestimmungen – als Beispiel sei nur das bereits an anderer Stelle erwähnte „Liebesverbot" der *Wal-Mart*-Ethikrichtlinie genannt – sind durchaus Fälle denkbar, in denen Ethikrichtlinien solche überraschende Klauseln enthalten. Das Verbot überraschender Klauseln nach § 305c Abs. 1 BGB kann also auch im Zusammenhang mit vertraglich eingeführten Ethikrichtlinien Relevanz entfalten. Dies würde

---

[30] *Stoffels*, AGB-Recht, Rn. 329.
[31] *Stoffels*, AGB-Recht, Rn. 264.
[32] *Annuß*, BB 2006, 1333, 1336.
[33] MüKo/*Basedow*, § 305c BGB Rn. 1; *Stoffels*, AGB-Recht, Rn. 324 ff. spricht unter Darstellung der langen Rechtstradition des Verbotes unüblicher Vertragsabreden von einem „allgemeinen Rechtsgedanken des Vertragsrechts".

bedeuten, dass bestimmte Ethikklauseln möglicherweise trotz Einführung per Arbeitsvertrag oder Zusatzvereinbarung dennoch nicht verbindlicher Bestandteil des Arbeitsverhältnisses werden, wenn der Arbeitnehmer mit derartigen Klauseln nicht zu rechnen brauchte.

Die Literatur knüpft die Nichteinbeziehung nach § 305c BGB an zwei wesentliche Voraussetzungen: Die fragliche Klausel muss zunächst *objektiv* im Hinblick auf den typischen Inhalt des zwischen Arbeitgeber und Arbeitnehmer geschlossenen Vertrages aus der Sicht der angesprochenen Verkehrkreise nach den Gesamtumständen ungewöhnlich sein.[34] Auf der *subjektiven* Seite muss die Überraschung des Arbeitnehmers, die aus dem ungewöhnlichen Charakter der Klausel und der unterbliebene Aufklärung über ihren Inhalt herrührt, hinzutreten.[35]

Die Rechtsprechung spaltet den Tatbestand zwar nicht ausdrücklich in eine subjektive und eine objektive Komponente[36], steht dieser Dogmatik jedoch zumindest nahe. Nach der Rechtsprechung des *Bundesgerichtshofes* kommt es darauf an, ob die Regelung von den Erwartungen des Vertragspartners deutlich abweicht und dieser mit ihr vernünftigerweise nicht zu rechnen braucht. Die Erwartungen würden von allgemeinen und individuellen Begleitumständen bestimmt. Zu ersteren zählt etwa der Grad der Abweichung von dispositivem Gesetzesrecht[37] sowie die für den Geschäftsverkehr übliche Gestaltung, zu letzteren der Gang und der Inhalt der Vertragsverhandlungen und der äußere Zuschnitt des Vertrages[38]. Das *Bundesarbeitsgericht* scheint sich den Kriterien des *Bundesgerichtshofes* anzuschließen.[39]

Nach diesen Grundsätzen sind Ethikklauseln nur dann als überraschend im Sinne von § 305c BGB anzusehen, wenn der Arbeitnehmer bei einer vertraglichen Einführung von Ethikrichtlinien mit Klauseln konfrontiert wird, die er nicht erwar-

---

[34] *Ulmer*/Brandner/Hensen, AGB-Recht, § 305c BGB Rn. 11; Palandt/*Heinrichs*, § 305c BGB Rn. 3 ErK/*Preis*, § 305-310 BGB Rn. 32; HWK-*Gotthardt*, § 305c BGB Rn. 3; *Stoffels*, AGB-Recht, Rn. 334.

[35] *Ulmer*/Brandner/Hensen, AGB-Recht, § 305c BGB Rn. 11; Palandt/*Heinrichs*, § 305c BGB Rn. 4; ErK/*Preis*, § 305-310 BGB Rn. 32; HWK-*Gotthardt*, § 305c BGB Rn. 4; *Stoffels*, AGB-Recht, Rn. 334.

[36] Eine solche Spaltung nehmen gleichwohl das OLG Köln v. 29.01.1980 – 15 U 163/79, ZIP 1980, 981 und das OLG Düsseldorf v. 28.05.1986 – 8 U 151/85, BB 1986, 1464 vor.

[37] BGH v. 09.04.1987 – III ZR 84/86, NJW 1987, 2011; BGH v. 30.10.1987 – V ZR 174/86, NJW 1988, 558; BGH v. 26.05.2000 – V ZR 49/99, NJW-RR 2001, 195; BGH v. 24.10.2000 – XI ZR 273/99, NJW-RR 2001, 1420..

[38] BGH v. 09.04.1987 – III ZR 84/86, NJW 1987, 2011; BGH v. 30.10.1987 – V ZR 174/86, NJW 1988, 558; BGH v. 16.01.2001 – XI ZR 84/00, NJW 2001, 1416.

[39] Vgl. BAG v. 15.02.2007 – 6 AZR 286/06, NZA 2007, 614 unter II.1. der Gründe.

tet hatte und mit denen er auch nicht rechnen musste. Dies wird jedoch zumindest dann nicht der Fall sein, wenn sich die Klausel dem in den US-amerikanischen Rechtsquellen genannten, verbindlichen Mindestinhalt einer Ethikrichtlinie zuordnen lässt.[40] Die nach diesen Vorschriften erforderlichen (Mindest-) Regelungsbereiche wie etwa Vorschriften zu Interessenkonflikten, fairem Geschäftsgebaren, zur Verschwiegenheit, zum Schutz von Unternehmenseigentum und zur Einhaltung geltenden Rechts entsprechen ohnehin bestehenden arbeitsvertraglichen Nebenpflichten (dazu ausführlich unter § 13 IV.2.a), S. 133 ff.). Sie sind deshalb keineswegs „ungewöhnlich", sondern – freilich in deutscher Übersetzung[41] – durchaus im Rahmen einer Ethikrichtlinie zu erwarten. Insofern ist etwa auch eine Whistleblowing-Klausel, mit der die Arbeitnehmer zur Meldung von Verstößen gegen Richtlinieninhalte durch Kollegen aufgefordert werden, nicht überraschend im Sinne des § 305c BGB, weil beispielsweise auch im deutschen Arbeitsrecht arbeitnehmerseitige Anzeigepflichten bestehen.[42] Ob die den Mindestinhalt umsetzende Ethikklausel dabei gleichwohl den Arbeitnehmer unangemessen benachteiligt oder gegen die Klauselverbote der §§ 308, 309 BGB verstößt, ist freilich eine Frage der Inhaltskontrolle.

„Überraschend" im Sinne von § 305c BGB können jedoch solche Klauseln sein, deren Inhalt über den Katalog der Börsenvorschriften der USA hinausgeht. Dies kann insbesondere bei Ethikbestimmungen der Fall sein, die nur einen geringen oder womöglich gar keinen dienstlichen Bezug aufweisen. In diesem Sinne weicht etwa ein „Liebesverbot" deutlich von den Erwartungen des Arbeitnehmers ab, und der Arbeitnehmer hat mit einem solchen Verbot vernünftigerweise auch nicht zu rechnen.[43]

---

[40] Vgl. Sec. 406 (a) SOX 2002; NASDAQ Rule 4350(n); NYSE Listed Company Manual Section 303A.10.

[41] Sollte der Arbeitgeber hingegen nur den englischen Wortlaut der Vorschriften zitieren, liegen fremdsprachige Allgemeine Geschäftsbedingungen vor, die ungeachtet der Sprachkenntnis des Empfängers nur einbezogen werden, wenn in der Verhandlungs- und Vertragssprache auf die Allgemeinen Geschäftsbedingungen hingewiesen wurde und der Vertragspartner eine uneingeschränkte Annahme erklärt hat, vgl. *Stoffels*, AGB-Recht, Rn. 1065 m. w. N.

[42] Dazu unten unter § 13IV.2.a)cc)(2)(a) (S. 147 ff.).

[43] „Sie dürfen nicht mit Jemanden ausgehen oder in eine Liebesbeziehung mit Jemanden treten, wenn Sie die Arbeitsbedingungen dieser Person beeinflussen können, oder der Mitarbeiter Ihre Arbeitsbedingungen beeinflussen kann."; aus der Ethikrichtlinie des Wal-Mart-Konzerns, zitiert nach LAG Düsseldorf v. 14.11.2005 – 10 TaBV 46/05, DB 2006, 162. Die entsprechende Ethikrichtlinie wurde von der Beklagten per Direktionsrecht eingeführt, aus diesem Grunde wurde die zitierte Klausel von der Kammer ausschließlich im Hinblick auf ein Mitbestimmungsrecht des Betriebsrates hin erörtert.

Gleiches gilt, wenn Ethikrichtlinien etwa Vorschriften enthalten, nach denen die Arbeitnehmer nicht in „wilder Ehe" leben dürfen.[44] Der kirchliche Arbeitgeber wird demgegenüber erwarten dürfen, daß der Arbeitnehmer seine Lebensführung, und zwar auch im außerdienstlichen Bereich, den Gesetzen der Kirche entsprechend einrichtet.[45] Insofern wird etwa eine Ethikklausel, nach der eine offen gelebte Homosexualität im dienstlichen und außerdienstlichen Bereich untersagt wird, im Rahmen eines kirchlichen Arbeitsverhältnisses nicht als überraschend im Sinne des § 305c BGB zu qualifizieren sein.[46]

Im Regelarbeitsverhältnis muss der Arbeitnehmer hingegen grundsätzlich nicht mit weitreichenden Eingriffen durch bestimmte Ethikklauseln in sein Privatleben rechnen. Ethikrichtlinien sollen allgemein nur das betriebliche Miteinander reglementieren. Bewirken einzelne Klauseln dennoch einen massiven Eingriff in die außerdienstliche Sphäre, handelt es sich deswegen um ungewöhnliche Klauseln, die von den Erwartungen des Arbeitnehmers in aller Regel abweichen. Dementsprechend empfiehlt sich speziell bei Klauseln mit rein außerdienstlichem Bezug eine drucktechnische Hervorhebung oder sonstige besondere Kenntlichmachung, sowie eine Prüfung, ob derartige Bestimmungen als „überraschend" im Sinne von § 305c BGB zu qualifizieren wären.

Doch auch objektiv nicht ungewöhnliche Klauseln können dann überraschend werden, wenn sie im Vertragstext falsch eingeordnet werden.[47] Die Unterbringung der Klausel an unerwarteter Stelle begründet dann den Überraschungseinwand.[48] In diesem Zusammenhang sind etwa Fälle denkbar, in denen der Arbeitgeber weitreichende Ethikbestimmungen an Stellen im Arbeitsvertrag „versteckt", an denen der Arbeitnehmer nicht mit einer derartigen Regelungsmaterie zu rechnen braucht. Dementsprechend empfiehlt es sich, die Ethikrichtlinie insbesondere bei einer Einführung per Arbeitsvertrag als eigenständigen Abschnitt oder als formal getrenntes Dokument zu verfassen und dies deutlich kenntlich zu machen.

Es bleibt festzuhalten, dass im Rahmen einer AGB-Kontrolle von Ethikrichtlinien auch die Einbeziehungsvoraussetzungen der §§ 305 ff. BGB zu beachten sind.

---

[44] Beispiel nach *Kock*, MDR 2006, 673, 674.
[45] BAG v. 30.06.1983 – 2 AZR 524/81, AP Nr. 15 zu Art 140 GG.
[46] Das BAG (v. 30.06.1983 – 2 AZR 524/81, AP Nr. 15 zu Art 140 GG) hat eine kündigungserhebliches Verhalten darin gesehen, dass der Arbeitnehmer des Diakonischen Werks einer evangelischen Landeskirche seine Homosexualität offen leben und eine homosexuelle Partnerschaft als der Ehe gleichwertig öffentlich vertreten würde.
[47] HWK-*Gotthardt*, § 305c BGB Rn. 4; *Stoffels*, AGB-Recht, Rn. 343.
[48] *Stoffels*, AGB-Recht, Rn. 343.

Um dem Erfordernis der § 305 Abs. 2 und 3 BGB zu genügen, muss dem Arbeitnehmer der konkrete Richtlinientext zur Kenntnisnahme vorgelegt werden. Zudem ist besonderes Augenmerk darauf zu legen, ob ihrem Regelungsgegenstand oder ihrer Textposition nach „ungewöhnliche" Ethikklauseln gegen das Verbot überraschender Klauseln gem. § 305c Abs. 1 BGB verstoßen. Bereits bei der Konzeption der Richtlinie sollte darauf geachtet werden, bestimmte Klauseln mit erkennbar sensiblen Inhalten formal besonders hervorzuheben. Unabhängig von der Frage ihrer inhaltlichen Zulässigkeit könnten diese Klauseln andernfalls aufgrund des ihnen innewohnenden Überraschungsmoments gemäß § 305c BGB nicht Vertragsbestandteil werden.

IV. Inhaltskontrolle von vertraglich eingeführten Ethikrichtlinien

Kern der AGB-Kontrolle und zugleich deutlich problembehafteter als die Einbeziehungskontrolle vertraglich vereinbarter Ethikrichtlinien ist die Inhaltskontrolle nach §§ 307 ff. BGB.[49] Die Vorschrift ist grundlegend von den unbestimmten Rechtsbegriffen von „Treu und Glauben" und der „Unangemessenheit" geprägt (vgl. § 307 Abs. 1 Satz 1 BGB) und zielt somit auf einen Ausgleich der widerstreitenden Interessen zwischen dem Arbeitgeber als Verwender der Allgemeinen Geschäftsbedingung und dem Arbeitnehmer als Vertragspartner. Gemäß den oben dargelegten Grundsätzen einer Grundrechtswirkung im Arbeitsrecht[50] handelt es sich bei den unbestimmten Begriffen in § 307 Abs. 1 Satz 1 BGB um sog. „Einfallstore" grundrechtlicher Wertungen, über die die Grundrechte als Wertemaßstab ins Arbeitsrecht einstrahlen. Insofern sind bei der Feststellung, ob eine konkrete Ethikklausel den Arbeitnehmer entgegen den Geboten von Treu und Glauben unangemessen benachteiligt, also auch die grundrechtlich geschützten Interessen des Arbeitgebers als Verwenders der allgemeinen Geschäftsbedingung sowie des Arbeitnehmers als dessen Vertragspartner zu berücksichtigen und in Einklang zu bringen.

1. Grundzüge einer Inhaltskontrolle nach § 307 ff BGB

Bevor näher auf spezifische Probleme eingegangen wird, sollen zunächst die Grundzüge einer Inhaltskontrolle von Ethikklauseln kurz dargestellt werden. Grundsätzlich findet eine Inhaltskontrolle nach den §§ 307 ff. BGB laut § 307 Abs. 3 BGB immer dann statt, wenn in AGB von Rechtsvorschriften abweichende oder

---

[49] Ulmer/Brandner/Hensen/*Fuchs*, § 307 BGB Rn. 1; ErfK/*Preis*, §§ 305-310 BGB Rn. 33; *Stoffels*, AGB-Recht, Rn. 463; *Gotthardt*, Arbeitsrecht nach der Schuldrechtsreform, Rn. 263.
[50] Oben unter § 12I. (S. 99 ff.).

diese ergänzende Regelungen vereinbart werden (vgl. § 307 Abs. 3 Satz 1 BGB). Liegen die Voraussetzungen des § 307 Abs. 3 BGB vor, sind die Klauseln zunächst an den Klauselverboten ohne Wertungsmöglichkeit nach § 309 BGB zu messen, bevor die Geschäftsbedingung auf einen Verstoß gegen die Klauselverbote mit Wertungsmöglichkeit nach § 308 BGB untersucht wird.[51] Beide Vorschriften stellen umfangreiche Kataloge unzulässiger Klauseln auf.[52] Ist keiner der in den §§ 308, 309 BGB aufgeführten Tatbestände erfüllt, findet § 307 BGB als Auffangtatbestand Anwendung.[53] Nach der Generalklausel des § 307 Abs. 1 BGB sind Bestimmungen in Allgemeinen Geschäftsbedingungen unwirksam, wenn sie den Vertragspartner des Verwenders entgegen den Geboten von Treu und Glauben unangemessen benachteiligen (vgl. § 307 Abs. 1 Satz 1 BGB). Wann eine solche Benachteiligung im Zweifel anzunehmen ist, konkretisieren § 307 Abs. 2 Nr. 1 und 2 BGB. Bei der Inhaltskontrolle von Ethikklauseln ist dabei besonders § 307 Abs. 2 Nr. 1 BGB von Bedeutung, da das durch Ethikrichtlinien abverlangte Verhalten durchaus gesetzlichen Grundgedanken widersprechen kann. Der Tatbestand des § 307 Abs. 2 Nr. 2 BGB gerät demgegenüber in den Hintergrund, weil Ethikrichtlinien, die die Erreichung des Vertragszweckes gefährden, regelmäßig auch den Interessen des Arbeitgebers widersprechen, der sie einführt. Sofern die zu prüfende Geschäftsbedingung keinen der beiden Tatbestände in § 307 Abs. 2 BGB erfüllt, ist sodann auf § 307 Abs. 1 BGB zurückzugreifen.[54]

Bei der Inhaltskontrolle von Ethikrichtlinien muss also zunächst festgestellt werden, ob die konkrete Ethikklausel tatsächlich von Rechtsvorschriften im Sinne des § 307 Abs. 3 BGB abweicht. Erst wenn diese Frage zu bejahen ist, kann die Bestimmung auf die Klauselverbote der §§ 308, 309 BGB hin überprüft werden. Ganz überwiegend werden Ethikrichtlinien den Anforderungen dieser Vorschriften jedoch nicht widersprechen. Eine ungleich größere praktische Relevanz kommt daher der Vorschrift des § 307 Abs. 1 und 2 BGB zu, weil sich eine vertragliche Inhaltskotrolle von Ethikrichtlinien maßgeblich nach diesen Bestimmungen richtet. Die Klausel muss demnach vorrangig an den Maßgaben des § 307 Abs. 2 Nr. 1 und 2 BGB gemessen werden. Sind die dort enthaltenen Tatbestände nicht erfüllt, erfolgt eine Inhaltskontrolle nach Maßgabe des § 307 Abs. 1 BGB.

---

[51] *Stoffels*, AGB-Recht, Rn. 572.
[52] Die im Arbeitsrecht besonders relevanten Klauselverbote aus dem Katalog der §§ 308, 309 BGB fasst *Gotthardt*, Arbeitsrecht nach der Schuldrechtsreform, Rn. 272 ff. zusammen.
[53] ErfK/*Preis*, § 305-310 BGB Rn. 41.
[54] § 307 Abs. 2 BGB ist stets vor § 307 Abs. 1 BGB zu prüfen, vgl. *Stoffels*, AGB-Recht, Rn. 496.

2. Die Bereichsausnahme des § 307 Abs. 3 BGB

Entsprechend der soeben dargestellten Grundsätze hat eine Inhaltskontrolle nach den §§ 307 ff. BGB laut § 307 Abs. 3 BGB nur dann stattzufinden, wenn die Ethikklausel von Rechtsvorschriften abweichende oder diese ergänzende Regelungen enthält (vgl. § 307 Abs. 3 Satz 1 BGB). Die Vorschrift steht einer Inhaltskontrolle von Ethikklauseln also immer dann im Wege, wenn sich die jeweilige Bestimmung auf bereits bestehende gesetzliche oder vertragliche Pflichten zurückführen lassen.

a) Keine Inhaltskontrolle nebenpflichtkonkretisierender Ethikklauseln

Es fragt sich, inwieweit eine Inhaltskontrolle überhaupt noch vorzunehmen ist, wenn sich der Regelungsbereich einer Ethikklausel darauf beschränkt, bestehende arbeitsvertragliche Nebenpflichten lediglich wiederzugeben oder zu konkretisieren. Der Umfang einer Inhaltskontrolle von Ethikrichtlinien nach § 307 ff. BGB würde sich dann beträchtlich verkleinern, weil sämtliche Vorschriften, deren Inhalt sich auf ohnehin bestehende Nebenpflichten der Arbeitnehmer zurückführen ließe, gemäß § 307 Abs. 3 BGB von einer Inhaltskontrolle auszunehmen wären. Dies wäre aber nur dann der Fall, wenn derartige Klauseln überhaupt unter die Bereichsausnahme des § 307 Abs. 3 BGB fallen.

aa) Arbeitsvertragliche Haupt- und Nebenleistungspflichten

Die den Arbeitsvertragsparteien obliegenden gegenseitigen Pflichten lassen sich – wie bei allen Schuldverhältnissen – in Haupt- und Nebenpflichten unterteilen. Die Hauptpflichten von Arbeitnehmer und Arbeitgeber ergeben sich dabei aus dem geschlossenen Arbeitsvertrag in Verbindung mit § 611 Abs. 1 BGB.[55] Der Hauptpflicht des Arbeitnehmers zur Arbeitsleistung steht die Hauptpflicht des Arbeitgebers zur Entgeltzahlung entgegen.

Über diese Hauptleistungspflichten hinaus besteht innerhalb des Rechtsverhältnisses zwischen Arbeitnehmer und Arbeitgeber aber auch noch eine Reihe von Nebenpflichten, die eng mit der Hauptleistungspflicht des Arbeitnehmers verknüpft sind.[56] Die Bezeichnung als „Nebenpflicht" darf dabei keineswegs als Qualitätsurteil missverstanden werden, sondern soll lediglich verdeutlichen, dass die vertraglichen Nebenpflichten von Arbeitnehmer und Arbeitgeber nicht im Gegenseitig-

---

[55] *Brox/Rüthers/Henssler*, Arbeitsrecht, S. 68; *Preis*, Individualarbeitsrecht, S. 278.
[56] MüArbR/*Blomeyer*, § 51 Rn. 17.

keitsverhältnis der §§ 320 ff. BGB stehen.[57] Art und Umfang der vertraglichen Nebenpflichten ergeben sich auch beim Arbeitsvertrag als schuldrechtlicher Sonderverbindung aus § 242 BGB.[58] Dabei gilt es zu beachten, dass gerade das Rechtsverhältnis zwischen Arbeitnehmer und Arbeitgeber in besonderem Maße von den beiderseitigen Pflichten der Rücksichtnahme, des Schutzes und der Förderung des Vertragszwecks geprägt ist.[59] Dies wird durch § 241 Abs. 2 BGB hervorhoben.[60]

Mittlerweile überholt ist die Ansicht, dass neben den sich aus dem Arbeitsvertrag in Verbindung mit § 242 BGB ergebenden Nebenpflichten mit der „Treuepflicht" noch eine selbständig neben der Arbeitspflicht stehende und von dieser unabhängige Verhaltenspflicht existiere, die in der Regel aus dem postulierten „personenrechtlichen Gemeinschaftsverhältnis" abgeleitet wurde.[61] Richtigerweise ist die „Treuepflicht" aber nicht als eine eigenständige dogmatische Kategorie aufzufassen[62], sondern allenfalls zur Umschreibung der als „Interessenwahrungspflicht" oder „Schutzpflicht" bezeichneten, in einem Akzessorietätsverhältnis zur Arbeitspflicht stehenden Nebenpflichten aus dem Arbeitsvertrag zu gebrauchen.[63]

Die Nebenpflichten dienen dazu, die Erbringung der Hauptleistung vorzubereiten und zu fördern, die Leistungsmöglichkeit zu erhalten und den Leistungserfolg zu sichern.[64] In der Beziehung zwischen Arbeitnehmer und Arbeitgeber wird der Inhalt der Nebenpflichten zusätzlich durch die besonderen persönlichen Bindungen der Vertragspartner geprägt.[65] Der Arbeitnehmer hat die arbeitsvertraglichen Nebenpflichten auch ohne gesonderte vertragliche Vereinbarung zu beachten.[66] Je weiter sich denkbare Pflichten aber von der Hauptpflicht entfernen, umso zurückhaltender sind entsprechende Nebenpflichten anzuerkennen, ohne dass eine ausdrückliche vertragliche Vereinbarung darüber erforderlich wäre.[67]

---

[57] Tschöpe/*Schmalenberg*, 2 A Rn. 179.
[58] ErfK/*Preis*, § 611 BGB Rn. 708; Tschöpe/*Schmalenberg*, 2 A Rn. 179; *Preis*, Vertragsgestaltung, S. 517.
[59] *Preis*, Vertragsgestaltung, S. 15; *Brox/Rüthers/Henssler*, Arbeitsrecht, S. 76.
[60] ErfK/*Preis*, § 611 BGB Rn. 707; MüKo/*Müller-Glöge*, § 611 BGB Rn. 1074..
[61] ErfK/*Preis*, § 611 BGB Rn. 707; MüArbR/*Blomeyer*, § 51 Rn. 2; *Preis*, Vertragsgestaltung, S. 517.
[62] *Preis*, Vertragsgestaltung, S. 517.
[63] MüArbR/*Blomeyer*, § 51 Rn. 2 m. w. N.
[64] *Preis*, Vertragsgestaltung, S. 518.
[65] BAG v. 07.09.1995 – 8 AZR 828/93, AP Nr. 24 zu § 242 BGB Auskunftspflicht.
[66] *Preis*, Vertragsgestaltung, S. 518.
[67] MüKo/*Müller-Glöge*, § 611 BGB Rn. 1088; *Preis*, Vertragsgestaltung, S. 518.

bb) Keine Interessenabwägung bei deklaratorischen Ethikklauseln

Wie bereits oben erläutert, ergeben sich die arbeitsvertraglichen Nebenpflichten aus dem Arbeitsvertrag in Verbindung mit §§ 242 und 241 Abs. 2 BGB.[68] Da sowohl § 242 BGB als auch § 241 Abs. 2 BGB in großem Maße vom Ausgleich der widerstreitenden Interessen bestimmt sind[69], ist der anerkannte Umfang arbeitsvertraglicher Nebenpflichten bereits das Ergebnis eines Interessenausgleichs durch gesetzliche Wertung oder richterliche Rechtsfortbildung. Geben Ethikrichtlinien demnach nur bereits bestehende Nebenpflichten des Arbeitnehmers wieder, so ist keine („erneute") Interessenabwägung durchzuführen, sondern dementsprechende Ethikklauseln sind stets als interessengerecht und somit inhaltlich zulässig anzusehen.

Einer Inhaltskontrolle etwa nach §§ 307 ff. BGB unterliegen aus diesem Grunde gemäß § 307 Abs. 3 BGB nur solche Allgemeinen Geschäftsbedingungen, „durch die von Rechtsvorschriften abweichende oder diese ergänzende Regelungen vereinbart werden" (§ 307 Abs. 3 Satz 1 a. E.). Insbesondere für das Arbeitsrecht ist es bedeutsam, dass unter „Rechtsvorschriften" im Sinne von § 307 Abs. 3 Satz 1 BGB nicht nur Gesetzesvorschriften im materiellen Sinn zu verstehen sind.[70] Die Vorschrift erfasst auch allgemein anerkannte Rechtsgrundsätze, Regeln des Richterrechts sowie aufgrund ergänzender Auslegung nach den §§ 157, 242 BGB sowie aus der Natur des jeweiligen Schuldverhältnisses zu entnehmende Rechte und Pflichten.[71]

Deklaratorische Klauseln sind Regelungen, die weder von Rechtsvorschriften abweichen noch diese ergänzen, sondern andere Rechtsvorschriften im Sinne des § 307 Abs. 3 Satz 1 BGB lediglich wörtlich oder sinngemäß wiederholen.[72] Eine Abwägung der widerstreitenden Parteiinteressen wurde aber bereits in Bezug auf die „Rechtsvorschrift" im Sinne von § 307 Abs. 3 Satz 1 BGB durch Gesetz oder

---

[68] ErfK/*Preis*, § 611 BGB Rn. 707; HWK-*Thüsing*, § 611 BGB Rn. 347 f.; Tschöpe/*Schmalenberg*, 2 A Rn. 179 ff.
[69] vgl. zum Begriff von „Treu und Glauben" als allgemeinen Gedanken, dass der einzelne seine Interessen nicht ohne Rücksichtnahme auf die Belange des Mitmenschen verfolgen darf oben unter Teil C (S. 83 ff.) und *Hubmann*, AcP 155, 85, 87 m. w. N.. Nach § 241 Abs. 2 BGB ist jede Partei sogar explizit „zur Rücksicht auf die […] Interessen des anderen Teils verpflichtet".
[70] So ErfK/*Preis* §§ 305-310 BGB Rn 35.
[71] BGH v. 06.12.1985 – VIII ZR 61/84, BGHZ 93, 358; BGH v. 10.12.1992 – I ZR 186/90, NJW 1993, 721; BGH v. 15.07.1997 – XI ZR 269/96, BGHZ 136, 261; BGH v. 14.10.1997 – XI ZR 167/96, NJW 1998, 383; MüKo/*Kieninger*, § 307 BGB Rn. 7
[72] ErfK/*Preis* §§ 305-310 BGB Rn 34; BeckOK/*Jacobs*, § 307 BGB Rn. 11; MüKo/*Kieninger*, § 307 BGB Rn. 6; Palandt/*Heinrichs* § 307 BGB Rn. 63.

Rechtsprechung vorgenommen. Für eine Interessenabwägung in Bezug auf die deklaratorische Klausel besteht demzufolge kein Bedarf, denn allein die Wiedergabe einer Rechtsvorschrift begründet kein Bedürfnis nach einer erneuten Interessenabwägung.

Dementsprechend sind deklaratorische Klauseln einer Inhaltskontrolle nach § 305 ff. BGB – bis auf die Prüfung eines Verstoßes gegen das Transparenzgebot[73] – entzogen. Die Beurteilung einer deklaratorischen Klausel als unwirksam hätte ohnehin gemäß § 306 Abs. 2 BGB zur Folge, dass an die Stelle der fraglichen Klausel die gesetzlichen Vorschriften treten würden.[74] Die AGB-Kontrolle dient aber nicht der Untersuchung gesetzlicher Interessenbewertungen.[75]

Somit hat eine Prüfung zu erfolgen, ob sich das in einer bestimmten Ethikklausel abverlangte Verhalten einer bestehenden (Neben-)Pflicht des Arbeitnehmers aus Arbeitsvertrag, Betriebsvereinbarung oder Tarifvertrag zuordnen lässt, oder ob es sich um eine konstitutive Klausel handelt, mit der der Pflichtenrahmen des Arbeitnehmers erweitert wird. Beschränkt sich der Regelungsgehalt einer Ethikklausel auf eine rein deklaratorische Wiedergabe ohnehin bestehender Nebenpflichten, wird diese Klausel einer AGB-Kontrolle normalerweise stets standhalten. Nach § 307 Abs. 3 Satz 2 BGB sind solche Klauseln zwar grundsätzlich noch auf einen Verstoß gegen das Transparenzgebot hin zu untersuchen.[76] Ein solcher Verstoß dürfte im Regelfall aber nicht vorliegen[77], so dass von einer allgemeinen Zulässigkeit derartiger Ethikklauseln ausgegangen werden kann.

cc) Nebenpflichten als Gegenstand deklaratorischer Ethikklauseln

Im Hinblick auf die Grundsätze einer Inhaltskontrolle von Ethikrichtlinien ist es insofern sinnvoll, zunächst diejenigen Klauselinhalte zu identifizieren, die sich auf bereits bestehende arbeitnehmerseitige Nebenpflichten zurückführen lassen. Derartige Ethikvorschriften erweisen sich nämlich als unproblematisch und zulässig, weil sie einer AGB-Kontrolle grundsätzlich standhalten.

Gerade das Arbeitsverhältnis ist gekennzeichnet von einer Vielzahl an anerkannten Nebenpflichten des Arbeitnehmers. Dementsprechend lassen sich auch viele typische Ethikklauseln auf bestehende Nebenpflichten zurückführen. Die im

---

[73] Vgl. unten unter § 13IV.4. (S. 182 ff.); Staudinger/*Coester*, § 307 BGB Rn. 309.
[74] ErfK/*Preis* §§ 305-310 BGB Rn 35; BeckOK/*Jacobs*, § 307 BGB Rn. 12; Palandt/*Heinrichs* § 307 BGB Rn. 63; *Gotthardt*, Arbeitsrecht nach der Schuldrechtsreform, Rn. 265.
[75] BeckOK/*Jacobs*, § 307 BGB Rn. 12;
[76] Staudinger/*Coester*, § 307 BGB Rn. 309.
[77] Dazu ausführlich unten § 13IV.4. (S. 175 ff.).

Arbeitsverhältnis bestehenden arbeitnehmerseitigen Nebenpflichten lassen sich dabei grob in Interessenwahrungs- und Schutzpflichten unterscheiden.[78]

(1) Interessenwahrungspflichten

Die arbeitsvertraglichen Nebenpflichten des Arbeitnehmers zur Wahrung der Arbeitgeberinteressen sind ganz grundsätzlich als Unterlassungspflichten aufzufassen.[79] Der Arbeitnehmer hat alles zu unterlassen, was den mit dem Arbeitsverhältnis zusammenhängenden berechtigten Interessen des Arbeitgebers zuwiderläuft.[80] Ethikrichtlinien bieten sich besonders an, eine solche Interessenwahrung über entsprechende Richtlinienklauseln in Form konkreter Verhaltensanweisungen sicherzustellen. Insofern lassen sich gängige Richtlinienklauseln nicht selten auf bereits bestehende Interessenwahrungspflichten der Arbeitnehmer zurückführen.

Beispiele hierfür sind Ethikklauseln, die Nebenpflichten wie Verschwiegenheitspflichten, Nebentätigkeitsverbote, das Verbot der Annahme von Schmiergeldern sowie den Schutz von Unternehmenseigentum zum Gegenstand haben.[81]

(a) Verschwiegenheitspflichten

Aufgrund seiner Interessenwahrungspflichten ist der Arbeitnehmer – auch ohne besondere Vereinbarung[82] – dazu verpflichtet, Betriebs- und Geschäftsgeheimnisse nicht zu offenbaren.[83] Diese sog. Allgemeine Verschwiegenheitspflicht[84] des Arbeitnehmers wird flankiert durch das mit Strafandrohung bewehrte und damit zugleich deliktsrechtlich relevante (§ 823 Abs. 2 BGB) Verbot, Geschäfts- oder Betriebsgeheimnisse zu verraten (§§ 17 ff. UWG)[85]. Entscheidende Bedeutung für den Umfang der arbeitsvertraglichen Verschwiegenheitspflicht kommt dem – ge-

---

[78] So beispielsweise MüArbR/*Blomeyer*, § 51 Rn. 1 ff.; *Preis*, Individualarbeitsrecht, S. 299. *Brox/Rüthers/Henssler*, Arbeitsrecht, S. 76 f., sprechen dagegen nur von einer „Verhaltenspflicht", die die Handlungs- und Unterlassungspflichten aufgespalten wird. Tschöpe/*Schmalenberg*, 2 A Rn. 179 ff. unterscheidet zwischen Treue- und Interessenwahrungspflicht.
[79] *Preis*, Individualarbeitsrecht, S. 299.
[80] *Brox/Rüthers/Henssler*, Arbeitsrecht, S. 77.
[81] Im Einzelnen dazu *Preis*, Individualarbeitsrecht, S. 299 ff.
[82] *Preis*, Vertragsgestaltung, S. 522; Preis/*Rolfs*, II V 20 Rn. 7. Ob auch nachvertragliche Verschwiegenheitspflichten bereits ohne gesonderte Vereinbarung bestehen, ist indes fraglich, vgl. *Preis*, Vertragsgestaltung S. 522 f; MüKo/*Müller-Glöge*, § 611 BGB Rn. 1093.
[83] ErfK/*Preis*, § 611 BGB Rn. 710 ff.
[84] Vgl. Preis/*Rolfs*, II V 20 Rn. 6 m. w. N.
[85] MüArbR/*Blomeyer*, § 53 Rn. 55; Preis/*Rolfs*, II V 20 Rn. 6. Über die darüber hinausgehenden „Verschwiegenheitspflichten aufgrund besonderer Stellung" soll hier nicht näher eingegangen werden, dazu aber MüArbR/*Blomeyer*, § 53 Rn. 81; Preis/*Rolfs*, II V 20 Rn. 15 f.

setzlich nicht definierten – Begriff des Betriebs- und Geschäftsgeheimnisses zu.[86] Für gewöhnlich werden Betriebs- oder Geschäftsgeheimnisse als nur einem begrenzten Personenkreis bekannte und nicht offenkundige Tatsachen, die nach dem Willen des Arbeitgebers in den Grenzen seines berechtigten wirtschaftlichen Interesses geheim gehalten werden sollen, definiert.[87] Zentrales Merkmal dieser Definition ist das Erfordernis eines *berechtigten wirtschaftlichen Interesses*, über das als korrigierendes Sachgerechtigkeitskriterium eine interessenausgleichende wertende Betrachtung ermöglicht wird.[88]

Zahlreiche Ethikklauseln haben in diesem Zusammenhang eine bloß deklaratorische Wirkung, weil sie lediglich das wiedergeben oder konkretisieren, was als vertragliche Nebenpflicht ohnehin anerkannt ist.[89] Dies ist insbesondere dann der Fall, wenn die von der Klausel als „Betriebs- und Geschäftsgeheimnisse" der Geheimhaltungspflicht unterliegenden Sachverhalte der oben genannten Definition entsprechen und die Verschwiegenheitsklausel, indem sie etwa nur für die Dauer des Beschäftigungsverhältnisses zur Geheimhaltung verpflichtet, auch in ihrer zeitlichen Dimension nicht über die Anforderungen der ohnehin bestehenden Nebenpflicht zur Verschwiegenheit hinausgeht. Obwohl rein deklaratorischer Natur, können entsprechende Richtlinienbestimmungen dennoch wünschenswert sein, weil sie zur Transparenz der arbeitsvertraglichen Pflichten beitragen und psychologische Wirkung haben können.[90] Einer Inhaltskontrolle werden derartige Verschwiegenheitsklauseln gleichwohl immer standhalten.

Anders – und zugleich problematischer – stellt sich die Lage jedoch dann dar, wenn die Verschwiegenheitsklausel einer Ethikrichtlinie von dem Umfang der bereits arbeitsvertraglich vorhandenen Nebenpflicht zur Geheimhaltung abweicht. Zwar ist es grundsätzlich möglich, die Verschwiegenheitspflicht des Arbeitnehmers durch Arbeitsvertrag und Betriebsvereinbarung auszuweiten und ergänzende Verschwiegenheitstatbestände zu schaffen.[91] Der Kautelarjurisprudenz sind insbesondere sog. „All-Klauseln" bekannt, durch die sich der Arbeitnehmer über die allgemeine Schweigepflicht hinaus zur Geheimhaltung aller ihm bekannt gewordenen

---

[86] ErfK/*Preis*, § 611 BGB Rn. 711; MüArbR/*Blomeyer*, § 53 Rn. 56.
[87] Grundlegend BAG v. 16.03.1982 – 3 AZR 83/79, AP Nr. 1 zu § 611 BGB Betriebsgeheimnis; MüKo/*Müller-Glöge*, § 611 BGB Rn. 1088; ErfK/*Preis*, § 611 BGB Rn. 711; Preis/*Rolfs*, II V 20 Rn. 18 f..
[88] *Preis*, Vertragsgestaltung, S. 523.
[89] *Preis*, Vertragsgestaltung, S. 522; Preis/*Rolfs*, II V 20 Rn. 7.
[90] Preis/*Rolfs*, II V 20 Rn. 7.
[91] MüArbR/*Blomeyer*, § 53 Rn. 65; Preis/*Rolfs*, II V 20 Rn. 31.

sonstigen geschäftlichen bzw. betrieblichen Tatsachen, teilweise sogar über das Ende des Arbeitsverhältnisses hinaus, verpflichtet.[92]

Derart weitreichende Vertraulichkeitsvereinbarungen sind jedoch nur innerhalb der allgemeinen Grenzen der §§ 134, 138, 242 BGB wirksam, selbst wenn sie individuell von den Parteien ausgehandelt worden sind.[93] Ist die Verschwiegenheitsklausel demgegenüber vorformuliert, wie dies insbesondere bei Ethikklauseln zur Geheimhaltung der Fall ist, sind zusätzlich die §§ 305 ff. BGB zu beachten.[94] Eine Erweiterung der arbeitnehmerseitigen Verschwiegenheitspflichten dürfte regelmäßig nur dann zulässig sein, wenn diese durch erhebliche betriebliche Belange[95] oder ein anzuerkennendes berechtigtes Interesse des Arbeitgebers[96] gerechtfertigt ist.

Nicht alle Verschwiegenheitsklauseln in Ethikrichtlinien sind also von vornherein einer Inhaltskontrolle zu unterziehen. Weil der Arbeitnehmer aufgrund der allgemeinen Verschwiegenheitspflicht und gesetzlichen Vorgaben ohnehin zur Geheimhaltung von Geschäfts- und Betriebsgeheimnissen angehalten ist, gehen unter Umständen bestimmte Verschwiegenheitsvorschriften in Ethikrichtlinien über einen deklaratorischen Inhalte nicht hinaus. Lediglich Geheimhaltungsklauseln, die die ohnehin bestehenden Verschwiegenheitspflichten erweitern oder ergänzen, unterliegen somit einer Inhaltskontrolle.

(b) Nebentätigkeitsverbote

Wie bereits zuvor dargestellt[97], enthalten Ethikrichtlinien häufig Vorschriften, die eine Nebentätigkeit des Mitarbeiters reglementieren. Gängige Ethikklauseln verpflichten den Arbeitnehmer etwa zur vorherigen Unterrichtung des Vorgesetzten über die Aufnahme einer Nebentätigkeit oder führen gar eine Erlaubnispflicht ein.

In der Privatwirtschaft[98] sind Nebenbeschäftigungen grundsätzlich zulässig.[99] Zunächst ist zu berücksichtigen, dass die Ausübung von Nebentätigkeiten berufli-

---

[92] MüArbR/*Blomeyer*, § 53 Rn. 65; Preis/*Rolfs*, II V 20 Rn. 31.
[93] LAG Hamm v. 05.10.1988 – 15 Sa 1403/88, DB 1989, 783; *Gach/Rützel*, BB 1997, 1959, 1962; MüArbR/*Blomeyer*, § 53 Rn. 65; Preis/*Rolfs*, II V 20 Rn. 31.
[94] Preis/*Rolfs*, II V 20 Rn. 31.
[95] Preis/*Rolfs*, II V 20 Rn. 32.
[96] MüArbR/*Blomeyer*, § 53 Rn. 65.
[97] Oben unter § 5II.2.a)bb) (S. 32).
[98] Das Beamtenrecht des Bundes und der Länder enthält umfangreiche Regelungen zur Zulässigkeit von Nebenbeschäftigungen, vgl. etwa §§ 42 BRRG, 64 ff. BBG, Bundesnebentätigkeitsverordnung (BNV).

cher Natur durch die freie Berufsausübung durch Art. 12 GG verfassungsmäßig geschützt ist.[100] Der Arbeitnehmer muss dementsprechend die Möglichkeit haben, durch Verwertung seiner Arbeitskraft den gewünschten Lebensunterhalt – gegebenenfalls mit einer zweiten oder dritten Erwerbstätigkeit – zu bestreiten.[101] Bei anderen entgeltlichen oder unentgeltlichen Tätigkeiten kann sich der Arbeitnehmer auf sein Grundrecht auf freie Persönlichkeitsentfaltung (Art. 2 Abs. 1 GG) berufen.

Gleichwohl sind den Nebentätigkeiten des Arbeitnehmers auch bestimmte Grenzen gesetzt. Diese folgen zum einen aus dem gesetzlichen Wettbewerbsverbot nach § 60 HGB, dem Verbot, die gesetzliche Höchstarbeitszeit zu überschreiten (vgl. u. a. § 3 Satz 1 ArbZG), oder dem Verbot, eine dem Urlaubszweck widersprechende Erwerbstätigkeit auszuüben (§ 8 BUrlG).[102] Zum anderen ergeben sich Nebentätigkeitseinschränkungen aus der Interessenwahrungspflicht des Arbeitnehmers.[103] Nach der Interessenwahrungspflicht ist der Arbeitnehmer dazu verpflichtet, durch die Ausübung seiner Nebentätigkeit nicht die Belange des Betriebes zu beeinträchtigen.[104] Aus diesem Grunde ist es in aller Regel zulässig, die Aufnahme einer Nebentätigkeit von der Erlaubnis durch den Arbeitgeber abhängig zu machen.[105] Indes darf die arbeitgeberseitige Erlaubnis nur verweigert werden, wenn die Nebentätigkeit die Arbeitsleistung des Arbeitnehmers oder betriebliche Interessen beeinträchtigt.[106] Liegt keine Beeinträchtigung durch die Nebentätigkeit vor, so besteht aufgrund des Grundrechts des Arbeitnehmers auf freie Berufsausübung gem. Art. 12 Abs. 1 GG ein Rechtsanspruch auf Genehmigung.[107]

---

[99] BAG v. 11.12.2001 – 9 AZR 464/00, AP Nr. 8 zu § 611 BGB Nebentätigkeit; ErfK/*Preis*, § 611 BGB Rn. 724; Palandt/*Weidenkaff*, Vor § 611 Rn. 36; Preis/*Rolfs*, II N 10 Rn. 3; *Hunold*, NZA-RR 2002, 505, 505.

[100] Preis/*Rolfs*, II N 10 Rn. 3; Tschöpe/*Schmalenberg*, 2 A Rn. 222.

[101] *Hunold*, NZA-RR 2002, 505, 505.

[102] Preis/*Rolfs*, II N 10 Rn. 4.

[103] Dass sich Nebentätigkeitsverbote ferner aus einem Tarifvertrag ergeben können, soll wegen der geringen Relevanz in hiesigem Zusammenhang nicht näher erläutert werden, vgl. aber *Hunold*, NZA-RR 2002, 505, 505

[104] Tschöpe/*Schmalenberg*, 2 A Rn. 222: Dazu gehört freilich auch der Fall, dass durch die Nebentätigkeit des Arbeitnehmers dessen eigene Arbeitskraft erheblich beeinträchtigt wird, insbesondere wenn dieser die Nebentätigkeit während der Arbeitszeit des Hauptarbeitsverhältnisses ausübt, vgl. ArbG Passau v. 16.01.1992 – 4 Ca 654/91, BB 1992, 567 f; Preis/*Rolfs*, II N 10 Rn. 5.

[105] BAG v. 11.12.2001 – 9 AZR 464/00, AP Nr. 8 zu § 611 BGB Nebentätigkeit; ErfK/*Preis*, § 611 BGB Rn. 728; Palandt/*Weidenkaff*, Vor § 611 BGB Rn. 36; Tschöpe/*Schmalenberg*, 2 A Rn. 222; Preis/*Rolfs*, II N 10 Rn. 17.

[106] BAG v. 11.12.2001 – 9 AZR 464/00, AP Nr. 8 zu § 611 BGB Nebentätigkeit; Tschöpe/*Schmalenberg*, 2 A Rn. 222; Preis/*Rolfs*, II N 10 Rn. 16 ff.

[107] Tschöpe/*Schmalenberg*, 2 A Rn. 224.

Welche Anforderungen an diese Beeinträchtigung zu stellen sind, ist indes umstritten. Es stellt sich die Frage, ob der Arbeitgeber überhaupt keine oder lediglich keine wesentliche Beeinträchtigung hinzunehmen braucht.[108] Nach der Rechtsprechung des *Bundesarbeitsgerichts* muss der Arbeitgeber „keine Beeinträchtigung seiner Interessen" hinnehmen.[109] Demzufolge kann der Arbeitgeber die Erlaubnis zur Aufnahme einer Nebentätigkeit wirksam verweigern, wenn bei verständiger Würdigung der erfahrungsgemäß zu erwartenden Entwicklung eine Beeinträchtigung betrieblicher Interessen wahrscheinlich ist.[110] Demgegenüber spricht sich die Literatur dafür aus, betriebliche Belange erst bei Überschreiten einer gewissen Erheblichkeitsschwelle zu schützen und sieht Nebentätigkeiten erst dann als unzulässig an, wenn mit ihnen eine erhebliche Beeinträchtigung der Arbeitskraft oder der betrieblichen Belange einhergeht.[111]

Angesichts der Tatsache, dass sich die Leistungspflicht des Arbeitnehmers nach dessen individueller Leistungsfähigkeit bemisst[112] und somit von Natur aus vielerlei externen Faktoren unterliegt, ist der Literaturauffassung zu folgen.[113] Erforderlich ist somit eine erhebliche Beeinträchtigung der Arbeitskraft durch die Nebenbeschäftigung, damit der Arbeitgeber die Erlaubnis verweigern kann.

Demzufolge können Vorschriften in Ethikrichtlinien, die die Ausübung einer Nebentätigkeit von Arbeitnehmern von gewissen Voraussetzungen abhängig machen, durchaus als deklaratorische Klauseln einer Inhaltskontrolle entzogen sein. Dies ist entsprechend der vorherigen Ausführungen insbesondere dann der Fall, wenn diese Klauseln lediglich die ohnehin geltenden gesetzlichen Wettbewerbsverbote wie etwa § 60 HGB wiedergeben oder auf die Existenz derartiger gesetzlicher Beschränkungen hinweisen. Doch auch eine Ethikklausel, die die Aufnahme einer Nebentätigkeit unter Erlaubnisvorbehalt stellt, wird dann nicht über eine dek-

---

[108] Preis/*Rolfs*, II N 10 Rn. 21
[109] BAG v. 06.09.1990 – 2 AZR 165/90, AP Nr. 47 zu § 615 BGB; BAG v. 18.01.1996 – 6 AZR 314/95, AP Nr. 25 zu § 242 BGB Auskunftspflicht; BAG v. 24.06.1999 – 6 AZR 605/97, AP Nr. 5 zu § 611 BGB Nebentätigkeit; BAG v. 21.09.1999 – 9 AZR 759/98, AP Nr. 6 zu § 611 BGB Nebentätigkeit; BAG v. 26.06.2001 – 9 AZR 343/00, AP Nr. 8 zu § 1 TVG Tarifverträge: Verkehrsgewerbe; Preis/*Rolfs*, II N 10 Rn. 21.
[110] BAG v. 26.06.2001 – 9 AZR 343/00, AP Nr. 8 zu § 1 TVG Tarifverträge: Verkehrsgewerbe; BAG v. 28.02.2002 – 6 AZR 33/01, NZA 2002, 928; BAG v. 13.03.2003 – 6 AZR 585/01, AP Nr. 7 zu § 11 BAT; Preis/*Rolfs*, II N 10 Rn. 21.
[111] ErfK/*Preis*, § 611 BGB Rn. 728; Preis/*Rolfs*, II N 10 Rn. 21; wohl auch *Hunold*, NZA-RR 2002, 505, 506 ff.
[112] BAG v. 17.07.1970 – 3 AZR 423/69, AP Nr. 3 zu § 11 MuSchG 1968; BAG v. 17.03.1988 – 2 AZR 576/87, AP Nr. 99 zu § 626 BGB.
[113] So auch Preis/*Rolfs*, II N 10 Rn. 21.

laratorische Wirkung hinauskommen, wenn die Erlaubnis nur bei Vorliegen von erheblichen Beeinträchtigungen durch die Nebentätigkeit verweigert werden darf, andernfalls aber erteilt werden muss. Insofern sind beispielsweise die entsprechenden Vorschriften der Ethikrichtlinien der Siemens AG[114] oder der Allianz AG[115] als rein deklaratorisch einzustufen.

Ebenso deklaratorische Wirkung zeitigen Ethikklauseln, nach denen der Arbeitnehmer zur Anzeige einer Nebentätigkeit verpflichtet ist, wenn der Arbeitgeber an einer solchen Anzeige ein berechtigtes Interesse hat. Derartige Klauseln sind nämlich als „Minus" eines Zustimmungserfordernisses zu verstehen, da das Zustimmungserfordernis denklogisch eine Anzeigepflicht beinhaltet.[116] Der Arbeitnehmer ist auch ohne ausdrückliche vertragliche Vereinbarung gemäß § 242 BGB aus Treu und Glauben zu einer entsprechenden Anzeige verpflichtet.[117]

Einige Ethikklauseln zu Nebentätigkeiten gehen allerdings über bloße Anzeigepflichten oder Erlaubnisvorbehalte – und damit über eine deklaratorische Wirkung – hinaus. Als Beispiele können absolute Nebentätigkeitsverbote, Erlaubnisvorbehalte mit Widerrufsmöglichkeit oder Rechtsfolgen-Regelungen genannt werden, nach denen der Verstoß eines Nebentätigkeitsverbotes mit bestimmten Sanktionen bewehrt ist. Derartige Klauseln sind damit einer umfassenden Inhaltskontrolle nach § 305 ff. BGB zugänglich (dazu unter § 13 IV. 3., S. 162 ff.).

(c) Verbot der Annahme von Schmiergeldern

Schließlich umfassen die arbeitnehmerseitigen Interessenwahrungspflichten auch ein Verbot der Annahme von Schmiergeldern.[118] Es leuchtet ein, dass die Annahme von Geld oder geldwerten Leistungen die Gefahr heraufbeschwört, dass der Arbeitnehmer nicht im Interesse seines Arbeitgebers, sondern im Interesse desjeni-

---

[114] Die Richtlinie der Siemens AG präzisiert sogar das berechtigte Intersse anhand von einzelnen Fallgruppen. Diese sind: Verminderte Leistungsfähigkeit, Widerspruch zu den Mitarbeiterpflichten innerhalb des Unternehmens, drohender Interessenkonflikt, vgl. Sec. C. Nr. 3 der Business Conduct Guidelines der Siemens AG.
[115] Punkt 15 des Verhaltenskodex der Allianz AG.
[116] Preis/*Rolfs*, II N 10 Rn. 41.
[117] BAG v. 18.11.1988 – 8 AZR 12/86, AP Nr. 3 zu § 611 BGB Doppelarbeitsverhältnis; BAG v. 18.01.1996 – 6 AZR 314/95, AP r. 25 zu § 242 BGB Auskunftspflicht; BAG v. 11.12.2001 – 9 AZR 464/00, AP Nr. 8 zu § 611 BGB Nebentätigkeit.
[118] MüArbR/*Blomeyer*, § 53 Rn. 98; *Preis*, Individualarbeitsrecht, S. 310 f.

gen handelt, der ihm diese Vorteile gewährt hat.[119] Derartige Manipulationen zu Lasten des Arbeitgebers sollen vermieden werden.[120]

Insofern ist es dem Arbeitnehmer untersagt, Geld oder geldwerte Leistungen zu fordern, sich versprechen zu lassen oder anzunehmen, wenn der Geber hierfür eine geschäftliche Bevorzugung erwartet oder eine bestimmte Tätigkeit belohnt.[121] Um seine diesbezügliche Interessenwahrungspflicht zu verletzen, muss der Arbeitnehmer nicht tatsächlich aufgrund der Schmiergeldzahlung rechtswidrig tätig werden, vielmehr reicht aus, dass er das Schmiergeld annimmt.[122]

Neben diesem, sich aus einer arbeitsvertraglichen Nebenpflicht ergebenden Annahmeverbot von Schmiergeldern existieren auch entsprechende strafrechtliche Vorschriften, die eine Schmiergeldannahme sanktionieren. Zum Schutz des lauteren Wettbewerbs wird gem. § 299 Abs. 1 StGB in der Fassung des Gesetzes zur Bekämpfung der Korruption v. 13. 8. 1997[123] mit Freiheitsstrafe bis zu drei Jahren oder mit Geldstrafe bestraft, wer als Angestellter oder Beauftragter eines geschäftlichen Betriebes im geschäftlichen Verkehr einen Vorteil für sich oder einen Dritten als Gegenleistung dafür fordert, sich versprechen lässt oder annimmt, dass er einen anderen bei dem Bezug von Waren oder gewerblichen Leistungen im Wettbewerb in unlauterer Weise bevorzugt[124]. Für Amtsträger oder für den öffentlichen Dienst besonders Verpflichtete finden sich im StGB besondere Tatbestände zur Vorteilsannahme (§ 331 StGB) und Bestechlichkeit (§ 332 StGB).

Da sich das Verbot der Annahme von Schmiergeldern ohnehin aus den arbeitsvertraglichen Nebenpflichten des Arbeitnehmers ergibt, gilt es auch ohne besondere vertragliche Vereinbarung.[125] Der Arbeitnehmer hat die Annahme aller geldwerten Geschenke oder anderer Vorteile zu verweigern, durch die ein Dritter den Arbeitnehmer zu einem bestimmten Verhalten veranlassen oder ein solches Verhalten nachträglich entlohnen will.[126] Ethikrichtlinienklauseln, die lediglich auf die Existenz eines solchen Annahmeverbotes bzw. auf die entsprechenden Tatbestände im StGB hinweisen, sind deswegen rein deklaratorischer Natur und unterfallen somit keiner Inhaltskontrolle.

---

[119] *Preis*, Individualarbeitsrecht, S. 310 f.
[120] Vgl. LAG Hessen v. 28.11.1996 – 5 Sa 220/96, NZA-RR 1997, 373, 374.
[121] MüArbR/*Blomeyer*, § 53 Rn. 98; ErfK/*Preis*, § 611 BGB Rn. 722.
[122] MüArbR/*Blomeyer*, § 53 Rn. 98; ErfK/*Preis*, § 611 BGB Rn. 722.
[123] BGBl I, 2038.
[124] Früher § 12 Abs. 2 UWG.
[125] MüArbR/*Blomeyer*, § 53 Rn. 101
[126] Moll/*Reinfeld*, § 31 Rn. 38.

Vorschriften in Ethikrichtlinien, die eine Schmiergeldannahme oder Vorteilsgewährung durch die Arbeitnehmer zum Gegenstand haben, weiten ein Annahmeverbot aber häufig aus. So werden unaufgeforderte Zuwendungen in der Ethikrichtlinie der Daimler AG teilweise ganz untersagt[127], in ihrem Ausmaß beschränkt[128], nur nach Meldung an den Vorgesetzten als zulässig erachtet[129] oder einer Vergütungspflicht unterworfen[130]. Demgegenüber ist nach der Ethikrichtlinie der Allianz AG die Annahme eines Geschenks oder anderen Vergünstigungen zulässig, sofern diese einen Wert von 40,- € nicht überschreiten.[131] Geschenke und andere Vergünstigungen mit einem höheren Wert, die im Hinblick auf die Geschäftsbeziehung nicht abgelehnt werden können, sollen demgegenüber Wohlfahrtsorganisationen zur Verfügung gestellt werden.[132]

Ethikrichtlinien weisen also häufig nicht bloß auf das ohnehin bestehende Annahmeverbot von Schmiergeldern und die strafrechtlichen Tatbestände hin. Vielmehr wird das Annahmeverbot dahingehend erweitert, dass auch die Annahme von gebräuchlichen Gelegenheitsgeschenken ganz untersagt, mengenmäßig beschränkt oder von der Einhaltung bestimmter Verfahrensvorschriften – etwa einer Unterrichtung des direkten Vorgesetzten – abhängig gemacht wird. Hier gehen Ethikrichtlinien über einen deklaratorischen Klauselinhalt hinaus und erweitern die arbeitnehmerseitige Interessenwahrungspflicht, weil der Arbeitnehmer nach den allgemeinen Grundsätzen sozialadäquate Gelegenheitsgeschänke durchaus annehmen darf.[133] Sofern Ethikrichtlinien aber über den oben dargestellten Kern eines ohnehin beste-

---

[127] IV. Nr. 1.3 Abs. 1 Satz 1 der Verhaltensrichtlinie der Daimler AG: Die Übernahme von Reise- und Übernachtungskosten durch Geschäftspartner ist nicht gestattet; IV. Nr. 1.6 der Verhaltensrichtlinie der Daimler AG: Zahlungen, Kredite oder andere finanzielle Leistungen jeglicher Art durch Lieferanten, Händler oder Kunden sind strikt untersagt.

[128] IV. Nr. 1.4 der Verhaltensrichtlinie der Daimler AG: Eine Teilnahme an Großveranstaltungen auf Einladung eines Geschäftspartners ist höchstes zwei Mal pro Jahr gestattet.

[129] IV. Nr. 1.3 Abs. 1 Satz 2 der Verhaltensrichtlinie der Daimler AG: Geschäftsreisen im Flugzeug eines Geschäftspartners sind nur erlaubt, wenn der Vorgesetzte und eine weitere Führungskraft zugestimmt haben.

[130] IV. Nr. 1.3 Abs. 2 der Verhaltensrichtlinie der Daimler AG: Wenn ein Geschäftspartner die Übernachtung bezahlt oder die Übernachtung in Räumlichkeiten des Geschäftspartners erfolgt, so muss der marktübliche Preis an ihn gezahlt werden; vgl. ferner VI. Nr. 1.5 der Verhaltensrichtlinie der Daimler AG: Vergütungspflicht für den privaten Bezug von Waren und Dienstleistungen des Geschäftspartners.

[131] Punkt 9 Abs. 3 Nr. 1 der Ethikrichtlinie der Allianz AG.

[132] Punkt 9 Abs. 3 Nr. 2 der Ethikrichtlinie der Allianz AG.

[133] HWK-*Sandmann*, § 626 BGB Rn. 261; MüArbR/*Wank*, § 120 Rn. 75; MüKo/*Müller-Glöge*, § 611 BGB Rn. 1119; wohl auch Moll/*Reinfeld*, § 31 Rn. 38.

henden Annahmeverbotes von Schmiergeldern hinausgehen, unterliegen derartige Klauseln der Inhaltskontrolle nach §§ 305 ff. BGB.

(d) Schutz von Unternehmenseigentum

Die arbeitnehmerseitigen Nebenpflichten aus § 242 BGB umfassen darüber hinaus auch die Pflicht zum Schutz des Unternehmenseigentums. Dem Arbeitnehmer obliegt es im Rahmen dieser Pflicht nicht nur, von ihm bemerkte Schäden oder Störungen sofort seinem Vorgesetzten bzw. dem Arbeitgeber anzuzeigen, sofern er diese nicht selbst beheben kann[134], sondern auch, einen Schadens- oder Störungseintritt durch sorgfältigen Umgang mit dem Eigentum des Arbeitgebers zu vermeiden.[135] Der Arbeitgeber ist deswegen verpflichtet, alle ihm überlassenen oder zugänglichen, dem Unternehmen gehörenden Sachen sorgsam zu behandeln und Schäden daran zu vermeiden.[136] Darüber hinaus hat der Arbeitnehmer das Eigentum des Arbeitgebers ausreichend gegen Beschädigungen oder Verlust – insbesondere durch Diebstahl – zu schützen.[137] Da dem Arbeitnehmer an den dem Arbeitgeber gehörenden Gegenständen zudem kein eigenes Besitzrecht zusteht[138], darf er sie grundsätzlich nicht zu privaten Zwecken nutzen.[139] Erlaubt der Arbeitgeber dennoch nach vorheriger Anfrage eine private Nutzung von Firmeneigentum, so darf er diese Nutzung von einer Entgeltpflicht abhängig machen.[140] Schließlich ist der Arbeitnehmer angehalten, kein Material oder Energie zulasten des Arbeitgebers zu verschwenden.[141]

Häufig nehmen Ethikklauseln auf die Pflicht des Arbeitnehmers zum Schutz des Arbeitgebereigentums Bezug. Insoweit verpflichtet etwa eine Vorschrift der Verhaltensrichtlinie der Daimler AG die Mitarbeiter dazu, Firmeneigentum vor Verlust, Diebstahl oder Missbrauch zu schützen.[142] Die Ethikrichtlinie der Deutsche Bank AG enthält eine Vorschrift, wonach alle Mitarbeiter mit Einrich-

---

[134] Tschöpe/*Schmalenberg*, 2 A Rn. 206, ausführlich dazu unten unter § 13IV.2.a)cc)(2)(b) (S. 151 f.).
[135] MüKo/*Müller-Glöge*, § 611 BGB Rn. 1082.
[136] MüArbR/*Blomeyer*, § 53 Rn. 52 ff.
[137] Tschöpe/*Schmalenberg*, 2 A Rn. 205
[138] Ausf. MüArbR/*Blomeyer*, § 53 Rn. 48 ff; Tschöpe/*Schmalenberg*, 2 A Rn. 205.
[139] Tschöpe/*Schmalenberg*, 2 A Rn. 205: Etwas anderes ergibt sich dann, wenn dem Arbeitnehmer der Gegenstand zur eigenverantwortlichen Behandlung und Entscheidung überlassen worden ist, wie beispielsweise einen Firmenwagen, den der Arbeitnehmer auch zur privaten Nutzung erhält.
[140] MüArbR/*Blomeyer*, § 53 Rn. 51.
[141] Tschöpe/*Schmalenberg*, 2 A Rn. 205.
[142] Punkt V. 1. der Verhaltensrichtlinie der Daimler AG.

tungen und allen anderen Werten, die Eigentum der Bank sind, äußerst sorgsam umgehen und diese nur zu dem jeweils festgelegten Bestimmungszweck verwenden sollen. Zugleich soll eine zielgerichtete, effiziente und kostenbewusste Nutzung sichergestellt werden.[143] Nach der Ethikrichtlinie der Siemens AG ist sämtliches Firmeneigentum nur zu Firmenzwecken zu verwenden. Eine anderweitige Nutzung ist nur nach vorheriger Vereinbarung und gegebenenfalls entsprechendem Kostenersatz zulässig.[144] Besonders in Zusammenhang mit Umweltschutzvorschriften in Ethikrichtlinien werden die Arbeitnehmer darüber hinaus aufgerufen, Firmenressourcen – ganz gleich ob dies Werkstoffe oder Energie betrifft – effizient und sparsam zu benutzen.[145]

Die hier zitierten Richtlinienvorschriften beschränken den Umgang der Arbeitnehmer mit Firmeneigentum auf eine Weise, die der ohnehin bestehenden Interessenwahrungspflicht zum Schutz des Unternehmenseigentums entspricht. Dies gilt insbesondere auch für das gängige Verbot einer privaten Nutzung von Firmeneigentum.[146] Schon aufgrund seiner arbeitsvertraglichen Nebenpflicht ist der Arbeitnehmer verpflichtet, Firmeneigentum ausschließlich für dienstliche Zwecke zu nutzen und vor Beschädigung oder Verlust zu sichern und Firmenressourcen möglichst nicht zu verschwenden. Insofern handelt es sich bei den zitierten Vorschriften also um rein deklaratorische Klauseln, weil sie die arbeitnehmerseitigen Nebenpflichten nicht erweitern oder modifizieren. Demnach scheidet eine Inhaltskontrolle derartiger Ethikklauseln von vornherein aus.

Es ist aber dennoch denkbar, dass die einschlägigen Vorschriften zum Schutz des Unternehmenseigentums in Ethikrichtlinien einer Inhaltskontrolle zugänglich sind. Dann müssen sie allerdings so ausgestaltet sein, dass sie über die bestehende Nebenpflicht hinausgehende Anweisungen treffen. Angesichts der recht umfangreichen Schutzpflichten, die sich bereits aus den arbeitsvertraglichen Nebenpflichten nach § 242 BGB ergeben, erscheint eine Erweiterung der arbeitnehmerseitigen Pflicht zum Schutz von Firmeneigentum aber regelmäßig nicht angezeigt. Dementsprechend überrascht es nicht, dass die einschlägigen Klauseln aller untersuchten Ethikrichtlinien keine über die arbeitsvertraglichen Nebenpflichten in diesem

---

[143] Ethikkodex der Deutsche Bank AG, S. 7.
[144] Punkt D. der Ethikrichtlinie der Siemens AG
[145] so etwa die Ethikrichtlinie der Deutsche Bank AG, S. 7; Punkt 18 Abs. 2 der Ethikrichtlinie der Allianz AG; Punkt F.1. der Richtlinie der Siemens AG
[146] Ohne ausdrückliche oder konkludente Vereinbarung ist dem Arbeitnehmer eine private Nutzung von Firmeneigentum nicht gestattet, vgl. MüArbR/*Blomeyer*, § 53 Rn. 51.

Zusammenhang hinausgehenden Anweisungen treffen und ausschließlich deklaratorischer Natur sind.

In Ausnahmefällen kann es jedoch vorkommen, dass die Vorschriften zum Umgang mit Firmeneigentum die arbeitsvertraglichen Nebenpflichten punktuell überschreiten. Dies ist etwa denkbar, wenn der Arbeitnehmer für jeglichen Verlust oder jegliche Beschädigung an den ihm zugewiesenen Unternehmensgütern haftbar gemacht wird und etwa auch gewöhnliche Gebrauchsschäden an dem von ihm verwendeten Werkzeug zu ersetzen hätte. Dasselbe gilt für eine Ethikklausel, die den Arbeitnehmer auch außerhalb der Dienstzeit zum Schutz der Unternehmensgüter verpflichtet. Dann geht der Klauselinhalt über rein deklaratorische Angaben hinaus und unterliegt damit regelmäßig einer Inhaltskontrolle nach §§ 305 ff. BGB.

(2) Schutzpflichten

Neben den bereits erörterten Interessenwahrungspflichten obliegen dem Arbeitnehmer als Teil arbeitsvertraglicher Nebenpflichten auch Schutzpflichten gegenüber dem Arbeitgeber. Die Schutzpflichten verpflichten den Arbeitnehmer, drohende oder eingetretene Schäden vom Arbeitgeber abzuwenden und umfassen dabei etwa Anzeige-, Aufklärungs- und Auskunftspflichten, die Pflicht zur Abwendung von Schäden und Störungen oder generell die Pflicht zur Wahrung der betrieblichen Ordnung.[147]

(a) Anzeige-, Aufklärungs- und Auskunftspflichten

Zur Sicherung der Leistungserbringung und zur Schadensabwendung ist der Arbeitnehmer verpflichtet, dem Arbeitgeber in Bezug auf dienstliche Belange aller Art zutreffende Auskünfte zu erteilen.[148] Derartige Pflichten können sich bereits aus der Vertragspflicht des Arbeitnehmers ergeben, wenn dieser dem Arbeitgeber etwa als Pförtner, Angehöriger des Werkschutzes oder als Detektiv Schäden oder auffällige Vorgänge anzuzeigen hat.[149] Jedenfalls aber besteht für sämtliche Arbeitnehmer im Zusammenhang mit der Arbeitspflicht die Verpflichtung, bemerkbare oder voraussehbar drohende Schäden im eigenen Arbeitsbereich, die im Zusammenhang mit der Arbeitsleistung auftreten und nicht von dem Arbeitnehmer selbst behoben werden können, dem Arbeitgeber oder direkten Vorgesetzten unverzüg-

---

[147] Im Einzelnen dazu *Preis*, Individualarbeitsrecht, S. 313.
[148] ErfK/*Preis*, § 611 BGB Rn. 742 ff..
[149] MüArbR/*Blomeyer*, § 54 Rn. 6.

lich anzuzeigen.[150] Doch auch Störungen und Schäden, die nicht dem eigenen Arbeitsbereich des Arbeitnehmers zuzuordnen sind, muss dieser, je nach den Umständen des Einzelfalls, den zuständigen Stellen anzeigen.[151]

Arbeitnehmerseitige Anzeige-, Aufklärungs- und Auskunftspflichten haben zum Teil aber auch eine einfachgesetzliche Ausprägung erfahren, so etwa im Falle der Erkrankung des Arbeitnehmers in § 5 EFZG.[152] Zudem werden in Betriebsvereinbarungen und teilweise auch in Tarifverträgen unterschiedliche Anzeigepflichten der Arbeitnehmer verankert, die regelmäßig immer dann als unproblematisch erachtet werden können, wenn sie mit dem Arbeitsverhältnis in unmittelbarem Zusammenhang stehen[153] und bei der Anzeigepflicht über die persönlichen Verhältnisse die Grenzen des allgemeinen Fragerechts[154] gewahrt bleiben.[155] Aus § 242 BGB folgt demgegenüber in ständiger Rechtsprechung des *Bundesarbeitsgerichts* ein allgemeiner Auskunftsanspruch des Arbeitgebers, soweit dieser in entschuldbarer Weise über Bestehen und Umfang seines Rechts im Ungewissen ist, während der Arbeitnehmer unschwer Auskunft erteilen kann.[156] Insofern muss der Arbeitnehmer den Arbeitgeber auch beispielsweise auf von ihm bemerkte, laufende Überzahlungen hinweisen.[157]

Gerade im Zusammenhang mit Ethikrichtlinien von erheblicher Relevanz ist die Frage, inwieweit der Arbeitnehmer neben Störungen, Schäden[158] oder der eigenen Arbeitsunfähigkeit auch zur Anzeige von Verfehlungen seiner Kollegen gegenüber dem Arbeitgeber verpflichtet ist. In fast allen Ethikrichtlinien finden sich nämlich sog. Whistleblowing-Klauseln[159], nach denen die Arbeitnehmer jegliche Verstöße von Kollegen gegen Vorschriften der Ethikrichtlinie dem Vorgesetzten oder einer eigens dafür geschaffenen Compliance-Stelle[160] zu melden haben.

---

[150] MüKo/*Müller-Glöge* § 611 Rn. 437f.; ErfK/*Preis*, § 611 BGB Rn. 742 ff.; MüArbR/*Blomeyer*, § 54 Rn. 6.
[151] *Hueck/Nipperdey*, Arbeitsrecht I, 7. Auflage, 243.
[152] MüArbR/*Blomeyer*, § 54 Rn. 7.
[153] Bsp. nach ErfK/*Preis*, § 611 BGB Rn. 743: Unfälle auf dem Betriebsgelände, Anzeige über die Veränderung in den persönlichen Verhältnissen, Wohnungswechsel.
[154] Dazu ErfK/*Preis*, § 611 BGB Rn. 271 ff.
[155] ErfK/*Preis*, § 611 BGB Rn. 743.
[156] Vgl. nur BAG v. 18.01.1996 – 6 AZR 314/95, AP Nr. 25 zu § 242 Auskunftspflicht m. w. N.
[157] LAG Berlin v. 15.12.1995 – 6 Sa 94/95, AuA 1996, 433.
[158] Vgl. dazu auch unten § 13IV.2.a)cc)(2)(b) (S. 144 f.).
[159] dazu näheres oben unter § 5II.3. (S. 38).
[160] So etwa Punkt 22 des Verhaltenskodex der Allianz AG.

Unabhängig von einer ausdrücklichen Regelung folgt zwar eine grundsätzliche Auskunfts- und Anzeigepflicht aus der arbeitsrechtlichen Treuepflicht des Arbeitnehmers gegenüber seinem Arbeitgeber.[161] Es ist allerdings zweifelhaft, ob besonders umfangreiche Whistleblowing-Pflichten auch ohne besondere vertragliche Regelung noch von der allgemeinen Auskunftspflicht des Arbeitnehmers erfasst sind. Eine Anzeigepflicht besteht in aller Regel nämlich nur dann, wenn die Anzeige von Verstößen durch Kollegen ohnehin zu den Aufgaben des Arbeitnehmers gehört, etwa weil er arbeitsvertraglich zur Aufsicht über andere verpflichtet ist oder er eine besondere Vertrauensstellung innerhalb des Betriebes einnimmt.[162]

Liegen diese Voraussetzungen hingegen nicht vor, muss der Arbeitnehmer zwar auch die ihm bekannten Informationen über einen möglichen Schaden an den Arbeitgeber weiterleiten, und zwar auch dann, wenn der Schaden oder die Schadensgefahr von anderen Dienstverpflichteten ausgehen.[163] Dieser Meldepflicht ist aber grundsätzlich eine Zumutbarkeitsgrenze gesetzt, so dass der Arbeitnehmer nicht in jedem Fall zur Anzeige von Schäden und Verfehlungen anderer Mitarbeiter verpflichtet ist.[164] Insofern hat er etwa erhebliche Personen- und Sachschäden oder Diebstähle mit Wiederholungsgefahr[165] zu melden, nicht jedoch Verstöße gegen ein betriebliches Rauchverbot[166] oder beleidigende Aussagen über den Arbeitgeber[167]. Zulässigerweise kann der Arbeitnehmer von einer Anzeige absehen, wenn diese ausschließlich den Kollegen schädigt, ohne vom Betrieb Schaden abwenden zu können, etwa weil eine Wiederholungsgefahr nicht zu befürchten ist.[168] Schließlich besteht auch keine Pflicht des Arbeitnehmers, sich bei eigenen Verstößen selbst zu bezichtigen.[169]

---

[161] BGH v. 23.02.1989 – IX ZR 236/86, AP Nr. 9 zu § 611 BGB Treuepflicht
[162] BAG v. 18.06.1970 – 1 AZR 520/69, AP Nr. 57 zu § 611 BGB Haftung des Arbeitnehmers; BGH v. 23.02.1989 – IX ZR 236/86, AP Nr. 9 zu § 611 BGB Treuepflicht; MüKo/*Müller-Glöge*, § 611 BGB Rn. 439; MüArbR/*Blomeyer*, § 54 Rn. 9.
[163] BGH v. 23.02.1989 – IX ZR 236/86, AP Nr. 9 zu § 611 BGB Treuepflicht; *Schuster/Darsow*, NZA 2005, 273, 276.
[164] *Schuster/Darsow*, NZA 2005, 273, 276.
[165] LAG Hamm v. 29.07.1994 – 18 (2) Sa 2016/93, BB 1994, 2352.
[166] BGH v. 23.02.1989 – IX ZR 236/86, AP Nr. 9 zu § 611 BGB Treuepflicht; MüArbR/*Blomeyer*, § 54 Rn. 9.
[167] BAG v. 30.11.1972 – 2 AZR 79/72, AP Nr. 66 zu § 626 BGB.
[168] *Hueck/Nipperdey*, Arbeitsrecht I, 7. Auflage, 243 (unter Fußnote 12); MüArbR/*Blomeyer*, § 54 Rn. 9
[169] BGH v. 23.02.1989 – IX ZR 236/86, AP Nr. 9 zu § 611 BGB Treuepflicht; MüArbR/*Blomeyer*, § 54 Rn. 9

Diese Grundsätze lassen sich auf die in der Praxis gängigen Klauselgestaltungen übertragen: Laut einer Whistleblowing-Klausel der Ethikrichtlinie der Allianz AG etwa sollen Mitarbeiter jegliche „illegalen oder unredlichen Handlungen innerhalb der Allianz Gruppe" der Compliance-Stelle des Unternehmens melden.[170] Dies lässt auf den ersten Blick auf eine beschränkte Anzeigepflicht schließen („unredliche und illegale Handlungen"). Es kann jedoch nicht erwartet werden, dass jeder Arbeitnehmer des Unternehmens ihm bekannte Vorgänge zutreffend unter strafrechtliche Tatbestände subsumieren kann. Völlig konturlos gerät die Anzeigepflicht schließlich mit der Aufnahme „unredlicher" Handlungen: Wann ein beobachtetes Kollegenverhalten als „unredlich" zu qualifizieren ist, bleibt ohne nähere Präzisierung. Vielmehr sollen Arbeitnehmer hier wohl zur Weiterleitung sämtlicher Vorgänge angehalten werden, die ihnen merkwürdig oder bedenklich vorkommen.[171]

Entsprechend den obigen Ausführungen lässt die Whistleblowing-Klausel der Allianz AG eine Differenzierung zwischen denjenigen Arbeitnehmern, deren Nebenpflichten nur eine allgemeinen Anzeigepflicht umfasst, und solchen Beschäftigten vermissen, die aufgrund ihrer Funktion einer erweiterten Anzeigepflicht unterliegen. „Gewöhnliche" Arbeitnehmer sind nach dieser Whistleblowing-Klausel also auch dann zur Anzeige verpflichtet, wenn keine Gefahr erheblicher Schäden erkennbar ist oder wenn zu befürchten steht, dass die Anzeige ausschließlich den Kollegen schädigt, ohne tatsächlich Schaden vom Betrieb abwenden zu können. Insoweit werden arbeitnehmerseitige Anzeigepflichten also auf Sachverhalte erweitert, die gemäß den bestehenden arbeitsvertraglichen Nebenpflichten eigentlich nicht angezeigt werden müssten. Der Whistleblowing-Klausel wohnt also eine Nebenpflichterweiterung inne, deren Zulässigkeit nach AGB-Recht später noch im Einzelnen zu beurteilen sein wird.[172]

Demgegenüber hält die Ethikrichtlinie der Daimler AG lediglich die „Führungskräfte" an, die Einhaltung der Richtlinienbestimmungen durch die Mitarbeiter sicherzustellen und droht den Führungskräften mit „Disziplinarmaßnahmen", falls sie diesen Verpflichtungen nicht nachkämen.[173] Zwar fehlt auch hier eine Beschränkung auf die Meldung von erheblichen Gefahren für den Arbeitgeber bzw. eine Ausnahme von der Anzeigepflicht, wenn die Anzeige allein den Kollegen schädigt, ohne Schaden vom Betrieb abwenden zu können. Da sich die Klausel

---

[170] Punkt 22 des Verhaltenskodex der Allianz AG.
[171] Dass eine solche Vorschrift unwirksam ist, wird unten unter § 13V.3. (S. 194 ff.) ausführlich begründet.
[172] Unten § 13IV.33. (S. 194 ff.).
[173] Punkt XII.2., 2. Absatz der Ethikrichtlinie der Daimler AG.

jedoch explizit an Führungskräfte richtet, die aufgrund ihrer Position ohnehin zur Aufsicht von Kollegen verpflichtet sind und damit einer weiter reichenden Anzeigepflicht unterliegen als Mitarbeiter unterhalb der Führungsebene, handelt es sich in diesem Fall aber gleichwohl (noch) um eine Klausel mit deklaratorischem Inhalt.

Selbst die äußerst kontrovers diskutierten Whistleblowing-Klauseln gängiger Ethikrichtlinien lassen sich also im Grundsatz auf arbeitsvertragliche Nebenpflichten zurückführen. Je nach Ausgestaltung der Klausel kann es sich deswegen auch um eine Ethikvorschrift deklaratorischer Natur handeln, die keiner Inhaltskontrolle unterliegt. Dies wird insbesondere dann der Fall sein, wenn sich eine Meldepflicht auf Grundsätze der allgemeinen Anzeigepflicht eines jeden Arbeitnehmers bezieht, auf gesetzliche Anzeigepflichten wie etwa § 5 EFZG hinweist oder sich lediglich an Führungskräfte richtet, die aufgrund ihrer Leitungsfunktion ohnehin in gesteigertem Maße zur Anzeige von Arbeitnehmerfehlverhalten verpflichtet sind. Sofern allerdings die gesamte Belegschaft zur Meldung wie auch immer gearteter Verstöße gegen die Inhalte einer Ethikrichtlinie aufgerufen ist, werden die Grenzen der allgemeinen Anzeigepflicht überschritten und die diesbezügliche arbeitsvertragliche Nebenpflicht erweitert. In diesem Fall unterliegt die fragliche Whistleblowing-Klausel einer Inhaltskontrolle und gegebenenfalls auch der Mitbestimmung durch den Betriebsrat.[174]

(b) Pflicht zur Abwendung von Schäden und Störungen

Als weitere Ausprägung der arbeitsvertraglichen Schutzpflichten hat der Arbeitnehmer die Pflicht, im Rahmen seiner Möglichkeiten und innerhalb seines Arbeitsbereiches Schäden vom Arbeitgeber abzuwenden.[175] Dem Arbeitnehmer obliegt es im Rahmen dieser Pflicht, von ihm bemerkte Schäden oder Störungen sofort seinem Vorgesetzten bzw. dem Arbeitgeber anzuzeigen, sofern er diese nicht selbst beheben kann[176]. Die Behebung muss dabei üblich, einfach und zumutbar sein und der Arbeitnehmer braucht sich dabei nicht selbst in Gefahr zu begeben.[177]

---

[174] Die Grundsätze der Inhaltskontrolle von Whistleblowing-Klauseln mit konstitutivem Inhalt werden unter § 13V.3. (S. 194 ff.), die diesbezüglichen Mitbestimmungsechte des Betriebsrates unter § 17II.1.c) (S. 254 ff.) dargestellt.
[175] ErfK/*Preis*, § 611 BGB Rn. 744.
[176] Tschöpe/*Schmalenberg*, 2 A Rn. 206. Als Bestandteil dieser Pflicht ist der Arbeitnehmer darüber hinaus auch verpflichtet, einen Schadens- oder Störungseintritt durch sorgfältigen Umgang mit dem Eigentum des Arbeitgebers zu vermeiden. Näheres zu dieser Nebenpflicht wurde bereits oben unter § 13IV.2.a)cc)(1)(d) (S. 138 ff.) dargestellt.
[177] MüArbR/*Blomeyer*, § 54 Rn. 5.

Zudem hat der Arbeitnehmer aufgrund seiner Schadenabwendungspflicht in Notfällen auch über den Rahmen seiner arbeitsvertraglichen Hauptleistungspflicht hinausgehende Aufgaben zu übernehmen, sofern ihm dies zumutbar ist.[178]

Wie in den bereits zuvor dargestellten Fallgruppen lässt sich der Inhalt bestimmter Ethikklauseln auch auf die bestehende Schadenabwendungspflicht des Arbeitnehmers zurückführen. Dies ist immer dann der Fall, wenn in Ethikrichtlinien etwa zur unverzüglichen Meldung von Störungen oder Schäden an Betriebsmitteln aufgerufen wird, die der Arbeitnehmer selbst nicht ohne weiteres beheben kann.[179] Über entsprechende Klauseln in Ethikrichtlinien kann auch die Schadensabwendungspflicht des Arbeitnehmers ausgeweitet werden, etwa wenn der Arbeitnehmer bei jeder Art von Störung zu einem überobligationsmäßigen Einsatz aufgefordert wird. Von den im Rahmen dieser Arbeit untersuchten Ethikrichtlinien weist jedoch keine einen über den festgestellten deklaratorischen Inhalt hinausgehende Regelung auf, so dass eine Erweiterung der arbeitnehmerseitigen Schadensabwendungspflichten in Ethikrichtlinien eher unüblich zu sein scheint. Zahlreicher und auch problematischer sind die mit der Schadensabwendungspflicht zusammenhängenden Pflichten zum Schutz von Unternehmenseigentum, die bereits oben[180] dargestellt wurden.

(c) Wahrung der betrieblichen Ordnung

Als weitere arbeitsvertragliche Nebenpflicht obliegt es dem Arbeitnehmer, die betriebliche Ordnung zu wahren.[181] Diese Pflicht umfasst nicht nur die Gewährleistung reibungsloser Arbeitsabläufe zugunsten einer möglichst hohen Effizienz, sondern beinhaltet ebenso, im Interesse der Arbeitskollegen und des Betriebsfriedens auch Rücksichtnahme gegenüber den Kollegen zu zeigen.[182] Die Verpflichtung zu Kooperation und Kollegialität schließt naturgemäß mit ein, Mobbing und sexuelle Belästigungen oder auch die Diskriminierung bestimmter Kollegen zu unterlassen.[183]

---

[178] MüArbR/*Blomeyer*, § 54 Rn. 4; Tschöpe/*Schmalenberg*, 2 A Rn. 208.
[179] Vgl. dazu etwa Punkt 3 Absatz 4 der Ethikrichtlinie der Altana AG oder S. 34 des Code of Business Conduct der Fresenius AG (unter „Workplace Safety").
[180] Oben unter § 13IV.2.a)cc)(1)(d) (S. 145 ff.).
[181] ErfK/*Preis*, § 611 BGB Rn. 738 ff.
[182] MüArbR/*Blomeyer*, § 53 Rn. 3; Tschöpe/*Schmalenberg*, 2 A Rn. 187.
[183] Hierzu zählt insbesondere die aus §§ 1, 7 Abs. 1, 12 Abs. 3 AGG folgende Pflicht, andere AN nicht zu diskriminieren und belästigen, vgl. ErfK/*Preis*, § 611 BGB Rn. 738; ferner MüKo/*Müller-Glöge*, § 611 BGB Rn. 1064f.

Rechtsgrundlage für die Verpflichtung des Arbeitnehmers, sich innerhalb des Betriebs ordnungsgemäß zu verhalten, ist zwar grundsätzlich der Arbeitsvertrag, hinsichtlich der Pflicht des Arbeitnehmers zur Wahrung der betrieblichen Ordnung ist jedoch zu differenzieren: Soweit die Erfüllung der „versprochenen Dienste" (vgl. § 611 Abs. 1 BGB) betroffen ist, ergibt sie sich unmittelbar aus der vertraglichen Arbeitspflicht; hinsichtlich der Ordnung und des Verhaltens im Betrieb, das heißt hinsichtlich des über die eigentliche Arbeitsleistung hinausgehenden „Sozialverhaltens", folgt sie dagegen aus der jedem Arbeitsverhältnis immanenten Rücksichts- bzw. Schutzpflicht und damit aus einer vertraglichen Nebenpflicht, die in § 242 BGB ihren Rechtsgrund hat.[184]

Die Pflicht zur Wahrung der betrieblichen Ordnung besteht ausschließlich gegenüber dem Arbeitgeber.[185] Mangels rechtlicher Beziehungen scheidet eine eigenständige Verhaltenspflicht des Arbeitnehmers gegenüber seinen Arbeitskollegen aus, sie ergibt sich aber reflexartig aus der Verpflichtung, auf die Interessen des Arbeitgebers, insbesondere an einem ungestörten Arbeitsablauf im Betrieb, Rücksicht zu nehmen.[186]

Gängige Ethikrichtlinien weisen überaus häufig Klauseln auf, die auf die Wahrung der betrieblichen Ordnung Bezug nehmen. In vielen Fällen handelt es sich dabei um Vorschriften, die ganz generell zu einem rücksichtsvollen Umgang der Mitarbeiter untereinander, einem redlichen und fairen Verhalten im Arbeitsumfeld oder zu einem diskriminierungsfreien Verhalten im Betrieb aufrufen.[187] Solche Klauseln geben bestenfalls Verhaltensgebote wieder, denen die Arbeitnehmer ohnehin aufgrund ihrer arbeitsvertraglichen Nebenpflichten unterliegen. Regelmäßig sind die angesprochenen „Grundsätze des Verhaltens untereinander"[188] aber mit Stichworten wie „fair", „angemessen" oder „sachbetont" derart vage formuliert, dass sie allenfalls als abstrakte Grundsätze zu qualifizieren sind. Da sie kein konkretes Verhalten einfordern, handelt es sich bei diesen Klauseln nicht um (kontrollfähige) Verhaltensvorschriften, sondern um reine Programmsätze, die zu keinen

---

[184] ErfK/*Preis*, § 611 BGB Rn. 738; MüArbR/*Blomeyer*, § 53 Rn. 1.
[185] Tschöpe/*Schmalenberg*, 2 A Rn. 187.
[186] MüArbR/*Blomeyer*, § 53 Rn. 1.
[187] Vgl. etwa die Punkte 1 und 2 der Verhaltensrichtlinie der Allianz AG; Punkt 1 der Ethikrichtlinie der Altana AG; Punkt 11 der Richtlinie der Bayer AG; Punkt I 2.1 der Ethikrichtlinie der Daimler AG.
[188] So ist beispielsweise die einschlägige Klausel der Verhaltensrichtlinie der Bayer AG tituliert, vgl. Punkt 11 der Verhaltensrichtlinie der Bayer AG.

konkreten Verhaltensweisen verpflichten und deswegen auch keiner Inhaltskontrolle unterliegen.[189]

Unabhängig von diesem Ergebnis würden Klauseln, die nur auf die arbeitsvertragliche Nebenpflicht zur Wahrung der betrieblichen Ordnung hinweisen, ohnehin über eine deklaratorische Wirkung nicht hinauskommen und wären dementsprechend ebenfalls einer Inhaltskontrolle entzogen. Vorschriften gängiger Ethikrichtlinien, die generell zum „respektvollen Umgang" untereinander oder zu „fairem Verhalten" am Arbeitsplatz und gegenüber Kollegen aufrufen, bleiben demnach als reine Programmsätze – zudem mit deklaratorischem Inhalt – von einer Inhaltskontrolle frei.

Vielerorts wird in Ethikrichtlinien allerdings die allgemeine Pflicht zur Wahrung der betrieblichen Ordnung mittels konkreter Verhaltensvorschriften ausgestaltet. Ethikklauseln, die die Wahrung der betrieblichen Ordnung konkretisieren, können die unterschiedlichsten Sachverhalte zum Gegenstand haben. Mittlerweile sind zu den einzelnen Verhaltensbereichen spezielle Verhaltensregeln entwickelt worden, beispielsweise zum Alkoholgenuss, zum Rauchen und zur persönlichen Geräuschentwicklung im Betrieb. Zu den konkreten Verhaltensregeln zur Wahrung der betrieblichen Ordnung zählen ferner Klauseln, nach denen Mobbing[190] in jeglicher Form untersagt wird. Derartige Klauseln haben allerdings einen rein deklaratorischen Inhalt. Der Arbeitnehmer ist nämlich bereits aufgrund seiner arbeitsvertraglichen Nebenpflicht zur Wahrung der betrieblichen Ordnung angehalten, jegliche Handlungen zu unterlassen, durch die seine Kollegen belästigt werden.[191] Aus §§ 1, 7 Abs. 1 und 12 Abs. 3 AGG folgt insbesondere die Pflicht, andere Arbeitnehmer nicht zu diskriminieren und zu belästigen (vgl. § 3 AGG).[192] Als deklarato-

---

[189] Zur Rechtsnatur von reinen Programmsätzen vgl. oben § 5II.1. (S. 27 ff.).
[190] Bei dem Begriff „Mobbing" handelt es sich um keinen eigenständigen juristischen Tatbestand. Im arbeitsrechtlichen Verständnis erfasst der Begriff des „Mobbing" fortgesetzte, aufeinander aufbauende oder ineinander übergreifende, der Anfeindung, Schikane oder Diskriminierung dienende Verhaltensweisen von Arbeitnehmern untereinander oder Vorgesetzten, die nach Art und Ablauf im Regelfall einer übergeordneten, von der Rechtsordnung nicht gedeckten Zielsetzung förderlich sind und jedenfalls in ihrer Gesamtheit das allgemeine Persönlichkeitsrecht oder andere ebenso geschützte Rechte, wie die Ehre oder die Gesundheit des Betroffenen, verletzten, vgl. BSG v. 14.02.2001 – B 9 VG 4/00 R, AP Nr. 1 zu § 611 BGB Mobbing; LAG Thüringen v. 10.04.2001 – 5 Sa 403/2000, NZA-RR 2001, 347; Tschöpe/*Schmalenberg*, 2 A Rn. 203.
[191] MüArbR/*Blomeyer*, § 53 Rn. 29. Dem gegenüber besteht für den Arbeitgeber auch eine Nebenpflicht, das Opfer bei eingetretener Belästigung zu schützen, weitere Belästigungen konkret zu verhindern und allgemein für ein ausgeglichenes Betriebsklima zu sorgen, vgl. MüArbR/*Blomeyer*, § 53 Rn. 32; Tschöpe/*Schmalenberg*, 2 A Rn. 203.
[192] ErfK/*Preis*, § 611 BGB Rn. 738.

rische Klausel unterliegt ein betriebliches Mobbing- oder Diskriminierungsverbot in Ethikrichtlinien daher in aller Regel keiner Inhaltskontrolle. Gleichermaßen als Konkretisierung arbeitsvertraglicher Nebenpflichten kontrollfrei sind Vorschriften, mit denen der Arbeitgeber etwa das Tragen von politisch provozierenden Plaketten oder T-Shirts (z. B. eine „Anti-Strauß-Plakette"[193]) während der Arbeitszeit untersagt, um den Betriebsfrieden zu wahren.[194]

Etwas anderes ergibt sich demgegenüber dann, wenn die der Wahrung der Ordnung des Betriebes dienenden Verhaltensregeln die arbeitsvertraglichen Nebenpflichten ergänzen oder ausdehnen. Insofern lässt sich beispielsweise das vielzitierte „Liebesverbot" am Arbeitsplatz der Ethikrichtlinie des Wal-Mart-Konzerns[195] aufgrund seines schwerwiegenden Eingriffs in die Grundrechte der betroffenen Arbeitnehmer nicht auf die bestehende arbeitnehmerseitige Pflicht zur Wahrung der Ordnung im Betrieb zurückführen, auch wenn ein solches Verbot der Ordnung des Betriebes, etwa durch Unterbindung sexueller Belästigungen, durchaus dienlich sein könnte. Im Gegensatz zu den oben erörterten Klauseln mit deklaratorischem Inhalt unterliegen Klauseln mit solchem Inhalt einer umfassenden Inhaltskontrolle.

(3) Sanktionen

In aller Regel enthalten Ethikrichtlinien Sanktionsklauseln, mittels derer die Einhaltung der Richtlinieninhalte sichergestellt werden soll. Auch im Hinblick auf diese Klauseln lässt sich ein inhaltlicher „Kern" identifizieren, der über eine deklaratorische Wirkung nicht hinausreicht und deswegen einer Inhaltskontrolle von vornherein entzogen bleibt. Nur wenn die Sanktionsklausel über diesen Kern hinausgehende Sanktionstatbestände enthält, ist sie einer Inhaltskontrolle nach §§ 305 ff. BGB zugänglich.

Deklaratorische Wirkung zeitigt eine Sanktionsklausel allerdings nur dann, wenn die Sanktionen in Grund und Umfang nicht über ohnehin bestehende Sanktionierungsmöglichkeiten des Arbeitgebers hinausgehen. Dies ist regelmäßig dann der Fall, wenn der Verstoß gegen bestimmte Richtlinieninhalte auch dann eine – wie auch immer geartete – Sanktion rechtfertigen würde, wenn die Ethikrichtlinie gar nicht eingeführt worden wäre. Auch ihrem Umfang nach darf die Sanktion

---

[193] BAG v. 09.12.1982 – 2 AZR 620/80, AP Nr. 73 zu § 626 BGB.
[194] Staudinger/*Richardi*, § 611 BGB Rn. 513.
[195] „Sie dürfen nicht mit Jemandem ausgehen oder in eine Liebesbeziehung mit Jemandem treten, wenn Sie die Arbeitsbedingungen dieser Person beeinflussen können, oder der Mitarbeiter Ihre Arbeitsbedingungen beeinflussen kann."; aus der Ethikrichtlinie des Wal-Mart-Konzerns, zitiert nach LAG Düsseldorf v. 14.11.2005 – 10 TaBV 46/05, DB 2006, 162.

nicht über diejenigen Mittel hinausgehen, die dem Arbeitgeber ohnehin zur Sanktionierung des Verstoßes zur Verfügung stehen.

Dem Arbeitgeber ist es nach den allgemeinen Vorschriften unbenommen, Verstöße des Arbeitnehmers gegen arbeitsvertragliche Haupt- und Nebenleistungspflichten angemessen zu sanktionieren.[196] Je nachdem, ob ein Verstoß gegen Haupt- oder Nebenleistungspflichten vorliegt, ergeben sich unterschiedliche Sanktionierungsmöglichkeiten.[197] Da Ethikrichtlinien grundsätzlich nur zur Ausgestaltung und gegebenenfalls Erweiterung der arbeitnehmerseitigen Nebenpflichten dienen, beziehen sich die in ihnen enthaltenen Sanktionsklauseln im Regelfall auch nur auf die Verletzung arbeitsvertraglicher Nebenpflichten. Eine rein deklaratorische Wirkung entfalten Sanktionsklauseln in Ethikrichtlinien also nur dann, wenn sie den Grundsätzen einer Sanktionierung von Nebenpflichtverletzungen entsprechen.

Typische Sanktionen bei der Verletzung von allgemeinen Nebenpflichten sind etwa Abmahnungen, ordentliche oder fristlose Kündigungen sowie die Verpflichtung zum Schadensersatz.[198] Ob der Verstoß des Arbeitnehmers schwerwiegend genug ist, um die jeweilige Sanktion zu rechtfertigen, muss jedoch im Einzelfall entschieden werden. Aus diesem Grunde weisen die Sanktionsklauseln gängiger Ethikrichtlinien auch keinem Verstoß eine bestimmte Sanktion zu, sondern erschöpfen sich in dem Hinweis darauf, dass Verstöße gegen Richtlinieninhalten zu Disziplinarmaßnahmen oder der Beendigung des Arbeitsverhältnisses führen „können".[199] Insoweit verweisen die Sanktionsklauseln auf die ohnehin anzuwendenden allgemeinen Regeln zur Sanktion von Arbeitnehmerpflichtverstößen. Dementsprechend sind diese Klauseln auch allesamt rein deklaratorischer Natur.

Doch auch in Bezug auf Sanktionsklauseln sind über rein deklaratorische Inhalte hinausgehende Gestaltungen denkbar. In diesem Zusammenhang entfalten Ethikvorschriften mit Vertragsstrafenregelungen besondere Relevanz. Der Arbeitgeber möchte durch die Einführung von Sanktionsregelungen Unwägbarkeiten beseitigen, die mit der Anwendung der allgemeinen Vorschriften verbunden sind; etwa ob ein bestimmter Verstoß gegen Richtlinieninhalte die fristlose Kündigung oder einen Schadensersatzanspruch – auch in der Höhe – rechtfertigen kann. Zu

---

[196] Ausführlich *Kraft*, NZA 1989, 777 ff.
[197] Vgl. ErfK/*Preis*, § 611 BGB Rn. 696 ff. bzw. Rn. 748.
[198] ErfK/Preis § 611 BGB Rn. 748.
[199] So Punkt XII. 2. der Ethikrichtlinie der Daimler AG; S. 25 des Verhaltenskodex der Bayer AG; Punkt 21 der Ethikrichtlinie der Allianz AG und Punkt 10 der Ethikrichtlinie der Altana AG.

diesem Zweck kann der Arbeitgeber den Verstoß gegen Inhalte einer Ethikrichtlinie beispielsweise an die Zahlung einer Vertragsstrafe knüpfen.

Die Möglichkeit, Verletzungen von Arbeitnehmerpflichten durch Vertragsstrafenabreden zu sanktionieren, ist von der Rechtsprechung und der überwiegenden Literatur zutreffend anerkannt worden.[200] Insbesondere hält das *Bundesarbeitsgericht* die Vereinbarung einer Vertragsstrafe auch in Formulararbeitsverträgen grundsätzlich für zulässig.[201] Dementsprechend können Ethikrichtlinien, die per Massenvereinbarung eingeführt werden, Verstöße gegen Richtlinieninhalte in aller Regel auch mit Vertragsstrafenzahlungen belegen.[202] Ob die Vertragsstrafeabrede allerdings wirksam ist, ist gerichtlich überprüfbar[203]; sie kann, abgesehen von den Fällen eines Gesetzesverstoßes oder der Sittenwidrigkeit nach § 138 BGB, auch unwirksam sein, wenn ein berechtigtes Interesse des Arbeitgebers nicht besteht.[204]

Sanktionsklauseln, die Vertragsstrafenregelungen zum Inhalt haben, gehen demnach über den zuvor dargestellten deklaratorischen Klauselinhalt hinaus und unterliegen deswegen einer umfassenden Inhaltskontrolle. Nach welchen Grundsätzen diese Inhaltskontrolle zu erfolgen hat und wo die Grenzen der Zulässigkeit einer inhaltlichen Gestaltung von Sanktionsklauseln liegen, soll später noch ausführlich behandelt werden.[205]

(4) Fazit

Es ist deutlich geworden, dass sich eine Vielzahl gängiger Ethikklauseln auf ohnehin bereits bestehende Nebenpflichten aus dem Arbeitsvertrag zurückführen lässt. Dort, wo der Umfang derartiger Nebenpflichten durch die Ethikrichtlinie lediglich wiedergegeben oder konkretisiert, nicht jedoch erweitert oder modifiziert

---

[200] BAG v. 04.09.1964 – 5 AZR 511/63, AP Nr. 3 zu § 339 BGB; BAG v. 23.05.1984 – 4 AZR 129/82, AP Nr. 9 zu § 339 BGB; BAG v. 05.02.1986 – 5 AZR 564/84, AP Nr. 12 zu § 339 BGB; ErfK/*Müller-Glöge*, § 339-345 BGB Rn. 8; MüArbR/*Blomeyer*, § 56 Rn. 10; *Kraft*, NZA 1989, 777, 780.

[201] So ausdrücklich für den Fall des Vertragsbruchs oder einer fristlosen Entlassung wegen schuldhaften vertragswidrigen Verhaltens des Arbeitnehmers BAG v. 23.05.1984 – 4 AZR 129/82, AP Nr. 9 zu § 339 BGB. Daran hat auch die Einbeziehung von Arbeitsverträgen in die AGB-Kontrolle nach der Schuldrechtsreform nichts geändert, vgl. BAG v. 04.03.2004 – 04.03.2004, AP Nr. 3 zu § 309 BGB.

[202] BAG v. 23.05.1984 – 4 AZR 129/82, AP Nr. 9 zu § 339 BGB.

[203] Die Vertragsstrafenabrede unterliegt etwa bei formularmäßiger Einführung der AGB-Kontrole nach §§ 305 ff. BGB, vgl. BAG v. 04.03.2004 – 04.03.2004, AP Nr. 3 zu § 309 BGB.

[204] Preis/*Stoffels*, II V 30 Rn. 28; HWK-*Thüsing*, § 611 BGB Rn. 489; *Kraft*, NZA 1989, 777, 780.

[205] Vgl. unten unter § 13 V.4. (S. 198 f.).

wird, handelt es sich um Ethikklauseln deklaratorischer Natur, die mangels eigenen Regelungsinhaltes einer Inhaltskontrolle nicht unterliegen. Inhaltlich sind derartige Regelungen also stets zulässig.

Aufgrund der vielfältig ausgeformten arbeitnehmerseitigen Nebenpflichten ist es demnach durchaus möglich, dass eine Ethikrichtlinie in ihrer Gesamtheit nicht über rein deklaratorische Klauseln hinausgeht. In diesem Fall enthält sie zwar keinen „eigenen" Regelungsgehalt. Die Einführung einer solchen Ethikrichtlinie kann aber dennoch aus Dokumentationsgründen wünschenswert sein, um die Belegschaft über den vollen Umfang ihrer bestehenden Nebenpflichten aufzuklären und diese Pflichten durch konkrete Verhaltensanweisungen zu veranschaulichen. In der Praxis werden solche rein deklaratorischen Ethikrichtlinien jedoch die Ausnahme bleiben. Im Regelfall wird eine Ethikrichtlinie eine Mischung aus deklaratorischen Klauseln ohne eigenen Regelungsinhalt und solchen Klauseln aufweisen, die bestehende Nebenpflichten erweitern oder andere zusätzliche Verhaltenspflichten schaffen.

Um eine Inhaltskontrolle von Ethikrichtlinien praktisch effizient zu gestalten, sollten den bisherigen Ergebnissen entsprechend zunächst die (rein) deklaratorischen Klauseln einer Ethikrichtlinie identifiziert werden. Da diese von vornherein einer Inhaltskontrolle nicht unterfallen, können sie für den weiteren Verlauf der Prüfung außer Acht bleiben. Auf diese Weise lässt sich die Anzahl derjenigen Klauseln, die im Rahmen der Inhaltskontrolle auf ihre Zulässigkeit hin untersucht werden, schon zu Beginn der Analyse sachgerecht reduzieren.

b) Umfang arbeitsvertraglicher Hauptleistungspflichten

Im vorangegangenen Abschnitt wurde untersucht, welche Richtlinieninhalte sich auf allgemein bestehende arbeitsvertragliche Nebenpflichten zurückführen lassen und deswegen der Inhaltskontrolle nicht unterfallen. In gleicher Weise ist es denkbar, dass die in der Richtlinienklausel eingeforderten Verhaltensweisen über die allgemeinen Grenzen vertraglicher Nebenpflichten hinausgehen, die Klausel selbst aber dennoch als rein deklaratorisch zu qualifizieren ist. Sofern nämlich die Hauptleistungspflicht mit der Wahrnehmung besonderer Interessen des Arbeitgebers verbunden ist, können dem Arbeitnehmer erweiterte Verhaltenspflichten obliegen, die über den Maßstab gewöhnlicher arbeitsvertraglicher Nebenpflichten hinausgehen.

Während etwa ein Arbeitnehmer aufgrund arbeitsvertraglicher Nebenpflichten grundsätzlich nur zur Meldung von Störungen oder Schäden in seinem eigenen

Arbeitsbereich verpflichtet ist, können sich weitergehende Anzeigepflichten aus der Vertragspflicht des Arbeitnehmers ergeben, wenn dieser als Pförtner, Angehöriger des Werkschutzes oder als Detektiv sämtliche Schäden oder auffällige Vorgänge dem Arbeitgeber anzuzeigen hat.[206] Auf ähnliche Weise sind Arbeitnehmer nur dann zur Anzeige von Verfehlungen anderer Kollegen beim Arbeitgeber verpflichtet, wenn sie arbeitsvertraglich zur Aufsicht über andere verpflichtet sind oder eine besondere Vertrauensstellung innerhalb des Betriebes einnehmen[207] (dazu ausführlich oben unter § 13 IV. 2. a)cc)(2)(a), S. 147 ff.).

Insofern ist bei einer Inhaltskontrolle von Ethikrichtlinien darauf zu achten, dass ein Teil der regelungsunterworfenen Arbeitnehmer aufgrund ihrer besonderen Vertragspflichten weitergehenden Interessenwahrungs- oder Schutzpflichten unterliegen können. Auch wenn bestimmte Ethikklauseln über die Grenzen allgemeiner Nebenpflichten hinausgehende Verhaltenspflichten enthalten, können derartige Regelungen für bestimmte Arbeitnehmergruppen daher dennoch rein deklaratorisch wirken und somit keiner Inhaltskontrolle unterliegen.

Im Regelfall dürfte die Hauptleistungspflicht allerdings nicht mit erweiterten Schutz- und Interessenwahrungspflichten verbunden sein. Dann bestehen derartige Pflichten nur im begrenzten Umfang der allgemeinen arbeitsvertraglichen Nebenpflicht.[208] Die hier aufgezeigte Fallgestaltung, dass Ethikrichtlinien aufgrund der Wiedergabe von Hauptleistungspflichten nur deklaratorische Wirkung zeitigen, wird aus diesem Grunde die Ausnahme bleiben, sollte der Vollständigkeit halber aber nicht unerwähnt bleiben.

c) *US-amerikanisches Börsenrecht als „Rechtsvorschriften" im Sinne von § 307 Abs. 3 BGB*

Die umfassenden Vorschriften im US-amerikanischen Recht, die die Konzernmutter gegebenenfalls zur Einführung von Ethikrichtlinien verpflichten, sind bereits an anderer Stelle dargestellt worden.[209] Auch ihre nicht unerhebliche Bedeutung für die Motivation des Arbeitgebers, Ethikrichtlinien einzuführen, ist dort hervorgehoben worden. Die gesetzlichen Verpflichtungen nach US-amerikanischem Recht entfalten aber auch im Zusammenhang mit der Inhaltskont-

---

[206] MüArbR/*Blomeyer*, § 54 Rn. 6.
[207] BAG v. 18.06.1970 – 1 AZR 520/69, AP Nr. 57 zu § 611 BGB Haftung des Arbeitnehmers; BGH v. 23.02.1989 – IX ZR 236/86, AP Nr. 9 zu § 611 BGB Treuepflicht; MüArbR/*Blomeyer*, § 54 Rn. 9.
[208] Siehe oben unter § 13IV.2.a)cc) (S. 136 ff.).
[209] Oben unter § 4VI.2.a) (S. 22 ff.).

rolle von Ethikrichtlinien eine gewisse Relevanz. Aufgrund dieser Verpflichtungen wird sich der Arbeitgeber bei der Einführung von Ethikrichtlinien nämlich regelmäßig auf die ihm obliegenden, gesetzlichen Pflichten berufen.[210] Es liegt nahe, bestimmte Auswirkungen dieser gesetzlichen Verpflichtungen auf die Interessenabwägung zu vermuten.

So könnten etwa bei einer Inhaltskontrolle nach §§ 307 ff. BGB auch die gesetzlichen Vorgaben nach US-amerikanischem Börsenrecht als „Rechtsvorschriften" im Sinne von § 307 Abs. 3 BGB anzusehen sein. Würde man diese Frage bejahen, wären sämtliche Richtlinienklauseln, die den etwa in Sec. 406 (c) SOX 2002 oder Sec. 4350 (n) NASDAQ Manual vorgeschriebenen Mindestinhalt umsetzen, mangels einer Abweichung von „Rechtsvorschriften" im Sinne von § 307 Abs. 3 BGB deklaratorischer Natur[211] und einer Inhaltskontrolle entzogen. Eine nähere Untersuchung würde jedoch zu der Problematik führen, inwieweit US-Börsenrecht im deutschen Arbeitsverhältnis Wirkung entfaltet und ob auch jene Vorschriften als „Rechtsvorschriften" im Sinne des § 307 Abs. 3 BGB anzusehen sind.

Eine Beantwortung dieser Fragestellung kann jedoch dahinstehen. Ein Blick in die einschlägigen US-amerikanischen Vorschriften zeigt, dass lediglich die Behandlung einzelner Sachverhaltskomplexe wie etwa Interessenkonflikte oder faires Geschäftsgebaren zum Mindestinhalt von Ethikrichtlinien erhoben werden, konkrete Klauselinhalte, die der Arbeitgeber in exakt dieser Form einzuführen hätte, werden jedoch nicht vorgeben.[212] Insofern steckt das Börsenrecht der USA lediglich einen weit dimensionierten Rahmen ab, in dem lediglich der Gegenstand einzelner Ethikklauseln verbindlich vorgegeben wird. Mit welchen konkreten Mechanismen die vom Gesetz genannten Sachverhalte jedoch reglementiert werden, bleibt der Ausgestaltung durch den Arbeitgeber überlassen.

Dementsprechend entbindet der Hinweis des Arbeitgebers auf das US-amerikanische Börsenrecht nicht von einer AGB-Kontrolle. Die einschlägigen Vorschriften im US-Börsenrecht geben dem Arbeitgeber nur den Rahmen vor, innerhalb dessen er die konkreten Klauseln einer Ethikrichtlinie auszugestalten hat. Wenn aber eine gesetzliche Vorschrift nur einen äußeren Rahmen zieht, den die Parteien bei der Gestaltung ihrer vertraglichen Beziehungen zu beachten haben, andererseits aber den Parteien einen Gestaltungsspielraum überlässt, innerhalb des-

---

[210] Tatsächlich handelt es sich hier gar nicht um eine rechtliche, sondern um eine lediglich faktische Verpflichtung zur Einführung von Ethikrichtlinien, vgl. oben § 4 VI.2.a) (S. 24 ff.).
[211] Ulmer/Brandner/Hensen/*Fuchs*, AGB-Recht, § 307 BGB Rn. 17.
[212] Im Einzelnen dazu bereits oben unter § 4 VI.2.b) (S. 24 ff.).

sen sie ihre Beziehungen gestalten können, so unterliegt eine Vertragsklausel, die sich innerhalb dieses Bereiches bewegt, der Inhaltskontrolle gemäß §§ 307 ff. BGB.[213] Zwar handelt es sich dann um keine „von Rechtsvorschriften abweichende" Klausel (vgl. § 307 Abs. 3 BGB), wohl aber um eine solche, die bestehende Rechtsvorschriften ergänzt und daher nach §§ 307 ff. BGB überprüft werden darf.[214]

Von daher reicht der Hinweis auf die gesetzlichen Verpflichtungen nach US-amerikanischem Börsenrecht nicht aus, um eine Ethikklausel von der Inhaltskontrolle nach § 307 ff. BGB auszunehmen. Die US-amerikanischen Vorschriften – sollten sie überhaupt im deutschen Arbeitsverhältnis Rechtswirkungen entfalten – geben lediglich gewisse Regelungsbereiche vor und sind damit zu generell gefasst, als dass konkrete Ethikklauseln ihren Inhalt ausschließlich wiedergeben könnten und damit rein deklaratorischer Natur wären.

d) Zusammenfassung

Die Bereichsausnahme des § 307 Abs. 3 BGB spielt bei der AGB-Kontrolle vertraglich eingeführter Ethikrichtlinien eine übergeordnete Rolle. Gerade das Arbeitsvertragsrecht ist gekennzeichnet von einem komplexen System anerkannter vertraglicher Nebenpflichten, die den Arbeitnehmer auch jenseits seiner arbeitsvertraglichen Hauptleistungspflicht zu bestimmten Verhaltensweisen anhalten. Eine Vielzahl gängiger Ethikklauseln lässt sich auf diese Pflichten zurückführen, weil sie diese lediglich wiedergeben oder innerhalb der allgemeinen Grenzen der betroffenen Nebenpflicht konkretisieren. Dies führt dazu, dass eine ganze Reihe von Vorschriften gängiger Ethikrichtlinien als deklaratorische Klauseln der Bereichsausnahme des § 307 Abs. 3 BGB unterfallen und somit von einer Inhaltskontrolle ausgenommen sind, weil sie aufgrund ihrer rein deklaratorischen Wirkung stets als zulässig zu erachten sind. Je nach Ausgestaltung der konkreten Klausel kann dies auch für Ethikbestimmungen gelten, die auf den ersten Blick problematische Sachverhalte regeln, wie etwa Whistleblowing-Klauseln.

Bei einer AGB-Kontrolle von Ethikrichtlinien sollten zunächst diejenigen Klauseln identifiziert werden, die gemäß § 305 Abs. 3 BGB einer Inhaltskontrolle nach § 307 BGB unzugänglich bleiben und als stets wirksam von der Prüfung ausgenommen werden können. Ein Aussortieren der deklaratorischen Klauseln setzt jedoch nicht nur eine genaue Kenntnis des Umfangs arbeitsvertraglicher Neben-

---

[213] MüKo/*Kieninger*, § 307 BGB Rn. 9.
[214] MüKo/*Kieninger*, § 307 BGB Rn. 9; *Stoffels*, AGB-Recht, Rn. 436.

pflichten voraus. Zusätzlich sollten die Arbeitsverträge der betroffenen Arbeitnehmer sorgfältig auf eventuell bestehende Sonderpflichten untersucht werden. Bestimmte Arbeitnehmergruppen könnten nämlich aufgrund der Natur der von ihnen geschuldeten Leistung speziellen und weiterreichenden Sorgfaltspflichten unterliegen, als der Rest der Belegschaft, wie dies etwa bei Wachpersonal, Führungskräften oder auch Tendenzträgern denkbar ist. In diesen Fällen wirken bestimmte Klauseln nur für einen Teil der Belegschaft deklaratorisch, während sie für den anderen Teil konstitutive Wirkung zeitigen.[215] Es kann sich dann als erforderlich herausstellen, den Anwendungsbereich der Klausel auf denjenigen Mitarbeiterkreis zu beschränken, für den der Klauselinhalt lediglich deklaratorische Wirkung zeitigt.

3. Nebenpflichterweiterung als unangemessene Benachteiligung nach § 307 Abs. 1 und 2 BGB

Die vorangegangene Untersuchung der Bereichsausnahme des § 307 Abs. 3 BGB im Hinblick auf eine Inhaltskontrolle von Ethikrichtlinien hat gezeigt, dass sich im Vorfeld einer Inhaltskontrolle nach §§ 307 ff. BGB eine Vielzahl von Klauseln aufgrund ihrer rein deklaratorischen Wirkung als unproblematisch, weil stets zulässig erweist: Insoweit halten Programmsätze, mit denen Beweggründe zur Einführung einer Ethikrichtlinie beschrieben oder allgemeine und abstrakte Handlungsmaximen definiert werden[216], einer Inhaltskontrolle stets stand. Auch gängige Verhaltensvorschriften sind zum großen Teil rein deklaratorischen Inhalts und sind der Inhaltskontrolle gemäß § 307 Abs. 3 BGB entzogen.[217] Eine Inhaltskontrolle findet hingegen statt, wenn Ethikklauseln über deklaratorische Inhalte hinaus eine eigene Regelungswirkung aufweisen. Dies entspricht im Sinne von § 307 Abs. 3 BGB der Abweichung oder Ergänzung von Rechtsvorschriften, weshalb § 307 Abs. 3 BGB einer weiteren Inhaltskontrolle nach den §§ 307 ff. nicht entgegensteht.

Zunächst sind derartige Klauseln daher an den einzelnen Verboten der §§ 308, 309 BGB zu prüfen. Typischerweise lassen sich die unterschiedlichen Verhaltensanweisungen aber keinem der in §§ 308, 309 BGB genannten Klauselverbote zuordnen. Dies hängt damit zusammen, dass überhaupt nur ein Teil dieser Klauselverbote mit und ohne Wertungsmöglichkeit für das Arbeitsrecht praktisch relevant werden kann.[218] Die besonderen Inhalte von Ethikrichtlinien, die sich größtenteils

---

[215] Diese Problematik wird ausführlich unter § 13V.3. (S 194 ff.) erörtert.
[216] Zum Inhalt sog. Programmsätze oben § 5II.1. (S. 29 ff.).
[217] Dazu ausführlich oben § 13IV.2.a)cc) (S. 136 ff.).
[218] vgl. ErfK/*Preis*, § 305-310 BGB Rn. 41; HWK-*Gotthardt*, § 308 BGB Rn. 1, § 309 BGB Rn. 1; *Gotthardt*, Arbeitsrecht nach der Schuldrechtsreform, Rn. 273, 290.

auf die Anordnung bestimmter Verhaltenspflichten beschränken, lassen sich zudem in den wenigsten Fällen zu den Verboten nach §§ 308, 309 BGB in Bezug setzen. Maßgeblich sind Ethikklauseln deswegen an § 307 Abs. 1 und 2 BGB zu messen.

Jenseits deklaratorischer Verhaltensanweisungen interessiert besonders die wichtige Frage, inwieweit sich in Ethikrichtlinien Verhaltensvorschriften vereinbaren lassen, mit denen von den bestehenden vertraglichen Nebenpflichten abgewichen wird. Eine vertragliche Erweiterung von Nebenpflichten durch Ethikrichtlinien könnte nämlich gegebenenfalls eine unangemessene Benachteiligung im Sinne der vorrangig zu prüfenden Regelbeispiele der § 307 Abs. 2 Nr. 1 und 2 BGB darstellen.

a) Prinzipielle Möglichkeit einer vertraglichen Nebenpflichterweiterung

Die Frage nach der unangemessenen Benachteiligung regelungsunterworfender Arbeitnehmer durch nebenpflichterweiternde Ethikklauseln setzt jedoch voraus, dass eine vertragliche Erweiterung von Nebenpflichten prinzipiell überhaupt zulässig ist.

Dies wäre dann nicht der Fall, wenn es sich bei den arbeitsvertraglichen Nebenpflichten um „zwingendes Recht" handeln würde, das einer vertraglichen Disposition unzugänglich bliebe. Verhaltensvorschriften in Ethikrichtlinien hätten dann allenfalls deklaratorische Wirkung, könnten zusätzliche Nebenpflichten demgegenüber aber nicht wirksam begründen.

Eine solche Ansicht trägt gleichwohl der Natur des Arbeitsrechts nicht Rechnung; dieses ist Vertragsrecht, kein Statusrecht.[219] Es ist dem Prinzip der Vertragsautonomie geschuldet, dass Nebenpflichten, die sich nicht *ex lege* ergeben, auch aus einer vertraglichen Vereinbarung hergeleitet werden können.[220] Zu Recht wird daher mit Hinweis auf die Vertragsgestaltungsfreiheit die prinzipielle Möglichkeit der Erweiterung von Nebenpflichten bejaht.[221] Insofern können Nebenpflichten grundsätzlich auch durch vertraglich vereinbarte Ethikrichtlinien erweitert werden.

---

[219] Staudinger/*Richardi*, Vorbem § 611 BGB Rn. 110; *Preis*, Vertragsgestaltung, S. 518.
[220] *Preis*, Vertragsgestaltung, S. 518.
[221] Davon scheint auch *Blomeyer* auszugehen, vgl. MüArbR/*Blomeyer*, § 52 Rn. 56 (Wettbewerbsverbot); § 53 Rn. 122 ff. (außerdienstliche Verhaltenspflichten); § 55 Rn. 26 ff. (Nebentätigkeitsverbote); ferner *Preis*, Vertragsgestaltung, S. 518.

b) Nebenpflichterweiterung als „unangemessene Benachteiligung"

Weitreichende Whistleblowing-Klauseln, das Verbot jeglicher Annahme von Kundengeschenken, ausgedehnte Verschwiegenheitsverpflichtungen und „Liebesverbote" gehen über dasjenige hinaus, wozu der Arbeitnehmer aufgrund seiner arbeitsvertraglichen Nebenpflichten verpflichtet wäre. Insofern werden Nebenpflichten erweitert, wenn derartige Vorschriften in eine Ethikrichtlinie übernommen werden.

Es stellt sich nun die Frage, wann eine – prinzipiell mögliche – Erweiterung von Nebenpflichten den Erfordernissen einer Inhaltskontrolle nach §§ 307 ff. BGB nicht mehr standhält. Da ein Verstoß gegen die Klauselverbote nach §§ 308, 309 BGB regelmäßig nicht vorliegen dürfte[222], richtet sich die Inhaltskontrolle maßgeblich nach § 307 Abs. 1 und 2 BGB. Die Vorschrift enthält das grundsätzliche Verbot von unangemessen benachteiligenden Geschäftsbedingungen, das in § 307 Abs. 2 Nr. 1, 2 BGB und in § 307 Abs. 1 Satz 2 BGB mit drei Fallgruppen konkretisiert wird.[223] Ethikklauseln sind zunächst an § 307 Abs. 2 Nr. 1 und 2 BGB und erst dann an § 307 Abs. 1 BGB zu messen.[224]

aa) Die Regelbeispiele des § 307 Abs. 2 BGB

§ 307 Abs. 2 BGB soll eine Orientierungshilfe für die Praxis bieten und die Inhaltskontrolle erleichtern.[225] Dabei haben die beiden Tatbestände des § 307 Abs. 2 BGB zwar selbst noch generalklauselartige Weite, geben dem Rechtsanwender aber bereits bestimmte Richtpunkte und Maßstäbe für die Angemessenheitskontrolle vor.[226]

Für die Inhaltskontrolle von Ethikrichtlinien hat § 307 Abs. 2 BGB eine erhebliche systematische und methodische Bedeutung. Sind die Tatbestände des § 307 Abs. 2 Nr. 1 und 2 BGB nämlich erfüllt, ist nach dem Wortlaut der Norm eine unangemessene Benachteiligung „im Zweifel" anzunehmen. Seit jeher wird die Bedeutung des „im Zweifel"-Vorbehalts kontrovers diskutiert.[227] Der anfänglichen

---

[222] Vgl. die Ausführungen oben unter § 13IV.3. (S. 163 ff.).
[223] HWK-*Gotthardt*, § 307 BGB Rn. 14.
[224] *Stoffels*, AGB-Recht, Rn. 496; Ulmer/Brandner/Hensen/*Fuchs* § 307 BGB Rn. 3; HWK-*Gotthardt*, § 307 BGB Rn. 1.
[225] Ulmer/Brandner/Hensen/*Fuchs* § 307 BGB Rn. 3; *Stoffels*, AGB-Recht, Rn. 496.
[226] Staudinger/*Coester*, § 307 BGB Rn. 220.
[227] Eine Zusammenfassung des bisherigen Diskussionsstandes bietet Staudinger/*Coester*, § 307 BGB Rn. 222 ff.

Einordnung als Beweislastregel steht die Argumentation entgegen, dass nur Tatsachen dem Beweis zugänglich sind, nicht jedoch eine rechtliche Bewertung.[228]

Auch eine Deutung als (unter besonderen Umständen widerlegbare) Unwirksamkeitsvermutung konnte sich nicht durchsetzen.[229] Selbst wenn man die Unwirksamkeitsvermutung nicht als Tatsachen-, sondern als Rechtsvermutung qualifizieren wollte, setzte man sich in Widerspruch zum Wesen der gesetzlichen Rechtsvermutung. Diese zielt nämlich auf das Bestehen oder Nichtbestehen eines Rechts oder Rechtsverhältnisses, keinesfalls aber auf die Feststellung von Rechtsfolgen oder allgemein auf die Konkretisierung wertausfüllungsbedürftiger Tatbestände.[230]

Mittlerweile wird § 307 Abs. 2 BGB als gesetzliches Regelbeispiel interpretiert.[231] Demnach stellt § 307 Abs. 2 BGB eine Sonderregelung gegenüber § 307 Abs. 1 BGB dar, die eine Verkürzung und Erleichterung des richterlichen Prüfungsvorgangs bezweckt.[232] Hieraus ergeben sich Konsequenzen für den Umfang der bei einer Inhaltskontrolle nach § 307 BGB vorzunehmenden Interessenabwägung: Die allgemeine und umfassende Interessenabwägung nach § 307 Abs. 1 BGB wird aufgrund der „Kanalisierungsfunktion"[233] von § 307 Abs. 2 BGB durch konkrete Prüfungspunkte und eine Regelwertung ersetzt, die in Abwesenheit besonderer Umstände die Beurteilung einer Klausel abschließend erledigt.[234] Die gesetzliche Formulierung „im Zweifel" berechtigt und verpflichtet den Richter jedoch zu einer Widerlegungsprüfung[235], ob solche Umstände vorliegen und dazu geeignet sind, die Regelwertung in Frage zu stellen.

Für die Inhaltskontrolle vertraglich eingeführter Ethikrichtlinien bedeutet dies konkret, dass all jene Klauseln, die eines der Regelbeispiele der § 307 Abs. 2 Nr. 1 und 2 BGB erfüllen, den Arbeitnehmer (widerlegbar) unangemessen benachteiligen und somit unwirksam sind. Nur bei Vorliegen besonderer Gründe, die die gesetzliche Regelwertung entkräften, könnte die Klausel Bestand haben. Insofern kann bereits jetzt festgehalten werden, dass Ethikklauseln, die die Regelbeispiele des

---

[228] Ulmer/Brandner/Hensen/*Fuchs*, § 307 BGB Rn. 195; Staudinger/*Coester*, § 307 Rn. 222; *Stoffels*, AGB-Recht, Rn. 498.
[229] Ulmer/Brandner/Hensen/*Fuchs*, § 307 BGB Rn. 193; Staudinger/*Coester*, § 307 Rn. 222; *Stoffels*, AGB-Recht, Rn. 499.
[230] *Stoffels*, AGB-Recht, Rn. 498.
[231] Staudinger/*Coester*, § 307 Rn. 224.
[232] Staudinger/*Coester*, § 307 Rn. 224.
[233] Ulmer/Brandner/Hensen/*Fuchs*, § 307 BGB Rn. 195.
[234] *Stoffels*, AGB-Recht, Rn. 498; Staudinger/*Coester*, § 307 Rn. 224.
[235] Diesen Begriff verwendet Staudinger/*Coester*, § 307 Rn. 224.

§ 307 Abs. 2 BGB erfüllen, der Inhaltskontrolle in der Regel nicht standhalten und unwirksam sind.

Erfüllt die zu prüfende Geschäftsbedingung demgegenüber die Regelbeispiele nach § 307 Abs. 2 BGB nicht, so muss zunächst der Nachweis der Benachteiligung des Arbeitnehmers durch die Geschäftsbedingung erbracht werden. Anders als in § 307 Abs. 2 BGB wird die Benachteiligung des Vertragspartners nämlich in § 307 Abs. 1 BGB nicht vermutet. Liegt eine Benachteiligung vor, so findet eine umfassende Inhaltskontrolle nach Maßgabe des § 307 Abs. 1 BGB statt, die ergebnisoffen verläuft. In dieser Hinsicht kann also nicht von einer regelmäßigen Unwirksamkeit der Ethikklausel gesprochen werden, sondern der Ausgleich der beteiligten Interessen unter Berücksichtigung grundrechtlicher Wertungen wird zeigen müssen, ob eine konkrete Ethikklausel der Inhaltskontrolle nach § 307 Abs. 1 BGB entspricht.

Bevor eine Klausel der Interessenabwägung nach § 307 Abs. 1 BGB unterzogen werden kann, muss vorrangig überprüft werden, ob sie nicht ein Regelbeispiel des § 307 Abs. 2 BGB erfüllt. Die Vorschrift enthält zwei Regelbeispiele: Eine unangemessene Benachteiligung wird im Zweifel dann vermutet, wenn die Klausel mit wesentlichen Grundgedanken der gesetzlichen Regelung, von der abgewichen wird, nicht zu vereinbaren ist (Nr. 1) oder sie wesentliche Rechte oder Pflichten, die sich aus der Natur des Vertrags ergeben, so einschränkt, dass die Erreichung des Vertragszwecks gefährdet ist (Nr. 2).[236]

Im Rahmen der Inhaltskontrolle von Ethikrichtlinien nach §§ 307 ff. BGB ist jedoch nur das Regelbeispiel des § 307 Abs. 2 Nr. 1 BGB von Interesse. Ethikklauselinhalte, die gegen das Regelbeispiel des § 307 Abs. 2 Nr. 2 BGB verstoßen, sind nämlich nicht ohne weiteres denkbar. Dies liegt zum einen daran, dass sich Ethikklauseln auf den normativen Regeltyp des Arbeitsvertrages nach § 611 BGB beziehen. Hier gibt das Gesetz das maßgebliche Gerechtigkeitsmodell für die Verteilung von Rechten, Pflichten und Risiken vor (vgl. § 307 Abs. 2 Nr. 1 BGB).[237] Bereits die Bindung des Richters an das Gesetz untersagt es, ein solches gesetzliches Gerechtigkeitsmodell durch Überlegungen zur „Natur des Vertrages" relativieren oder ersetzen zu wollen.[238] Es bliebe demnach allein für das speziell von § 307 Abs. 2 Nr. 2 BGB erfasste „Aushöhlungsverbot"[239] ein Anwendungsbereich.

---

[236] Vgl. dazu die Ausführungen oben unter § 13IV.1. (S. 131 f.).
[237] Staudinger/*Coester*, § 307 Rn. 264.
[238] Staudinger/*Coester*, § 307 Rn. 264.
[239] Dazu *Stoffels*, AGB-Recht, Rn. 523 ff.

Da Ethikrichtlinien jedoch ganz überwiegend lediglich die Gestaltung der Art und Weise der Erbringung der Arbeitspflicht zum Gegenstand haben, zählen Richtlinienklauseln, die eine Freizeichnung von sog. Kardinalpflichten oder von der Haftung für ihre Verletzung zum Gegenstand haben, auch nicht zu den typischen Problemen einer Inhaltskontrolle von Ethikrichtlinien. Ethikklauseln, die nicht gegen § 307 Abs. 2 Nr. 1 BGB, wohl aber gegen § 307 Abs. 2 Nr. 2 BGB verstoßen, sind damit kaum denkbar. Aufgrund dieser geringen praktischen Bedeutung soll das Regelbeispiel in § 307 Abs. 2 Nr. 2 BGB hier auch nicht zum Gegenstand einer näheren Untersuchung gemacht werden. Vorrangig interessiert ein denkbarer Verstoß von Ethikrichtlinien gegen § 307 Abs. 2 Nr. 1 BGB.

bb) Verstoß gegen § 307 Abs. 2 Nr. 1 BGB

Nach § 307 Abs. 2 Nr. 1 BGB ist eine allgemeine Geschäftsbedingung im Zweifel unangemessen benachteiligend, wenn sie mit wesentlichen Grundgedanken der gesetzlichen Regelung, von der abgewichen wird, nicht zu vereinbaren ist. Die Vorschrift will das dispositive Gesetzesrecht als Modell eines gelungenen Ausgleichs widerstreitender Interessen und Muster einer angemessenen Regelung und zum Leitbild für die Inhaltskontrolle erheben.[240] Dabei werden angemessene Geschäftsbedingungen und dispositives Gesetzesrecht in § 307 Abs. 2 Nr. 1 BGB zwar nicht gleichgesetzt[241], die Unwirksamkeit abweichender Geschäftsbedingungen ist aber indiziert[242].

Weil sich der Gesetzgeber notwendigerweise an abstrahierten Vertragstypen und Problemkonstellationen auszurichten hat, haben gesetzliche Regelungen lediglich Modellcharakter. Deshalb sind die Lösungen des Gesetzesrechts regelmäßig nicht maßgeschneidert auf die besonderen Bedürfnisse der jeweiligen Vertragsparteien.[243] Infolge dessen ist dem Arbeitgeber nach § 307 Abs. 2 Nr. 1 BGB auch nicht jede Abweichung vom Gesetz verwehrt, sondern nur eine grundlegende Veränderung der von einer „gesetzlichen Regelung" im Sinne von § 307 Abs. 2 Nr. 1 BGB als gerecht vorgegebenen Ausgleichsstruktur.[244]

---

[240] Ulmer/Brandner/Hensen/*Fuchs*, § 307 BGB Rn. 193.
[241] Dies ergibt sich aus der Formulierung „[...] nicht zu vereinbaren [...]" in § 307 Abs. 2 Nr. 1 BGB.
[242] BGH Kartellsenat v. 01.12.1981 – KZR 37/80, NJW 1982, 644.
[243] Staudinger/*Coester*, § 307 Rn. 230.
[244] Staudinger/*Coester*, § 307 Rn. 230.

(1) Tatbestand des § 307 Abs. 2 Nr. 1 BGB

Der „*gesetzlichen Regelung*" im Sinne des § 307 Abs. 2 Nr. 1 BGB ist dabei ein weites Verständnis zugrunde zu legen, das neben formellen und materiellen Gesetzen[245] auch alle ungeschriebenen Rechtsgrundsätze, die Regeln des Richterrechts und die mittels ergänzender Auslegung nach §§ 157, 242 BGB sowie aus der Natur des jeweiligen Rechtsverhältnisses zu entnehmenden Rechte und Pflichten umfasst.[246] Somit sind auch die durch Auslegung, Analogie oder Rechtsfortbildung aus den gesetzlichen Vorschriften hergeleiteten Rechtssätze von § 307 Abs. 2 Nr. 1 BGB erfasst[247] und auch Konkretisierungen von Generalklauseln können demnach gesetzliche Regelung im Sinne des § 307 Abs. 2 Nr. 1 BGB sein.

In dieser Hinsicht können auch Ethikklauseln von gesetzlichen Regelungen abweichen, wenn sie etwa neue arbeitsvertragliche Nebenpflichten begründen oder bestehende ergänzen. Umfang und Grenzen der beiderseitigen Nebenpflichten des Arbeitsvertrages sind nämlich als der Natur des Arbeitsverhältnisses zu entnehmenden Rechte und Pflichten (Arbeitsvertrag i. V. m. § 242 BGB) als „gesetzliche Regelung" im Sinne des § 307 Abs. 2 Nr. 1 BGB anzusehen.

Als weiteres Tatbestandsmerkmal setzt § 307 Abs. 2 Nr. 1 BGB voraus, dass mit der zu prüfenden Geschäftsbedingung von „*wesentlichen Grundgedanken*" einer gesetzlichen Regelung abgewichen wird. Dieses Erfordernis trägt dem bereits zuvor dargelegten Konzept Rechnung, dass nur die grundlegende Veränderung einer vom Gesetzgeber als gerecht angesehenen Interessenabwägung verhindert werden soll.[248] Insofern bildet dieses Tatbestandsmerkmal eine gewisse Erheblichkeitsschwelle. „Wesentliche Grundgedanken" nach § 307 Abs. 2 Nr. 1 BGB werden laut Rechtsprechung dann verkörpert, wenn die gesetzliche Regelung nicht nur auf Zweckmäßigkeitserwägungen beruht, sondern aufgrund eines wesentlichen Gerechtigkeitsgehalts, der wichtige Schutz- und Ordnungsfunktionen erfüllt, als

---

[245] Gemeint ist jeweils das dispositive Gesetzesrecht, da eine Abweichung von zwingenden Normen unvermittelt oder über § 134 unwirksam bliebe, vgl. Staudinger/*Coester*, § 307 Rn. 232.

[246] BGH v. 25.02.1998 – VIII ZR 276/96, NJW 1998, 1640; BGH v. 10.12.1992 – I ZR 186/90, NJW 1993, 721; Ulmer/Brandner/Hensen/*Fuchs*, § 307 BGB Rn. 206; Wolf/Horn/Lindacher/*Wolf*, § 9 AGBG Rn. 66; Staudinger/*Coester*, § 307 Rn. 231 ff.; *Preis*, Vertragsgestaltung, S. 304.

[247] BGH v. 12.03.1987 – VII ZR 37/86, NJW 1987, 1931; BGH v. 28.04.1983 – VII ZR 259/82, NJW 1983, 1671.

[248] Ulmer/Brandner/Hensen/*Fuchs*, § 307 BGB Rn. 221.

konkrete Ausprägung des Gerechtigkeitsgebots zu qualifizieren ist.[249] Die Literatur verfolgt einen etwas anderen Ansatz[250], der in der Sache jedoch zu einer praktisch übereinstimmenden Abgrenzung führt[251].

Erweitern oder begründen Ethikklauseln bestimmte arbeitsvertragliche Nebenpflichten, kann dies durchaus eine Abweichung von „wesentlichen Grundgedanken" im Sinne des § 307 Abs. 2 Nr. 1 BGB darstellen. Die allgemein anerkannten und aus dem Arbeitsvertrag in Verbindung mit § 242 BGB hergeleiteten arbeitsvertraglichen Nebenpflichten sind nämlich Ausdruck eines Gerechtigkeitsgebots, weil sie grundrechtlich geschützte Interessen gegeneinander abgrenzen und ausgleichen. Jede nicht unerhebliche Modifikation von Umfang oder Grenzen allgemeiner arbeitsvertraglicher Nebenpflichten entzieht dem Ausgleich seine Wertungsgrundlage, weil jede Erweiterung von arbeitsvertraglichen Nebenpflichten den Eingriff in grundrechtliche Arbeitnehmerinteressen intensiviert und den Arbeitnehmer dadurch gegenüber der sonst vom Gesetz gewährten Rechtsstellung benachteiligt. Dies schafft das Bedürfnis für eine erneute Abwägung unter Berücksichtigung der neuen Gesichtspunkte. Je nach Ausmaß der Abwandlung arbeitsvertraglicher Nebenpflichten kann eine einzelne Ethikklausel demnach auch von wesentlichen Grundgedanken im Sinne von § 307 Abs. 2 Nr. 1 BGB abweichen.

Schließlich darf eine solche Abweichung gemäß § 307 Abs. 2 Nr. 1 BGB nicht bloß unerheblich sein, sondern muss mit wesentlichen Grundgedanken der gesetzlichen Regelung, von der abgewichen wird, *„nicht zu vereinbaren"* sein. Hier ist die entscheidende Wertungsstation des Tatbestandes erreicht[252]: Es hat eine Interessenabwägung stattzufinden, die ihrem Umfang nach allerdings hinter einer Abwägung nach § 307 Abs. 1 BGB zurückbleibt.[253] Statt einer umfassenden Interessenabwägung sind vielmehr die Interessen des Arbeitgebers sowie ihr Schutz und Ausgleich mit den Interessen des Arbeitnehmers an der verdrängten gesetzlichen Regelung als Modell vorgegeben.[254] Hieran hat sich die Unvereinbarkeitsprüfung

---

[249] Etwa BGH v. 21.12.1983 – VIII ZR 195/82, NJW 1984, 1182; BGH v. 23.04.1991 – XI ZR 128/90, NJW 1991, 1886; BGH v. 26.06.1991 – XI ZR 257/90, NJW 1991, 2414; BGH v. 05.11.1998 – III ZR 95/97, NJW 1999, 635.

[250] Vgl. Ulmer/Brandner/Hensen/*Fuchs*, § 307 BGB Rn. 222.

[251] Palandt/*Heinrichs*, § 307 Rn. 27.

[252] Staudinger/*Coester*, § 307 Rn. 253; *Stoffels*, AGB-Recht, Rn. 518.

[253] Nach *Stoffels*, AGB-Recht, Rn. 518, liegt „durch die Abweichung vom gesetzlichen Regelungsmodell […] von vornherein ein Gewicht auf der Waagschale des Rechts, das für die Unvereinbarkeit und damit die Unangemessenheit der vertraglichen Abrede streitet."

[254] Staudinger/*Coester*, § 307 Rn. 253.

konkret auszurichten.[255] Ist also eine formularmäßige Bestimmung mit dem Grundgedanken einer gesetzlichen Regelung unvereinbar, die für das Vertragsverhältnis im Sinne eines ausgewogenen Ausgleichs widerstreitender Interessen wesentlich ist, dann wird ihre Unangemessenheit nach § 307 Abs. 2 Nr. 1 BGB vermutet.

Weil es sich bei § 307 Abs. 2 Nr. 1 BGB aber um eine Vermutungsregelung handelt, entfällt die Unwirksamkeit, wenn die Gesamtwürdigung aller Umstände ergibt, dass die Klausel den Arbeitnehmer nicht unangemessen benachteiligt.[256] Bei voller Würdigung des Kundeninteresses ist deshalb nach gewichtigen Gründen des Verwenders für die Abweichung zu fragen.[257] Die Abweichung vom gesetzlichen Regelungsmodell wirkt sich somit zu Lasten des Verwenders aus, wenn dieser die Waagschale nicht durch schwerwiegende Gründe zu seinen Gunsten zum Ausgleich bringen kann.[258]

Geschäftsbedingungen, die den sonstigen Tatbestand des § 307 Abs. 2 Nr. 1 BGB erfüllen, können demzufolge nur dann zulässig sein, wenn ein besonderes Interesse des Verwenders vorliegt, das das Interesse der Gegenseite an der Einhaltung der durch das Gesetz gezogenen Grenze übersteigt[259].

(2) Das besondere Abweichungsinteresse des Arbeitgebers

Insoweit liegt der Fokus der Untersuchung nun auf den besonderen *Abweichungsinteressen* des Arbeitgebers.[260] Diesen Grundsätzen entsprechend bedürfen Ethikklauseln, die die Nebenpflichten des Arbeitnehmers nicht nur unerheblich modifizieren, immer eines besonderen Begründungsaufwandes, um die Indizwirkung des § 307 Abs. 2 Nr. 1 BGB zu widerlegen.[261]

Die Rechtsprechung erachtet Geschäftsbedingungen, die den Tatbestand des § 307 Abs. 2 Nr. 1 BGB erfüllen, nur bei Vorliegen „besonderer Umstände" als gerechtfertigt.[262] Solche besonderen Umstände liegen vor, wenn die Abweichung

---

[255] Ulmer/Brandner/Hensen/*Fuchs*, § 307 BGB Rn. 230; Staudinger/*Coester*, § 307 Rn. 253.
[256] BGH v. 28.01.2003 - XI ZR 156/02, NJW 2003, 1447; Palandt/*Heinrichs*, § 307 BGB Rn. 25.
[257] Ulmer/Brandner/Hensen/*Fuchs*, § 307 BGB Rn. 230.
[258] Ulmer/Brandner/Hensen/*Fuchs*, § 307 BGB Rn. 231.
[259] BGH v. 17.01.1990 - VIII ZR 292/88, NJW 1990, 2065, 2066.
[260] Staudinger/*Coester*, § 307 Rn. 253; *Stoffels*, AGB-Recht, Rn. 519.
[261] Ulmer/Brandner/Hensen/*Fuchs*, § 307 BGB Rn. 194f.; Palandt/*Heinrichs*, § 307 BGB Rn. 25.
[262] BGH v. 25.06.1991 - XI ZR 257/90, NJW 1991, 2414 („besondere Umstände" unter II.2.b)dd) der Gründe); BGH v. 08.03.1984 - VII ZR 349/82, NJW 1984, 1750 („besondere Interessen und Bedürfnisse" unter II.3.d)bb) der Gründe); Ulmer/Brandner/Hensen/*Fuchs*, § 307 BGB Rn. 195 („hinreichende Gründe" / „entlastende Umstände"). Unwesentliche Abweichungen von gesetzli-

vom dispositiven Recht durch Besonderheiten des Vertragstyps bedingt sind[263], durch Vorteile des benachteiligten Vertragspartners kompensiert werden[264] oder höherrangige Interessen des Arbeitgebers die Geschäftsbedingung rechtfertigen[265]. Zugleich muss die dem Arbeitnehmer nachteilige Regelung zum Schutz legitimer Interessen des Arbeitgebers geeignet und erforderlich sein und die Verhältnismäßigkeit wahren.[266] Unwesentliche Abweichungen vom Umfang allgemeiner arbeitsvertraglicher Nebenpflichten sind demgegenüber stets als angemessen zu erachten.[267]

(a) Besonderheiten des Vertragstyps

Eine Abweichung kann, wie soeben erwähnt, durch die Besonderheiten des Vertragstyps gerechtfertigt werden. Derartige Besonderheiten dürfen nicht stark genug sein, um die Vorschriften des gesetzlichen Regeltyps als unanwendbar erscheinen zu lassen, können wohl aber zu einer anderen Risiko- und Lastenverteilung Anlass geben.[268]

Im Rahmen eines gewöhnlichen Arbeitsverhältnisses, wie dies hier zur Grundlage aller Ausführungen genommen werden soll, sind jedoch keine Besonderheiten erkennbar, die zulasten der Arbeitnehmer eine Abweichung von den umfangreichen, dem Gedanken des Arbeitnehmerschutzes verbundenen Vorschriften des gesetzlichen Regeltyps zuließen und eine andere Risiko- und Lastenverteilung als angemessener erscheinen lassen. Hieran ändern auch die einschlägigen Vorschriften des US-amerikanischen Börsenrechts nichts, da diese Vorschriften, wie oben ausführlich dargestellt, für den Arbeitgeber weder rechtlich verbindlich sind, noch zwingend mit der Erweiterung arbeitsvertraglicher Nebenpflichten auf Seiten der Arbeitnehmer umgesetzt werden müssen.

---

chen Regelungen in allgemeinen Geschäftsbedingungen bedürfen demgegenüber keines gesteigerten Begründungsaufwandes und sind regelmäßig als angemessen anzusehen, vgl. Ulmer/Brandner/Hensen/*Fuchs*, § 307 BGB Rn. 227; *Wolff*/Horn/Lindacher, § 9 AGBG Rn. 79; vgl. ferner BGH v. 19.11.1991. – X ZR 28/90, NJW 1992, 1628. Dies folgt aus dem in § 307 Abs. 1 BGB vorausgesetzten Erfordernis der unangemessenen Benachteiligung, dessen Konkretisierung § 307 Abs. 2 Nr. 1 BGB dienen will, vgl. *Wolff*/Horn/Lindacher, § 9 AGBG Rn. 79.

[263] *Stoffels*, AGB-Recht, Rn. 519; Staudinger/*Coester*, § 307 BGB Rn. 255.
[264] BGH Kartellsenat v. 01.12.1981 – KZR 37/80, NJW 1982, 644.
[265] BGH v. 25.06.1991 – XI ZR 257/90, NJW 1991, 2414; BGH v. 23.04.1991 – XI ZR 128/90, NJW 1991, 1886..
[266] *Hromadka*, NJW 2002, 2523, 2527. Ferner Ulmer/Brandner/Hensen/*Fuchs*, § 307 BGB Rn. 230; *Zöllner*, RdA 1989, 152, 159.
[267] vgl. *Mahnhold*, Compliance und Arbeitsrecht, S. 236 m. w. N.
[268] *Stoffels*, AGB-Recht, Rn. 519; Staudinger/*Coester*, § 307 BGB Rn. 255.

Insofern bleibt nicht erkennbar, warum aufgrund der Besonderheiten des Arbeitsvertrages die Lastenverteilung des gesetzlichen Regeltyps durch die Einführung einer nebenpflichterweiternden Ethikrichtlinie zuungunsten der Arbeitnehmer verschoben werden soll.

(b) Kompensation des Vertragspartners

Die Abweichung der zu prüfenden Klausel ließe sich ferner mit einer annähernden Gleichwertigkeit des Regelungssystems des Verwenders im Vergleich zur Risiko- und Lastenverteilung der gesetzlichen Vorschriften rechtfertigen. In diesem Zusammenhang gewinnt der Gesichtspunkt der Kompensation eine wesentliche Bedeutung.[269]

Eine Kompensation des Vertragspartners, mit der der Verwender also den Vorwurf einer Unangemessenheit durch die gestellten Geschäftsbedingungen entkräften kann[270] wird dabei an das Vorliegen zweier Voraussetzungen geknüpft: Zunächst ist ein sachlicher Zusammenhang zwischen gewährtem Vorteil und erlittenem Nachteil erforderlich.[271] Darüber hinaus muss die vorteilhafte Regelung genügend Gewicht haben, um die ausgewiesene Benachteiligung auszugleichen.[272]

Beide Voraussetzungen haben ihre Berechtigung, weil sie dem bereits zuvor dargestellten Verhandlungsungleichgewicht zwischen Arbeitgeber und Arbeitnehmer[273] Rechnung tragen. Insofern verhindert das Erfordernis eines Ausgleiches mit genügend Gewicht, dass der Arbeitgeber seine stärkere Verhandlungsposition dazu nutzt, das Verhältnis von Leistung und Gegenleistung zu seinen Gunsten zu verschieben. Demgegenüber stellt die Bedingung des sachlichen Sachzusammenhangs zwischen der Benachteiligung und ihrer Kompensation sicher, dass der Arbeitnehmer nicht zum „Ausverkauf" seiner Rechte gedrängt wird.

Die arbeitsrechtliche Kautelarpraxis scheint die Möglichkeiten einer kompensatorischen Vertragsgestaltung nur zurückhaltend wahrzunehmen, schließlich fin-

---

[269] Staudinger/*Coester*, § 307 BGB Rn. 257.
[270] vgl. ausführlich dazu *Bunte*, FS Korbion, S. 17 ff.; ferner *Wolff*/Horn/Lindacher, § 9 AGBG Rn. 134 m. w. N.
[271] so *Wolff*/Horn/Lindacher, § 9 AGBG Rn. 134; Staudinger/*Coester*, § 307 BGB Rn. 125; *Preis*, Vertragsgestaltung, S. 320; *Bunte*, FS Korbion, S. 17, 24; *Mahnhold*, Compliance und Arbeitsrecht, S. 236. BGH v. 25.10.1996 – VIII ZR 258/94, NJW 1996, 389 lässt eine solche Voraussetzung jedoch dahinstehen (unter II.2.d) der Gründe).
[272] BGH v. 25.10.1996 – VIII ZR 258/94, NJW 1996, 389; *Wolff*/Horn/Lindacher, § 9 AGBG Rn. 134; Staudinger/*Coester*, § 307 BGB Rn. 125; *Mahnhold*, Compliance und Arbeitsrecht, S. 236.
[273] Oben unter § 12 I.2. (S. 102 ff.).

den sich nur selten pflichtenerweiternde oder benachteiligende Vertragsklauseln, die durch konkrete Vorteile aufgewogen werden.[274] Als Beispiele gängiger Kompensationslösungen können dennoch etwa Mankoabreden, die nur unter Einbeziehung eines kompensatorischen Finanzausgleiches zulässig sind[275] oder Rückzahlungsklauseln für Ausbildungskosten, deren Zulässigkeit an das Vorliegen eines spürbaren, geldwerten Vorteils durch die erfahrene Ausbildung geknüpft ist, genannt werden.[276]

Im Zusammenhang mit ansonsten unangemessenen Ethikklauseln sind am ehesten Vorteile denkbar, mit denen Vermögenseinbußen ausgeglichen werden, die die Arbeitnehmer aufgrund von Verhaltensanweisungen in Ethikrichtlinien erleiden. Nach diesen Grundsätzen ließe sich etwa ein Annahmeverbot jedweder Kundenzuwendungen[277] in einer Ethikrichtlinie möglicherweise durch die Einführung einer Ausgleichspauschale kompensieren.[278] Eine ähnliche Regelung ist denkbar, wenn die Ethikrichtlinie den betroffenen Arbeitnehmern etwa die Aufnahme jedweder Nebentätigkeit untersagt.[279] Derartige finanzielle Kompensationen finden ihr gesetzliches Vorbild etwa in der bei nachvertraglichen Wettbewerbsverboten vorgeschriebenen Karenzentschädigung gemäß § 74 Abs. 2 HGB.[280]

Bei genauer Betrachtung der üblichen Regelungsmaterie einer Ethikrichtlinie wird jedoch deutlich, dass den Möglichkeiten einer finanziellen Kompensation benachteiligender Klauseln enge Grenzen gezogen sind. Dementsprechend begegnen Rechtsprechung[281] und Literatur[282] einem auf diesem Wege herbeigeführten Ausgleich auch mit Zurückhaltung. Neben den vielschichtigen generellen Bedenken[283]

---

[274] *Preis*, Vertragsgestaltung, S. 321.
[275] BAG v. 17.09.1998 – 8 AZR 175/97, AP Nr. 2 zu § 611 BGB Mankohaftung.
[276] *Preis*, Vertragsgestaltung, S. 321.
[277] Grundsätzlich umfasst die Interessenwahrungspflicht des Arbeitnehmers nur das Verbot, Schmiergelder anzunehmen oder sich versprechen zu lassen. Geringwertige Kundengeschenke oder Zuwendungen, die erkennbar nicht auf eine Beeinflussung des Arbeitnehmers zielen, fallen demgegenüber nicht unter dieses Verbot, vgl. oben unter § 13IV.2.a)cc)(1)(c) (S. 142 ff.).
[278] Eine Ausgleichzahlung ist natürlich nur dann erforderlich, wenn tatsächlich eine Benachteiligung vorliegt. Ausgleichzahlungen aufgrund eines Verbotes der privaten Nutzung von Firmeneigentum kommen aus diesem Grunde freilich nicht in Frage, vgl. oben § 13IV.2.a)cc)(1)(d) (S. 145 ff.).
[279] Vgl. dazu oben § 13IV.2.a)cc)(1)(b) (S. 139 ff.).
[280] *Mahnhold*, Compliance und Arbeitsrecht, S. 236; *Preis*, Vertragsgestaltung, S. 321 (Fn. 124).
[281] Vgl. bereits BAG v. 29.10.1956 – II ZR 79/55, BGHZ 22, 90.
[282] Statt vieler Staudinger/*Coester*, § 307 BGB Rn. 129 ff. m. w. N.
[283] Diese sollen hier nicht weiter ausgeführt werden, finden sich in einer Zusammenstellung aber bei Staudinger/*Coester*, § 307 BGB Rn. 130 ff.

sprechen häufig die Besonderheiten des Einzelfalls gegen die Möglichkeit einer finanziellen Kompensation von benachteiligenden Geschäftsbedingungen. Um auf das Beispiel eines vollständigen Nebentätigkeitsverbotes zurückzukommen: Ein solches Nebentätigkeitsverbot beschränkt den Arbeitnehmer in seiner gem. Art. 12 GG geschützten Berufsfreiheit. Die Berufsfreiheit sichert nicht nur die finanzielle Existenz des Arbeitnehmers, sondern schützt vielmehr auch die Selbstverwirklichung durch die Berufsausübung.[284] Kompensationszahlungen können zwar die finanziellen Einbußen, die der Arbeitnehmer aufgrund des Nebentätigkeitsverbotes zu erleiden hat, aufwiegen. Der Selbstverwirklichung des Arbeitnehmers sind sie indes nicht förderlich. Insofern vermögen Kompensationszahlungen strenge Nebentätigkeitsverbote nicht vollständig auszugleichen.

Darüber hinaus beschränkt das Erfordernis des Sachzusammenhanges zwischen Benachteiligung und Ausgleich die Kompensationsmöglichkeiten des Arbeitgebers: Die Einführung von „Liebesverboten" oder umfassenden Whistleblowing-Klauseln per Ethikrichtlinie lässt sich nicht ohne weiteres durch Ausgleichszahlungen kompensieren. Zwar sind die Kompensationsmöglichkeiten des Verwenders keineswegs auf die Gewährung finanzieller Mittel beschränkt[285], jedoch erscheint äußerst zweifelhaft, ob und auf welche Weise der Arbeitgeber derart schwerwiegende Eingriffe in Arbeitnehmerinteressen aufwiegen könnte. Erweitert eine vertraglich eingeführte Ethikrichtlinie somit arbeitnehmerseitige Nebenpflichten, so wird nur in wenigen Konstellationen die Möglichkeit bestehen, im Rahmen der AGB-Kontrolle nach §§ 305 ff. BGB zunächst als benachteiligend qualifizierte Ethikklauseln per Kompensation des Arbeitnehmers auszugleichen.

Schließlich lässt sich noch das sog. „Preisargument" heranziehen, wonach sich eine bestimmte benachteiligende Klausel möglicherweise durch die Höhe des Entgelts rechtfertigen ließe.[286] Dieser Argumentation zufolge könnte der Arbeitgeber eine nebenpflichterweiternde Ethikrichtlinie wirksam einführen und die damit verbundene Benachteiligung der Arbeitnehmer pauschal durch die Zahlung einer Gehaltszulage kompensieren. Eine solche Betrachtungsweise erweist sich aber als zu undifferenziert, weil dem Erfordernis einer *angemessenen* Kompensation[287] kaum Rechnung getragen werden kann, wenn der Grad der Benachteiligung und der tat-

---

[284] BVerfG v. 11.06.1958 – 1 BvR 596/56, BVerfGE 7, 377, 399; BAG v. 07.11.1989 – GS 3/85, BAGE 63, 211, 218.
[285] Vgl. Insoweit die Beispiele bei Staudinger/*Coester*, § 307 BGB Rn. 126.
[286] *Preis*, Vertragsgestaltung, S. 322.
[287] BGH v. 25.10.1996 – VIII ZR 258/94, NJW 1996, 389; *Wolf*/Horn/Lindacher, § 9 AGBG Rn. 134; Staudinger/*Coester*, § 307 BGB Rn. 125; *Mahnhold*, Compliance und Arbeitsrecht, S. 236.

sächliche Entgeltvorteil nicht hinreichend konkretisiert werden.[288] Ansonsten ließe sich jede Risikoverlagerung mit der Behauptung des Preisvorteils rechtfertigen.[289] Insofern taugt auch die Gewährung einer pauschalen Gehaltszulage nicht, um etwaige Benachteiligungen der Arbeitnehmer durch Bestimmungen in einer Ethikrichtlinie aufzuwiegen.

Jenseits der gerade aufgestellten Grundsätze kann also lediglich auf die grundsätzliche Möglichkeit einer Kompensation für benachteiligende Ethikklauseln hingewiesen werden. Ob eine Möglichkeit zur Kompensation besteht und wie ein Ausgleich konkret ausgestaltet werden muss, kann demgegenüber nicht generell beantwortet werden, sondern hängt von den Besonderheiten des Einzelfalls ab. Insofern ist die Kautelarjurisprudenz aufgerufen, angemessene Vertragklauseln zu finden.

(c) Höherrangiges Interesse des Verwenders

Angesichts dieser Befunde scheint es wesentlich wichtiger, statt einer möglichen Kompensation nach höherrangigen oder zumindest überwiegenden[290] Interessen des Verwenders zu fragen, die die benachteiligenden Ethikklauseln möglicherweise rechtfertigen können. Dient die Klausel nämlich höherrangigen Interessen des Verwenders, lässt sich auch dadurch der Vorwurf der Unangemessenheit entkräften.[291] Mit dem (zutreffenden) Hinweis auf höherrangige Verwenderinteressen lassen sich dann nicht nur fehlgeschlagene Kompensationen auffangen[292], sondern auch solche Klauseln rechtfertigen, die aufgrund der soeben erörterten Gründe einer Kompensation unzugänglich bleiben.

Ob eine benachteiligende Klausel mit höherrangigen Interessen des Arbeitgebers gerechtfertigt werden kann, hängt von dem Ausgang der vorzunehmenden Interessenabwägung ab.[293] Im Rahmen dieser Interessenabwägung werden die höherrangigen Arbeitgeberinteressen ermittelt. Bezüglich des Umfangs der Abwägung ist indes umstritten, ob es sich um eine offene und umfassende Interessenabwägung handeln muss oder ob gezielt nach dem Abweichungsinteresse des Verwenders vom dispositiven Recht zu fragen ist.

---

[288] So im Ergebnis auch *Preis*, Vertragsgestaltung, S. 323
[289] *Preis*, Vertragsgestaltung, S. 323 m. w. N. (FN 134).
[290] So *Wolf*/Horn/Lindacher, § 9 AGBG Rn. 80 f.
[291] Staudinger/*Coester*, § 307 BGB Rn. 96.
[292] *Mahnhold*, Compliance und Arbeitsrecht, S. 237.
[293] Staudinger/*Coester*, § 307 BGB Rn. 96.

Die Rechtsprechung scheint eine umfassende Interessenabwägung vorzunehmen, die sämtliche möglichen Interessen berücksichtigt.[294] Die Literatur vertritt demgegenüber die Ansicht, dass sich eine Interessenabwägung im Rahmen von § 307 Abs. 2 Nr. 1 BGB auf die Frage nach den Abweichungsinteressen des Verwenders vom dispositiven Recht beschränken müsse.[295] Für eine derartig eingeschränkte Interessenabwägung sprechen gute Gründe. Zwar überzeugt nicht allein das Argument, der Gesetzgeber habe mit dem „verunglückten gesetzlichen Merkmal ‚im Zweifel'"[296] (vgl. § 307 Abs. 2 1. HS BGB) eine Interessensabwägung angesprochen, die sich auf das Abweichungsinteresse auf Seiten des Verwenders beschränke. Einleuchtender ist eine Argumentation, die auf die dem dispositiven Gesetzesrecht ohnehin zugrunde liegende Interessensgewichtung durch den Gesetzgebers hinweist, deren Überprüfung hingegen gerade nicht zum Aufgabenumfang der AGB-Kontrolle nach §§ 305 ff. BGB gehört, wie § 307 Abs. 3 BGB deutlich zeigt.[297] Schließlich überzeugt das systematische Argument, dass § 307 Abs. 2 BGB gegenüber § 307 Abs. 1 BGB keine eigenständige Bedeutung zukomme, wenn im Rahmen beider Vorschriften eine umfassende Interessenabwägung vorzunehmen wäre.[298]

Richtigerweise ist demnach im Rahmen einer AGB-Kontrolle nach § 307 Abs. 2 Nr. 1 BGB danach zu fragen, ob höherrangige bzw. übergewichtige Verwenderinteressen an einer Abweichung vom dispositiven Gesetzesrecht den Vorwurf der Benachteiligung durch die strittige Klausel aufheben.[299] Gleichwohl sind an dieser Stelle hohe Anforderungen zu stellen. Bereits oben wurden nämlich Umfang und Reichweite allgemein anerkannter arbeitsvertraglicher Nebenpflichten im Hinblick auf richtlinienrelevante Inhalte ausführlich erörtert.[300] Dieser Dimensionierung liegt bereits eine umfassende Abwägung zwischen Arbeitnehmer- und Arbeitgeberinteressen zugrunde.[301] Die mit der Ethikrichtlinie durch den Arbeitgeber verfolgten Zwecke und Motive müssten einen triftigen Grund bieten, von dieser umfassenden Interessenabwägung abzuweichen. Als solche Gründe kommen vor

---

[294] BGH Kartellsenat v. 01.12.1981 – KZR 37/80, BGHZ 82, 238, 240; BGH v. 03.07.1996 – VIII ZR 221/95, BGHZ 133, 184, 190.
[295] Ulmer/Brandner/Hensen/*Fuchs*, § 307 BGB Rn. 230; Staudinger/*Coester*, § 307 BGB Rn. 253.
[296] So Staudinger/*Coester*, § 307 BGB Rn. 253.
[297] Dazu *Mahnhold*, Compliance und Arbeitsrecht, S. 238.
[298] *Becker*, Die Auslegung des § 9 Abs. 2 AGB-Gesetz, S. 131.
[299] Im Ergebnis auch *Mahnhold*, Compliance und Arbeitsrecht, S. 238.
[300] Oben unter § 13 IV.2.a)cc) (S. 136 ff.).
[301] *Mahnhold*, Compliance und Arbeitsrecht, S. 238.

allem die Verbesserung des Unternehmensimages, die Erfüllung einer rechtlichen Verpflichtung sowie Konzernbelange in Betracht.

(i) Unternehmensimage

Der Hinweis auf eine Verbesserung des Unternehmensimages und die rechtliche Pflicht zur Einführung einer Ethikrichtlinie – beides wichtige Motive des Arbeitgebers für eine Einführung von Ethikrichtlinien – stellen kein überwiegendes Abweichungsinteresse dar: Ethikrichtlinien erweisen sich zwar als geeignetes Instrument, das Image eines Unternehmens durch die Hervorhebung hoher moralischer Standards in den einzelnen Betrieben nach außen hin zu fördern. Eine Imageverbesserung setzt aber keineswegs voraus, dass die bestehenden arbeitsvertraglichen Nebenpflichten der Arbeitnehmer erweitert werden, sondern lässt sich ebenso gut mit reinen Programmsätzen erzielen. Häufig erleichtern nämlich die mit Schlagworten wie „Fairness", „Respekt", „Toleranz" oder „Verantwortung" angereicherten Programmsätze eine Kommunikation der Moralstandards nach außen, weil Programmsätze in abstrakter und kompakter Form die ethischen Vorstellungen des Unternehmens zusammenfassen und wiedergeben. Kunden, Geschäftspartnern und Drtten eröffnen sich die moralischen Maßstäbe eines Unternehmens dann bereits in wenigen (Programm-)Sätzen.[302]

Um konkreten Verhaltensanweisungen demgegenüber moralische Wertungen zu entnehmen, müssen viele unterschiedliche Verhaltensregeln interpretiert und auf gemeinsame Moralwerte hin untersucht werden. Dies heißt jedoch nicht, dass konkrete Verhaltensvorschriften für die Verbesserung des Unternehmensimages durch eine Ethikrichtlinie unerheblich blieben: Den in den Programmsätzen in abstrakter Form enthaltenen Moralvorstellungen wird mit den konkreten Verhaltensvorschriften Kontur verliehen. Zudem wird regelmäßig nur ein Klauselwerk mit konkreten Verhaltensanweisungen Außenstehende davon überzeugen, dass die abstrakten Moralvorstellungen der Programmsätze auch tatsächlich umgesetzt werden. Dies kann jedoch auch durch deklaratorische Ethikklauseln erreicht werden.

---

[302] So etwa Punkt 1 der Verhaltensrichtlinie der Allianz AG:
„Grundsatz: Redliche und regelgetreue Führung der Geschäfte
(1) Mitarbeiter müssen alle in ihrem Arbeitsumfeld einschlägigen Gesetze und Vorschriften der Länder beachten, in denen die Allianz Gruppe tätig ist, wie auch die ihnen mitgeteilten internen Anweisungen und Richtlinien.
(2) Mitarbeiter sind gehalten, sich in ihrem Arbeitsumfeld redlich und fair, mit Anstand und Integrität zu verhalten und jeden Konflikt zwischen privaten und geschäftlichen Interessen zu vermeiden. Darüber hinaus sollten sie auch im Privatleben darauf achten, den guten Ruf der Allianz Gruppe nicht zu beschädigen."

Zur Verbesserung des Unternehmensimages kommt den Verhaltensvorschriften daher bestenfalls eine unterstützende Funktion zu.

Schon dies lässt Zweifel daran aufkommen, ob das Unternehmensimage tatsächlich eine besonderes Abweichungsinteresses des Arbeitgebers begründen kann. Hinzu kommt, dass eine Verbesserung des Unternehmensimages keinesfalls erfordert, dass der Arbeitgeber bestehende arbeitsvertragliche Nebenpflichten in den Verhaltensanweisungen ausweitet. Respekt, Fairness und Toleranz sind nämlich Grundgedanken, die bereits in die zur Definition der Grenzen arbeitsvertraglicher Nebenpflichten erforderliche Interessenabwägung nach § 242 BGB eingeflossen sind. Von daher reicht der Hinweis auf die Verbesserung des Unternehmensimages nicht aus, um ein besonderes Abweichungsinteresse des Arbeitgebers zu begründen.

(ii) Rechtliche Verpflichtung

Nichts anderes gilt auch dann, wenn der Arbeitgeber eine rechtliche Verpflichtung zur Einführung von Ethikrichtlinien zur Begründung seines besonderen Abweichungsinteresses bemüht. Eine genauere Auseinandersetzung mit dieser Problematik hat ergeben, dass der Arbeitgeber in den meisten Fällen keineswegs *rechtlich*, sondern allenfalls *faktisch* zur Einführung von Ethikrichtlinien verpflichtet ist. Eine rechtliche Verpflichtung aufgrund der US-amerikanischen Börsenvorschriften trifft nur die an bestimmten Handelsplätzen in den USA gelistete Konzernmutter. Deren Konzerntöchter sind demgegenüber faktisch zur Einführung von Ethikrichtlinien verpflichtet, weil die US-amerikanischen Vorschriften die Einführung von Ethikrichtlinien in allen Tochterunternehmen anordnen.[303]

Viel entscheidender ist jedoch die Tatsache, dass die einschlägigen Vorschriften des US-amerikanischen Börsenrechts nur in sehr begrenztem Umfang inhaltliche Vorgaben für die einzuführenden Ethikrichtlinien aufstellen. So werden zwar verbindliche Regelungsbereiche genannt, die eine Ethikrichtlinie zwingend abzudecken hat, demgegenüber wird aber nicht etwa vorgeschrieben, mit welchen (deklaratorischen oder konstitutiven) Klauselinhalten diese Sachverhalte durch die Unternehmen reglementiert werden müssen.[304] Schon gar nicht finden sich in den entsprechenden Vorschriften Mindestinhalte, die nur mit einer Erweiterung arbeitsvertraglicher Nebenpflichten umgesetzt werden könnten. Vorschriften, die die Einhal-

---

[303] Im Einzelnen dazu oben § 4VI.12. (S. 20 ff.). Zur Unbeachtlichkeit von Konzerninteressen im Rahmen der Interessenabwägung bei der Einführung von Ethikrichtlinien vgl. oben § 1 II.2.b) (S. 87 ff.).

[304] Oben unter § 4VI.2.b) (S. 24 f.).

haltung von geltendem Recht, den Umgang mit Interessenkonflikten und beruflichen Beziehungen[305] oder die Einführung eines als „enforcement mechanism" bezeichneten Teils der Ethikrichtlinie, der die Einhaltung der Richtlinieninhalte – beispielsweise durch Androhung von Sanktionen – sicherstellt[306], lassen sich allesamt einführen, ohne arbeitsvertragliche Nebenpflichten der Arbeitnehmer erweitern zu müssen.

Die behördliche Kommentierung des NYSE Listed Company Manuals[307] empfiehlt hingegen einen umfassenden Klauselkatalog, nach dem Ethikrichtlinien Vorschriften zu Interessenkonflikten, fairem Geschäftsgebaren, Verschwiegenheit, dem Schutz von Unternehmenseigentum und der Einhaltung geltenden Rechts enthalten sowie zur Meldung „unethischen" oder illegalen Verhaltens aufrufen sollten.[308] Hierbei handelt es sich zwar nicht um gesetzliche Vorgaben, dennoch könnte den Empfehlungen eine gewisse Verbindlichkeit zukommen. Darauf kommt es aber letztlich nicht an, da sämtliche in den Empfehlungen genannten Regelungsbereiche in mehr oder weniger ausgeprägter Form im deutschen Arbeitsrecht ebenfalls bereits als arbeitsvertragliche Nebenpflichten bestehen. Da die Empfehlungen lediglich die Regelungsbereiche vorgeben, konkrete Klauselinhalte aber nicht vorgeben, erscheint eine Erweiterung arbeitsvertraglicher Nebenpflichten auch hier nicht unbedingt notwendig. Vielmehr reicht bereits die Wiedergabe bestehender Nebenpflichten aus, um den Empfehlungen nachzukommen.

Demzufolge taugt auch der Hinweis auf die US-Börsenvorschriften nicht, ein besonderes Abweichungsinteresse des Arbeitgebers zu begründen.

(iii) Konzerninteressen

Ein von Arbeitgeberseite häufig vorgebrachtes Konzerninteresse kann eine Abweichung als höherrangiges Interesse ebenfalls nicht rechtfertigen. Dies liegt daran, dass es im Rahmen des Ausgleichs der widerstreitenden Arbeitnehmer- und Arbeitgeberinteressen grundsätzlich unbeachtet bleiben muss.[309] Zwar gilt hier die Ausnahme, dass das Vereinheitlichungsinteresse des Konzerns im Einzelfall mitun-

---

[305] Vgl. Sec. 406 (c) SOX 2002.
[306] Vgl. Sec. 4350 (n) NASDAQ Manual.
[307] abrufbar unter
http://www.nyse.com/RegulationFrameset.html?nyseref=& displayPage=/listed/1022221393251.
html.
[308] Vgl. die Behördliche Kommentierung von Sec. 303A.10, abrufbar unter
http://www.nyse.com/RegulationFrameset.html?nyseref=&displayPage=/listed/1022221393251.
html.
[309] Dazu ausführlich oben unter § 1 III.2.b) (S. 92 ff.).

ter Berücksichtigung erfährt[310]. Das Vereinheitlichungsinteresse allein wird jedoch regelmäßig nicht ausreichen, eine Abweichung von Umfang und Reichweite allgemein anerkannter arbeitsvertraglicher Nebenpflichten zu rechtfertigen. Es kann nämlich nur dazu herangezogen werden, Angleichungen an in anderen Betrieben oder Konzernunternehmen geltende Bedingungen zu rechtfertigen. Dies setzt aber voraus, dass in vergleichbaren Betrieben oder Konzernunternehmen bereits entsprechende nebenpflichterweiternde Ethikregeln wirksam eingeführt wurden. Die bisherige Analyse hat jedoch ergeben, dass dies regelmäßig nicht gelingt, weil kein besonderes Abweichungsinteresse zur Rechtfertigung nebenpflichterweiternder Ethikklauseln ersichtlich ist. Ein höherrangiges Interesse des Arbeitgebers an der Vereinheitlichung geltender Arbeitsbestimmungen ist somit abzulehnen.

(3) Fazit

Erweitern oder begründen Ethikklauseln arbeitsvertragliche Nebenpflichten, so sind derartige Klauseln regelmäßig vorrangig an § 307 Abs. 2 Nr. 1 BGB zu messen. Der Tatbestand des in dieser Vorschrift enthaltenen Regelbeispiels – Unvereinbarkeit der Ethikklausel mit wesentlichen Grundgedanken der gesetzlichen Regelung, von der abgewichen wird – ist bei solchen konstitutiven Klauseln normalerweise erfüllt.

Um die Indizwirkung des § 307 Abs. 2 Nr. 1 BGB – vermutete Unangemessenheit – zu widerlegen, bedarf es bestimmter Rechtfertigungsgründe, die das besondere Abweichungsinteresse des Arbeitgebers von der Risiko- und Lastenverteilung des gesetzlichen Regeltyps begründen. Während der Hinweis auf die Besonderheiten des Vertragstyps nicht weit trägt, könnten zunächst höherrangige Interessen des Arbeitgebers die Abweichung rechtfertigen und die Indizwirkung des § 307 Abs. 2 Nr. 1 BGB beseitigen. Eine nähere Untersuchung zeigt jedoch, dass solche Gesichtspunkte für gewöhnlich nicht vorhanden sind. Es ist möglich, dass Tendenzunternehmen darüber hinausgehende Interessen vorbringen können, die eine Benachteiligung der Arbeitnehmer durch die Erweiterung ihrer Nebenpflichten aufwiegen könnte. In diesen Unternehmen ließe sich eine Erweiterung von arbeitnehmerseitigen Nebenpflichten dann ausnahmsweise mit höherranggen Interessen rechtfertigen.

---

[310] Oben unter § 1 III.2.b)bb) (S. 94 ff.) wurde festgestellt, dass von den vielfältigen Konzerninteressen allein das Interesse an einer Vereinheitlichung betrieblicher Ethikregeln zu berücksichtigen ist.

Demnach kommt gundsätzlich allein die Kompensation des Vertragspartners in Betracht, um ein besonderes Abweichungsinteresse zu begründen. Dem Arbeitgeber bietet sich dadurch die Möglichkeit, ansonsten für die Arbeitnehmer benachteiligende Ethikklauseln mit einem Kompensationszusatz zu versehen, der sie für erweiterte Nebenpflichten entschädigt. Eine solche Kompensation muss aber nicht nur angemessen sein, es muss ferner auch ein Sachzusammenhang zwischen erlittenem Nachteil und kompensierendem Vorteil vorliegen. In dieser Hinsicht ist der Arbeitgeber bei der Kompensation benachteiligender Ethikklauseln erheblich eingeschränkt, weil ihm in aller Regel nur Geldmittel zur Kompensation der Arbeitnehmer zur Verfügung stehen.

Insofern bleibt festzuhalten, dass sich nebenpflichterweiternde Ethikklauseln außerhalb von Tendenzunternehmen für gewöhnlich als unwirksam erweisen, weil kein nach § 307 Abs. 2 Nr. 1 BGB erforderliches, besonderes Abweichungsinteresse auf Seiten des Arbeitgebers besteht. Für eine privatautonome Gestaltung bleibt demnach solange kein Raum, wie die Nachteile solcher Maßnahmen nicht durch adäquate Vorteile ausgeglichen werden können.[311]

cc) Verstoß gegen § 307 Abs. 1 Satz 1 BGB

Den allgemeinen Prüfungsmaßstab für die Inhaltskontrolle legt § 307 Abs. 1 Satz 1 BGB generalklauselartig fest.[312] Im Verhältnis zu § 307 Abs. 2 BGB handelt es sich bei § 307 Abs. 1 Satz 1 BGB jedoch nur um den Auffangtatbestand einer unangemessenen Benachteiligung des Vertragspartners.[313] Die Vorschrift findet daher nur dann Anwendung, wenn keines der Regelbeispiele nach § 307 Abs. 2 Nr. 1 und 2 BGB erfüllt ist. Aus diesem Grunde ist der eigenständige Anwendungsbereich von § 307 Abs. 1 BGB auch recht klein.

Ein Rückgriff auf den Auffangtatbestand des § 307 Abs. 1 Satz 1 BGB kommt typischerweise lediglich dann in Betracht, wenn etwa eine kumulativ belastende Wirkung verschiedener Vorschriften, die für sich betrachtet jeweils (gerade noch) der Inhaltskontrolle standhalten, in ihrem Zusammenwirken eine unangemessene Benachteiligung ergeben[314], wenn gerade die klauselmäßige Verwendung einer Regelung trotz fehlender inhaltlicher Abweichung von einem gesetzlichen Leitbild

---

[311] So auch *Mahnhold*, Compliance und Arbeitsrecht, S. 239.
[312] Ulmer/Brandner/Hensen/*Fuchs*, § 307 BGB Rn. 1.
[313] Staudinger/*Coester*, § 307 BGB Rn. 83.
[314] Staudinger/*Coester*, § 307 BGB Rn. 85; Ulmer/Brandner/Hensen/*Fuchs*, § 307 BGB Rn. 95, 155.

für einen bestimmten Sachverhalte zu unangemessenen Folgen führt[315] oder wenn AGB-Bestimmungen in einem gesetzlich nicht geregelten Vertragstypus[316] kontrolliert werden sollen.[317]

Der Vertragstypus des Arbeitsvertrages, dessen Bestandteil Ethikrichtlinien sind, hat jedoch in § 611 BGB eine gesetzliche Ausformung erfahren. Somit ist auch der Maßstab einer gesetzlichen Regelung vorhanden, nach dem eine Unangemessenheit von Ethikvorschriften nach § 307 Abs. 2 Nr. 1 BGB beurteilt werden kann. Eines Rückgriffs auf § 307 Abs. 1 Satz 1 BGB bedarf es daher bei der Inhaltskontrolle von Ethikrichtlinien in aller Regel nicht.

c) Ergebnis

Die Frage, ob die Erweiterung arbeitsrechtlicher Nebenpflichten durch Ethikklauseln einer AGB-Kontrolle nach § 305 ff. BGB standhält, kann demnach nicht allgemein beantwortet werden. Gesichert scheint wohl, dass eine solche Erweiterung zunächst als unangemessene Benachteiligung im Sinne von § 307 Abs. 1 Satz 1 BGB in Verbindung mit § 307 Abs. 2 Nr. 1 BGB zu qualifizieren ist. Für eine privatautonome Gestaltung von Ethikrichtlinien bleibt demnach solange kein Raum, wie die Nachteile des Arbeitnehmers durch eine Nebenpflichterweiterung nicht durch adäquate Vorteile ausgeglichen werden. Für Tendenzunternehmen können jedoch Ausnahmen gelten, weil hier möglicherweise ein vorrangiges Abweichungsinteresse auf Arbeitgeberseite besteht, welches die formularmäßige Nebenpflichterweiterung rechtfertigen könnte.

4. Transparenzgebot nach § 307 Abs. 1 Satz 2 BGB

Neben dem Tatbestand des § 307 Abs. 2 Nr. 1 BGB kann sich eine unangemessene Benachteiligung gemäß § 307 Abs. 1 Satz 2 BGB auch dann ergeben, wenn die zu prüfende Ethikklausel nicht klar und verständlich ist. Dies gilt auch für deklaratorische Klauseln, da die unklare, wenngleich nicht unrichtige Wiedergabe des geltenden Rechts die sachgerechte Interessenwahrung durch die Vertragspartner behindern kann.[318] Das Transparenzgebot verpflichtet den Arbeitgeber, die

---

[315] Ulmer/Brandner/Hensen/*Fuchs*, § 307 BGB Rn. 95; verneint dagegen BGH v. 10.09.1997 – VIII ARZ 1/97, NJW 1997, 3437.

[316] Staudinger/*Coester*, § 307 BGB Rn. 85; Ulmer/Brandner/Hensen/*Fuchs*, § 307 BGB Rn. 95.

[317] Das bereits früher von der Rechtsprechung in § 9 Abs. 1 AGBG angesiedelte Transparenzgebot hat demgegenüber nunmehr in § 307 Abs. 1 Satz 2 BGB eine tatbestandliche Verselbständigung erfahren und soll unten gesondert behandelt werden.

[318] Staudinger/*Coester*, § 307 BGB Rn. 309.

Rechte und Pflichten des Arbeitnehmers in den Ethikklauseln möglichst klar und verständlich darzustellen.[319] Maßstab ist nicht der flüchtige Betrachter, sondern vielmehr der aufmerksame und sorgfältige Teilnehmer am Wirtschaftsverkehr.[320] Umstritten ist dabei, ob allein die Intransparenz einer Geschäftsbedingung zu deren Unwirksamkeit führt oder ob zusätzlich noch die Intransparenz die Gefahr einer inhaltlichen Benachteiligung begründen muss.[321] Aufgrund der geringen praktischen Bedeutung dieses Streits[322] soll hier jedoch nicht näher darauf eingegangen werden.

Nach dem Transparenzgebot ist der Arbeitgeber also verpflichtet, Ethikrichtlinien so abzufassen, dass die Arbeitnehmer in zumutbarer Weise der jeweiligen Klausel das von ihnen abverlangte Verhalten entnehmen können. Der Arbeitgeber hat insbesondere Tatbestand und Rechtsfolgen so genau zu beschreiben, dass für ihn keine ungerechtfertigten Beurteilungsspielräume entstehen.[323]

Die Frage nach einem Verstoß gegen das Transparenzgebot ergibt sich insbesondere dann, wenn Verhaltensvorschriften in Ethikrichtlinien den Arbeitnehmern ein bestimmtes Verhalten nicht durch ein „müssen" oder „sollen" vorschreiben, sondern den Arbeitnehmer durch weichere Formulierungen wie „ist nahe zu legen", „ist anzuraten" oder „mögen" über die Verbindlichkeit des in der Klausel abverlangten Verhaltens im Unklaren lassen. In diesen Fällen könnte ein Verstoß gegen das Transparenzgebot zu erblicken sein, weil sich die Arbeitnehmer über die Verbindlichkeit der Vorschrift gegebenenfalls nicht im Klaren sind oder sich dem Arbeitgeber bei Verstößen gegen diese Ethikklauseln gewisse Beurteilungsspielräume bieten könnten, durch die die strenge Verknüpfung zwischen der Erfüllung des Tatbestandes und dem Eintritt der Rechtsfolge aufgelöst wird.

Handelt es sich dabei um konstitutive Verhaltensvorschriften, so verstoßen derartige Klauseln aufgrund der Erweiterung von Nebenpflichten in aller Regel aber bereits gegen § 307 Abs. 2 Nr. 1 BGB in Verbindung mit § 307 Abs. 1 Satz 1 BGB und sind schon aus diesem Grunde unwirksam. Auf eine Transparenzkontrolle kommt es dann nicht mehr an. Deklaratorische Klauseln oder solche Vorschriften, die eine im Einzelfall adäquate Kompensationsregelung enthalten und der Inhalts-

---

[319] BGH v. 24.11.1988 – III ZR 188/87, BGHZ 106, 49; BGH v. 19.10.1999 – XI ZR 8/99, NJW 2000, 651; BGH v. 09.05.2001 – IV ZR 121/00, NJW 2001, 2014; Palandt/*Heinrichs*, § 307 BGB Rn. 17.
[320] Palandt/*Heinrichs*, § 307 BGB Rn. 19.
[321] Palandt/*Heinrichs*, § 307 BGB Rn. 20; krit. HWK-*Gotthardt*, § 307 BGB Rn. 18.
[322] HWK-*Gotthardt*, § 307 BGB Rn. 18.
[323] ErfK/*Preis*, §§ 305-310 BGB Rn. 44.

kontrolle zunächst standhalten, könnten dennoch allein wegen ihrer Intransparenz den Arbeitnehmer unangemessen benachteiligen.[324] Legt man den Gesetzeswortlaut zugrunde, kann sich die Unangemessenheit nämich sehr wohl allein aus der Intransparenz ergeben, ohne dass darüber hinaus eine materielle Unausgewogenheit der vertraglichen Rechte und Pflichten festgestellt werden muss.[325] Allerdings sind Fälle, in denen eine Klausel inhaltlich nicht zu beanstanden, aber dennoch intransparent ist, nur schwer vorstellbar.[326] Insofern wird dem Transparenzgebot bei der Inhaltskontrolle von Ethikrichtlinien nur eine geringe praktische Bedeutung zuteil.

Dem Arbeitgeber ist aber dennoch anzuraten, Tatbestand und Rechtsfolge in Ethikklauseln eng miteinander zu verknüpfen und arbeitnehmerseitige Verhaltenspflichten durch strikte Formulierungen wie etwa „müssen" zu kennzeichnen, um nicht an den Erfordernissen der Transparenzkontrolle zu scheitern.

5. Außerdienstliche Verhaltenspflichten

Gegenstand der bisherigen Untersuchung waren ausschließlich nebenpflichtkonkretisierende oder -erweiternde Ethikklauseln mit reinem Tätigkeitsbezug oder Vorschriften zum Verhalten der Arbeitnehmer im Betrieb. Darüber hinaus enthalten Ethikrichtlinien aber häufig auch Vorschriften, die gewisse Berührungspunkte zum außerdienstlichen Verhalten der Arbeitnehmer aufweisen. In diesem Zusammenhang sind auch Bestimmungen denkbar, die sich ausschließlich auf das außerdienstliche Verhalten der Mitarbeiter beziehen.[327] Es ist möglich, dass sich die soeben für nebenpflichtkonkretisierende und -erweiternde Ethikklauseln aufgestellten Grundsätze auch auf solche Bestimmungen übertragen lassen, so dass auch sie zum Teil der Bereichsausnahme des § 307 Abs. 3 BGB unterfallen. Einer besonders eingehenden Untersuchung bedarf in diesem Zusammenhang jedoch die Frage, inwieweit Ethikrichtlinien überhaupt außerdienstliches Arbeitnehmerverhalten wirksam reglementieren können.

Neben den Vorgaben zur Tätigkeit und zum Verhalten während der Arbeitszeit oder im Betrieb enthalten Ethikrichtlinien vielfach auch weitergehende Regelungen, die auch oder sogar gerade das außerdienstliche Verhalten der Arbeitneh-

---

[324] Ausf. Staudinger/*Coester*, § 307 BGB Rn. 174; Ulmer/Brandner/Hensen/*Fuchs*, § 307 BGB Rn. 330 ff..

[325] Staudinger/*Coester*, § 307 BGB Rn. 174 ff.

[326] MüKo/*Kieninger*, § 307 BGB Rn. 53.

[327] Diese Kategorisierung hat sich in diesem Zusammenhang durchgesetzt, sie findet sich so oder in ähnlicher Form auch bei *Meyer*, NJW 2006, 3605, 3607; *Kock*, MDR 2006, 673, 673; *Borgmann*, NZA 2003, 352, 353.

mer betreffen.[328] Beispiele derartiger Klauseln sind etwa Vorschriften, nach denen die Arbeitnehmer dazu angehalten werden, den Namen ihres Arbeitgebers nicht in Zusammenhang mit ihren politischen, kulturellen oder religiösen Aktivitäten zu bringen[329] oder Verhaltensregeln, die privat getätigte Wertpapiergeschäfte von Angestellten eines Finanzdienstleisters reglementieren[330].

Ethikregeln zum außerdienstlichen Verhalten erweisen sich als hochgradig problematisch, zumal sie sich in aller Regel nicht oder nur unter Einschränkungen auf vertragliche Nebenpflichten zurückführen lassen.[331] Es ist davon auszugehen, dass Ethikklauseln mit rein außerdienstlichem Regelungsinhalt im Grundsatz als unzulässig anzusehen sind, weil die Gestaltung des privaten Lebensbereichs für gewöhnlich außerhalb der legitimen Einflusssphäre des Arbeitgebers liegt.[332] Dies ist bereits dem Umstand geschuldet, dass das Privatleben des Arbeitnehmers einen geschützten, von der dienstlichen Sphäre zu trennenden Rechtskreis darstellt.[333] Ethikklauseln, mit denen wie auch immer geartete außerdienstliche Pflichten begründet werden, dürften aus diesem Grunde einer Inhaltskontrolle kaum standhalten.[334]

Demgegenüber als zulässig, weil unter die Bereichsausnahme des § 307 Abs. 3 BGB fallend, sind solche Ethikklauseln zu erachten, mit denen bestehende arbeitsvertragliche Nebenpflichten konkretisiert werden, die auch im außerdienstlichen Bereich Verhaltenspflichten auf Seiten der Arbeitnehmer begründen. Die Rechtsprechung hat insoweit etwa in Bezug auf Nebentätigkeits-[335] oder Wettbewerbsverbote[336] Nebenpflichten anerkannt, die in den außerdienstlichen Bereich hineinreichen. Trotz ihres außerdienstlichen Bezuges sind demnach Ethikklauseln, die lediglich den Inhalt dieser bereits bestehenden allgemeinen Nebenpflichten wiedergeben, nach § 307 Abs. 3 BGB stets zulässig. Es stellt sich jedoch die weitergehende Frage, ob damit bereits der zulässige Regelungsbereich von Ethikklauseln mit

---

[328] *Borgmann*, NZA 2003, 352, 353.
[329] Beispiel nach *Schuster/Darsow*, NZA 2005, 273, 273.
[330] Vgl. BAG v. 28.05.2002 – 1 ABR 32/01, AP Nr. 39 zu § 87 BetrVG 1972 Ordnung des Betriebes.
[331] Etwas anderes ergibt sich freilich dann, wenn der Direktionsklausel des Arbeitsvertrages auch ein bestimmtes außerdienstliches Verhalten unterstellt worden ist, soweit dies zulässig ist; vgl. *Mahnhold*, Compliance und Arbeitsrecht, S. 157.
[332] ErfK/*Preis*, § 611 BGB Rn. 730.
[333] *Preis*, Vertragsgestaltung, S. 520.
[334] Vgl. dazu unten § 13IV.3. (S. 155 ff.).
[335] Vgl. etwa BAG v. 18.11.1988 – 8 AZR 12/86, AP Nr.3 zu § 611 BGB Doppelarbeitsverhältnis.
[336] Vgl. etwa BAG v. 16.08.1990 – 2 AZR 113/90, AP Nr. 10 zu § 611 BGB Treuepflicht.

außerdienstlichem Bezug abschließend umrissen wurde oder ob ein weitergehender Regelungsspielraum des Arbeitgebers besteht. Für die Definition eines solchen Regelungsspielraumes finden sich verschiedene Ansätze

a) Indirekter Arbeitsbezug

Kock[337] etwa erachtet außerdienstliche Verhaltensregeln bereits dann als zulässig, wenn die strittige Klausel ein außerdienstliches Verhalten zum Gegenstand hat, durch welches das Arbeitsverhältnis zumindest indirekt betroffen ist. Als Beispiel eines indirekten Arbeitsbezuges nennt *Kock* die Gefährdung des Betriebsfriedens, der Arbeitsleistung oder des Unternehmensimages durch außerdienstliches Verhalten. Innerhalb dieses Rahmens sieht *Kock* eine Regelungskompetenz zugunsten des Arbeitgebers.

Ein indirekter Arbeitsbezug, wie *Kock* ihn als Abgrenzungskriterium verwendet, kann allein allerdings nicht ausreichen, um außerdienstliche Verhaltensregeln in Ethikrichtlinien zu legitimieren. Schließlich ließe sich im Hinblick auf beliebige private Betätigungen des Arbeitnehmers ein *indirekter* Bezug zur Arbeitsleistung herstellen. So könnte der Arbeitgeber seinen Arbeitnehmern die Teilnahme an privaten Festen am Vorabend von Arbeitstagen untersagen, um Leistungsminderungen etwa durch vorherigen Alkoholkonsum oder Schlafmangel zu vermeiden; oder es wird die Ausübung auch ungefährlicher Sportarten untersagt, um jegliches Verletzungsrisiko und damit Fehlzeiten von Arbeitnehmern zu minimieren.[338] Insofern ist den bereits oben angesprochenen, besonderen Gefahren für die freie Selbstbestimmung des Arbeitnehmers keineswegs Rechnung getragen, wenn lediglich ein indirekter Arbeitsbezug vorliegen muss, um außerdienstliche Verhaltensanweisungen zu rechtfertigen.

b) Berechtigtes Interesse des Arbeitgebers

Anders argumentieren *Schuster/Darsow*, die im außerdienstlichen Bereich grundsätzlich keinen Arbeitsbezug erkennen können.[339] Lediglich in Tendenzbetrieben könnten sich bestimmte arbeitnehmerseitige Nebenpflichten auch in den außerdienstlichen Bereich erstrecken und auf diese Weise etwa das Weisungsrecht

---

[337] *Kock*, MDR 2006, 673, 674.
[338] Eine Pflicht des Arbeitnehmers zu gesundheits- bzw. genesungsförderndem Verhalten wird allerdings nach einhelliger Meinung abgelehnt, im Einzelnen *Schäfer*, NZA 1992, 529, 530; *Künzl*, NZA 1998, 122, 122ff; vgl. ferner *Preis*, Individualarbeitsrecht, S. 315; ErfK/*Preis*, § 611 BGB Rn. 731.
[339] *Schuster/Darsow*, NZA 2005, 273, 273.

des Arbeitgebers entsprechend erweitern.[340] Außerhalb von Tendenzbetrieben existierten solche Möglichkeiten nicht. Dennoch, so *Schuster/Darsow* weiter, könne der Arbeitgeber auch hier ein bestimmtes außerdienstliches Verhalten seiner Arbeitnehmer zum Anlass von Sanktionen nehmen.[341] Voraussetzung hierfür sei aber nicht das Vorliegen eines indirekten Arbeitsbezuges, vielmehr knüpfen *Schuster/Darsow* die Zulässigkeit von Ethikklauseln mit außerdienstlichem Regelungsgegenstand an die Existenz eines *berechtigten Interesses* auf Seiten des Arbeitgebers.

Ein solches *berechtigtes Interesse* wäre demnach dann betroffen, wenn Redakteure einer Wirtschaftszeitung dazu verpflichtet werden, in der eigenen Freizeit und mit Privatvermögen getätigte Wertpapiergeschäfte[342] gegenüber dem Arbeitgeber offen zu legen. Gerade bei Redakteuren einer Wirtschaftszeitung drohen nämlich Interessenkonflikte, wenn diese privat mit Wertpapieren handeln. Schließlich können die Arbeitnehmer im Rahmen ihrer Tätigkeit nicht nur die Kursentwicklung in gewissem Maße beeinflussen, sondern erlangen häufig auch Informationen, die sie unter Missachtung gesetzlicher oder dienstlicher Handelsbeschränkungen ausnutzen können, um Kursgewinne zu erzielen.[343] Da ein eigennütziges Verhalten der Redakteure nicht nur negative Auswirkungen auf die Arbeitsleistung (etwa weil tendenziöse Artikel verfasst werden, um bestimmte Aktienkurse zu manipulieren), sondern auch auf das Image und das Ansehen der Zeitung haben kann, dient die Verpflichtung zur Offenlegung privaten Wertpapierbesitzes hier einem erheblichen Interesse des Arbeitgebers.[344]

Es ist allerdings fraglich, wie sich die Verpflichtung des Arbeitnehmers zur Berücksichtigung eines solchen *berechtigten Interesses* des Arbeitgebers dogmatisch einordnen ließe. Eine Qualifizierung als Pflichtwidrigkeit wäre als Eingriff in höchstpersönliche Rechte des Arbeitnehmers und die Ausübung zentraler Grundrechte freilich unzulässig.[345] Ein solches Verstädnis würde zudem den Grundsatz missachten, dass die Einflusssphäre des Arbeitgebers nicht in den privaten Lebensbereich des Arbeitnehmers hineinreicht.[346]

---

[340] So bereits BVerfG v. 04.06.1985 – 2 BvR 1703/83, 2 BvR 1718/83, 2 BvR 856/84, AP Nr. 24 zu Art. 140 GG; *Schuster/Darsow*, NZA 2005, 273, 273f.. Dazu ferner *Preis*, Vertragsgestaltung, S. 522.
[341] *Schuster/Darsow*, NZA 2005, 273, 274.
[342] Vgl. dazu BAG v. 28.05.2002 – 1 ABR 32/01, NZA 2003, 166, 168.
[343] Beispiele nach *Borgmann*, NZA 2003, 352, 353.
[344] *Borgmann*, NZA 2003, 352, 353.
[345] So *Wisskirchen*, Außerdienstliches Verhalten von Arbeitnehmern, S. 85.
[346] ErfK/*Preis*, § 611 BGB Rn. 730.

Die Aufforderung des Arbeitnehmers zur Berücksichtigung eines solchen *berechtigten Interesses* des Arbeitgebers im außerdienstlichen Bereich lässt sich jedoch als Obliegenheit einordnen.[347] Obliegenheiten sind Verhaltensanforderungen, zu deren Erfüllung man nicht wie bei Rechtspflichten gezwungen werden kann, deren Beachtung aber im eigenen Interesse liegt, um sonst eintretende Nachteile zu vermeiden.[348] Sie stellen keine von § 242 BGB umfassten Nebenpflichten dar, weil für sie kein Erfüllungsanspruch und bei ihrer Verletzung kein Schadensersatzanspruch besteht.[349] Es sind vielmehr Rechtsgebote im eigenen Interesse oder Verhaltensanforderungen in eigener Sache, die zugleich auch im Interesse eines anderen auferlegt sind, ohne dass dieser aber ein dementsprechendes Verhalten von dem Belasteten fordern oder einklagen kann.[350]

Im Arbeitsrecht ist anerkannt, dass über den Kreis arbeitsvertraglicher Haupt- und Nebenpflichten hinaus im außerdienstlichen Bereich des Arbeitnehmers ein Mindestmaß an Loyalitätsobliegenheiten gegenüber dem Arbeitgeber existiert,[351] dessen Verletzung der Arbeitgeber als Anlass für arbeitsrechtliche Sanktionen nehmen kann.[352] Zu den arbeitnehmerseitigen Obliegenheiten zählt etwa die Verpflichtung, gerade im privaten Bereich unternehmensschädigende Äußerungen[353] oder sonstiges Verhalten zu unterlassen, das die Glaubwürdigkeit der arbeitsvertraglich zugesicherten Arbeitsleistung für die Zielsetzung des Arbeitgebers in Frage stellen könnte.[354]

Zur strikten Trennung von betrieblicher und privater Sphäre, zu der das Persönlichkeitsrecht des Arbeitnehmers verpflichtet, sind Obliegenheiten in der persönlichen Lebensführung aber nur insoweit anzuerkennen, als sie unmittelbar

---

[347] *Kock*, MDR 2006, 673, 674; *Schuster/Darsow*, NZA 2005, 273, 274. Krit. *Wisskirchen*, Außerdienstliches Verhalten von Arbeitnehmern, S. 85. *Borgmann*, NZA 2003, 352, 353 erwähnt zwar derartige Klauseln, äußert sich hingegen nicht zur Rechtsnatur der entsprechenden Arbeitnehmerpflichten zur Rücksichtnahme.

[348] *Larenz/Wolf*, § 13 Rn. 36.

[349] *Wisskirchen*, Außerdienstliches Verhalten von Arbeitnehmern, S. 85.

[350] *Larenz/Wolf*, § 13 Rn. 36.

[351] Staudinger/*Richardi*, § 611 BGB Rn. 471; ErfK/*Preis*, § 611 BGB Rn. 734; *ders.*, Individualarbeitsrecht, S. 315.

[352] *Schuster/Darsow*, NZA 2005, 273, 274. *Wisskirchen*, Außerdienstliches Verhalten von Arbeitnehmern, S. 93 ff. hält bei der Verletzung von Obliegenheiten auch die personenbedingte Kündigung für möglich.

[353] *Preis*, Vertragsgestaltung, S. 521 m. w. N.

[354] Staudinger/*Richardi*, § 611 BGB Rn. 471.

Auswirkungen auf die vertraglich geschuldete Arbeitsleistung haben können.[355] Entscheidendes Beurteilungskriterium bei der Frage, inwieweit dem Arbeitnehmer die Rücksichtnahme auf Arbeitgeberbelange obliegt, ist damit die *Leistungsnähe* des privaten Verhaltens.[356] Je größer diese Leistungsnähe ist, desto eher ist von einer Obliegenheit des Arbeitnehmers zur Wahrung der Arbeitgeberinteressen auszugehen. Ein Arbeitgeber wird etwa seine Arbeitnehmer durchaus dazu anhalten können, den Namen des Arbeitgebers nicht mit ihren eigenen politischen, religiösen oder kulturellen Angelegenheiten in Verbindung zu bringen, wenn dadurch ein ernsthafter Schaden droht.[357]

Aufgrund des Kriteriums der Leistungsnähe wird zum Beispiel ein Tabakkonzern seinen Mitarbeitern ein aktives Befürworten von Rauchverboten nur für diejenigen Fälle verwehren können, in denen andernfalls die Glaubwürdigkeit des Arbeitgebers ernsthaft in Frage gestellt würde. In gleicher Weise kann sich für die Arbeitnehmer eines Kernkraftwerkes eine Zurückhaltungspflicht ergeben, was das Tragen von Anti-Atomkraft-Plaketten angeht.[358] Ausnahmen von diesen Grundsätzen können in Tendenzbetrieben gelten, weil dort der Umfang dieser Obliegenheiten möglicherweise weiter zu ziehen ist. In Bezug auf den kirchlichen Arbeitgeber könnte insoweit beispielsweise die Obliegenheit bestehen, homosexuelle Neigungen auch im außerdienstlichen Bereich nicht öffentlich auszuleben.[359]

Bejaht man aufgrund der Leistungsnähe des außerdienstlichen Verhaltens das Vorliegen einer Obliegenheit des Arbeitnehmers, so muss es demgegenüber dem Arbeitgeber aber auch gestattet sein, den Arbeitnehmer darüber zu unterrichten, bei welchem außerdienstlichen Verhalten er seine Interessen als beeinträchtigt sieht.[360] Vor diesem Hintergrund sind Ethikklauseln, die auf derartige Obliegenheiten Bezug nehmen, aufgrund ihres deklaratorischen Inhaltes durchaus zulässig.

Stellen Ethikvorschriften jedoch im außerdienstlichen Bereich Verhaltensanweisungen auf, die nicht mehr als ohnehin bestehende Obliegenheit des Arbeitnehmers qualifiziert werden können, so weisen sie einen konstitutiven Inhalt auf,

---

[355] Vgl. etwa zu einem Alkoholverbot für Kraftfahrer auch außerhalb der Dienstzeit BAG v. 23.09.1986 – 1 AZR 83/85, AP Nr. 20 zu § 75 BPersVG. Ferner *Preis*, Individualarbeitsrecht, S. 315.
[356] *Preis*, Individualarbeitsrecht, S. 315.
[357] *Schuster/Darsow*, NZA 2005, 273, 274.
[358] Staudinger/*Richardi*, § 611 BGB Rn. 513.
[359] Je nach Sachverhalt kann darin aber auch schon eine Vertragspflichtverletzung liegen, vgl. BAG v. 30.06.1983 – 2 AZR 524/81, AP Nr. 15 zu Art 140 GG.
[360] *Schuster/Darsow*, NZA 2005, 273, 274.

der aufgrund des erheblichen Einriffs in die Privatsphäre des Arbeitnehmers unangemessen benachteiligend wirkt und somit unwirksam ist. Dies ist beispielsweise dann der Fall, wenn ein Rüstungsunternehmen seine Arbeitnehmer zu einem aktiven Eintreten gegen Waffenverbote anhält. Die Loyalitätsobliegenheiten können die Arbeitnehmer nämlich allenfalls zu einem neutralen Verhalten verpflichten, nicht hingegen zu einem aktiven Befürworten der Ansichten des Arbeitgebers.[361]

c) Fazit

Zusammenfassend bleibt festzuhalten, dass Ethikklauseln mit rein außerdienstlichem Regelungsbereich im Grundsatz unzulässig sind. Insbesondere können Ethikrichtlinien nicht wirksam Verhaltenspflichten im außerdienstlichen Bereich begründen. Ausnahmsweise sind derartige Klauseln jedoch dann zulässig, wenn sie eine bestehende arbeitsvertragliche Nebenpflicht konkretisieren, die auch im außerdienstlichen Bereich bestimmte Verhaltenspflichten begründen. Dem Arbeitgeber ist dann gestattet, auf diese Obliegenheiten des Arbeitnehmers im außerdienstlichen Bereich hinweisen. Unter diesen Voraussetzungen wohnt den entsprechenden Bestimmungen keine eigene Regelungswirkung inne, weshalb hier auch die Bereichausnahme nach § 307 Abs. 3 BGB greift.

6. Zusammenfassung

Die Ergebnisse der bisherigen Untersuchung der Grundsätze einer Inhaltskontrolle von Ethikrichtlinien haben gezeigt, dass sich Ethikklauseln in zwei mögliche Fallgruppen einordnen lassen. Die erste Fallgruppe ist zugleich die unproblematische: In diese Kategorie fallen all jene Ethikbestimmungen, denen keine eigene Regelungswirkung innewohnt. Es handelt sich vielmehr um bloß deklaratorische Klauseln, die bestehende vertragliche (Neben-)Pflichten der Arbeitnehmer wiedergeben oder konkretisieren. Solche Klauseln sind gemäß § 307 Abs. 3 BGB einer AGB-Kontrolle weitgehend entzogen.

Diejenigen Ethikklauseln, welche in die zweite Kategorie fallen, weisen demgegenüber einen eigenen Regelungsgehalt auf. Insofern steht § 307 Abs. 3 BGB einer Inhaltskontrolle nicht entgegen, und es bedarf einer Untersuchung nach den Grundsätzen des § 307 Abs. 2 Nr. 1 BGB, ob die Anwendung der Klausel zu einer unangemessenen Benachteiligung des Arbeitnehmers führt. Als gesetzliches Re-

---

[361] Vgl. ferner zur Gewissensfreiheit im Arbeitsverhältnis BAG v. 20.12.1984 – 2 AZR 436/83, AP Nr. 27 zu § 611 BGB Direktionsrecht; BAG v. 24.05.1989 – 2 AZR 285/88, AP Nr. 1 zu § 611 BGB Gewissensfreiheit.

gelbeispiel indiziert der Tatbestand in § 307 Abs. 2 Nr. 1 BGB eine unangemessene Benachteiligung.[362]

Insofern kommt es bei Ethikklauseln, die in die zweite Kategorie fallen, aufgrund der Regelwertung des § 307 Abs. 2 Nr. 1 BGB zu einer gewissen Verlagerung der Darlegungslast auf den Arbeitgeber[363]: Er hat in diesem Fall nachzuweisen, dass hinreichende (tatsächliche) Gründe vorliegen, die trotz der Erfüllung der Tatbestandsvoraussetzungen des § 307 Abs. 2 Nr. 1 BGB die Benachteiligung des Vertragspartners durch die fragliche Klausel doch nicht als unangemessen erscheinen lassen.[364] Damit ist davon auszugehen, dass nebenpflichterweiternde Ethikbestimmungen, die der zweiten Kategorie zuzuordnen sind, nur im Ausnahmefall zulässig sein dürften. Ein solcher Ausnahmefall dürfte jedoch dann vorliegen, wenn die zu Prüfung stehende Klausel eine adäquate Kompensation des Arbeitnehmers enthält.

Klauseln der ersten Kategorie sind also als deklaratorische Bestimmungen im Regelfall zulässig. Ethikbestimmungen der zweiten Kategorie sind im Regelfall dagegen unzulässig, können einer Inhaltskontrolle jedoch standhalten, wenn sie eine adäquate Kompensationsmöglichkeit beinhalten. Das Transparenzgebot nach § 307 Abs. 1 Satz 2 BGB entfaltet bei der Inhaltskontrolle von Ethikrichtlinien demgegenüber kaum nennenswerte Relevanz.

V. AGB-Kontrolle der einzelnen Ethikklauseltypen

Die Ergebnisse der vorangehenden Untersuchung lassen sich wie folgt auf die vier unterschiedlichen Klauseltypen in Ethikrichtlinien – Programmsätze, Verhaltensregeln, Whistleblowing-Klauseln[365] und Sanktionsklauseln – übertragen:

---

[362] *Stoffels*, AGB-Recht, Rn. 499; Ulmer/Brandner/Hensen/*Fuchs*, § 307 BGB Rn. 194. Auch die Rechtsprechung verwendet diese Formulierung und spricht etwa davon, dass § 307 Abs. 2 Nr. 1 BGB etwa die unangemessene Benachteiligung des Vertragspartners indizieren, vgl. BGH v. 13.07.2004 – KRZ 10/03, WRP 2004, 1378 unter II.11.c)bb)(3) der Gründe. A. A. *Wolf*/Horn/Lindacher, § 9 AGBG Rn. 58, die in § 307 Abs.2 Nr. 1 und 2 BGB als Beweislastregelung auslegen.
[363] Ulmer/Brandner/Hensen/*Fuchs*, § 307 BGB Rn. 194f.
[364] Ulmer/Brandner/Hensen/*Fuchs*, § 307 BGB Rn. 195. Die Möglichkeit einer ausnahmsweisen Rechtfertigung des Verwenders entspricht auch den Vorstellungen des Gesetzgebers, vgl. BT-Drs. 7/3919, S. 23, ferner *Stoffels*, AGB-Recht, Rn. 497.
[365] Dass Whistleblowing-Klauseln eigentlich als Verhaltensregeln zu qualifizieren sind, aufgrund ihrer besonderen praktischen Bedeutung aber jeweils gesondert erörtert werden sollen, wurde bereits oben unter § 5II.3. (S. 38) hervorgehoben.

1. Reine Programmsätze

Reine Programmsätze enthalten im Gegensatz zu Verhaltensregeln keine konkreten Verhaltensanweisungen und damit keinen eigenen Regelungsbereich, sondern beschränken sich auf die Wiedergabe von Motiven der Ethikrichtlinie oder auf allgemeine, abstrakt gefasste Maximen, an denen die Arbeitnehmer ihr Handeln auszurichten haben („faires Verhalten", „respektvoller Umgang"). Wie bereits zuvor erwähnt, bereitet eine Inhaltskotrolle aufgrund der Rechtsnatur von reinen Programmsätzen keine Schwierigkeiten. Reine Programmsätze halten einer Inhaltskontrolle nach §§ 305 ff. BGB immer stand.

2. Verhaltensregeln

Ganz anders ist die Situation bei der Inhaltskontrolle konkreter Verhaltensanweisungen zu beurteilen. Hier findet in der Regel eine Inhaltskontrolle nach §§ 307 ff. BGB statt.[366] Dennoch können neben Programmsätzen auch Verhaltensvorschriften in Ethikrichtlinien der Bereichsausnahme des § 307 Abs. 3 BGB unterfallen: Zuvor[367] wurde bereits eine Reihe von gängigen und geradezu typischen Verhaltensvorschriften in Ethikrichtlinien identifiziert, nämlich Vorschriften zu Interessenkonflikten, zur Verschwiegenheit, zum Schutz von materiellem und immateriellem Firmeneigentum und zum fairen Geschäftsgebaren. Der Regelungsgegenstand derartiger Klauseln entspricht im Grundsatz allgemeinen arbeitsvertraglichen Nebenpflichten der Arbeitnehmer, deren Grenzen bereits oben unter IV.2.a)cc) (S. 129 ff.) dimensioniert wurden. In Bezug auf Verhaltensvorschriften in Ethikrichtlinien, die mit ihrer Regelungsmaterie innerhalb dieser Grenzen bleiben, findet aufgrund des rein deklaratorischen Inhalts gemäß § 307 Abs. 3 BGB bis auf die Transparenzkontrolle keine Inhaltskontrolle statt.

Gehen die Ethikvorschriften jedoch über die Grenzen entsprechender Nebenpflichten hinaus, greift die Bereichsausnahme des § 307 Abs. 3 BGB nicht mehr, und es findet eine Inhaltskontrolle nach Maßgabe des § 307 Abs. 2 Nr. 1 BGB i. V. m. § 307 Abs. 1 BGB statt. Gemäß § 307 Abs. 2 Nr. 1 BGB wird eine unangemessene Benachteiligung des Arbeitnehmers durch die zu prüfende Ethikklausel indiziert, sofern der Arbeitgeber kein besonderes Interesse nachweisen kann, das das Interesse der Gegenseite an der Einhaltung der durch das Gesetz gezogenen Grenze übersteigt.

---

[366] Dazu oben § 13III. (S. 126 ff.).
[367] Oben unter § 4 (S. 15 ff.).

Eine eingehende Untersuchung hat jedoch ergeben, dass sich solche Abweichungsinteressen bei Ethikrichtlinien kaum finden lassen.[368] Die mit der Ethikrichtlinie durch den Arbeitgeber verfolgten Zwecke und Motive bieten regelmäßig keinen triftigen Grund, von der bei der Dimensionierung der arbeitsvertraglichen Nebenpflichten vorgenommenen, umfassenden Interessenabwägung abzuweichen. Der Arbeitgeber könnte den Vorwurf einer unangemessenen Benachteiligung in der Regel nur durch die Aufnahme einer Kompensationslösung entkräften. Für eine privatautonome Gestaltung von Verhaltensregeln in Ethikrichtlinien bleibt also zumindest so lange kein Raum, wie die mit solchen Maßnahmen verbundenen Nachteile nicht durch adäquate Vorteile ausgeglichen werden können.

Dass jedoch eine Kompensation der Arbeitnehmer für benachteiligende Ethikklauseln nur in Ausnahmefällen gelingen dürfte, wurde bereits oben näher ausgeführt.[369] Die Kompensationsmöglichkeiten des Arbeitgebers sind nämlich durch den erforderlichen Sachzusammenhang zwischen der Benachteiligung und dem als Ausgleich gewährten Vorteil begrenzt. Tatsächlich praktikable Kompensationen beschränken sich daher entweder auf die Gewährung eines zusätzlichen Entgelts. Insofern kann der Arbeitgeber Kompensationsklauseln lediglich dann heranziehen, wenn zwischen diesen beiden Arten der Vorteilsgewährung und der Benachteiligung ein Sachzusammenhang besteht. Wirkt sich eine Ethikklausel also entgeltmindernd aus, ist eine Kompensationslösung denkbar. Insofern lässt sich die gemäß § 307 Abs. 2 Nr. 1 BGB in Verbindung mit § 307 Abs. 1 Satz 1 BGB unangemessen benachteiligende Wirkung von Ethikklauseln, die jegliche Annahme von Kundenzuwendungen untersagt, mit einer Ausgleichszahlung kompensieren, die den Arbeitnehmern den Wert von ansonsten zulässigen, gebräuchlichen Gelegenheitsgeschenken ersetzt.

Mangels erforderlichem Sachzusammenhang scheitert eine Kompensation jedoch dann, wenn neben finanziellen Einbußen ein erweiterter Eingriff in andere Grundrechte des Arbeitnehmers erfolgt. Insoweit wurde bereits oben darauf hingewiesen, dass ein Nebentätigkeitsverbot nicht durch ein zusätzliches Entgelt kompensiert werden könne, weil dies allein die finanziellen Einbußen des Arbeitnehmers ausgleicht, den Aspekt einer fehlenden Möglichkeit zur Selbstverwirklichung, die eine Nebenbeschäftigung eben auch bieten kann, hingegen nicht aufwiegt. Aus ähnlichen Gründen bleibt etwa auch für Verschwiegenheitsklauseln, die den Arbeitnehmer über die allgemeine Schweigepflicht hinaus zur Geheimhaltung *aller*

---

[368] § 13IV.3.b)bb)(2) (S. 170 ff.).
[369] Vgl. oben unter § 13IV.3.b)bb)(2)(b) (S. 172 ff.).

ihm bekannt gewordenen sonstigen geschäftlichen bzw. betrieblichen Tatsachen, teilweise sogar über das Ende des Arbeitsverhältnisses hinaus, verpflichten, demnach im Rahmen der AGB-Kontrolle kein Raum.[370] Ebenso werden Ethikklauseln, die außerdienstliche Verhaltenspflichten begründen, an der Kontrolle nach §§ 307 ff. BGB scheitern.[371]

Ob sich die Rechtsprechung diesen Grundsätzen anschließen wird, bleibt indessen abzuwarten. Die bisherigen Verfahren haben den erkennenden Kammern bislang keinen Anlass gegeben, sich mit diesen Aspekten zu beschäftigen.[372] Aufgrund der allgemeinen Skepsis, mit der die Rechtsprechung dem Gedanken der Kompensation des Vertragspartners für unangemessene Geschäftsbedingungen begegnet[373], ist jedoch damit zu rechnen, dass Verhaltensvorschriften in Ethikrichtlinien, die arbeitsvertragliche Nebenpflichten erweitern, in aller Regel an den Anforderungen einer Inhaltskontrolle nach §§ 307 ff. BGB scheitern werden.

3. Whistleblowing

Wie bereits oben beschrieben, handelt es sich bei Whistleblowing-Klauseln um eine Form von Verhaltensregeln, die aufgrund ihrer hohen praktischen Relevanz im Rahmen der vorliegenden Arbeit jedoch gesondert zu betrachten sind.[374] Insofern können die soeben gewonnenen Ergebnisse auch für eine Beurteilung der Zulässigkeit von vertraglich eingeführten Whistleblowing-Klauseln fruchtbar gemacht werden.

Auch das von Whistleblowing-Klauseln eingeforderte Verhalten, Verstöße gegen Inhalte der Ethikrichtlinie dem Arbeitgeber oder einem direkten Vorgesetzten zu melden, lässt sich im Grundsatz auf arbeitsvertragliche Nebenpflichten zurückführen. So ist der Arbeitgeber aufgrund vertraglicher Schutzpflichten grundsätzlich nur bei Gefahr erheblicher Schäden zu einer Anzeige von gleichgestellten Arbeit-

---

[370] Zulässig sind dagegen Verschwiegenheitsklauseln, die sich auf Geschäftsgeheimnisse beziehen, vgl. oben § 13IV.2.a)cc)(1)(a) (S. 137 ff.).

[371] Klauseln, die hingegen bestehende Obliegenheiten der Arbeitnehmer im außerdienstlichen Bereich wiedergeben, haben hingegen Bestand, vgl. oben § 13IV.5. (S. 184 ff.).

[372] Im Zentrum der bisherigen Verfahren stand bislang immer die Frage nach einem Mitbestimmungsrecht des Betriebsrates bei der Einführung von Ethikrichtlinien, vgl. ArbG Wuppertal v. 15.6.2005 – 5 BV 20/05, NZA-RR 2005, 476; LAG Düsseldorf v. 14.11.2005 – 10 TaBV 46/05, DB 2006, 162; BAG v. 22.07.2008 – 1 ABR 40/07, NZA 2008, 1248.

[373] Vgl. bereits BAG v. 29.10.1956 – II ZR 79/55, BGHZ 22, 90.

[374] Dazu oben § 5II.3. (S. 36).

nehmern verpflichtet.[375] Klauseln, die diesbezügliche Verpflichtungen enthalten, werden gemäß § 307 Abs. 3 BGB als deklaratorische Klauseln aus der Inhaltskontrolle nach §§ 307 ff. herausgenommen.

Die arbeitsvertraglichen Nebenpflichten des Arbeitnehmers umfassen demgegenüber nicht die Pflicht, sämtliche Verstöße gegen Richtlinieninhalte, gleich, ob damit der Eintritt von Schäden verbunden ist oder nicht, anzuzeigen. Etwas anderes kann allenfalls gelten, wenn sich die Whistleblowing-Klausel ausschließlich an Arbeitnehmer richtet, zu deren Aufgabe ohnehin die Anzeige von Störungen gehört, etwa weil sie zur Aufsicht über andere verpflichtet sind oder eine besondere Vertrauensstellung im Betrieb einnehmen.[376]

Problematisch sind in diesem Zusammenhang Klauseln, die eine derartige Differenzierung vermissen lassen: Ruft eine Whistleblowing-Klausel beispielsweise zur Meldung pflichtwidrigen Verhaltens anderer Kollegen auf, ohne dies von der Gefahr erheblicher Schäden abhängig zumachen, so liegt darin im Hinblick auf die „gewöhnlichen" Arbeitnehmer eine Nebenpflichterweiterung. Führungskräfte und solche Arbeitnehmer, die eine besondere Vertrauensstellung einnehmen, unterliegen aber ohnehin bereits aufgrund ihrer arbeitsvertraglichen Nebenpflichten einer entsprechenden Meldepflicht. Dies hat zur Folge, dass die in Rede stehende Whistleblowing-Klausel für einen Teil der Belegschaft konstitutiv, für einen anderen Teil hingegen deklaratorisch wirkt.

Es fragt sich, wie derartige Klauseln zu beurteilen sind. Man könnte argumentieren, dass die Klausel aufgrund der fehlenden Differenzierung schlicht teleologisch reduziert werden müsste. Auf diesem Wege würde man für „gewöhnliche" Arbeitnehmer zu einer eingeschränkten, den arbeitsvertraglichen Nebenpflichten entsprechenden Meldepflicht gelangen und eine uneingeschränkte Meldepflicht nur für jene Mitarbeiter annehmen, die in dieser Hinsicht erweiterten Pflichten unterliegen. Dies käme jedoch einer geltungserhaltenden Reduktion gleich, die im Recht der Allgemeinen Geschäftsbedingungen unzulässig ist.[377]

---

[375] Vgl. LAG Hamm v. 29.07.1994 – 18 (2) Sa 2016/93, BB 1994, 2352; MüArbR/*Blomeyer*, § 54 Rn. 9; ferner oben § 13IV.2.a)cc)(2)(a) (S. 140 ff.).

[376] BAG v. 18.06.1970 – 1 AZR 520/69, AP Nr. 57 zu § 611 BGB Haftung des Arbeitnehmers; BGH v. 23.02.1989 – IX ZR 236/86, AP Nr. 9 zu § 611 BGB Treuepflicht; MüKo/*Müller-Glöge*, § 611 BGB Rn. 439; MüArbR/*Blomeyer*, § 54 Rn. 9.

[377] Grundlegend BGH v. 17.05.1982 – VII ZR 316/81, NJW 1982, 2309; seither st. Rspr., BGH v. 13.02.2001 – XI ZR 197/00, NJW 2001, 1419; BGH v. 30.11.2004 – XI ZR 200/03, NJW 2005, 1275; vgl. für das Arbeitsrecht BAG v. 04.03.2004 – 8 AZR 196/03, AP Nr. 3 zu § 309 BGB;

Dem Arbeitgeber ist deswegen anzuraten, bei Whistleblowing-Klauseln zwischen Arbeitnehmern mit allgemeinem Pflichtenumfang und solchen Arbeitnehmern zu unterscheiden, die aufgrund ihrer Funktion im Unternehmen oder Betrieb eine besondere Aufsichts- oder Vertrauensposition bekleiden, und deren Meldepflicht entsprechend zu gestalten. Andernfalls riskiert der Arbeitgeber, dass die Whistleblowing-Klausel insgesamt für unwirksam erklärt wird, wenn sie ein regelungsunterworfener Arbeitnehmer, der arbeitsvertraglich legiglich einer Meldepflicht nach den allgemeinen Grundsätzen unterliegt, gerichtlich überprüfen lässt.

Eine differenzierende Whistleblowing-Klausel darf aber auch nicht über die ohnehin bestehenden Nebenpflichten der jeweiligen Arbeitnehmer hinausgehen. Ein hinreichendes Abweichungsinteresse, welches die Benachteiligung des Arbeitnehmers durch eine diesbezügliche Nebenpflichterweiterung nach § 307 Abs. 2 Nr. 1 BGB rechtfertigen würde, findet sich nämlich auch im Bezug auf Whistleblowing-Klauseln nicht.

Insbesondere kann der Arbeitgeber keine sich aus US-amerikanischem Börsenrecht ergebende Verpflichtung zur Einführung umfassender Whistleblowing-Klauseln heranziehen, um sein Abweichungsinteresse zu belegen. Die einschlägigen Vorschriften des US-amerikanischen Rechtskreises verlangen nämlich lediglich die Implementierung eines „enforcement mechanisms", also Regelungen, die eine Einhaltung der Richtlinieninhalte sicherstellen.[378] Dazu ist die Einführung weitreichender Whistleblowing-Klauseln jedoch nicht zwangsläufig erforderlich: Da sich die nach US-amerikanischem Börsenrecht verbindlichen Regelungsbereiche sämtlich auf arbeitsvertragliche Nebenpflichten zurückführen lassen[379], bietet das deutsche Arbeitsrecht dem Arbeitgeber mit den anerkannten Sanktionsmöglichkeiten für Nebenpflichtverletzungen wie etwa der Abmahnung oder – als *ultima ratio* – der Kündigung ausreichende Möglichkeiten, die Einhaltung der Richtlinieninhalte sicherzustellen. Der Arbeitgeber kann zudem seine leitenden Angestellten heranziehen, um von Verstößen Kenntnis zu erlangen. Diese unterliegen nämlich, wie bereits erwähnt, erweiterten Anzeigepflichten.[380]

BAG v. 25.05.2005 – 5 AZR 572/04, AP Nr. 1 zu § 310 BGB. Krit. TdL, vgl. MüKo/*Basedow*, § 306 BGB Rn. 13 ff.
[378] So etwa Rule 4350 (n) NASDAQ Manual.
[379] Siehe oben unter § 13V.2. (S. 192 ff.).
[380] BAG v. 18.06.1970 – 1 AZR 520/69, AP Nr. 57 zu § 611 BGB Haftung des Arbeitnehmers; BGH v. 23.02.1989 – IX ZR 236/86, AP Nr. 9 zu § 611 BGB Treuepflicht; MüArbR/*Blomeyer*, § 54 Rn. 9.

Insoweit muss der Arbeitgeber also kein Defizit befürchten, wenn sich die in einer einzuführenden Ethikrichtlinie enthaltene Whistleblowing-Klausel auf die Verpflichtung zur Anzeige von gleichgestellten Arbeitnehmern nur bei Gefahr erheblicher Schäden beschränkt. Zum einen verlangt das einschlägige US-amerikanische Recht schließlich nicht die Einführung einer erweiterten Whistleblowing-Klausel, zum anderen bietet das (deutsche) Arbeitsrecht dem Arbeitgeber ausreichende Möglichkeiten, abseits einer Whistleblowing-Klausel die Einhaltung von Inhalten einer Ethikrichtlinie angemessen zu überwachen. Die Whistleblowing-Klauseln mit uneingeschränkter Meldepflicht für alle Schäden sowie Verfehlungen von Vorgesetzten, Kollegen oder Untergebenen sind demnach unangemessen benachteiligend und damit unwirksam.[381]

Dementsprechend hielte auch eine Whistleblowing-Klausel wie etwa die Ethikrichtlinie der Allianz AG sie aufweist, bei vertraglicher Einführung einer AGB-Kontrolle nicht stand: Nach Punkt 22 der Verhaltensrichtlinie sind „Compliance" oder eine andere zuständige Stelle von den Mitarbeitern zu informieren, falls sie von illegalen oder unredlichen Handlungen innerhalb der Allianz Gruppe erfahren. Dass die Klausel als „Soll"-Vorschrift abgefasst ist, schränkt deren Verbindlichkeit nicht ein, schließlich ist zu erkennen, dass der Arbeitgeber ein entsprechendes Verhalten ausdrücklich einfordert, statt es den Arbeitnehmern lediglich nahe zu legen.[382] Eine unabhängig von der Gefahr von Schäden bestehende Verpflichtung sämtlicher Arbeitnehmer, alle ihnen bekannt werdenden Verfehlungen anderer Mitarbeiter zu melden, erweitert die bestehenden Anzeigepflichten erheblich. Letztlich völlig konturlos gerät die Meldepflicht, wenn die Mitarbeiter auch zur Anzeige „unredlicher" Handlungen aufgerufen werden. Entsprechend den dargelegten Grundsätze führt eine solche Klausel zu einer unangemessenen Benachteiligung der Arbeitnehmer gemäß § 307 Abs. 2 Nr. 1 BGB und ist damit unwirksam.

Ein besonderes Abweichungsinteresse des Arbeitgebers von einer gesetzlichen Regelung im Sinne des § 307 Abs. 2 Nr. 1 BGB in Bezug auf weitreichende Ethikrichtlinien ist nach alldem nicht anzuerkennen. Whistleblowing-Klauseln, die eine Anzeigepflicht von Verfehlungen gleichgestellter oder vorgesetzter Kollegen nicht von dem Eintritt oder dem drohenden Eintritt erheblicher Schäden abhängig machen, halten somit einer Inhaltskontrolle nach §§ 307 ff. BGB nicht stand.

---

[381] Im Ergebnis auch *Schuster/Darsow*, NZA 2005, 273, 276.
[382] Zu den mit solch weichen Formulierungen verbundenen Problemen einer Intransparenz oben § 13IV.4. (S. 175 ff.)

4. Sanktionsklauseln

Nichts anderes kann auch bei den Sanktionsklauseln gelten, die durch die Androhung von Strafen eine Einhaltung der Richtlinieninhalte sicherstellen sollen. Auch hier lassen sich durch Allgemeinen Geschäftsbedingungen keine Sanktionsregelungen einführen, die über die allgemeinen Grundsätze hinausgehen würden. Die gesetzlichen Sanktionsmöglichkeiten, die dem Arbeitgeber zur Verfügung stehen, sind ausreichend und angemessen, um etwaige Verstöße des einzelnen Arbeitnehmers gegen bestehende Verhaltenspflichten zu sanktionieren.

Höherrangige Interessen des Arbeitgebers, die eine Ausweitung dieser Befugnisse – sei es auf Tatbestands-, sei es auf Rechtsfolgenebene – rechtfertigen würden, lassen sich nicht finden. Sanktionsklauseln, die etwa einen Verstoß des Arbeitnehmers gegen Richtlinieninhalte mit einer Lohnminderung für den laufenden Monat sanktionieren, sind demzufolge unangemessen benachteiligend und damit nach den Grundsätzen der Inhaltskontrolle nach §§ 307 ff. BGB unwirksam. Ebenso greift der Gedanke einer Kompensation nicht: Der Arbeitnehmer kann seinen gesetzlichen Kündigungsschutz weder teilweise noch vollständig „verkaufen". Eine Kompensation für eine Sanktionsklausel mit erweiterten Kündigungstatbeständen wäre als eine zum Nachteil des Arbeitnehmers vom Kündigungsschutzgesetz (KSchG) abweichende Vereinbarungen nichtig.[383] Dementsprechend sind Sanktionsklauseln in Ethikrichtlinien auf deklaratorische Inhalte beschränkt. Insofern weist etwa die Sanktionsklausel der Ethikrichtlinie der Bayer AG lediglich auf die gesetzlichen Sanktionen eines pflichtwidrigen Verhaltens hin.[384]

Bei der Untersuchung gängiger Ethikrichtlinien[385] wurden keine Sanktionsklauseln gefunden, die über diese Inhalte hinausgehende Sanktionen, wie etwa die Zahlung einer Vertragsstrafe enthalten. Obwohl die Praxis von derartigen Gestaltungsmöglichkeiten demnach (bislang) keinen Gebrauch zu machen scheint, sollen die Voraussetzungen einer formularmäßigen Einführung von Vertragsstrafen kurz dargestellt werden. Die Frage einer AGB-Kontrolle von Ethikklauseln, die Betriebsbußen enthalten, stellt sich demgegenüber nicht, weil eine Betriebsbußenordnung allein durch Betriebsvereinbarung (vgl. § 8 Abs. 1 Nr. 1 BetrVG), und nicht durch formularmäßige Arbeitsvertragsklausel eingeführt werden kann.[386]

---

[383] HWK-*Quecke*, Vor § 1 KSchG Rn. 24.
[384] Vgl. etwa S. 25 der Verhaltensrichtlinie der Bayer AG.
[385] Vgl. die Aufstellung auf S. 301.
[386] Vgl. ErfK/*Müller-Glöge*, §§ 339–345 BGB Rn. 5; Preis/*Stoffels*, II V 30 Rn. 3. Auch eine einzelvertragliche Unterwerfung unter die Betriebsbußenordnung ist nach hM nicht erforderlich, vgl. ErfK/*Müller-Glöge*, §§ 339–345 BGB Rn. 5.

Die Einführung einer Vertragsstrafenregelung per AGB-Klausel ist zwar grundsätzlich zulässig[387], jedoch von dem Vorliegen eines berechtigten Interesses auf Seiten des Arbeitgebers abhängig.[388] Ein solches berechtigtes Interesse fehlt, wenn das sanktionierte Verhalten typischerweise nicht zu einem Schaden oder nur zu einem völlig unerheblichen Schaden des Arbeitgebers führt oder dieser aber im Falle eines Schadenseintritts den Schaden und seine Höhe ohne größere Schwierigkeiten nachweisen kann.[389] Aus dem Transparenzgebot nach § 307 Abs. 1 Satz 2 BGB folgt zudem, dass der Tatbestand, der die Sanktion auslösen soll, klar gekennzeichnet und umschrieben sein muss.[390] Die Höhe der Vertragsstrafe muss zudem angemessen sein und darf ein Bruttomonatsgehalt wohl nicht überschreiten.[391] Angesichts dieser Anforderungen überrascht es nicht, dass von der Möglichkeit, Verstöße gegen Richtlinieninhalte mit Vertragsstrafenregelungen zu sanktionieren, bisher wenig Gebrauch gemacht wird. Das Problem dürfte daher auch in Zukunft von geringer praktischer Relevanz bleiben.

VI. Ergebnis

Die Untersuchung, nach welchen Grundsätzen Ethikrichtlinien einer AGB-Kontrolle nach Maßgabe der §§ 305 ff. BGB unterworfen sind, hat zu den folgenden Ergebnisse geführt: Eine Einführung von Ethikrichtlinien per Arbeitsvertrag oder Zusatz- bzw. Änderungsvereinbarung erfüllt regelmäßig die Voraussetzungen des § 305 Abs. 1 BGB. Somit können vertraglich eingeführte Ethikrichtlinien grundsätzlich einer Inhaltskontrolle nach §§ 307 ff. BGB unterzogen werden.

Eine eingehende Untersuchung hat ergeben, dass sich die einzelnen Klauseln einer Ethikrichtlinie in zwei Kategorien einteilen lassen: Ein großer Teil gängiger Ethikklauseln unterfällt aufgrund ihrer rein deklaratorischen Wirkung der Bereichsausnahme des § 307 Abs. 3 BGB. Dies bedeutet, dass Ethikklauseln, die lediglich bestehende Nebenpflichten wiedergeben oder konkretisieren, bis auf eine Überprüfung im Hinblick auf das Transparenzgebot von einer Inhaltskontrolle nach § 307 ff. BGB ausgenommen und somit stets zulässig sind.

---

[387] BAG v. 04.03.2004 – 8 AZR 196/03, AP Nr. 3 zu § 309 BGB.
[388] ErfK/*Preis*, §§ 305–310 BGB Rn. 97 f.
[389] HWK-*Thüsing*, § 611 BGB Rn. 489.
[390] BAG v. 21.04.2005 – 8 AZR 425/04, AP Nr. 3 zu § 307 BGB; BAG v. 18.08.2005 – 8 AZR 65/05, AP Nr. 1 zu § 336 BGB; HWK-*Gotthardt*, Anh. §§ 305–310 Rn. 29.
[391] Das BAG hat diese Obergrenze als „Faustregel" bezeichnet, vgl. BAG v. 06.10.1993 – 5 AZR 636/92, juris.

In die zweite Kategorie fallen Ethikklauseln, die einen eigenen, konstitutiven Regelungsgehalt aufweisen. Solche Klauseln sind an § 307 Abs. 2 Nr. 1 BGB zu messen, weil sie die arbeitsvertraglichen Nebenpflichten der Arbeitnehmer erweitern und damit von gesetzlichen Regelungen im Sinne von § 307 Abs. 2 Nr. 1 BGB abweichen. Derartige Klauselinhalte erweisen sich im Regelfall als unwirksam, weil es dem Arbeitnehmer bei einer Einführung von Ethikrichtlinien regelmäßig nicht gelingen wird, die Indizwirkung des § 307 Abs. 2 Nr. 1 BGB (unangemessene Benachteiligung des Arbeitnehmers durch die zu prüfende Ethikklausel) zu widerlegen. Während höherrangige Interessen zur Rechtfertigung der Benachteiligung des Vertragspartners durch die Klausel jedenfalls außerhalb von Tendenzunternehmen nicht ersichtlich sind, bietet lediglich die Kompensation des Vertragspartners eine Möglichkeit, den Vorwurf einer unangemessenen Benachteiligung zu entkräften. Eine adäquate Kompensation ist jedoch an enge Voraussetzungen geknüpft und dürfte daher nur in Ausnahmefällen gelingen.

Nach den Grundsätzen der §§ 305 ff. BGB sind also nur diejenigen Ethikklauseln wirksam, die bestehende arbeitsvertragliche Nebenpflichten lediglich wiedergeben oder konkretisieren oder als nebenpflichterweiternde Ethikklauseln adäquate Kompensationsmechanismen beinhalten.

§ 14 Inhaltskontrolle bei Einführung durch Betriebsvereinbarung

Bisher hat die Untersuchung der Inhaltskontrolle von Ethikrichtlinien vor dem Hintergrund einer vertraglichen Einführung von Ethikrichtlinien stattgefunden. Im Folgenden soll näher beleuchtet werden, nach welchen Grundsätzen eine solche Überprüfung bei einer Einführung durch Betriebsvereinbarung zu erfolgen hat. Auch die Betriebsparteien sind nämlich beim Abschluss einer Betriebsvereinbarung gewissen Grenzen unterworfen. Diese können sich zum einen aus einer gegenständlichen Begrenzung ihrer Gestaltungsmacht (sog. Außenschranken), zum anderen durch besondere inhaltliche Anforderungen an die Regelungen einer Betriebsvereinbarung (sog. Innenschranken) ergeben.

I. Gegenständliche Grenzen (Außenschranken)

Die Betriebsvereinbarung steht in einem Spannungsverhältnis zur Individualautonomie der einzelnen Arbeitnehmer. Ihr Begründungsakt folgt nämlich den Regeln der Privatautonomie[1], ihre Wirkung hingegen beschränkt sich nicht auf die am Vertragsschluss Beteiligten, sondern erfasst auch die betriebsangehörigen Arbeitnehmer, unabhängig von deren Willen.[2]

Mit dem Konflikt zwischen der Privatautonomie der regelungsunterworfenen Arbeitnehmer und der durch Betriebsvereinbarung errichteten Zwangsordnung begründet das Schrifttum die Notwendigkeit, den Betriebsparteien beim Abschluss einer Betriebsvereinbarung gegenständliche Grenzen zu setzen.[3] Die von der Selbstbestimmung der Arbeitnehmer getragenen (arbeitsvertraglichen) Regelungen werden nämlich durch Kollektivverträge ersetzt, die gegenüber den Arbeitnehmern im Grunde Akte der Fremdbestimmung darstellen.[4] Dies liegt daran, dass der Betriebsrat zwar von den Arbeitnehmern gewählt wird, die bei der Betriebsratswahl überstimmten Minderheiten aber ebenfalls an Betriebsvereinbarungen gebunden sind.[5] Schon allein deshalb können Betriebsvereinbarungen nicht über die Betriebs-

---

[1] Vgl. oben unter § 8 (S. 53 ff.).
[2] *Borngräber*, Inhaltliche Kontrolle von Betriebsvereinbarungen, S. 18.
[3] Grundlegend *Siebert*, FS Nipperdey I, S. 119 ff.; *ders.*, BB 1953, 241 ff., ferner GK-BetrVG/*Kreutz*, § 77 Rn. 307. Ausführlich dazu *Borngräber*, Inhaltliche Kontrolle von Betriebsvereinbarungen, S. 18; *Travlos-Tzanetatos*, Die Regelungsbefugnis der Betriebspartner und ihre Grenzen zum Einzelarbeitsverhältnis, S. 60 ff.; *Richardi*, Kollektivgewalt und Individualwille bei der Gestaltung des Arbeitsverhältnisses, S. 331 ff.; *Kreutz*, Grenzen der Betriebsautonomie, S. 99 ff.
[4] *Borngräber*, Inhaltliche Kontrolle von Betriebsvereinbarungen, S. 12 m. w. N.
[5] *Mahnhold*, Compliance und Arbeitsrecht, S. 242.

ratswahl auf die Selbstbestimmung der Arbeitnehmer zurückgeführt werden.[6] Auch eine arbeitsvertragliche Unterwerfung der einzelnen Arbeitnehmer unter die Regelungsmacht des Betriebsrats kommt aufgrund einer fehlenden Wahlmöglichkeit nicht in Betracht. Wie § 77 Abs. 4 Satz 1 BetrVG verdeutlicht, kann sich ein Arbeitnehmer nämlich nicht durch arbeitsvertragliche Vereinbarung der Regelungsmacht des Betriebsrates entziehen.[7]

Dementsprechend haben verschiedene Autoren der Gefahr eines Betriebsdiktats mit einer unterschiedlich intensiven Begrenzung der gegenständlichen Gestaltungsmacht der Betriebspartner vorzubeugen versucht. *Siebert* entzieht zu diesem Zweck die sog. kollektivfreie Individualsphäre des Arbeitnehmers, der er die „ursprünglichen" und die „gewordenen" Individualrechte des einzelnen Arbeitnehmers zuordnete, der kollektiven Gestaltung durch Betriebsvereinbarung.[8]

Richardi hingegen unterscheidet zwischen formellen und materiellen Arbeitsbedingungen[9] und verneint eine Regelungsbefugnis der Betriebspartner im Hinblick auf letztere.[10] Die Betriebsvereinbarung könne den einzelnen Arbeitnehmer nicht mit belastenden Regelungen über solche materiellen Arbeitsbedingungen belegen, die dem Arbeitsverhältnis seine konkrete Struktur gäben, weil es sich bei ihr um eine korporative Zwangsordnung handle.[11] Ausnahmen lässt *Richardi* aber etwa für materielle Arbeitsbedingungen zu, die zugleich die Ordnung des Betriebes zum Gegenstand haben.[12]

Canaris setzt demgegenüber am Zweck der Betriebsvereinbarung an und unterscheidet zwischen einer Ordnungs- und einer Schutzfunktion.[13] Die Schutzfunk-

---

[6] Der komplexen Thematik (vgl. insbesondere *Kreutz*, Grenzen der Betriebsautonomie, S. 69 ff.) ist mit diesem kurzen Hinweis freilich nicht genüge getan. Im Interesse der vorliegenden Arbeit soll dieser Gesichtspunkt jedoch ohne weitere Begründung akzeptiert werden. Ein zusammenfassender Überblick über den Meinungsstand bietet GK-BetrVG/*Kreutz*, § 77 Rn. 83.
[7] *Kreutz*, Grenzen der Betriebsautonomie, S. 63; *Mahnhold*, Compliance und Arbeitsrecht, S. 242.
[8] *Siebert*, FS Nipperdey, S. 119; *ders.*, BB 1953, 241, 242.
[9] Unter den formellen Arbeitsbedingungen versteht man die Dienst- und Ordnungsvorschriften, die die Ordnung des Betriebs und das damit zusammenhängende Verhalten der Arbeitnehmer im Betrieb regeln, während die materiellen Arbeitsbedingungen unmittelbar das Verhältnis von Leistung und Gegenleistung betreffen; vgl. Richardi/*Richardi*, § 87 BetrVG Rn. 35.
[10] *Richardi*, Kollektivgewalt und Individualwille bei der Gestaltung des Arbeitsverhältnisses, S. 317. Ferner *Richardi*, ZfA 1990, 211 ff.; *ders.*, ZfA 1992, 307 ff.
[11] *Richardi*, Kollektivgewalt und Individualwille bei der Gestaltung des Arbeitsverhältnisses, S. 313.
[12] *Richardi*, Kollektivgewalt und Individualwille bei der Gestaltung des Arbeitsverhältnisses, S. 321.
[13] *Canaris*, AuR 1966, 129, 129.

tion dominiere dabei den Bereich der materiellen Arbeitsbedingungen, die Ordnungsfunktion präge demgegenüber den Bereich formeller Arbeitsbedingungen. Da die Aufgabe des Betriebsrates zweckgebunden sei, könne er im Bereich der materiellen Arbeitsbedingungen keine ausschließlich belastenden Betriebsvereinbarungen abschließen, weil diese der Schutzfunktion zuwider laufen würden.[14]

Waltermann schließlich begrenzt die Regelungsbefugnis des Betriebsrats durch den Vorbehalt des Gesetzes in Verbindung mit der Wesentlichkeitstheorie.[15] Bei Grundrechtseingriffen durch Betriebsvereinbarungen hält er wegen des Gesetzesvorbehalts ein Parlamentsgesetz für erforderlich, andernfalls sei die Betriebsvereinbarung unzulässig.[16]

Unabhängig von diesen Aspekten steht den Betriebspartnern nach Ansicht der Rechtsprechung und der herrschenden Lehre in gegenständlicher Hinsicht eine umfassende Regelungsbefugnis zur Verfügung, um Sachverhalte mittels Betriebsvereinbarung zu ordnen.[17] Gegenstand können alle Arbeitsbedingungen sein, gleichgültig ob es sich dabei um formelle oder materielle Bedingungen handelt.[18] In gegenständlicher Hinsicht sind der Regelungsbefugnis von Arbeitgeber und Betriebsrat somit keine Grenzen gesetzt. Die Notwendigkeit des Schutzes der Individualautonomie der Arbeitnehmer wird erst bei der Bestimmung der inhaltlichen Grenzen der Gestaltungsmacht (Innenschranken) berücksichtigt und durch die Billigkeits- oder Inhaltskontrolle von Betriebsvereinbarungen gewährleistet.[19] Das *Bundesarbeitsgericht* versteht § 88 BetrVG nämlich als Auffangnorm, die es erlaube, Be-

---

[14] *Canaris*, AuR 1966, 129, 129.
[15] *Waltermann*, Rechtsetzung durch Betriebsvereinbarung zwischen Privatautonomie und Tarifautonomie, S. 99 ff.; *ders.*, NZA 1996, 357, 360.
[16] *Waltermann*, Rechtsetzung durch Betriebsvereinbarung zwischen Privatautonomie und Tarifautonomie, S. 148; *ders.*, RdA 1996, 129, 134 ff.; *ders*, NZA 1996, 357, 360 ff.
[17] BAG v. 19.05.1978 – 6 ABR 25/75, AP Nr. 1 zu § 88 BetrVG 1972; BAG GS v. 07.11.1989 – GS 3/85, AP Nr. 46 zu § 77 BetrVG 1972; BAG v. 06.08.1991 – 1 AZR 3/90, AP Nr. 52 zu § 77 BetrVG 1972; BAG v. 09.04.1991 – 1 AZR 406/90, AP Nr. 1 zu § 77 BetrVG 1972 Tarifvorbehalt; BAG v. 01.12.1992 – 1 AZR 234/92, AP Nr. 3 zu § 77 BetrVG 1972 Tarifvorbehalt; *Kreutz*, Grenzen der Betriebsautonomie, S. 28 ff.; GK-BetrVG/*Kreutz*, § 77 Rn. 83; Richardi/*Richardi*, § 77 BetrVG Rn. 66; *Fitting*, § 77 BetrVG Rn. 46; *Schliemann*, FS Hanau, S. 577, 598 ff.; *Barwasser*, DB 1975, 2275; *Buchner*, DB 1985, 913, 915; *Borngräber*, Inhaltliche Kontrolle von Betriebsvereinbarungen, S. 18, jeweils mit weiteren Nachweisen.
[18] BAG GS v. 07.11.1989 – GS 3/85, AP Nr. 46 zu § 77 BetrVG 1972; BAG v. 06.08.1991 – 1 AZR 3/90, AP Nr. 52 zu § 77 BetrVG 1972; BAG v. 09.04.1991 – 1 AZR 406/90, AP Nr. 1 zu § 77 BetrVG 1972 Tarifvorbehalt; BAG v. 19.05.1978 – 6 ABR 25/75, AP Nr. 1 zu § 88 BetrVG 1972; ferner GK-BetrVG/*Kreutz*, § 77 Rn. 83; Richardi/*Richardi*, § 77 BetrVG Rn. 66 m. w. N.; *Fitting*, § 77 BetrVG Rn. 46; *Henssler*, ZfA 1994, 487, 499.
[19] *Borngräber*, Inhaltliche Kontrolle von Betriebsvereinbarungen, S. 18.

triebsvereinbarungen zur Regelung von Arbeitsbedingungen im weitesten Sinne abzuschließen.[20] Jedoch setze § 77 Abs. 3 BetrVG eine Grenze gegenüber Regelungen, die den Tarifverträgen vorbehalten seien.[21] Nach dieser Vorschrift, so das *Bundesarbeitsgericht* weiter, könnten Arbeitsbedingungen, die durch Tarifvertrag geregelt seien oder üblicherweise geregelt würden, nicht Gegenstand einer Betriebsvereinbarung sein, sofern der Tarifvertrag den Abschluss ergänzender Betriebsvereinbarungen nicht ausdrücklich zulasse.[22] Dies bedeutet, dass in den Schranken des § 77 Abs. 3 BetrVG jede durch Tarifvertrag regelbare Angelegenheit grundsätzlich Gegenstand einer Betriebsvereinbarung sein könnte.[23]

Die Kritiker einer weiten Regelungsmacht der Betriebspartner weisen darauf hin, dass gerade dieses weite Verständnis Grund für die weitreichende inhaltliche Kontrolle von Betriebsvereinbarungen sei. Die herrschende Meinung nehme mit der Billigkeitskontrolle Freiheiten zurück, die sie sich in gegenständlicher Hinsicht nicht hätten nehmen dürfen.[24]

Eine detaillierte Auseinandersetzung mit den verschiedenen Auffassungen scheint im Zusammenhang der vorliegenden Untersuchung jedoch nicht angezeigt. Aufgrund der praxisorientierten Ausrichtung der Arbeit soll den weiteren Ausführungen die herrschende Auffassung einer umfassenden gegenständlichen Regelungsbefugnis der Betriebspartner zugrunde gelegt werden.

II. Inhaltliche Grenzen (Innenschranken)

Betriebsvereinbarungen, mittels derer Ethikrichtlinien eingeführt werden, stellen also in erster Linie ein Problem der inhaltlichen Beschränkung der Regelungsbefugnis des Betriebsrates dar. Diese Grenzen können sich aus § 75 BetrVG ergeben, zusätzlich werden aber auch prinzipielle Ansätze herangezogen, um der inhaltlichen Gestaltungskompetenz der Betriebspartner engere Schranken zu setzen.

---

[20] BAG GS v. 07.11.1989 – GS 3/85, AP Nr. 46 zu § 77 BetrVG 1972. Ferner *Schliemann*, FS Hanau, S. 577, 598; *Borngräber*, Inhaltliche Kontrolle von Betriebsvereinbarungen, S. 18.
[21] BAG v. 18.08.1987 – 1 ABR 30/86, AP Nr. 23 zu § 77 BetrVG 1972.
[22] BAG v. 18.08.1987 – 1 ABR 30/86, AP Nr. 23 zu § 77 BetrVG 1972.
[23] *Schliemann*, FS Hanau, S. 577, 598, weist zudem darauf hin, dass das Bundesarbeitsgericht gliechwohl ausschließlich belastende, freiwillige Betriebsvereinbarungen im Ergebnis nicht zulässt, etwa BAG v. 06.08.1991 – 1 AZR 3/90, AP Nr. 52 zu § 77 BetrVG 1972.
[24] *Herrmann*, NZA Beilage 3/2000, 14, 18.

1. Prinzipielle Ansätze

Im Schrifttum finden sich einige Ansätzen, um die Regelungskompetenz der Betriebspartner inhaltlich zu begrenzen. So versucht etwa *Kreutz*, eine solche Schranke aus dem Zweck der Betriebsvereinbarung herzuleiten.[25] Der Ansatz von *Kreutz* ist mit der Theorie von *Canaris* vergleichbar, anders als *Canaris* geht *Kreutz* jedoch davon aus, dass der Betriebsvereinbarung einzig eine Schutz- und keine zusätzliche Ordnungsfunktion innewohne.[26] Aus dieser Schutzfunktion leitet *Kreutz* inhaltliche Schranken ab, bei denen er ähnlich wie auch *Canaris* zwischen formellen und materiellen Arbeitsbedingungen unterscheidet. Bei formellen Arbeitsbedingungen folge die Schutzbedürftigkeit der Arbeitnehmer aus der Alleinbestimmungsmacht des Arbeitgebers mittels Direktionsrecht. Diese Schutzbedürftigkeit werde durch Betriebsvereinbarungen kompensiert. Im Bereich der materiellen Arbeitsbedingungen resultiere das Schutzbedürfnis demgegenüber aus der Vertragsimparität zwischen Arbeitgeber und Arbeitnehmer, die durch Betriebsvereinbarungen ausgeglichen werde. Solche Betriebsvereinbarungen seien aber wegen Zweckverfehlung unwirksam, wenn die Regelung die Arbeitnehmer ausschließlich belaste, andernfalls hätte der Arbeitgeber die Bedingungen ja auch diktieren können.[27]

Die Schlussfolgerungen von *Kreutz* ähneln denen von *Canaris* weitgehend[28], nicht zuletzt weil beide Autoren zu dem Ergebnis kommen, dass ausschließlich belastende Regelungen über materielle Arbeitsbedingungen unzulässig sind. Beide Ansätze unterliegen deshalb auch einer vergleichbaren Kritik: Zum einen bereitet die Unterscheidung zwischen formellen und materiellen Arbeitsbedingungen gewisse Praktikabilitätsprobleme. Zum anderen bleibt bei beiden Ansichten unberücksichtigt, dass ausschließlich belastende Betriebsvereinbarungen nicht zwingend eine Verfehlung des Schutzzweckes darstellen müssen, weil auf arbeitsvertraglicher Ebene nicht selten noch intensivere Belastungen drohen.[29] Es ergeben sich demnach keine prinzipiellen Schranken, an denen per Betriebsvereinbarung eingeführte Ethikrichtlinien scheitern könnten.

---

[25] *Kreutz*, Grenzen der Betriebsautonomie, S. 247; GK-BetrVG/*Kreutz*, § 77 Rn. 316.
[26] Nach GK-BetrVG/*Kreutz*, § 77 Rn. 316 ist ein Ordnungszweck der Betriebsvereinbarung „in einer offenen, methodenehrlichen Zweckermittlung nicht zu verifizieren".
[27] *Kreutz*, Grenzen der Betriebsautonomie, S. 247; GK-BetrVG/*Kreutz*, § 77 Rn. 316.
[28] *Kreutz* spricht selber davon, von *Canaris* „wertvolle Anregungen" erhalten zu haben, *Kreutz*, Grenzen der Betriebsautonomie, S. 7.
[29] *Mahnhold*, Compliance und Arbeitsrecht, S. 249.

Inwieweit die Rechtsprechung diese Ansicht teilt, ist unklar. Während der Erste Senat des *Bundesarbeitsgerichts* es zunächst noch offen gelassen hatte, ob sich neben § 75 BetrVG zusätzliche Innenschranken der Regelungsbefugnis der Betriebspartner ergeben[30], zog derselbe Senat wenig später die Lösungsformel von *Kreutz* heran, dass Betriebsvereinbarungen für die Regelungsunterworfenen nicht ausschließlich belastend wirken dürfen.[31] Dass der Erste Senat diese Argumentation allerdings unter dem Topos des Günstigkeitsprinzips verortete[32], sorgte in einigen Teilen der Literatur für Verwirrung[33]. Das Günstigkeitsprinzip wurde allgemein nämlich als Kollisionsnorm aufgefasst[34], eine Funktion als Innenschranke der Regelungsbefugnis war ihm bisher nicht zugeschrieben worden[35]. Insofern wurde die Entscheidung als Ausbau des Günstigkeitsprinzips verstanden.[36]

Die Literatur hat diese Ansätze zum Teil aufgegriffen und versucht ebenfalls, das Günstigkeitsprinzip auszudehnen. *Fastrich* etwa will den Günstigkeitsvergleich über die Gegenüberstellung von Betriebsvereinbarung und arbeitsvertraglicher Regelung hinaus auf einen Vergleich der Rechtslage erweitern, die sich aus dem Arbeitsvertrag unter Heranziehung des dispositiven Rechts sowie der ergänzenden Vertragsauslegung ergebe.[37] Eine grundsätzliche Anwendbarkeit des Günstigkeitsprinzips als Innenschranke würde die Regelungsbefugnis der Betriebsparteien jedoch noch weiter einschränken als der Ansatz *Kreutz'*. Nach dessen Lehre wären nämlich nur ausschließlich belastende Betriebsvereinbarungen ausgeschlossen. Es kommt mithin auf einen Gesamtvergleich der Regelungen an. Eine Erweiterung des Günstigkeitsvergleiches hätte demgegenüber zur Folge, dass jede Belastung der Arbeitnehmer[38] ausgeschlossen wäre, die sich im Rahmen eines Gruppenvergleichs[39] nicht kompensieren ließe. Ein Gesamtvergleich bietet jedoch viel größere Kompensationsmöglichkeiten als ein Gruppenvergleich.[40]

---

[30] BAG v. 06.08.1991 – 1 AZR 3/90, AP Nr. 52 zu § 77 BetrVG 1972.
[31] BAG v. 01.12.1992 – 1 AZR 260/92, AP Nr. 20 zu § 87 BetrVG 1972 Ordnung des Betriebes.
[32] BAG v. 01.12.1992 – 1 AZR 260/92, AP Nr. 20 zu § 87 BetrVG 1972 Ordnung des Betriebes.
[33] *Mahnhold*, Compliance und Arbeitsrecht, S. 250.
[34] Vgl. etwa BAG GS v. 16.09.1986 – GS 1/82, AP Nr. 17 zu § 77 BetrVG 1972; BAG GS v. 07.11.1989 – GS 3/85, AP Nr. 46 zu § 77 BetrVG 1972.
[35] *Blomeyer*, NZA 1996, 337, 340 erblickt in diesem Zusammenhang dennoch einen „klassischen Anwendungsfall" des Günstigkeitsprinzips.
[36] *Mahnhold*, Compliance und Arbeitsrecht, S. 250.
[37] *Fastrich*, RdA 1994, 133.
[38] Auch hier gilt allerdings die Beschränkung auf materielle Arbeitsbedingungen, vgl. *Mahnhold*, Compliance und Arbeitsrecht, S. 251 (FN 609).
[39] So Rechtsprechung und h. L., vgl. GK-BetrVG/*Kreutz*, § 77 Rn. 243 ff.
[40] *Mahnhold*, Compliance und Arbeitsrecht, S. 251.

Per Betriebsvereinbarung eingeführte Ethikrichtlinien dürften demnach keine Erweiterung vertraglicher Nebenpflichten enthalten, weil sich dies als ungünstiger gegenüber den aus § 242 BGB in Verbindung mit dem Arbeitsvertrag hergeleiteten Nebenpflichten, also dem dispositiven Recht[41], erweisen würde. Es besteht allerdings die Möglichkeit, nachteilige Regelungen der Betriebsvereinbarung im Rahmen eines Gruppenvergleichs zu kompensieren. Hier sind die Kautelarjuristen aufgerufen, entsprechende Gestaltungen zu entwerfen. In diesem Zusammenhang ergeben sich dieselben Fragen, die bereits im Zusammenhang mit der Kompensation benachteiligender AGB-Klauseln erörtert wurden.[42]

Verhaltenanweisungen, die von den arbeitsrechtlichen Nebenpflichten jedoch (noch) umfasst sind, können demgegenüber auch dann zwingend per Betriebsvereinbarung geregelt werden, wenn sie sich als ausschließlich nachteilig für die Regelungsunterworfenen erweisen. Die Betriebsvereinbarung lässt sich in diesem Fall als eine Ausübung des Direktionsrechts unter Beteiligung des Betriebsrates verstehen, mit der keine Belastung der Arbeitnehmer verbunden ist, da ohnehin die Möglichkeit einer einseitigen Disposition per Direktionsrecht bestehen würde.[43]

An diesem Punkt ist der in der Rechtsprechung erkennbaren Ansatz, das Günstigkeitsprinzip als Innenschranke der Regelungsbefugnis der Betriebspartner aufzubauen, jedoch zu kritisieren: Auch hier ist nämlich eine Differenzierung zwischen formellen und materiellen Arbeitsbedingungen erforderlich, deren geringe Praktikabilität bereits an anderer Stelle hervorgehoben wurde. Zudem besteht nicht das zwingende Erfordernis einer prinzipiellen Innenschranke, weil das Gesetz anhand des flexiblen Maßstabes des § 75 BetrVG bereits ein taugliches Schutzinstrument vor unverhältnismäßigen Betriebsvereinbarungen vorgibt.[44]

Trotzdem hat die Rechtsprechung bisher keine eindeutige Stellung zur Frage des Günstigkeitsprinzips als Innenschranke der Regelungsbefugnis der Betriebspartner bezogen.[45] Wie sich die höchstrichterliche Rechtsprechung in dieser Hinsicht entwickeln wird, bleibt abzuwarten. Sollte sich die bisher erkennbare Tendenz, das Günstigkeitsprinzip in diese Richtung auszubauen, verfestigen, können arbeitsvertragliche Nebenpflichten nicht durch Betriebsvereinbarung erweitert werden. Insofern ließen sich vollständige Nebentätigkeitsverbote, Whistleblowing-Klauseln und Verhaltensregeln mit außerdienstlichem Bezug in Ethikrichtlinien

---

[41] Vgl. oben unter § 13IV.2.a)aa) (S. 133 f.).
[42] Oben unter § 13IV.3.b)bb)(2)(b) (S. 172 ff.).
[43] *Mahnhold*, Compliance und Arbeitsrecht, S. 251.
[44] So auch *Mahnhold*, Compliance und Arbeitsrecht, S. 252.
[45] Vgl. die Zusammenfassung bei *Mahnhold*, Compliance und Arbeitsrecht, S. 252f.

nicht wirksam per Betriebsvereinbarung einführen, weil sie – vorbehaltlich etwaiger Kompensationen – gegenüber dem dispositiven Recht aus Sicht der Arbeitnehmer ungünstiger wären.[46]

2. Inhaltskontrolle am Maßstab des § 75 BetrVG

Maßgeblich ist eine Inhaltskontrolle demnach am Maßstab des § 75 BetrVG vorzunehmen. Bevor jedoch näher auf die Wirkungsweise einer solchen Überprüfung eingegangen werden kann, muss Klarheit darüber herrschen, welchen Schutzumfang die Vorschrift des § 75 BetrVG überhaupt bietet.

a) Billigkeits- oder Rechtskontrolle

Seit der Leitentscheidung des *Bundesarbeitsgerichts* vom 30.01.1970[47] unterziehen die Arbeitsgerichte Betriebsvereinbarungen einer allgemeinen gerichtlichen Billigkeitskontrolle.[48] Mit der im Gesetz nicht (ausdrücklich) verankerten Billigkeitskontrolle[49] sollen der Betriebsvereinbarung engere Innenschranken gezogen werden als sie sich durch zwingendes höherrangiges Recht und die guten Sitten (§§ 134, 138 BGB) ergeben.[50]

Das Recht, den Inhalt von Betriebsvereinbarungen gerichtlich überprüfen zu lassen, wird einerseits mit der Imparität der Betriebspartner begründet[51], andererseits wird es § 75 BetrVG entnommen[52]: Nach dieser Vorschrift haben Arbeitgeber und Betriebsrat darüber zu wachen, dass alle im Betrieb tätigen Personen nach den Grundsätzen von Recht und Billigkeit behandelt werden und keine Benachteiligung

---

[46] Zu diesem Ergebnis gelangt auch *Mahnhold*, Compliance und Arbeitsrecht, S. 253.

[47] BAG v. 30.01.1970 – 3 AZR 44/68, AP Nr. 142 zu § 242 BGB Ruhegehalt.

[48] Ständige Rechtsprechung, vgl. u. a. BAG v. 25.03.1971 – 2 AZR 185/70, AP Nr. 5 zu § 57 BetrVG; BAG v. 13.09.1974 – 5 AZR 48/74, AP Nr. 84 zu § 611 BGB Gratifikation; BAG v. 11.06.1975 – 5 AZR 217/74, AP Nr. 1 zu § 77 BetrVG Auslegung, BAG v. 11.03.1976 – 3 AZR 334/75, AP Nr. 1 zu § 242 BGB Ruhegehalt–Unverfallbarkeit; BAG v. 13.10.1976 – 3 AZR 345/75, AP Nr. 15 zu § 242 BGB Ruhegehalt-Unverfallbarkeit; BAG v. 08.12.1981 – 3 AZR 518/80, AP Nr. 1 zu § 1 BetrAVG Unterstützungskassen; ferner GK-BetrVG/*Kreutz*, § 77 BetrVG Rn. 299 m. w. N.; *Fitting*, § 77 BetrVG Rn. 231 m. w. N.; Richardi/*Richardi*, § 77 BetrVG Rn. 117 m. w. N.

[49] Das auch § 75 Abs. 1 BetrVG als Grundlage einer Billigkeitskontrolle nicht in Betracht kommt, beleuchtet *Borngräber*, Inhaltliche Kontrolle von Betriebsvereinbarungen, S. 57.

[50] GK-BetrVG/*Kreutz*, § 77 BetrVG Rn. 299.

[51] BAG v. 30.01.1970 – 3 AZR 44/68, AP Nr. 142 zu § 242 BGB Ruhegehalt; BAG v. 16.11.1967 – 5 AZR 157/67, AP Nr. 63 zu § 611 BGB Gratifikation; BAG v. 17.10.1968 – 5 AZR 281/67, AP Nr. 66 zu § 611 BGB Gratifikation.

[52] BAG v. 09.12.1981 – 5 AZR 549/79, AP Nr. 14 zu § 112 BetrVG unter II.2.a) der Gründe.

aufgrund der in § 75 Abs. 1 BetrVG aufgezählten Merkmale erfahren. Zudem obliegt den Betriebspartnern der Schutz und die Förderung der freien Persönlichkeitsentfaltung der im Betrieb beschäftigten Arbeitnehmer (§ 75 Abs. 2 BetrVG). Das schließt nach Auffassung des *Bundesarbeitsgerichts* ein, dass die Betriebspartner auch und gerade bei ihren Vereinbarungen diese Grundsätze zu beachten haben.[53]

Das Schrifttum ist dieser Rechtsprechung ganz überwiegend ablehnend entgegengetreten.[54] Während zum einen die Imparität der Vertragspartner in Frage gestellt wird[55], wendet man sich zum anderen auch gegen den Maßstab der Billigkeit. Billigkeit ziele auf die Verwirklichung der Gerechtigkeit im Einzelfall und passe nicht auf die Überprüfung kollektiver Tatbestände.[56] Zudem ließe sich die Billigkeitskontrolle von Betriebsvereinbarungen dogmatisch nicht begünden.[57] Die von der Rechtsprechung vorgenommene Billigkeitskontrolle sei demzufolge verfehlt, vielmehr sei eine bloße Rechtskontrolle geboten.[58]

Unabhängig von dieser akademischen Auseinandersetzung besteht zwischen Rechtsprechung und Literatur jedoch weitgehende Einigkeit darüber, dass Betriebsvereinbarungen einer Rechtskontrolle insbesondere am Maßstab der Grundrechte unterliegen.[59] Insofern erübrigt sich der Streit um die Rechts- oder Billigkeitskontrolle von Betriebsvereinbarungen im vorliegenden Zusammenhang[60], denn die Einführung von Ethikrichtlinien hat sich als grundrechtliche Problemlage erwiesen.[61] Es kommt demnach maßgeblich darauf an, ob per Betriebsvereinbarung eingeführte Ethikrichtlinien einer Kontrolle am Maßstab der Grundrechte standhalten.

---

[53] BAG v. 09.12.1981 – 5 AZR 549/79, AP Nr. 14 zu § 112 BetrVG unter II.2.a) der Gründe.
[54] Vgl. Fastrich, Inhaltskontrolle, S. 202; *Kreutz*, Grenzen der Betriebsautonomie, S. 11, S. 248; *v. Hoyningen-Huene*, Die Billigkeit im Arbeitsrecht, S. 161 ff.; *Hammen*, RdA 1986, 23 ff. und die weiteren Nachweise bei GK-BetrVG/*Reutz*, § 77 Rn. 300; Richardi/*Richardi*, § 77 BetrVG Rn.
[55] Vgl. insoweit *v. Hoyningen-Huene*, Die Billigkeit im Arbeitsrecht, S. 165; GK-BetrVG/*Kreutz*, § 77 Rn. 302.
[56] *v. Hoyningen-Huene*, Die Billigkeit im Arbeitsrecht, S. 163; GK-BetrVG/*Kreutz*, § 77 Rn. 301 m. w. N.
[57] *Borngräber*, Die inhaltliche Kontrolle von Betriebsvereinbarungen, S. 57 ff.
[58] *Schliemann*, FS Hanau, S. 602.
[59] Siehe z. B. GK-BetrVG/*Kreutz*, § 77 Rn. 305; *Borngräber*, Die inhaltliche Kontrolle von Betriebsvereinbarungen, S. 62.
[60] Diese Meinung teilt auch *Mahnhold*, Compliance und Arbeitsrecht, S. 254.
[61] Siehe oben unter § 12II. (S. 105 ff.).

b) Grundrechtskontrolle unter dem Schutzpflichten-Ansatz

Unklar ist jedoch die Intensität des Grundrechtsschutzes, der über § 75 BetrVG vermittelt wird. Diese Problematik hängt eng mit der bereits diskutierten[62] Frage der Grundrechtsbindung der Betriebspartner zusammen. Oben wurde begründet, dass die Betriebspartner beim Abschluss von Betriebsvereinbarungen über den Schutzpflichten-Ansatz mittelbar an die Grundrechte gebunden sind.[63] Die Frage, ob das *Bundesarbeitsgericht* den Schutzpflichten-Ansatz für Betriebsvereinbarungen übernimmt, wurde zuvor offen gelassen.

Gleichwohl entfaltet sie in diesem Zusammenhang jedoch eine erhebliche Relevanz. Die Literatur zieht den Schutzpflichten-Ansatz nämlich für Tarifverträge häufig heran, um die gerichtliche Kontrolldichte zu reduzieren. Den Tarifvertragsparteien soll auf diesem Wege mehr Regelungsmacht zugewiesen werden.[64] Das *Bundesarbeitsgericht* hat bislang offen gelassen, wie der sich aus der Schutzpflicht des Staates ergebende Kontrollmaßstab konkret ausgestaltet ist[65], vermutlich wird aber auch das *Bundesarbeitsgericht* den Tarifpartnern mehr Regelungsmacht verschaffen wollen[66]. Auf die vorliegende Problematik übertragen würde dies bedeuten, dass auch die Betriebspartner einer verringerten Kontrolldichte unterliegen müssten, weil auch sie allein über den Schutzpflichten-Ansatz an die Grundrechte gebunden sind. Unmittelbare Folge einer solchen Schlussfolgerung wäre eine aufgrund geringer Kontrolldichte erweiterte Regelungsmacht der Betriebspartner.

Solche Überlegungen sind für Betriebsvereinbarungen aber abzulehnen, weil es sich bei der Betriebsvereinbarung um einen Akt der Fremdbestimmung handelt. Der Betriebsrat kann über Grundrechtspositionen disponieren, ohne hierfür von den Arbeitnehmern des Betriebes selbstbestimmt legitimiert worden zu sein.[67] Da sich der Betriebsrat lediglich auf Wahlen nach dem Mehrheitsprinzip stützen kann, liegt eine ähnliche Konstellation vor wie beim Privatrechtsgesetzgeber, der nach herrschender Ansicht jedoch unmittelbar an die Grundrechte gebunden ist.[68] Aus diesem Umstand muss zwar nicht bereits die unmittelbare Grundrechtsbindung der

---

[62] Siehe oben unter § 12III.2. (S. 110 ff.).
[63] Oben unter § 12III.2.b) (S. 113 ff.).
[64] siehe etwa *Schliemann*, FS Hanau, S. 584 ff.; *Dieterich*, FS Schaub, S. 120 ff.
[65] BAG v. 25.02.1998 – 7 AZR 641/96, AP Nr. 11 zu § 1 TVG Tarifverträge: Luftfahrt; BAG v. 11.03.1998 – 7 AZR 700/96, AP Nr. 12 zu § 1 TVG Tarifverträge: Luftfahrt.
[66] Dies vermutet zumindest *Rieble*, ZfA 2000, 5, 26.
[67] Vgl. oben § 8 (S. 50 ff.); ferner *Mahnhold*, Compliance und Arbeitsrecht, S. 255.
[68] Vgl. *Canaris*, Grundrechte und Privatrecht, S. 16 ff.

Betriebsvertragsparteien folgen[69], wohl aber kann man daraus schließen, dass der Schutzpflichten-Ansatz die Intensität des Grundrechtsschutzes nicht zu mindern vermag.[70] Es besteht nämlich regelmäßig ein Schutzbedürfnis, das die grundrechtliche Schutzpflicht gegenüber dem Staat aktiviert.[71] Darüber hinaus müssen Betriebsvereinbarungen einer ähnlich strengen Kontrolle unterzogen werden wie privatrechtliche Gesetze. Die Betriebspartner sind mithin eng an das Verhältnismäßigkeitsprinzip gebunden, wobei ihnen jedoch eine gewisse Einschätzungsprärogative zuzusprechen ist.[72]

Der Rechtsetzungsbefugnis der Betriebsparteien setzen also maßgeblich die Grundrechte und das mit ihnen einhergehende Verhältnismäßigkeitsprinzip Innenschranken, damit ihre ansonsten umfassende Regelungsbefugnis gerechtfertigt werden kann.

c) Grundzüge einer Verhältnismäßigkeitsprüfung

Betriebsvereinbarungen, mit denen Ethikrichtlinien in einen Betrieb eingeführt werden sollen, unterliegen demnach engen inhaltlichen Grenzen.[73] Sämtliche Ethikklauseln müssen einer Verhältnismäßigkeitsprüfung standhalten, die durch eine entsprechende Grundrechtsbeeinträchtigung aktiviert wird. Jede einzelne Klausel einer per Betriebsvereinbarung einzuführenden Ethikrichtlinie muss demnach geeignet, erforderlich und verhältnismäßig im engeren Sinn sein, um den Anforderungen einer solchen Verhältnismäßigkeitsprüfung zu entsprechen.

Die per Betriebsvereinbarung einzuführenden Ethikrichtlinien müssen zunächst die Voraussetzungen der Geeignetheit und der Erforderlichkeit erfüllen. Geeignet ist eine Maßnahme immer dann, wenn sie ein brauchbares Mittel zur Erreichung oder zumindest Förderung des angestrebten Ziels darstellt.[74] Die Einführung eines ethischen Regelwerkes, mit dem die Arbeitnehmern in näher umschriebenen Situationen zu einem bestimmten ethikkonformen Verhalten verpflichtet

---

[69] Vgl. insoweit aber *Waltermann*, Rechtsetzung durch Betriebsvereinbarung zwischen Privatautonomie und Tarifautonomie, S. 245f.
[70] *Mahnhold*, Compliance und Arbeitsrecht, S. 255.
[71] *Hammer*, Die betriebsverfassungsrechtliche Schutzpflicht für die Selbstbestimmungsfreiheit des Arbeitnehmers, S. 109f.
[72] *Schliemann*, FS Hanau, S. 606; MüArbR/*Richardi*, § 10 Rn. 35 kommt ebenfalls zu einem engeren Kontrollmaßstab als sonst unter dem Schutzpflichten-Ansatz. Zu dem gleichen Ergebnis gelangt auch *Mahnhold*, Compliance und Arbeitsrecht, S. 256.
[73] *Mahnhold*, Compliance und Arbeitsrecht, S. 256.
[74] BVerfGE v. 16.03.1971 – 1 BvR 52/66, 1 BvR 665/66, 1 BvR 667/66, 1 BvR 754/66, NJW 1971, 1255; Sachs/*Sachs*, Art. 20 GG Rn. 150 m. w. N.

werden, ist grundsätzlich dazu geeignet, der Belegschaft einen einheitlichen Ethikstandard zu vermitteln und ein Handeln nach diesen Maximen sicherzustellen. Erforderlichkeit hingegen bedeutet, dass zur Erreichung des Erfolges das mildeste Mittel gleicher Wirksamkeit eingesetzt werden muss.[75] Auch dieser Voraussetzung entsprechen per Betriebsvereinbarung eingeführte Ethikrichtlinien, weil ein vergleichbarer Effekt etwa durch Einzelanweisungen kaum zu erzielen wäre. Ganz entscheidend kommt es demzufolge bei der Inhaltskontrolle von Betriebsvereinbarungen, mit denen Ethikrichtlinien eingeführt werden, auf die Angemessenheit bzw. die „Verhältnismäßigkeit im engeren Sinne"[76] an.

aa) Prüfung der Angemessenheit

Innerhalb der Prüfung der Angemessenheit ist eine Gesamtabwägung zwischen der Intensität des Eingriffs und dem Gewicht der ihn rechtfertigenden Gründe erforderlich.[77] In eine solche Prüfung fließen allerdings dieselben Interessen mit ein, die bei der Dimensionierung des Umfangs arbeitsvertraglicher Nebenpflichten beachtet und in Ausgleich gebracht worden sind.

Insofern müssen sämtliche Ethikklauseln, die bestehende arbeitsvertragliche Nebenpflichten wiedergeben oder konkretisieren, zwangsläufig als verhältnismäßig zu qualifizieren sein. Die Angemessenheitsprüfung im Rahmen der gerichtlichen Inhaltskontrolle von Betriebsvereinbarungen nach Maßgabe des § 75 BetrVG kann nämlich nicht zu anderen Ergebnissen kommen als die im dispositiven Recht und den allgemeinen Rechtsgrundsätzen vorgenommene Interessenabwägung.

Demgegenüber werden Ethikklauseln, mittels derer arbeitsvertragliche Nebenpflichten erweitert werden, im Regelfall an der Verhältnismäßigkeitsprüfung scheitern, weil sie von dem von Rechtsprechung und Gesetz als angemessen angesehenen Umfang arbeitsvertraglicher Nebenpflichten abweichen.[78] Solche Erweiterungen lassen sich nämlich für gewöhnlich nicht rechtfertigen. Etwas anderes könnte lediglich dann gelten, wenn die Betriebsvereinbarung eine angemessene Kompensation für die Grundrechtsbeeinträchtigung ausweist oder sich im Einzelfall ein besonderes Abweichungsinteresse nachweisen ließe. Ob diesen Erfordernissen Genüge getan ist, hängt freilich von den Umständen des Einzelfalls ab. Insofern gilt in

---

[75] BVerfGE v. 16.03.1971 – 1 BvR 52/66, 1 BvR 665/66, 1 BvR 667/66, 1 BvR 754/66, NJW 1971, 1255; Sachs/*Sachs*, Art. 20 GG Rn. 152 m. w. N.
[76] Vgl. etwa BAG v. 13.02.2007 – 1 ABR 18/06, NZA 2007, 640.
[77] BAG v. 19.01.1999 – 1 AZR 499/98, AP Nr. 28 zu § 87 BetrVG 1972 Ordnung des Betriebes; BAG v. 11.07.2000 – 1 AZR 551/99, AP Nr. 16 zu § 87 BetrVG 1972 Sozialeinrichtung.
[78] So auch *Mahnhold*, Compliance und Arbeitsrecht, S. 256.

diesem Zusammenhang nichts anderes als für formlularmäßige Erweiterungen arbeitsvertraglicher Nebenpflichten auch.[79]

Im Rahmen der Ausführungen zu einer Inhaltskontrolle vertraglich vereinbarter Ethikrichtlinien begegnete die Rechtfertigung einer Abweichung mit höherrangigen Interessen begründeter Skepsis, weil solche besonderen, vorrangigen Interessen bei der Einführung von Ethikrichtlinien nämlich regelmäßig nicht vorliegen dürften.[80] Gleichwohl sind jedoch Fallgestaltungen denkbar, in denen die Besonderheiten des Einzelfalls ausnahmsweise ein vorrangiges Interesse des Arbeitgebers beinhalten können. Beispielsweise Tendenzschutzerwägungen oder besondere gesetzliche Anforderungen, wie etwa die Verpflichtung zur Einhaltung erhöhter Sicherheitsstandards könnten dann häherrangige Interessen darstellen und als solche weiterreichende Klauselgestaltungen rechtfertigen.

bb) Ansätze der Rechtsprechung

Die Rechtsprechung kommt mittlerweile zu vergleichbaren Ergebnissen. Zunächst stand jedoch zu erwarten, dass das *Bundesarbeitsgericht* zugunsten einer erweiterten Regelungsmacht der Betriebspartner eine eingeschränkte Angemessenheitsprüfung favorisierte. Zwar hat auch das *Bundesarbeitsgericht* in § 75 Abs. 2 BetrVG ein Medium für die Freiheitsrechte des Grundgesetzes erkannt[81] und hierüber auf eine Verhältnismäßigkeitsprüfung geschlossen[82], in seiner Entscheidung vom 19.01.1999 deutete der *Erste Senat* jedoch an, den Betriebspartnern im Rahmen der Verhältnismäßigkeit im engeren Sinne einen „breiten Gestaltungsspielraum" zugestehen zu wollen, und stellte im Ergebnis fest, dass die Betriebspartner die Belange der Arbeitnehmer nicht „gröblich vernachlässigt" hätten.[83]

In Teilen der Literatur[84] wurde daraus geschlossen, dass nach Ansicht des *Bundesarbeitsgerichts* keine umfassende Interessenabwägung zu erfolgen habe, weil gerichtlich nur zu überprüfen sei, ob eine äußerste Grenze nicht überschritten werde. Grenze sei eine „gröbliche Vernachlässigung" von Belangen der Arbeitnehmer, die auch als willkürliche Verletzung von Interessen verstanden werden könne. Die gerichtliche Angemessenheitskontrolle sei auf eine Willkürkontrolle zu

---

[79] Vgl. oben unter § 13IV.3.b)bb)(2) (S. 170 ff.).
[80] Oben unter § 11II.2.b)bb) (S. 94 ff.).
[81] BAG GS v. 07.11.1989 – GS 3/85, AP Nr. 46 zu § 77 BetrVG 1972.
[82] BAG v. 13.02.2007 – 1 ABR 18/06, NZA 2007, 640; BAG v. 12.12.2006 – 1 AZR 96/06, AP Nr. 94 zu § 77 BetrVG 1972
[83] BAG v. 19.01.1999 – 1 AZR 499/98, AP Nr. 28 zu § 87 BetrVG 1972 Ordnung des Betriebes.
[84] Vgl. *Mahnhold*, Compliance und Arbeitsrecht, S. 257; *Ahrens*, NZA 1999, 686 ff.

beschränken, wenn die betrieblich vereinbarten Maßnahmen geeignet und erforderlich seien.[85] Eine derart beschränkte Angemessenheitsprüfung würde zweifellos den Gestaltungsspielraum der Betriebspartner stärken. Der Schutzpflichten-Ansatz ließe sich an dieser Stelle heranziehen, um die weite Regelungsmacht der Betriebspartner zu erklären.[86] Dem ist aber mit den obigen Argumenten[87] entgegenzutreten: Die Betriebsvereinbarung als Akt der Fremdbestimmung verlangt nach engen Innenschranken, um dem Grundrechtsschutz – auch unter dem Schutzpflichten-Ansatz – gerecht zu werden.

Die Erwartungen der Literatur haben sich jedoch als unbegründet herausgestellt. In seinen Entscheidungen vom 11.07.2000[88] und 29.06.2004[89] lässt der Erste Senat keine solche auf eine Willkürkontrolle reduzierte Angemessenheitsprüfung erkennen, sondern nimmt statt dessen eine umfassende Gesamtabwägung zwischen der Intensität des Eingriffs und dem Gewicht der ihn rechtfertigenden Gründe vor. Auch neuere Entscheidungen des *Bundesarbeitsgerichts*[90] lassen nicht darauf schließen, dass die von der Literatur vermutete Rechtsprechungslinie fortgeführt würde.

cc) Außerdienstliches Verhalten

Im Rahmen der Prüfung gegenständlicher Grenzen der Regelungsbefugnis des Betriebsrates wurde festgehalten, dass die Betriebspartner keinen Außenschranken unterliegen[91] und somit grundsätzlich auch außerdienstliche Regelungen Gegenstand einer Betriebsvereinbarung sein könnten. Vielmehr ist eine Korrektur über die Innenschranken nach § 75 BetrVG vorzugswürdig, weil sich so ein effektiverer Arbeitnehmerschutz erreichen lässt, als wenn aufgrund von Außenschranken der Regelungsbefugnis auf die arbeitsvertragliche Ebene ausgewichen wird. Insofern soll im Folgenden noch auf die Angemessenheitsprüfung von Regelungen mit außerdienstlichem Bezug in Betriebsvereinbarungen eingegangen werden.

Sofern Ethikrichtlinien, die per Betriebsvereinbarung eingeführt werden, einen außerdienstlichen Bezug aufweisen, intensiviert sich zugleich auch der Eingriff

---

[85] zu alledem *Ahrens*, NZA 1999, 686, 689.
[86] *Mahnhold*, Compliance und Arbeitsrecht, S. 257.
[87] Im vorherigen Abschnitt unter § 14II.2.b) (S. 210 ff.).
[88] BAG v. 11.07.2000 – 1 AZR 551/99, AP Nr. 16 zu § 87 BetrVG 1972 Sozialeinrichtung.
[89] BAG v. 29.06.2004 – 1 ABR 21/03, AP Nr. 41 zu § 87 BetrVG 1972 Überwachung.
[90] Vgl. BAG v. 13.02.2007 – 1 ABR 18/06, NZA 2007, 640; BAG v. 12.12.2006 – 1 AZR 96/06, AP Nr. 94 zu § 77 BetrVG 1972; BAG v. 18.07.2006 – 1 AZR 578/05, AP Nr. 15 zu § 850 ZPO; BAG v. 14.12.2004 – 1 ABR 34/03, AP Nr. 42 zu § 87 BetrVG 1972 Überwachung
[91] Oben unter § 14I. (S. 201 ff.).

dieser Regelungen in die Grundrechte des Arbeitnehmers, weil diese nicht nur für die Dauer der Arbeitsleistung oder Anwesenheit im Betrieb, sondern darüber hinaus auch während der privaten Lebensführung beeinträchtigt sind. Bei der Gesamtabwägung zwischen der Intensität des Eingriffs und dem Gewicht der ihn rechtfertigenden Gründe müssen demnach überragend wichtige Gründe auf Seiten des Arbeitgebers vorliegen, um einen solchen Eingriff in die Rechte der Arbeitnehmer zu rechtfertigen. Dies dürfte jedoch nur in Ausnahmefällen anzunehmen sein, etwa wenn Arbeitnehmer aufgrund ihrer Beschäftigung bei einem Tendenzunternehmen auch im außerdienstlichen Bereich bestimmte Interessen des Arbeitgebers zu wahren haben. Grundsätzlich kann im Rahmen einer solchen Abwägung jedoch nichts anderes gelten, als bei der Frage nach der Zulässigkeit eines außerdienstlichen Bezuges von Allgemeinen Geschäftsbedingungen auch.[92] Insofern könnten allenfalls Regelungen, die bestehende und leistungsnahe Obliegenheiten der Arbeitnehmer konkretisieren, als angemessen zu qualifizieren sein.

III. Ergebnis

Die Betriebsvereinbarung bietet gegenüber einer vertraglichen Einführung von Ethikrichtlinien keine weiteren Umsetzungspotentiale: Werden in durch Betriebsvereinbarung eingeführten Ethikrichtlinien die arbeitsvertraglichen Nebenpflichten der betroffenen Arbeitnehmer erweitert, so überschreitet dies die Innenschranken der Regelungsbefugnisse des Betriebsrates. Ausnahmen sind denkbar, wenn die Betriebsvereinbarung adäquate Kompensationslösungen enthält oder im Einzelfall höherrangige Interessen auf Seiten des Arbeitgebers nachgewiesen werden können. Haben die Ethikklauseln außerdienstliche Verhaltenspflichten zum Gegenstand, entspricht allenfalls noch die Konkretisierung bestehender und leistungsnaher Obliegenheiten der Arbeitnehmer den Innenschranken der Regelungsbefugnis.

Abgesehen von den Vorteilen der verfahrenstechnischen Umsetzung, bietet eine Einführung von Ethikrichtlinien per Betriebsvereinbarung also kein zusätzliches inhaltliches Potential, welches den Arbeitgeber zur Einführung von weiterreichenden Ethikrichtlinien befähigen würde.

---

[92] Unter § 13IV.5. (S. 184 ff.).

§ 15 Inhaltskontrolle bei einseitiger Einführung von Ethikrichtlinien

Neben den bisher dargestellten Möglichkeiten, Ethikrichtlinien durch zweiseitige Regelungsinstrumente einzuführen, wurde zuvor[1] die Möglichkeit einer einseitigen Implementierung per Direktionsrecht oder Änderungskündigung dargestellt. Den verfahrenstechnischen Vorzügen einer Einführung von Ethikrichtlinien auf diesem Wege stehen allerdings Beschränkungen auf der inhaltlichen Ebene gegenüber, die im Folgenden näher beleuchtet werden sollen.

I. Direktionsrecht

Auf die verfahrenstechnischen Vorzüge und Nachteile einer Umsetzung von Ethikrichtlinien per Direktionsrecht wurde oben hingewiesen. Insbesondere die Aussicht, Ethikregeln einseitig und damit ohne verhandlungsbedingte Kompromisslösungen einführen zu können, wirkt für den Arbeitgeber besonders vorteilhaft. Diesem zentralen Vorteil stehen jedoch inhaltliche Anforderungen gegenüber[2], die sich maßgeblich nach dem Inhalt und der Reichweite des Direktionsrechts bemessen.

1. Grundlagen des Direktionsrechts

Das Direktionsrecht befähigt den Arbeitgeber, die abstrakten vertraglichen Leitungspflichten des Arbeitnehmers zu konkretisieren.[3] Es ergänzt subsidiär die arbeitsvertraglichen Bestimmungen und gegebenenfalls auch die bestehenden kollektivrechtlichen Regelungen zum Inhalt und Umfang der Arbeitspflichten des Arbeitnehmers.[4] In Ermangelung gegenteiliger arbeitsvertraglicher oder kollektivrechtlicher Regelungen ist der Arbeitgeber berechtigt, die regelmäßig nur rahmenmäßig beschriebenen Leistungspflichten des Arbeitnehmers hinsichtlich Art und Weise, Zeit und Ort der Arbeitsleistung auszufüllen.[5]

Das arbeitgeberseitige Weisungs- bzw. Direktionsrecht ist wesentlicher Inhalt eines jeden Arbeitsverhältnisses.[6] Die früher umstrittene dogmatische Herleitung

---

[1] Oben unter § 6 (S. 43 ff.).
[2] Diese wurden oben bereits angedeutet, vgl. unter § 6I. (S. 43 ff.).
[3] *Dütz*, Arbeitsrecht Rn. 54; *Löwisch*, Arbeitsrecht Rn. 868; *Preis*, Praxislehrbuch zum Individualarbeitsrecht § 18 VI 1.
[4] *Schuster/Darsow*, NZA 2005, 273, 273.
[5] *Borgmann*, NZA 2003, 252, 253.
[6] BAG v. 23.06.1993 – 5 AZR 337/92, AP Nr. 42 zu § 611 BGB Direktionsrecht; *Preis*, Praxislehrbuch zum Individualarbeitsrecht § 18 VI 1.

des Direktionsrechtes[7] ist mittlerweile geklärt: Grundsätzlich ergibt es sich aus dem Arbeitsvertrag selbst.[8] Den Arbeitsvertragsparteien ist nämlich bewusst, dass sich die im Arbeitsalltag anfallenden, konkreten Leistungspflichten des Arbeitnehmers nicht bereits im Zeitpunkt des Vertragsschlusses abschließend festlegen lassen. Insofern ist davon auszugehen, dass dem Arbeitgeber im Rahmen einer konkludenten Vereinbarung ein allgemeines Direktionsrecht eingeräumt wird.[9]

An diesem Befund hat auch die Einführung des neuen § 106 GewO im Zuge der Novellierung der GewO[10] zum 01.01.2003 nichts geändert. Die Vorschrift regelt lediglich Inhalt und Grenzen des Direktionsrechts, nicht jedoch dessen Grundlage.[11] Dies korrespondiert mit den Gesetzgebungsmaterialien, in denen das Direktionsrecht „als wesentlicher Bestandteil des Arbeitsvertrages"[12] bezeichnet wird und ein Regelungsbedarf nur insoweit bejaht wurde, als „eine ausdrückliche Regelung von Inhalt und Grenzen des Weisungsrechts im Interesse von Rechtsklarheit und Rechtssicherheit im Arbeitsverhältnis geboten"[13] ist. Mit der Neuregelung des § 106 GewO sollte die Rechtsgrundlage des Direktionsrechts also gerade nicht kodifiziert werden.[14]

Schließlich bleibt noch der Hinweis, dass der Arbeitgeber bei der Einführung von Ethikrichtlinien per Direktionsrecht ein mögliches Mitbestimmungsrecht des Betriebsrates nach § 87 Abs. 1 Nr. 1 BetrVG zu beachten hat.[15] Ausgelöst wird ein solches Mitbestimmungsrecht, das von § 106 Satz 2 GewO freilich nicht einge-

---

[7] Vgl. insoweit Tschöpe/*Schulte*, Anwalts-Handbuch Arbeitsrecht, Teil 3 A Rn. 15 ff. in der 4. Auflage (2005).
[8] BAG v. 27.03.1980 – 2 AZR 506/78, AP Nr. 26 zu § 611 BGB Direktionsrecht; BAG v. 23.06.1993 – 5 AZR 337/92, AP Nr. 42 zu § 611 BGB Direktionsrecht; BAG v. 24.11.1993 – 5 AZR 206/93, ZTR 1994, 166; ErfK/*Preis*, § 611 BGB Rn. 233; HWK-*Lembke*, § 106 GewO Rn. 3; *Preis*, Arbeitsvertrag, II D 30 Rn. 12; *Hanau/Adomeit*, Arbeitsrecht, Rn. 653; *Junker*, Arbeitsrecht, Rn. 205; *Mahnhold*, Comliance und Arbeitsrecht, S. 152.
[9] *Preis*, Arbeitsvertrag, II D 30 Rn. 12, zu dem gleichen Ergebnis gelangt auch *Mahnhold*, Compliance und Arbeitsrecht, S. 152 m. w. N.
[10] Drittes Gesetz zur Änderung der Gewerbeordnung und sonstiger gewerberechtlicher Vorschriften vom 24. August 2002, BGBl. I, S. 3412.
[11] *Lakies*, BB 2003, 364, 364; *Mahnhold*, Compliance und Arbeitsrecht, S. 152 und wohl auch MüKo/*Müller-Glöge*, § 611 BGB Rn. 1016.
[12] BT-Drs. 14/8796, S. 24.
[13] BT-Drs. 14/8796, S. 24.
[14] Zu diesem Ergebnis gelangt auch *Mahnhold*, Compliance und Arbeitsrecht, S. 153.
[15] Dazu ausführlich unten § 17II II. 1. (S. 251 ff.).

schränkt wird, durch den Kollektivbezug der betriebsweit einzuführenden Ethikrichtlinie.[16]

2. Grenzen des Direktionsrechts

Nachdem die verfahrenstechnische Umsetzung einer Einführung von Ethikrichtlinien per Direktionsrecht bereits oben erläutert wurde[17], sollen nun die inhaltlichen Anforderungen im Mittelpunkt der Untersuchung stehen, an denen die Weisungsinhalte des Arbeitgebers zu messen sind. Zentraler Anknüpfungspunkt einer dahingehenden Prüfung war früher zunächst § 315 BGB[18], nach seiner Neufassung ist nunmehr aber § 106 Satz 1 GewO die maßgebliche Norm. Nach dieser Vorschrift kann der Arbeitgeber Inhalt, Ort und Zeit der Arbeitsleistung sowie Ordnung und Verhalten der Arbeitnehmer im Betrieb nach billigem Ermessen nur soweit bestimmen, wie diese Arbeitsbedingungen nicht bereits durch den Arbeitsvertrag, Bestimmungen einer Betriebsvereinbarung, eines anwendbaren Tarifvertrages oder gesetzliche Vorschriften festgelegt sind.

Durch Direktionsrecht eingeführte Ethikrichtlinien unterliegen gemäß § 106 GewO inhaltlich also einer Vielzahl von Beschränkungen: Zunächst dürfen die in der Ethikrichtlinie zum Ausdruck kommenden Angelegenheiten nicht bereits ausdrücklich im Arbeitsvertrag geregelt worden sein. Gleichermaßen ist zu prüfen, ob die Inhalte bereits in einer Betriebsvereinbarung, einem Tarifvertrag oder in gesetzlichen Vorschriften festgelegt worden sind.[19] Abgesehen davon hat die einseitige Leistungsbestimmung des Arbeitgebers in Form der eingeführten Ethikrichtlinie auch nach billigem Ermessen zu erfolgen.[20]

Geht man hingegen vom Arbeitsvertrag als Grundlage des Direktionsrechts aus, so findet sich noch eine weitere grundlegende Grenze des Direktionsrechts:

a) Grenzen aus dem Inhalt der Direktionsklausel

Unabhängig von § 106 Satz 1 GewO zieht zunächst die im Arbeitsvertrag enthaltenen Direktionsklausel den per Weisungsrecht eingeführten Ethikklauseln eine inhaltliche Grenze. Das Direktionsrecht des Arbeitgebers reicht nämlich immer nur so weit, wie diese Vereinbarung es dem Arbeitgeber zugesteht.[21] Zwischen

---

[16] HWK-*Lembke*, § 106 GewO Rn. 52.
[17] Oben unter § 6I. (S. 43 ff.).
[18] ErfK/*Preis*, § 106 GewO Rn. 1.
[19] HWK-*Lembke*, § 106 GewO Rn. 54 ff.
[20] HWK-*Lembke*, § 106 GewO Rn. 119 ff.
[21] BAG v. 14.12.1961 – 5 AZR 180/61, AP Nr. 17 zu § 611 BGB Direktionsrecht.

Tätigkeitsbeschreibung im Arbeitsvertrag und dem Weisungsrecht des Arbeitgebers besteht dabei eine Wechselwirkung: Je konkreter die Tätigkeitsbeschreibung nach Ort, Zeit und Art der Leistungserbringung durch den Arbeitnehmer festgelegt ist, desto geringer ist auf Seiten des Arbeitgebers der Spielraum zur Ausübung seines Leistungsbestimmungsrechts.[22] Liegt eine ausdrückliche oder von ihrem Umfang her eindeutig bestimmbare Direktionsklausel vor, so richtet sich der Umfang des arbeitgeberseitigen Weisungsrechts maßgeblich nach dieser Vertragsbestimmung.

Typischerweise fehlen in Arbeitsverträgen allerdings ausdrückliche Tätigkeitsbeschreibungen oder die dahingehenden Vereinbarungen sind so abgefasst, dass sie den Umfang des Direktionsrechtes nicht ohne weiteres erkennen lassen. Dies hängt damit zusammen, dass sich eine möglichst generelle Tätigkeitsbeschreibung im Arbeitsvertrag für den Arbeitgeber in aller Regel als vorteilhaft erweist, weil damit ein großer Spielraum zur Ausübung des arbeitgeberseitigen Weisungsrechts eröffnet wird.[23] Der Umfang des Direktionsrechts ist in diesen Fällen durch Auslegung zu ermitteln, wobei es maßgeblich darauf ankommt, welche Weisungsrechte sich ein verständiger Arbeitgeber nach Treu und Glauben mit Rücksicht auf die Verkehrssitte vorbehält bzw. ein vernünftiger Arbeitnehmer dem Arbeitgeber zur Weisung überlässt (vgl. §§ 133, 157 BGB).[24]

Während zuvor Unklarheit darüber herrschte, nach welchen Maßstäben eine solche Auslegung zu erfolgen hatte und – in der Konsequenz – wie weit ein Direktionsrecht in diesen Fällen reicht[25], bietet § 106 GewO nunmehr eine Auslegungsregel für Direktionsklauseln, deren Umfang sich nicht unmittelbar aus dem Arbeitsvertrag entnehmen lässt. Die Vorschrift des § 106 GewO wurde eingeführt, um „eine ausdrückliche Regelung von Inhalt und Grenzen des Weisungsrechts im Interesse von Rechtsklarheit und Rechtssicherheit im Arbeitsverhältnis"[26] zu schaffen. Lässt sich der Tätigkeitsbeschreibung im Arbeitsvertrag der Umfang des arbeitgeberseitigen Weisungsrechts demnach nicht eindeutig entnehmen, ist nunmehr § 106 GewO als Auslegungsregel heranzuziehen, statt auf eine mitunter willkürlich anmutende Auslegung konkludenter Direktionsklauseln auszuweichen.[27] Ist der

---

[22] *Preis*, Arbeitsvertrag, II D 30 Rn. 5.
[23] *Preis*, Der Arbeitsvertrag, II D 30 Rn. 5; HWK-*Lembke* § 106 GewO Rn. 16.
[24] Hromadka/*Söllner*, Änderung von Arbeitsbedingungen, S. 25, 31.
[25] Vgl. insoweit die Überlegungen bei *Söllner*, Leistungsbestimmung, S. 44 ff.; *Böttner*, Direktionsrecht, S. 78 ff. und die Darstellung bei *Mahnhold*, Compliance und Arbeitsrecht, S. 153 ff.
[26] BT-Drs. 14/8796, S. 24.
[27] *Mahnhold*, Compliance und Arbeitsrecht, S. 154.

Umfang des Direktionsrechts hingegen ausdrücklich im Vertrag geregelt, so bleibt allein diese Bestimmung maßgeblich, weil es sich bei dem Direktionsrecht um ein vertraglich vereinbartes Leistungsbestimmungsrecht handelt, dessen Umfang zur Disposition der Parteien steht.[28]

Auf die bisherige Rechtsprechung zum Umfang des Direktionsrechts wird der neue § 106 GewO jedoch kaum Auswirkungen haben[29], zumal das *Bundesarbeitsgericht* das Direktionsrecht des Arbeitgebers in der Vergangenheit anscheinend ohnehin nicht durch die Auslegung konkludenter Direktionsklauseln begrenzt hat.[30] Stattdessen wurde stets darauf verwiesen, dass der Arbeitgeber das Recht habe, „die im Arbeitsvertrag nur rahmenmäßig umschriebene Leistungspflicht des Arbeitnehmers im einzelnen festzulegen"[31] und das Direktionsrecht nur im Rahmen der arbeitsvertraglichen Pflichten, ergo der Leistungs- sowie Nebenpflichten, ausgeübt werden könne.[32] Nach den Grundsätzen dieser Rechtsprechung konnte der Arbeitgeber also mit dem Direktionsrecht ausschließlich vorhandene vertragliche Pflichten konkretisieren, dagegen aber keine neuen Pflichten durch Weisung schaffen. Der Arbeitgeber blieb auf den arbeitsvertraglich vorgegebenen Pflichtenrahmen beschränkt. Dies korrespondiert mit den Grenzen in § 106 GewO, nach denen Arbeitgeber über das Direktionsrecht den Inhalt der Arbeitsleistung – also die im arbeitsvertraglichen Umfang bestehende Arbeitspflicht – näher bestimmen kann.[33]

Diese Gedanken führen zu einer bedeutenden inhaltlichen Einschränkung von durch Direktionsrecht eingeführten Ethikklauseln: Da der Arbeitgeber auf den arbeitsvertraglichen Pflichtenrahmen beschränkt ist, bleibt bei Arbeitsverträgen mit konkludenten oder nicht eindeutig bestimmbaren Direktionsklauseln – und dies dürfte der Regelfall sein – für Weisungen, die nebenpflichterweiternde Ethikklauseln beinhalten, kein Raum.[34] Das Direktionsrecht gestattet nämlich nur, Art, Zeit und Ort der Arbeitsleistung näher zu konkretisieren, nicht jedoch, die vertraglichen

---

[28] *Mahnhold*, Compliance und Arbeitsrecht, S. 154.
[29] ErfK/*Preis*, § 106 GewO Rn. 1; APS/*Künzl*, § 2 KSchG Rn. 51; vgl. hinsichtlich § 106 Satz 2 GewO aber *Borgmann/Faas*, NZA 2004, 241 ff.
[30] Andeutungsweise lediglich BAG v. 14.12.1961 – 5 AZR 180/61, AP Nr. 17 zu § 611 BGB Direktionsrecht.
[31] BAG v. 27.03.1980 – 2 AZR 506/78, AP Nr. 26 zu § 611 BGB Direktionsrecht; BAG v. 20.12.1984 – 2 AZR 436/83, AP Nr. 27 zu § 611 BGB Direktionsrecht; BAG v. 29.08.1991 – 6 AZR 593/88, AP Nr. 38 zu § 611 BGB Direktionsrecht; BAG v. 23.01.1992 – 6 AZR 87/90, AP Nr. 39 zu § 611 BGB Direktionsrecht.
[32] BAG v. 23.01.1992 – 6 AZR 87/90, AP Nr. 39 zu § 611 BGB Direktionsrecht.
[33] APS/*Künzl*, § 2 KSchG Rn. 51; *Mahnhold*, Compliance und Arbeitsrecht, S. 155.
[34] *Schuster/Darsow*, NZA 2005, 273, 273.

Festlegungen einseitig zu ändern.[35] Wirksam durch Direktionsrecht einführbare Ethikrichtlinien dürfen demnach allenfalls Klauseln beinhalten, die bereits bestehende arbeitsvertragliche Pflichten wiedergeben oder konkretisieren. Ethikrichtlinien, die neue Verpflichtungen der Arbeitnehmer schaffen, bleibt demnach eine Einführung durch Direktionsrecht des Arbeitgebers verwehrt.[36]

b) Grenzen aus Arbeitsvertrag, Gesetz und Kollektivrecht

Weitere Grenzen des arbeitgeberseitigen Weisungsrechts ergeben sich zudem aus sämtlichen konkreten Regelungen des Arbeitsvertrages.[37] Das Direktionsrecht kann nämlich, wie soeben festgestellt, lediglich zur Konkretisierung rahmenmäßig vorgegebener Pflichten herangezogen werden. Bei bereits durch den Arbeitsvertrag ausdrücklich konkretisierten Pflichten kann das Direktionsrecht demzufolge nicht mehr zu Anwendung kommen. Dies wird nunmehr durch § 106 Satz 1 GewO ausdrücklich bestätigt. Findet sich daher im Arbeitsvertrag etwa bereits ein näher umschriebenes Nebentätigkeitsverbot, so bleibt es dem Arbeitgeber vorenthalten, abweichende Verbote in Ethikrichtlinien per Weisung einzuführen. Innerhalb des rechtlich Zulässigen ist dem Arbeitgeber, der das Arbeitsverhältnis auch nachträglich per Weisung gestalten möchte, deshalb nahezulegen, die arbeitsvertraglichen Pflichten des Arbeitnehmers – soweit möglich – lediglich rahmenmäßig zu beschreiben, um derartige Beschränkungen des Direktionsrechts zu vermeiden.

In gleicher Weise wird das Weisungsrecht durch konkrete kollektivrechtliche Regelungen wie etwa in Betriebsvereinbarungen oder Tarifverträgen begrenzt. Auch dies ist nunmehr in § 106 Satz 1 GewO normiert. Existiert in einem Betrieb, für den der Arbeitgeber Ethikrichtlinien erlassen möchte, demzufolge beispielsweise eine Betriebsvereinbarung, mittels derer die Annahme von Kundengeschenken durch die Arbeitnehmer reglementiert wird, so bleibt für eine abweichende Regelung in einer durch Weisung eingeführten Ethikrichtlinie kein Raum. Nichts anderes gilt bei konkreten gesetzlichen Regelungen.[38] So ist etwa eine Weisung, Ordnungswidrigkeiten zu begehen (beispielsweise wenn ein Fernkraftfahrer angewie-

---

[35] APS/*Künzl*, § 2 KSchG Rn. 51.
[36] Meyer, NJW 2006, 3605, 3608.
[37] BAG v. 27.03.1980 – 2 AZR 506/78, AP Nr. 26 zu § 611 BGB Direktionsrecht; BAG v. 20.12.1984 – 2 AZR 436/83, AP Nr. 27 zu § 611 BGB Direktionsrecht.
[38] Zu den zahlreichen Beispielen gesetzlicher Schutzvorschriften, die das Weisungsrecht des Arbeitgebers zugunsten besonderer Arbeitnehmergruppen einschränken, vgl. *Berger-Delhey*, DB 1990, 2266, 2266.

sen wird, Lenkzeiten zu überschreiten), gemäß §§ 38 Abs. 2 Hs. 2 BRRG, 56 Abs. 2 S. 3 BBG unwirksam.[39]

c) Grenze billigen Ermessens, § 106 GewO

Schließlich wird das arbeitgeberseitige Weisungsrecht durch den Grundsatz des billigen Ermessens beschränkt, soweit nichts anderes bestimmt ist.[40] Dieses Erfordernis wurde zunächst aus § 315 BGB hergeleitet[41], weil das Direktionsrecht des Arbeitgebers als Leistungsbestimmungsrecht im Sinne des § 315 BGB qualifiziert wurde.[42] Die Rechtsprechung machte dabei ein Eingreifen der Grenze billigen Ermessens nicht von der Qualität der Weisung abhängig; sämtliche Weisungen des Arbeitgebers, auch schlichte Einzelanweisungen wie ein Kommando „Hau-ruck!"[43] hatten diesem Maßstab zu entsprechen.[44]

Die Ansicht der Rechtsprechung wird durch § 106 GewO bestätigt, nach dem nunmehr ausdrücklich sämtliche Weisungen des Arbeitgebers dem Erfordernis billigen Ermessens (§ 315 BGB) unterstellt werden. Die Wahrung billigen Ermessens setzt voraus, dass die wesentlichen Umstände des Falles abgewogen und die beiderseitigen Interessen angemessen berücksichtigt werden.[45] Darüber hinaus ist der in § 106 GewO enthaltene unbestimmte Rechtsbegriff des „billigen Ermessens" eine Einbruchstelle für die mittelbare Drittwirkung der Grundrechte im Privatrecht.[46] Die im Einzelfall betroffenen Grundrechte des Arbeitgebers und des Arbeitnehmers sind deshalb im Rahmen der Interessenabwägung zu berücksichtigen und im Falle einer Kollision im Wege praktischer Konkordanz so zum Ausgleich

---

[39] Beispiel nach *Preis*, Individualarbeitsrecht, S. 286.
[40] APS/*Künzl*, § 2 KSchG Rn. 74.
[41] ErfK/*Preis*, § 106 GewO Rn. 1.
[42] BAG v. 11.10.1995 – 5 AZR 802/94, AP Nr. 9 zu § 611 BGB Arbeitszeit; BAG v. 24.04.1996 – 5 AZR 1031/94, AP Nr. 48 zu § 611 BGB Direktionsrecht.
[43] *Brox*, Anmerkung zu BAG v. 20.12.1984 – 2 AZR 436/83, AP Nr. 27 zu § 611 BGB Direktionsrecht.
[44] Dies führte zu einigen kritischen Stimmen in der Literatur, vgl. etwa *Leßmann*, DB 1992, 1137 ff.
[45] BAG v. 12.12.1984 – 7 AZR 509/83, AP Nr. 6 zu § 2 KSchG 1969; BAG v. 23.06.1993 – 5 AZR 337/92, AP Nr. 42 zu § 611 BGB Direktionsrecht; BAG v. 24.04.1996 – 5 AZR 1031/94, AP Nr. 48 zu § 611 BGB Direktionsrecht.
[46] Vgl. dazu oben § 12III.1. (S. 103 ff.); ferner HWK-*Lembke*, § 106 GewO Rn. 125; MünchAR/*Blomeyer*, § 48 Rn. 42.

zu bringen, dass die geschützten Rechtspositionen möglichst weitgehend wirksam werden.[47]

Insoweit sind also im Rahmen des billigen Ermessens alle beiderseitigen Interessen nach verfassungsrechtlichen, gesetzlichen und allgemeinen Wertentscheidungsgrundsätzen sowie der Verhältnismäßigkeit im Sinne einer Prüfung der Angemessenheit, Zumutbarkeit und Verkehrssitte abzuwägen und angemessen zu berücksichtigen.[48] Hierbei müssen auch Hilfstatsachen, wie etwa der Entzug bestimmter Aufgaben, der dazu führt oder dienen soll, den beruflichen Aufstieg des einzelnen Arbeitnehmers zu verhindern oder diesen zu diskriminieren[49], miteinbezogen werden.[50] Neben der betrieblichen Notwendigkeit der Änderung darf zudem auch die persönliche Sphäre des Arbeitnehmers nicht außer Betracht bleiben, etwa wenn die Änderung der Aufgaben oder des Arbeitsortes eine Belastung der Person oder der Familie zur Folge hat.[51] Schließlich ist bei der Zuweisung anderer Aufgaben im Rahmen von § 315 BGB auch ein etwaiger Gewissenskonflikt des Arbeitnehmers als externe Schranke des Weisungsrechts zu bedenken.[52]

d) Außerdienstliches Verhalten als Gegenstand des Direktionsrechts

Wie zuvor dargestellt, enthalten Ethikrichtlinien mitunter auch Vorschriften, die sich auf das außerdienstliche und private Verhalten der Mitarbeiter erstrecken. Im Rahmen der Untersuchung allgemeiner Grenzen des arbeitsgeberseitigen Weisungsrechts interessiert in diesem Zusammenhang insbesondere die Frage, ob auch Ethikklauseln mit außerdienstlichem Bezug wirksam per Direktionsrecht eingeführt werden können.

Das Direktionsrecht umfasst zwar keineswegs nur arbeitsbezogene Weisungen, durch die die Art der Arbeit und ihre Methode geregelt werden.[53] Vielmehr erstreckt es sich auch auf arbeitsbegleitende Weisungen, mit denen Verhaltensregeln für die Durchführung der Arbeit und die Ordnung im Betrieb erteilt werden

---

[47] HWK-*Lembke*, § 106 GewO Rn. 125; vgl. ferner BVerfG v. 30.07.2003 – 1 BvR 792/03, NJW 2003, 2815; BAG v. 10.10.2002 – 2 AZR 472/01, DB 2003, 830, 832 m. w. N.
[48] BAG v. 28.11.1989 – 3 AZR 118/88, AP Nr. 6 zu § 88 BetrVG 1972; BAG v. 23.06.1993 – 5 AZR 337/92, AP Nr. 42 zu § 611 BGB Direktionsrecht; APS/*Künzl*, § 2 KSchG Rn. 74.
[49] Vgl. insoweit BAG v. 12.09.1996 – 5 AZR 30/95, AP Nr. 1 zu § 30 ZDG.
[50] APS/*Künzl*, § 2 KSchG Rn. 74.
[51] APS/*Künzl*, § 2 KSchG Rn. 74.
[52] BAG v. 22.05.2003 – 2 AZR 426/02, AP Nr. 18 zu § 1 KSchG 1969 Wartezeit; LAG Düsseldorf v. 07.08.1992 – 9 Sa 794/92, NZA 1993, 411; APS/*Künzl*, § 2 KSchG Rn. 74.
[53] HWK-*Lembke* § 106 GewO Rn. 15 ff.

können.[54] Wenn man die Geltung des Direktionsrechts aber als arbeitsvertraglich vereinbart ansieht, lässt sich außerdienstliches Verhalten demgegenüber nicht ohne weiteres dem arbeitgeberseitigen Weisungsrecht zuordnen. In erster Linie kommt es in diesem Zusammenhang auf die konkrete Direktionsklausel im Arbeitsvertrag an. Je nach deren Ausgestaltung könnte dann ein Direktionsrecht des Arbeitgebers im Rahmen allgemeiner Wirksamkeitsvoraussetzungen[55] auch im außerdienstlichen Bereich bestehen, etwa wenn der Arbeitgeber den Arbeitnehmer zur Teilnahme an Schulungsveranstaltungen auch außerhalb der Arbeitzeit anweisen darf.

Ist eine Direktionsklausel dagegen nicht ausdrücklich vereinbart oder nicht hinreichend bestimmt, ist durch Auslegung über die Frage zu entscheiden, ob im konkreten Arbeitsverhältnis auch außerdienstliche Weisungen wirksam erteilt werden können. Erforderlich für die Annahme einer außerdienstlichen Verpflichtung ist ein hinreichender Bezug zum betrieblichen Aufgabenbereich der betroffenen Mitarbeiter und zu dem im Rahmen des Arbeitsvertrages angestrebten Arbeitserfolg.[56]

Die Rechtsprechung zieht hierzu eine Grenze entlang der arbeitsvertraglichen Haupt- und Nebenpflichten.[57] Unter der Maßgabe des arbeitsvertraglichen Pflichtenkreises sind dem Direktionsrecht auch Regelungen im außerdienstlichen Bereich eröffnet, sofern diese mit arbeitsvertraglichen Nebenpflichten korrespondieren. Weil das Privatleben des Arbeitnehmers einen geschützten, von der dienstlichen Sphäre zu trennenden Rechtskreis darstellt, sollte sich der arbeitsvertragliche Pflichtenkreis des Arbeitnehmers zwar grundsätzlich auf den dienstlichen Bereich beschränken.[58] In Tendenzbetrieben können sich aber bestimmte arbeitnehmerseitige Nebenpflichten in den außerdienstlichen Bereich erstrecken und auf diese Weise das Weisungsrecht des Arbeitgebers entsprechend erweitern.[59] Die Rechtsprechung hat allerdings auch im Regelarbeitsverhältnis die Existenz von Nebenpflichten

---

[54] HWK-*Lembke* § 106 GewO Rn. 43 ff.; Schaub/*Schaub*, § 31 Rn. 67.
[55] Klauseln, mit denen das Weisungsrecht des Arbeitgebers erweitert wird, unterliegen in aller Regel einer Inhaltskontrolle nach §§ 305 ff. BGB, vgl. ErfK/*Preis*, § 106 GewO Rn. 9.
[56] *Borgmann*, NZA 2003, 352, 354.
[57] Vgl. BAG v. 23.01.1992 – 6 AZR 87/90, AP Nr. 39 zu § 611 BGB Direktionsrecht. In der Entscheidung geht es um die Übernahme eines Wahlehrenamtes. Der erkennende Senat stellte fest, dass keine korrespondierende arbeitsvertragliche Nebenpflicht zur Übernahme des Wahlehrenamtes herleitbar war und verneinte aufgrund dessen die Anwendung des Direktionsrechts.
[58] Dazu bereits oben unter § 13 IV.5. (S. 184 ff.); *Preis*, Vertragsgestaltung, S. 520.
[59] So bereits BVerfG v. 04.06.1985 – 2 BvR 1703/83, 2 BvR 1718/83, 2 BvR 856/84, AP Nr. 24 zu Art. 140 GG; *Schuster/Darsow*, NZA 2005, 273, 273f.. Dazu ferner *Preis*, Vertragsgestaltung, S. 522.

anerkannt, die außerbetrieblichen Bereich Verhaltenspflichten begründen können, etwa bei Nebentätigkeits-[60] oder Wettbewerbsverboten[61].

Bereits oben wurde näher dargelegt, dass im außerdienstlichen Bereich Loyalitätsobliegenheiten des Arbeitnehmers gegenüber dem Arbeitgeber[62] existieren können.[63] Obliegenheiten in der persönlichen Lebensführung sind dabei aber nur insoweit anzuerkennen, als sie unmittelbar Auswirkungen auf die vertraglich geschuldete Arbeitsleistung haben können.[64] Als zentrales Differenzierungsmerkmal wurde oben die *Leistungsnähe* des privaten Verhaltens herausgearbeitet.[65] Je größer die Leistungsnähe ist, desto eher ist von einer Obliegenheit des Arbeitnehmers zur Wahrung der Arbeitgeberinteressen auszugehen. Es liegt nahe, in den Umfang des arbeitgeberseitigen Weisungsrechts die Möglichkeit einzuschließen, seine Arbeitnehmer darüber zu informieren, bei welchem außerbetrieblichen Verhalten er diese Obliegenheiten beeinträchtigt sieht.[66]

Dem steht § 106 GewO nicht entgegen. Zwar könnte § 106 Satz 2 GewO so verstanden werden, dass das Direktionsrecht des Arbeitgebers allein auf das innerbetriebliche Verhalten der Arbeitnehmer beschränkt sei (vgl. § 106 Satz 2 GewO: „[...] Ordnung und des Verhaltens der Arbeitnehmer *im* Betrieb.", Hervorhebung vom Verfasser.). Demnach dürfte das Verhalten der Arbeitnehmer im außerdienstlichen Bereich gemäß § 106 Satz 2 GewO gerade nicht Gegenstand arbeitgeberseitiger Weisungen sein.

Mit der Formulierung „Ordnung und Verhalten der Arbeitnehmer im Betrieb" knüpft der Gesetzgeber aber an den Wortlaut des § 87 Abs. 1 Nr. 1 BetrVG an.[67] Gerade an § 87 Abs. 1 Nr. 1 BetrVG zeigt sich jedoch, dass sich das betriebsinterne Verhalten nicht immer vollständig von betriebsexternem Verhalten trennen lassen kann: Außerbetriebliches Verhalten schlägt sich häufig auf das betriebsinterne Zusammenleben nieder, weswegen ein Mitbestimmungsrecht des Betriebsrates zum

---

[60] Vgl. bereits oben § 13IV.5. (S. 177 ff.); BAG v. 18.11.1988 – 8 AZR 12/86, AP Nr.3 zu § 611 BGB Doppelarbeitsverhältnis.
[61] Vgl. etwa BAG v. 16.08.1990 – 2 AZR 113/90, AP Nr. 10 zu § 611 BGB Treuepflicht.
[62] *Preis*, Individualarbeitsrecht, S. 315.
[63] Oben unter § 13IV.5. (S. 184 ff.).
[64] Vgl. etwa zu einem Alkoholverbot für Kraftfahrer auch außerhalb der Dienstzeit BAG v. 23.09.1986 – 1 AZR 83/85, AP Nr. 20 zu § 75 BPersVG. Ferner *Preis*, Individualarbeitsrecht, S. 315.
[65] *Preis*, Individualarbeitsrecht, S. 315.
[66] *Schuster/Darsow*, NZA 2005, 273, 274.
[67] *Mahnhold*, Compliance und Arbeitsrecht, S. 158.

Teil auch in den außerbetrieblichen Bereich erstreckt werden muss.[68] Dies gilt etwa dann, wenn eine LKW-Spedition ein betriebliches Alkoholverbot einführt, dass den beschäftigten Kraftfahrern auch für einen bestimmten Zeitraum vor Arbeitsbeginn den Genuss von Alkohol untersagt.[69] Fehlt dem Kriterium „Betriebsintern" und „-extern" in diesem Zusammenhang jedoch die Unterscheidungskraft, so gilt für § 106 GewO nichts anderes. Außerdienstliches Verhalten kann deswegen zumindest dann entsprechend § 106 GewO Gegenstand arbeitgeberseitiger Weisungen sein, wenn es Bezug zur Ordnung und dem Verhalten der Arbeitnehmer im Betrieb aufweist. Dieser Zusammenhang besteht immer dann, wenn das Direktionsrecht zur Konkretisierung vertraglicher Nebenpflichten oder Obliegenheiten dient, die in den außerdienstlichen Bereich hineinreichen.[70]

Jedenfalls zur Konkretisierung arbeitsvertraglicher Nebenpflichten oder Loyalitätsobliegenheiten im außerdienstlichen Bereich im Wege der Einführung entsprechender Ethikklauseln steht dem Arbeitgeber demnach der Weg über das Direktionsrecht offen.

3. Reichweite des Direktionsrechts bei der Einführung von Ethikrichtlinien

Nach der Untersuchung von Umfang und Grenzen des Direktionsrechts zeigt sich, dass das Direktionsrecht dem Arbeitgeber zwar einen weiten Bereich einseitiger Leistungsbestimmung eröffnet, zugleich aber innerhalb des § 106 GewO engen Grenzen unterliegt. Weil unter der Überschrift des „billigen Ermessens" die widerstreitenden Arbeitnehmer- und Arbeitgeberinteressen in Einklang zu bringen sind, wird die hier diskutierte Frage, welche Ethikklauseln der Arbeitgeber per Weisung einführen kann, letztlich immer entscheidend von den Besonderheiten des Einzelfalls abhängen. Insofern kann auch hier nicht abschließend dargelegt werden, welche Ethikklauseln vom Direktionsrecht noch gedeckt sind. Stattdessen können im Hinblick auf die typischen Klauselarten nur Leitbilder und Anhaltspunkte geboten werden, von denen je nach Einzelfall abzuweichen ist.

a) Reine Programmsätze

Um die Akzeptanz einer Ethikrichtlinie zu stärken und die besonderen moralischen Anforderungen des Unternehmens zu unterstreichen, werden häufig sog. Programmsätze in Ethikrichtlinien aufgenommen, auf deren mangelnde Rege-

---

[68] Tettinger/*Wank*, § 106 GewO Rn. 39.
[69] Vgl. BAG v. 23.09.1986 – 1 AZR 83/85, AP Nr. 20 zu § 75 BPersVG; ErfK/*Kania*, § 87 BetrVG Rn. 19; *Bengelsdorf*, NZA 1999, 1304, 1308.
[70] Ähnlich *Mahnhold*, Compliance und Arbeitsrecht, S. 159.

lungswirkung bereits mehrfach hingewiesen wurde.[71] Wenn der Arbeitgeber etwa zu einem fairen Umgang der Arbeitnehmer untereinander auffordert, handelt es sich dabei lediglich um schlichte Informationen, die keine Handlungspflichten auf Seiten der Arbeitnehmer begründen. Aus diesem Grunde bedarf es in diesem Zusammenhang auch nicht des Rückgriffs auf das Direktionsrecht: Die Gestaltungswirkung, die das arbeitgeberseitige Weisungsrecht bietet, wird hier nämlich gar nicht in Anspruch genommen, weil die Arbeitspflicht des Arbeitnehmers mit der Weisung weder konkretisiert, noch im Sinne von § 106 GewO „näher bestimmt" wird.[72] Dann unterliegen Programmsätze aber auch nicht den vielfältigen Grenzen des Direktionsrechts, die oben dargestellt wurden. Insofern können Programmsätze also als rein faktische Hinweise stets in Ethikrichtlinien aufgenommen werden.

b) Verhaltensregeln

Anders stellt sich die Situation im Hinblick auf Verhaltensregeln dar. Aufgrund der vorhandenen Regelungswirkung von Verhaltensvorschriften in Ethikrichtlinien bedarf es hier einer genauen Überprüfung, ob die jeweiligen Klauselinhalte noch von dem Direktionsrecht des Arbeitgebers gedeckt sind. Dies ist, wie oben herausgearbeitet, grundsätzlich nur dann der Fall, wenn sich die Klauselinhalte auf die Konkretisierung bestehender vertraglicher oder gesetzlicher Haupt- oder Nebenpflichten des Arbeitnehmers beschränken.[73]

Weisungen mit außerdienstlichem Bezug sind zudem nur dann wirksam, wenn sie der Konkretisierung arbeitsvertraglicher Nebenpflichten oder Loyalitätsobliegenheiten im außerdienstlichen Bereich dienen. Insofern können die Arbeitnehmer beispielsweise per Weisung nicht wirksam zur Teilnahme an einem „Ethik-Workshop" oder ähnlichen Informations- und Ausbildungsmaßnahmen verpflichtet werden, sofern diese außerhalb der Arbeitszeit abgehalten werden. Zu dem Besuch derartiger Veranstaltungen *während* der Arbeitszeit kann jedoch wirksam per Weisungsrecht angewiesen werden, weil dann das „Wie" der Arbeitsleistung erklärt und konkretisiert wird.[74] Zur Konkretisierung außerdienstlicher Obliegenheiten kann ein Unternehmen demgegenüber seine Mitarbeiter per Weisung dazu anhalten, den Namen des Unternehmens nicht in Verbindung mit den eigenen politischen, religiösen oder kulturellen Angelegenheiten in Verbindung zu bringen,

---

[71] Vgl. etwa oben unter § 13V.1. (S. 192).
[72] HWK-*Lembke*, § 106 GewO Rn. 5.
[73] *Meyer*, NJW 2006, 3605, 3608; *Schuster/Darsow*, NZA 2005, 273, 273f.
[74] BAG v. 18.04.1989 – 1 ABR 3/88, AP Nr. 33 zu § 87 BetrVG 1972 Arbeitszeit; *Mahnhold*, Compliance und Arbeitsrecht, S. 172.

wenn dadurch ein ernsthafter Schaden droht.[75] Nicht mehr vom Direktionsrecht umfasst sind hingegen Weisungen, mit denen ein Unternehmen seine Mitarbeiter zur aktiven Unterstützung seiner wirtschaftpolitischen Ansichten verpflichten will.

Das Direktionsrecht bietet im Hinblick auf Verhaltensvorschriften in Ethikrichtlinien gegenüber einer Einführung durch vertragliche Vereinbarung also kein zusätzliches Umsetzungspotenzial: Während das Direktionsrecht lediglich die Einführung nebenpflichtkonkretisierender Ethikklauseln ermöglicht, können bei einer Einführung durch Vereinbarung auch nebenpflichterweiternde oder neue Pflichten begründende Vorschriften eingeführt werden, die im Rahmen einer Inhaltskontrolle nach §§ 307 ff. BGB freilich unter dem Vorbehalt einer angemessenen Kompensation stehen. Diese Möglichkeiten bestehen bei einer Einführung von Ethikrichtlinien per Direktionsrecht nicht. Anders als etwa bei einer vertraglichen Einführung ist der Arbeitgeber maßgeblich an den vom Arbeitsvertrag vorgegebenen Pflichtenrahmen gebunden, dessen äußere Grenzen er per Weisung nicht zu verschieben vermag.

Hinsichtlich der Verhaltensvorschriften in durch Weisung erlassenen Ethikrichtlinien ist damit festzuhalten, dass hier zunächst allenfalls derjenige Regelungsbereich eröffnet ist, der auch bei einer vertraglichen Einführung von Ethikrichtlinien gelten würde. Gegenüber den vertraglich einführbaren Inhalten von Ethikrichtlinien ist der Rahmen derjenigen Richtlinieninhalte, die per Direktionsrecht wirksam eingeführt werden können, jedoch in zweierlei Hinsicht zusätzlich beschränkt: Zum einen besteht keine Kompensationsmöglichkeit für benachteiligende Klauseln; solche Inhalte können nicht wirksam per Direktionsrecht eingeführt werden, sondern allenfalls durch vertragliche Vereinbarung.[76] Allerdings wurde aber bereits im Zusammnhang der AGB-Kontrolle vertraglich eingeführter Ethikrichtlinien darauf hingewiesen, dass für die dort mögliche Kompensation des Arbeitnehmers ohnehin nur ein geringer Anwendungsraum bleibt.[77] Insofern dürfte das im Vergleich zu einer vertraglichen Einführung verringerte Umsetzungspotezial bei der Einführung von Ethikrichtlinien durch Direktionsrecht praktisch kaum Relevanz entfalten. Zum anderen hat der Arbeitgeber – anders als bei einer vertraglichen Einführung – auch bei der Anweisung an sich zulässiger Ethikinhalte die Grenze des billigen Ermessens zu wahren. Die Wahrung billigen Ermessens setzt voraus, dass die wesentlichen Umstände des Falles abgewogen und die beiderseitigen Interessen

---

[75] *Schuster/Darsow*, NZA 2005, 273, 274.
[76] Vgl. oben unter § 13IV.3.b)bb)(2)(b) (S. 172 ff.).
[77] Oben unter § 13IV.3.b)bb)(2)(b) (S. 172).

angemessen berücksichtigt werden.[78] Dies führt bei per Sammelweisung erlassenen Ethikrichtlinien zu gewissen Unwägbarkeiten im Hinblick auf deren Wirksamkeit, weil die Besonderheiten des jeweiligen Einzelfalls grundsätzlich angemessene Weisungen an dem Erfordernis billigen Ermessens scheitern lassen können.

c) Whistleblowing

Demzufolge bleibt bei einer Einführung von Ethikrichtlinien per Direktionsrecht auch im Hinblick auf Whistleblowing-Klauseln nur ein geringer Gestaltungsspielraum auf Seiten des Arbeitgebers. Wie oben dargelegt besteht zwar auch ohne Vorliegen einer ausdrücklichen vertraglichen Regelung eine grundsätzliche Auskunfts- und Anzeigepflicht des Arbeitnehmers aus der arbeitsvertraglichen Treuepflicht gegenüber dem Arbeitgeber[79], aufgrund derer der Arbeitnehmer sämtliche Informationen über einen drohenden oder eingetretenen Schadensfall an den Arbeitgeber weiterzuleiten hat. Dies umfasst auch Fälle, in denen der Schaden oder die Schadensgefahr von einem anderen Arbeitnehmer ausgehen.[80] Mittels Direktionsrecht kann der Arbeitgeber diese abstrakte Arbeitnehmerpflicht jedoch nur unter engen Voraussetzungen präzisieren, denen ausführliche Whistleblowing-Klauseln im Regelfall nicht entsprechen. Im Rahmen der vorzunehmenden Zumutbarkeitserwägungen treten hier nämlich dieselben Erwägungen zutage, die bereits oben bei der Dimensionierung des Umfangs einer arbeitsvertraglichen Anzeige-, Aufklärungs- und Auskunftspflicht angestellt worden sind.[81]

Insofern entspricht eine durch Weisung eingeführte Whistleblowing-Klausel also nur dann billigem Ermessen, wenn sie der Anzeigepflicht des Arbeitnehmers eine angemessene Zumutbarkeitsgrenze setzt[82], indem etwa die Gefahren und Nachteile berücksichtigt werden, die dem Arbeitnehmer bei Offenlegung drohen. Einseitig eingeführte Whistleblowing-Klauseln, die bei jedwedem Verstoß gegen Inhalte einer Ethikrichtlinie unabhängig von seiner Schwere und den daraus drohenden Schäden eine Anzeigepflicht anordnen, dürften demnach unzulässig sein.[83]

---

[78] BAG v. 12.12.1984 – 7 AZR 509/83, AP Nr. 6 zu § 2 KSchG 1969; BAG v. 23.06.1993 – 5 AZR 337/92, AP Nr. 42 zu § 611 BGB Direktionsrecht; BAG v. 24.04.1996 – 5 AZR 1031/94, AP Nr. 48 zu § 611 BGB Direktionsrecht.
[79] Vgl. die Ausführungen oben unter § 13V.3. (S. 194 ff.).
[80] BGH v. 23.02.1989 – IX ZR 236/86, AP Nr. 9 zu § 611 BGB Treuepflicht; *Schuster/Darsow*, NZA 2005, 273, 276.
[81] Oben unter § 13IV.2.a)cc)(2)(a) (S. 147 ff.).
[82] BGH v. 23.02.1989 – IX ZR 236/86, AP Nr. 9 zu § 611 BGB Treuepflicht; *Schuster/Darsow*, NZA 2005, 273, 276.
[83] *Schuster/Darsow*, NZA 2005, 273, 276.

Demgegenüber möglich bleiben aber per Weisung eingeführte Whistleblowing-Klauseln, wenn sie lediglich einen Verhaltensappell ohne zwingenden Aufforderungscharakter beinhalten.[84]

Insgesamt bietet das Direktionsrecht demzufolge auch bei Whistleblowing-Klauseln keinen Gestaltungsspielraum, der über denjenigen bei einer vertraglichen Einführung von Ethikrichtlinien hinausgehen würde.

d) Sanktionsklauseln

Schließlich ist der Arbeitgeber auch bei der Einführung von Sanktionsklauseln maßgeblich an den arbeitsvertraglich vorgegebenen Pflichtenrahmen gebunden. Die Sanktionierung eines Pflichtverstoßes kann zwar grundsätzlich zulässiger Gegenstand einer Weisung sein, die Androhung widerspricht allerdings billigem Ermessen, wenn der Sachverhalt, an den die Androhung anknüpft, die jeweilige disziplinarische Maßnahme nicht rechtfertigen kann.[85] Insofern darf der Arbeitgeber innerhalb der Sanktionsklauseln einer Ethikrichtlinie keine neuen Disziplinartatbestände und Strafen erschaffen, sondern lediglich auf diejenigen disziplinarischen Befugnisse hinweisen, die er auch nach den allgemeinen Grundsätzen auszuüben befugt wäre. Auch hier geht die Regelungsbefugnis des Arbeitgebers also nicht über die Möglichkeiten bei einer vertraglichen Einführung von Ethikrichtlinien hinaus.

Typischerweise entsprechen gängige Ethikrichtlinien aber den soeben aufgezeigten Grundsätzen. Vielfach begnügen sich die Sanktionsklauseln mit dem Hinweis, dass eine Verletzung von Richtlinieninhalten etwa mit Abmahnungen, Schadenersatzforderungen oder Kündigungen geahndet werden *können*.[86] Eine unmittelbare Verknüpfung zwischen Verstoß und Sanktion, nach der jeder Verstoß automatisch eine bestimmte Sanktion zur Folge hat, wird hingegen nicht vorgenommen.

4. Zwischenergebnis

Es hat sich gezeigt, dass das Direktionsrecht bei der Einführung von Ethikrichtlinien kein zusätzliches Umsetzungspotenzial bietet, welches über die Möglichkeiten bei einer vertraglichen Einführung von Ethikrichtlinien hinausgehen würde.

---

[84] In diesen Fällen verschwimmt jedoch die Grenze zum reinen Programmsatz; *Schuster/Darsow*, NZA 2005, 273, 276.
[85] *Schuster/Darsow*, NZA 2005, 273, 276.
[86] Vgl. etwa S. 25 des Verhaltenskodex der Bayer AG oder Punkt XII Nr. 2 der Richtlinie der Daimler AG.

Richtlinieninhalte können grundsätzlich nur dann durch eine einseitige Weisung eingeführt werden, wenn die Regelung eine gesetzliche Pflicht oder eine vertragliche Nebenpflicht konkretisiert, ein ausreichender Arbeitsbezug vorliegt und die jeweilige Regelung zudem den Erfordernissen billigen Ermessens entspricht.[87] Die Möglichkeit, andernfalls benachteiligende Inhalte durch die Aufnahme einer adäquaten Kompensationsregelung auszugleichen, besteht gegenüber einer vertraglichen Einführung von Ethikrichtlinien hingegen nicht. Für derartige Regelungen bleibt aber ohnehin nur ein geringer Anwendungsraum.

Gegenüber einer vertraglichen Einführung bietet eine Umsetzung von Ethikrichtlinien durch Direktionsrecht allerdings den Vorteil, dass die Zustimmung der einzelnen Arbeitnehmer keine Wirksamkeitsvoraussetzung der Ethikrichtlinien ist. Eine Umsetzung per Direktionsrecht ist demnach immer dann einer vertraglichen Einführung vorzuziehen, wenn keine Möglichkeit oder kein Bedürfnis besteht, von den erweiterten Umsetzungspotenzialen einer vertraglichen Einführung von Richtlinieninhalten Gebrauch zu machen.

II. Änderungskündigung

Allein der Umstand, dass sich ein bestimmter Klauselinhalt nicht per Direktionsrecht einführen lassen kann, heißt jedoch nicht, dass der Arbeitgeber von der einseitige Umsetzung der Maßnahme zwangsläufig absehen muss. Die Änderungskündigung bietet dem Arbeitgeber ein weiteres einseitiges Regelungsinstrument. Dieses ermöglicht unter bestimmten Voraussetzungen die Änderung des Arbeitsvertrages und geht damit über die Möglichkeiten des Direktionsrechts hinaus.[88] Insofern könnte zur einseitigen Einführung von Ethikklauseln, deren Inhalte die Grenzen des Direktionsrechts überschreiten, die Änderungskündigung herangezogen werden.[89]

Die Funktionsweise der Änderungskündigung als rechtstechnisches Einführungsinstrument von Ethikrichtlinien wurde bereits zuvor dargestellt.[90] Im Folgenden sollten die Kontrollmechanismen näher untersucht werden, denen der Arbeit-

---

[87] So auch *Schuster/Darsow*, NZA 2005, 273, 276.
[88] Das Direktionsrecht findet eine maßgebliche Grenze im Pflichtumfang des geltenden Arbeitsvertrages, vgl. oben unter § 15I.2. (S. 218 ff.)
[89] Die per Direktionsrecht einführbaren Ethikklauseln können ohnehin nicht durch Änderungskündigung eingeführt werden, weil das Direktionsrecht das mildere Mittel gegenüber der Änderungskündigung darstellt. Zur Problematik, ob aus diesem Verstoß gegen das Verhältnismäßigkeitsprinzip die Unwirksamkeit des Änderungsangebots folgt, vgl. BAG v. 26.01.1995 – 2 AZR 371/94, AP Nr. 36 zu § 2 KSchG 1969; ferner *Fischermeier*, NZA 2000, 737, 739.
[90] Oben unter § 6II. (S. 46 ff.).

geber bei der Umsetzung von Ethikrichtlinien per Änderungskündigung zu entsprechen hat.

Maßgeblich hat der Arbeitgeber bei einer Einführung von Ethikrichtlinien per (Massen-)Änderungskündigung die Grenzen des § 2 KSchG zu beachten. Insbesondere steht ihm dieses Umsetzungsinstrument nur dann zur Verfügung, wenn die Änderung der Arbeitsbedingungen sozial gerechtfertigt ist. Ob dies der Fall ist, ermittelt die Rechtsprechung anhand einer zweistufigen Prüfung.[91] Zunächst muss sich die Änderung der bisherigen Arbeitsbedingungen aus dringenden verhaltens-, betriebs- oder personenbedingten Gründen (vgl. § 1 Abs. 2 Satz 1 KSchG bzw. § 626 Abs. 1 BGB) als erforderlich erweisen.[92] Erst danach wird geprüft, ob dem Arbeitnehmer die am mildesten mögliche und am wenigsten beeinträchtigende Änderung der Vertragsbedingungen angeboten wurde, die dieser billigerweise hinzunehmen hat.[93]

Eine durch Änderungskündigung eingeführte Ethikrichtlinie stellt sich also grundsätzlich zunächst nur dann als sozial gerechtfertigt dar, wenn sie sich auf anerkannte personen-, verhaltens- oder betriebsbedingte Gründe stützen lässt.

1. Personenbedingte Änderungskündigung

Mit personenbedingten Gründen lässt sich eine Änderungskündigung in diesem Zusammenhang nicht rechtfertigen. Eine personenbedingte Änderungskündigung setzt einen Eignungsmangel voraus, der durch die Änderung der Arbeitsbedingungen entfallen würde.[94] Durch Begründung zusätzlicher arbeitsvertragliche Pflichten mit der Einführung einer Ethikrichtlinie können solche Defizite jedoch nicht behoben werden.[95] Insofern kommt im Rahmen der hier diskutierten Problematik nur eine verhaltens- oder betriebsbedingte Änderungskündigung in Frage.

2. Verhaltensbedingte Änderungskündigung

Eine verhaltensbedingte Änderungskündigung kann ausgesprochen werden, wenn das Arbeitsverhältnis durch schuldhaftes Tun oder Unterlassen des Arbeit-

---

[91] APS/*Künzl*, § 2 KSchG Rn. 235.
[92] Vgl. etwa BAG v. 01.07.1999 – 2 AZR 826/98, AP Nr. 53 zu § 2 KSchG 1969; APS/*Künzl*, § 2 KSchG Rn. 235; ferner HWK-*Molkenbur*, § 2 KSchG Rn. 47ff; ErfK/*Oetker*, § 2 KSchG Rn. 42.
[93] so z. B. BAG v. 01.07.1999 – 2 AZR 826/98, AP Nr. 53 zu § 2 KSchG 1969; APS/*Künzl*, § 2 KSchG Rn. 235; ErfK/*Oetker*, § 2 KSchG Rn. 42.
[94] APS/*Künzl*, § 2 KSchG Rn. 241 m. w. N.; Stahlhacke/*Preis*, Rn. 1281e; HWK-*Molkenbur*, § 2 KSchG Rn. 48; ErfK/*Oetker*, § 2 KSchG Rn. 45.
[95] So auch *Mahnhold*, Compliance und Arbeitsrecht, S. 225.

nehmers belastet wird, und zwar insbesondere im Leistungsbereich und im persönlichen Vertrauensbereich.[96] Hinsichtlich der Rechtfertigung einer verhaltensbedingten Änderungskündigung sind regelmäßig die Grundsätze heranzuziehen, die für die verhaltensbedingte Beendigungskündigung maßgeblich sind.[97] Eine Änderungskündigung aus dem Verhalten des Arbeitnehmers setzt somit die Verletzung arbeitsvertraglicher Pflichten und grundsätzlich eine vorangegangene Abmahnung voraus.[98]

Eine solche Pflichtverletzung dürfte bei der Einführung von Ethikrichtlinien jedoch normalerweise nie vorliegen: Eine Änderungskündigung erweist sich nämlich nur dann als zulässig, wenn dadurch bestehende arbeitsvertragliche Pflichten erweitert oder neue Pflichten begründet werden. Zur bloßen Konkretisierung bestehender Pflichten steht mit dem Direktionsrecht das besser geeignete und mildere Mittel zur Verfügung. Gegen Pflichten, die erst mit der Änderungskündigung begründet werden und somit (noch) nicht bestehen, kann der Arbeitnehmer vor Ausspruch der Änderungskündigung aber nicht verstoßen.[99]

Für eine verhaltensbedingte Änderungskündigung zur Einführung von Ethikrichtlinien bleibt mithin kein Raum.

3. Betriebsbedingte Änderungskündigung

Da auch bei der betriebsbedingten Änderungskündigung die allgemeinen Grundsätze für den Ausspruch einer betriebsbedingten Beendigungskündigung gelten, ist sie nur statthaft, wenn das Änderungsangebot durch dringende betriebliche Erfordernisse bedingt ist.[100] Ein anerkennenswertes dringendes betriebliches Erfordernis liegt nicht nur dann vor, wenn das Bedürfnis für eine Weiterbeschäftigung dauerhaft[101] oder zumindest zu den bisherigen Bedingungen wegfällt[102]. Allerdings müssen die neuen Arbeitsbedingungen zumutbar sein.[103] Sie dürfen sich

---

[96] Stahlhacke/*Preis*, Rn. 1281d; HWK-*Molkenbur*, § 2 KSchG Rn. 50.
[97] APS/*Künzl*, § 2 KSchG Rn. 244 ;HWK-*Molkenbur*, § 2 KSchG Rn. 50.
[98] BAG v. 21.11.1985 – 2 AZR 21/85, AP Nr. 12 zu § 1 KSchG 1969; APS/*Künzl*, § 2 KSchG Rn. 244 m. w. N.; Stahlhacke/*Preis*, Rn. 1281d.
[99] Vgl. die ähnliche Argumentation bei *Mahnhold*, Compliance und Arbeitsrecht, S. 219f. Anders *Matzick*, Interessenkollision, S. 175 ff.
[100] APS/*Künzl*, § 2 KSchG Rn. 247; *Hromadka*, NZA 1996, 1, 8; *Kittner*, NZA 1997, 968, 970.
[101] APS/*Künzl*, § 2 KSchG Rn. 247.
[102] BAG v. 23.06.2005 – 2 AZR 642/04, AP Nr. 81 zu § 2 KSchG 1969; ErfK/*Oetker*, § 2 KSchG Rn. 47.
[103] MüAR/*Berkowsky*, § 145 Rn. 44 f.

nicht weiter vom bisherigen Arbeitsverhältnis entfernen als dies zur Erreichung des mit der Änderungskündigung angestrebten Ziels erforderlich ist.[104]

Nach *Borgmann* entspricht eine Einführung von Ethikrichtlinien per Änderungskündigung diesen Erfordernissen dann, wenn eine gesetzliche Pflicht zur Einführung von Richtlinien besteht.[105] Dann jedoch müssten die Arbeitnehmer bereits aufgrund ihrer arbeitsvertraglichen Nebenpflichten die entsprechenden Maßnahmen hinnehmen. Gegenüber dem arbeitgeberseitigen Weisungsrecht als milderes Mittel bliebe dann aber für den Ausspruch einer betriebsbedingten Änderungskündigung kein Raum.[106] *Borgmann* führt weiter aus, dass ein dringendes betriebliches Erfordernis dann angenommen werden könne, wenn ein Unternehmen nach Vorgabe seiner US-amerikanischen Konzernobergesellschaften oder Kunden Verhaltensrichtlinien der SEC einführen müsse. Dies gelte allerdings nur unter der Voraussetzung, dass ansonsten die Aufträge entzogen werden und dies einen wesentlichen Teil der Geschäftätigkeit betreffen würde.[107]

Eine Untersuchung der Rechtslage[108] hat jedoch ergeben, dass die einschlägigen Vorschriften des US-amerikanischen Börsenrechts zwar Regelungsbereiche nennen, die eine Ethikrichtlinie zwingend abzudecken hat; es wird hingegen nicht vorgeschrieben, mit welchen konkreten Klauselinhalten diese Sachverhalte durch die Unternehmen reglementiert werden müssen. Demzufolge reicht es zur Erfüllung der Verpflichtungen aus, Klauseln als reine Programmsätze einzuführen oder sich aber – um ein Mindestmaß an Verbindlichkeit zu garantieren – auf die Einführung von solchen Klauseln zu beschränken, mit denen lediglich ohnehin bestehende Pflichten wiedergegeben oder konkretisiert werden. Dann aber kann deren Umsetzung etwa auch über das Direktionsrecht erfolgen, ein zwingendes Erfordernis, zur Erfüllung der rechtlichen Vorgaben betriebsbedingte Änderungskündigungen auszusprechen, besteht hingegen nicht.

Sollte dennoch auf Initiative der Konzernobergesellschaft die Implementierung einer nebenpflichterweiternden Ethikrichtlinie vorangetrieben werden, handelt es sich dabei allenfalls um ein Interesse, die Arbeitsbedingungen innerhalb eines

---

[104] BAG v. 23.06.2005 – 2 AZR 642/04, AP Nr. 81 zu § 2 KSchG 1969.
[105] *Borgmann*, NZA 2003, 352, 355.
[106] *Mahnhold*, Compliance und Arbeitsrecht, S. 220.
[107] *Borgmann*, NZA 2003, 352, 355. In diesem Fall sind jedoch die Grundsätze einer Druck(änderungs)kündigung heranzuziehen, vgl. den folgenden Abschnitt.
[108] Oben unter § 4 VI.1 (S. 19 ff.).

Unternehmens oder Konzerns zu vereinheitlichen. Dieses allein reicht regelmäßig nicht aus, betriebsbedingte Änderungskündigungen zu rechtfertigen.[109]

4. Druckänderungskündigung

In Ausnahmefällen kommt über die bisher dargestellten Grundsätze hinaus auch eine Einführung von Ethikrichtlinien durch Druckänderungkündigung in Betracht. Eine Druckkündigung liegt dann vor, wenn Dritte, zum Beispiel Arbeitskollegen, Kunden oder Geschäftspartner, unter Androhung von Nachteilen wie etwa dem Abbruch von Vertragsbeziehungen, Druck auf den Arbeitgeber ausüben, um ihn zur Entlassung eines bestimmten Arbeitnehmers zu veranlassen.[110] In diesen Fällen kann die Drucksituation als solche einen wichtigen Grund für eine außerordentliche Kündigung oder die soziale Rechtfertigung einer ordentlichen Kündigung ergeben.[111] Die Druckkündigung kann auch als Druckänderungskündigung ausgesprochen werden.[112]

Die Einführung von Ethikrichtlinien kann möglicherweise dann durch Druckänderungskündigung erfolgen, wenn beispielsweise ein (ausländischer) Großkunde auf die eigenen Ethikvorschriften verweist und verlangt, dass das betroffene Unternehmen seinerseits Ethikrichtlinien mit einem bestimmten Mindestinhalt einführt.[113] Droht der Großkunde andernfalls mit dem Entzug eines Auftrages, kann dies einer Drucksituation gleichkommen, die den Ausspruch einer Änderungskündigung zur Einführung entsprechender Ethikrichtlinien rechtfertigen könnte.

Voraussetzung ist jedoch, dass sich der Arbeitgeber zunächst schützend vor die betroffenen Arbeitnehmer gestellt und alle zumutbaren Mittel eingesetzt hat, um den Geschäftspartner, von dem der Druck ausgeht, von der Drohung abzubringen. Nur wenn der Kunde weiterhin den Entzug von Aufträgen oder weitere Sanktionen ankündigt, so dass dem Arbeitgeber dadurch schwere wirtschaftliche Schäden drohen, kann die Druckänderungskündigung zulässig sein.[114] Schließlich hat

---

[109] *Borgmann*, NZA 2003, 352, 355.
[110] APS/*Kiel*, § 1 KSchG Rn. 519; *Deinert*, RdA 2007, 275, 277.
[111] Vgl. BAG v. 19.06.1986 – 2 AZR 563/85, AP Nr. 33 zu § 1 KSchG 1969 Betriebsbedingte Kündigung; BAG v. 10.12. 1992 – 2 AZR 271/92, AP Nr. 41 zu Art. 140 GG; ErfK/*Müller-Glöge*, § 626 BGB Rn. 185.
[112] Vgl. BAG v. 04.10.1990 – 2 AZR 201/90, AP Nr. 12 zu § 626 BGB Druckkündigung.
[113] Vgl. zum Fall einer Druckkündigung, welche auf Verlangen des (ausländischen) Vertragspartners erfolgt LAG Frankfurt v. 10.12.1986 – 10 Sa 729/86, LAGE § 1 KSchG Betriebsbedingte Kündigung Nr. 11.
[114] BAG v. 26.06.1997 – 2 AZR 502/96, RzK I 5i Nr 126; BAG v. 04.10.1990 – 2 AZR 201/90, AP Nr. 12 zu § 626 BGB Druckkündigung; BAG v. 19.06.1986 – 2 AZR 563/85, AP Nr. 33 zu § 1

auch der Ausspruch der Druckänderungskündigung dem *ulima ratio*-Grundsatz zu entsprechen.[115]

Diese Voraussetzungen werden jedoch nur in Ausnahmefällen vorliegen, so dass eine Einführung von Ethikrichtlinien per Druckänderungskündigung nur selten in Betracht kommt. Dennoch sind Fallgestaltungen denkbar, in denen eine Einführung auf diesem Wege zulässig wäre. Dies gilt etwa für Zulieferer, deren wirtschaftliche Existenz im Wesentlichen von wenigen Großkunden abhängt, für die nach spezifischen Vorgaben produziert wird. Wenn sich die Produktion eines Backwarenunternehmens beispielsweise auf die Herstellung von Hamburger-Brötchen nach den spezifischen Vorgaben einer großen Fast-Food-Kette beschränkt, hängt die wirtschaftliche Existenz des Unternehmens in hohem Maße von dem Fortbestand des Auftrages ab. Die Grundsätze der Druckänderungskündigung könnten zur Anwendung kommen, wenn die Fast-Food-Kette den Bäcker auf ihre eigene Ethikrichtlinie hinweist, nach der sie nur Zulieferer einsetzen darf, die vergleichbare Ethikstandards aufweisen. Deswegen müsse im Backunternehmen ähnliche Ethikvorschriften eingeführt werden, wie sie die Fast-Food-Kette praktiziere, andernfalls würde der Auftrag anderweitig vergeben. Sofern der Auftrag nicht auf andere Weise zu halten ist, kann der Arbeitgeber in einer solchen Situation eine Druckänderungskündigung aussprechen, um dem Unternehmen nicht die wirtschaftliche Grundlage zu entziehen.

Unter engen Voraussetzungen sind somit (seltene) Fallgestaltungen denkbar, in denen Ethikrichtlinien unter Heranziehung der Grundsätze einer Druckkündigung auch über den Ausspruch einer Druckänderungskündigung eingeführt werden können.

III. Ergebnis

Das Direktionsrecht eröffnet dem Arbeitgeber keine über die Möglichkeiten einer Einführung per Einzelvereinbarung oder Betriebsvereinbarung hinausgehenden Umsetzungspotentiale. Richtlinieninhalte können grundsätzlich nur dann durch einseitige Weisung eingeführt werden, wenn die Regelung eine gesetzliche Pflicht oder eine vertragliche Nebenpflicht konkretisiert, ein ausreichender Arbeitsbezug vorliegt und die jeweilige Regelung zudem den Erfordernissen billigen Ermessens entspricht. Die Möglichkeit einer Kompensation der Arbeitnehmer für ansonsten

---

KSchG 1969 Betriebsbedingte Kündigung; LAG Frankfurt v. 10.12.1986 – 10 Sa 729/86, LAGE § 1 KSchG Betriebsbedingte Kündigung Nr. 11.
[115] Vgl. *Deinert*, RdA 2007, 275, 277.

benachteiligende Richtlinieninhalte besteht bei einer Umsetzung auf diese Weise nicht. Muss von den erweiterten Umsetzungspotenzialen bei einer vertraglichen Einführung hingegen nicht zwingend Gebrauch gemacht werden, so empfiehlt sich eine Einführung von Ethikrichtlinien durch Weisung, weil auf diesem Wege die Zustimmung der einzelnen Arbeitnehmer nicht eingeholt werden muss.

Über Änderungskündigungen können Ethikrichtlinien demgegenüber regelmäßig nicht wirksam eingeführt werden. Unter gewissen Voraussetzungen kommt jedoch die Möglichkeit einer Druckänderungskündigung in Betracht, wenn etwa ein Großkunde auf die Einführung von Ethikrichtlinien besteht und der Entzug des Auftrages das Unternehmen vor erhebliche wirtschaftliche Schwierigkeiten stellt.

§ 16 Inhaltskontrolle bei tarifvertraglicher Einführung

Auf die Möglichkeit, die Geltung von Ethikrichtlinien auch im Rahmen von Tarifverträgen zu vereinbaren, wurde oben hingewiesen.[1] Insbesondere bietet sich zur Einführung von Ethikrichtlinien der Abschluss eines Firmentarifvertrages an, da hierdurch sämtliche Betriebe eines Unternehmens einheitlich erfasst werden. Dennoch sind auch die auf diesem Wege eingeführten Klauseln an gewisse inhaltliche Anforderungen gebunden, deren Einhaltung gerichtlich überprüft werden kann.[2]

I. Umfang tarifvertraglicher Regelungsmacht

Die inhaltlichen Grenzen von Tarifvertragsnormen ergeben sich maßgeblich aus Art. 9 Abs. 3 GG.[3] Mit dieser Vorschrift überlässt der Staat den Sozialpartnern einen bestimmten Rahmen zur eigenen Normsetzung. Dann aber setzt eine wirksame Normsetzung voraus, dass sich die normsetzende Gewalt auch an die ihr zugewiesene Kompetenz hält.[4] Tarifvertragliche Normen sind daher nur zulässig, soweit sie der Wahrung und Förderung von Arbeits- und Wirtschaftsbedingungen dienen.[5]

Außerhalb der Tarifmacht und somit des wirksam per Tarifvertrag regelbaren Bereiches liegt daher alles, was nicht zum Arbeits- und Wirtschaftsleben von Arbeitgeber und Arbeitnehmer gehört, also der private Einsatz der Person und ihrer Rechtsgüter.[6] Durch Tarifvertrag können demzufolge also keine Ethikregeln eingeführt werden, die außerdienstliche Verhaltenspflichten begründen. Ausnahmen können auch hier im Bezug auf Tendenzunternehmen bestehen, weil der arbeitsvertragliche Pflichtenkreis in diesem Zusammenhang möglicherweise weiter zu ziehen ist und auch in den privaten Bereich der Arbeitnehmer hineinreichen kann.[7] Eine

---

[1] Oben unter § 9 (S. 77 ff.).
[2] Zu diesem Zwecke steht in § 2 Abs. 1 Nr. 1 ArbGG ein eigenes Verfahren zur Verfügung, nämlich der bürgerliche Rechtsstreit zwischen Tarifvertragsparteien oder zwischen diesen und Dritten aus Tarifverträgen oder über das Bestehen oder Nichtbestehen von Tarifverträgen, vgl. *Schliemann*, FS Hanau, S. 577, 580.
[3] Ausführlich *Söllner*, NZA 1996, 897, 898.
[4] Wiedemann/*Thüsing*, § 1 TVG Rn. 228.
[5] Wiedemann/*Thüsing*, § 1 TVG Rn. 228.
[6] HWK-*Henssler*, Einl. TVG Rn. 36; Wiedemann/*Thüsing*, Einl. TVG Rn. 454; Ja-Krause/Oetker, Tarifvertragsrecht, S. 175..
[7] Dazu bereits oben unter § 13 IV.5. (S. 184 ff.).

Ausnahme gilt aber für begründete Nebentätigkeits- und Wettbewerbsverbote, sofern diese nicht jedwede Tätigkeit des Arbeitnehmers verbieten.[8]

Um der Tarifautonomie gerecht zu werden, kann eine gerichtliche Kontrolle von Tarifverträgen grundsätzlich nur dahingehend erfolgen, ob die tariflichen Regelung den Grenzen der Tarifautonomie entspricht und mithin der Gestaltung der Arbeits- und Wirtschaftsbedingungen dient.[9] Tarifverträge unterliegen daher lediglich einer Rechtskontrolle, die darauf gerichtet ist, ob sie gegen die Verfassung, anderes höherrangiges zwingendes Recht oder die guten Sitten verstoßen.[10]

Eine Inhaltskontrolle im Sinne einer Angemessenheits-, Billigkeits- oder Zweckmäßigkeitskontrolle wird demgegenüber nicht vorgenommen.[11] Zum einen würde eine solch weitreichende Inhaltskontrolle den Grundsätzen der Tarifautonomie widersprechen[12], zum anderen fehlt jegliche dafür notwendige Rechtsgrundlage, weil § 310 Abs. 4 Satz 1 BGB Tarifverträge ausdrücklich aus der AGB-Kontrolle herausnimmt und damit die Bereichsausnahme des AGB-Rechts für das kollektive Arbeitsrecht fortschreibt.[13]

Das Erfordernis, Tarifverträge einer Inhaltskontrolle unterziehen zu müssen, ergibt sich auch nicht aus § 242 BGB. Einer Kontrolle nach § 242 BGB fehlt die Grundlage, weil sie nur bei Vorliegen eines Verhandlungsungleichgewichts vorzunehmen wäre.[14] Das Verhältnis der Tarifvertragsparteien kennzeichnet jedoch der Grundsatz der Verhandlungsparität, weswegen eine angemessene Berücksichtigung der Interessen beider Seiten unterstellt werden kann (sog. „Richtigkeitsgewähr").[15] Eine Inhaltskontrolle von tarifvertraglich eingeführten Ethikrichtlinien ist demnach

---

[8] Wiedemann/*Wiedemann*, Einl. TVG Rn. 454.
[9] BAG v. 25.02.1987 – 8 AZR 430/84, AP Nr. 3 zu § 52 BAT; Wiedemann/*Thüsing*, § 1 TVG Rn. 228.
[10] St. Rspr., etwa BAG v. 19.12.1958 – 1 AZR 109/58, AP Nr. 3 zu § 2 TVG; BAG v. 30.05.1984 – 4 AZR 512/81, AP Nr. 3 zu § 9 TVG 1969; BAG v. 06.02.1985 – 4 AZR 275/83, AP Nr. 1 zu § 1 TVG Tarifverträge: Süßwarenindustrie; BAG v. 06.09.1995 – 5 AZR 174/94, AP Nr. 22 zu § 611 BGB Ausbildungsbeihilfe; BAG v. 06.11.1996 – 5 AZR 334/95, AP Nr. 1 zu § 10a AVR Caritasverband; HWK-*Henssler*, § 1 TVG Rn. 87; Wiedemann/*Thüsing*, § 1 TVG Rn. 257; *Schliemann*, FS Hanau, S. 577, 580; Tschöpe/*Wieland*, Teil 4 C Rn. 119; Jacobs/*Krause*/Oetker, Tarifvertragsrecht, S. 54.
[11] Jacobs/*Krause*/Oetker, Tarifvertragsrecht, S. 54; *Schliemann*, FS Hanau, S. 577, 580; Tschöpe/*Wieland*, Teil 4 C Rn. 119.
[12] Vgl. BVerfG v. 26.06.1991 – 1 BvR 779/85, AP Nr. 117 zu Art. 9 GG Arbeitskampf.
[13] HWK-*Henssler*, § 1 TVG Rn. 88.
[14] Jacobs/*Krause*/Oetker, Tarifvertragsrecht, S. 54.
[15] Vgl. dazu etwa BAG v. 06.09.1995 – 5 AZR 174/94, AP Nr. 22 zu § 611 BGB Ausbildungsbeihilfe.

also nicht vorzunehmen. Die entsprechenden Klauseln der Tarifverträge sind folglich – anders etwa als bei einer Einführung als Allgemeine Geschäftsbedingung – lediglich einer Rechtskontrolle unterworfen.

Ob hieraus jedoch geschlossen werden kann, dass eine tarifvertragliche Einführung von Ethikrichtlinien weitergehende Klauselinhalte zu Folge hat, als dies bei einer einzelvertraglichen Einführung oder einer Einführung per Direktionsrecht möglich wäre, erscheint aber zweifelhaft. Allein die Verhandlungsparität zwischen den Tarifvertragsparteien dürfte in aller Regel dazu führen, dass keine Klauseln Einzug in den Tarifvertrag finden, die die Arbeitnehmer über Gebühr benachteiligen, weil sich die Arbeitnehmervertreter dagegen gegebenenfalls auch mit Arbeitskampfmaßnahmen wehren können.[16]

II. Rechtskontrolle von Tarifverträgen

Die inhaltliche Überprüfung von Tarifverträgen beschränkt sich somit auf eine Untersuchung auf Verstöße gegen überstaatliches Recht, Verfassungsrecht und zwingendes Gesetzesrecht. Das *Bundesarbeitsgericht* prüft zwar zusätzlich, ob die streitige Tarifnorm den „tragenden Grundsätzen des Arbeitsrechts" entspreche.[17] An dieser Stelle ergeben sich jedoch keine zusätzlichen Wertungen, die sich nicht ohnehin auf verfassungsrechtliche oder einfachgesetzliche Grundlagen zurückführen ließen.[18]

1. Europäisches und internationales Recht

Tarifvertragsnormen dürfen weder gegen europäisches noch gegen sonstiges überstaatliches Recht verstoßen, das unmittelbar auch im Inland gilt.[19] Der Tarifvertrag muss hingegen solchen völkerrechtlichen Verpflichtungen, die nur an den Staat gerichtet sind, nicht entsprechen.[20] Durch Tarifnorm eingeführte Ethikrichtli-

---

[16] Zu dem damit verbundenen Problem einer Erstreikbarkeit von Firmentarifverträgen vgl. *Krichel*, NZA 1986, 731; *Thüsing*, NZA 1997, 294.
[17] Erstmals BAG v. 03.10.1969 – 3 AZR 400/68, AP Nr. 12 zu § 15 AZO; ferner auch BAG v. 14.12.1982 – 3 AZR 251/80, AP Nr. 1 zu § 1 BetrAVG Besitzstand; BAG v.10.10.1989 – 3 AZR 28/88, AP Nr. 2 zu § 1 TVG Vorruhestand; BAG v. 10.10.1989 – 3 AZR 200/88, AP Nr. 3 zu § 1 TVG Vorruhestand; BAG v. 24.08.1993 – 3 AZR 313/93, AP Nr. 19 zu § 1 BetrAVG Ablösung; Wiedemann/*Wiedemann*, Einl. TVG Rn. 355; Jacobs/*Krause*/Oetker, Tarifvertragsrecht, S. 54.
[18] Jacobs/*Krause*/Oetker, Tarifvertragsrecht, S. 54 f. weist zurecht darauf hin, dass jedes andere Verständnis der Formel die Gefahr einer Tarifzensur bedeuten würde.
[19] *Schliemann*, FS Hanau, S. 577, 581.
[20] ErfK/*Franzen*, § 1 TVG Rn. 10; *Schliemann*, FS Hanau, S. 577, 581f.

nien dürfen somit weder gegen das primäre Gemeinschaftsrecht noch gegen Verordnungen oder Richtlinien der Europäschen Gemeinschaft verstoßen, soweit diese unmittelbar im innerstaatlichen Rechtskreis anwendbar sind.[21]

Für die allgemeine Rechtskontrolle von Tarifnormen ist in diesem Hinblick insbesondere der Grundsatz der Lohngleichheit für Mann und Frau gem. Art. 141 EGV bedeutsam, der in Tarifverträgen mitunter durch eine mittelbare Geschlechterdiskriminierung verletzt wird.[22] Ethikrichtlinien weisen jedoch keine Berührungspunkte zu Fragen der Lohnhöhe und Lohngestaltung auf, so dass diese Problematik im Hinblick einer Rechtskontrolle von Tarifnormen, die die Einführung von Ethikrichtlinien zum Gegenstand haben, aufgrund der geringen praktischen Bedeutung vernachlässigt werden kann.

Insgesamt lassen sich keine spezifischen überstaatlichen Rechtsnormen identifizieren, an denen Tarifnormen regelmäßig scheitern könnten, mit denen übliche Ethikrichtlinieninhalte eingeführt werden. Ein Verstoß gegen zwingendes überstaatliches Recht kann jedoch nicht vollständig ausgeschlossen werden.

2. Verfassungsrecht

Dass die Tarifvertragsparteien beim Abschluss des Tarifvertrages an die Grundrechte gebunden sind, wurde bereits oben umfassend dargelegt.[23] Das den Inhalt von Tarifnormen überprüfende Gericht trifft eine Schutzpflicht, den einzelnen Grundrechtsträger vor einer unverhältnismäßigen Beschränkung seiner Freiheitsrechte und ebenso einer gleichheitswidrigen Regelbildung durch die Tarifvertragsparteien zu bewahren.[24] Insofern ist also die Einführung von Ethikregeln, die gezielt eine bestimmte Meinungsäußerung unterbinden sollen, per Tarifvertrag nicht möglich, wenn dies gegen Art. 5 GG verstoßen würde.[25] Dementsprechend können keine Richtlinieninhalte per Tarifvertrag eingeführt werden, die beispielsweise den Angestellten eines Sportwagenherstellers umweltschutzkritische Äußerungen in Bezug auf die Produkte des Arbeitgebers untersagen.

Gleichermaßen darf eine durch Tarifvertrag eingeführte Ethikklausel auch nicht die Glaubens- und Gewissensfreiheit nach Art. 4 GG verletzen.[26] Per Tarif-

---

[21] EuGH v. 12.02.1974 – 152/73, AP Nr. 6 zu Art. 177 EWG-Vertrag; BAG v. 06.07.1974 – 4 AZR 240/72, AP Nr. 7 zu Art. 177 EWG-Vertrag; ErfK/*Franzen*, § 1 TVG Rn. 8.
[22] ErfK/*Franzen*, § 1 TVG Rn. 8; *Schliemann*, FS Hanau, S. 577, 581.
[23] Siehe oben unter § 12III.3. (S. 114 ff.).
[24] HWK-*Henssler*, Einl. TVG Rn. 16.
[25] HWK-*Henssler*, Einl. TVG Rn. 18; Wiedemann/*Wiedemann*, Einl. TVG Rn. 266.
[26] Wiedemann/*Wiedemann*, Einl. TVG Rn. 264.

vertrag nicht einführbar sind damit Richtlinieninhalte, nach denen etwa ein strenggläubig christlicher Arbeitgeber seine Arbeitnehmer unmittelbar an die Zehn Gebote bindet. Abgesehen von den Freiheitsgrundrechten besteht zudem eine enge Bindung der Tarifvertragsparteien an den Gleichheitssatz des Art. 3 GG. Die durch Tarifvertrag einzuführenden Ethikklauseln dürfen demzufolge keine mittelbare oder unmittelbare Benachteiligung wegen des Geschlechtes, der Abstammung, der Rasse, der Sprache, der Heimat und Herkunft, des Glaubens und der religiösen oder politischen Anschauungen bewirken.[27] Insofern ergeben sich bereits aus der Grundrechtsbindung der Tarifvertragsparteien umfangreiche Grenzen der kollektiven Regelungsmacht, denen die auf tarifvertraglichem Wege eingeführten Ethikrichtlinien zu entsprechen haben.

Zusätzlich ergeben sich aus Art. 20 Abs. 3 GG auch für die Tarifvertragspartner zwei weitere Schranken: Die Parteien sind bei Abschluss eines Tarifvertrages zum einen an den Bestimmtheitsgrundsatz, zum anderen an die Grundsätze des Bestandschutzes gebunden.[28] Der Bestimmtheitsgrundsatz verpflichtet dabei zu einer klaren und verständlichen Abfassung der einzelnen Ethikklauseln, die Grundsätze des Bestandschutzes hingegen verhindern Klauseln mit echter Rückwirkung.[29] Tarifvertraglich vereinbarte Ethikrichtlinien, die diesen Anforderungen nicht entsprechen, sind als unwirksam zu erachten.[30] Weitere, bei der Einführung von Ethikrichtlinien jedoch weniger relevante Grenzen der tarifvertraglichen Regelungsmacht ergeben sich schließlich aus der Gemeinwohlbindung der Tarifvertragsparteien und dem Sozialstaats- und dem Demokratieprinzip.[31]

3. Zwingendes Gesetzesrecht

Schließlich sind die Tarifvertragsparteien beim Abschluss des Tarifvertrages an zwingendes Gesetzesrecht gebunden. Von zweiseitig zwingenden Bestimmungen können die Parteien nicht abweichen, gleichgültig, in welche Richtung die Abweichung zielt.[32] Abweichungen von nur einseitig zwingendem Gesetzesrecht[33] sind hingegen möglich, soweit die vereinbarte Tarifnorm ausschließlich *zugunsten*

---

[27] Wiedemann/*Wiedemann*, Einl. TVG Rn. 258 ff.; HWK-*Henssler*, Einl. TVG Rn. 18.
[28] Ausführlich *Burgi*/Waldhorst, RdA 2006, 85 ff..
[29] *Burgi*/Waldhorst, RdA 2006, 85 ff.; HWK-*Henssler*, Einl. TVG Rn. 19; Wiedemann/*Wiedemann*, Einl. TVG Rn. 332
[30] Vgl. etwa BAG v. 26.04.1966 – 1 AZR 242/65, AP Nr. 117 zu § 1 TVG Auslegung; Wiedemann/*Wiedemann*, Einl. TVG Rn. 332 m. w. N.
[31] Dazu HWK-*Henssler*, Einl. TVG Rn. 20 ff.
[32] *Schliemann*, FS Hanau, S. 577, 592.
[33] Eine diesbezügliche Übersicht bietet Jacobs/*Krause*/Oetker, S. 49 ff.

der Arbeitnehmer vom geltenden Recht abweicht.[34] Ob einseitig oder zweiseitig zwingendes Recht vorliegt, ist durch Auslegung zu ermitteln.[35] Im Übrigen zählen zu den zweiseitigen zwingenden Normen auch die tragenden Grundsätze des Arbeitsrechts[36] und das Sittengebot[37].

Dem im Zusammenhang mit Ethikrichtlinien relevanten einseitig zwingenden Gesetzesrecht ist insbesondere das Allgemeine Gleichbehandlungsgesetz (AGG) zuzuordnen, das gemäß § 2 Abs. 1 Nr. 2 AGG auch Tarifverträge erfasst. Hervorzuheben ist in diesem Zusammenhang besonders, dass das AGG Benachteiligungen wegen des Alters umfasst (vgl. § 1 AGG), sich dieses Diskriminierungsmerkmal in Art. 3 GG hingegen nicht findet. Ethikrichtlinien, die per Tarifvertrag eingeführt werden sollen, müssen den umfassenden Anforderungen des AGG entsprechen oder können ausschließlich zugunsten der Arbeitnehmer davon abweichen.[38] Von tarifdispositiven Recht, also Gesetzesnormen, die lediglich für die Parteien des Arbeitsvertrages und der Betriebsvereinbarung, nicht aber für die Tarifvertragsparteien Wirkung entfalten[39], können die Tarifvertragparteien demgegenüber auch zu Lasten der Arbeitnehmer abweichen.[40]

Auch im Hinblick auf das einfache Gesetzesrecht ergeben sich damit umfassende inhaltliche Beschränkungen für per Tarifvertrag eingeführte Ethikklauseln.

III. Inhaltskontrolle tarifvertraglich eingeführter Ethikrichtlinien

Die Untersuchung der Grenzen tarifvertraglicher Regelungsmacht hat gezeigt, dass eine Umsetzung von Ethikrichtlinien durch Tarifvertrag nicht denselben Beschränkungen unterliegt wie andere Einführungsinstrumente. Die Prüfung von Tarifnormen beschränkt sich auf eine bloße Rechtskontrolle, in deren Rahmen lediglich ein Verstoß gegen überstaatliches Recht, das Verfassungsrecht und anderes zwingendes Gesetzesrecht geprüft wird. Erwägungen zur Angemessenheit und Billigkeit, wie sie etwa bei einer AGB-Kontrolle vertraglich eingeführter Ethikrichtlinien vorzunehmen wären, sind hier hingegen nicht anzustellen.

---

[34] HWK-*Henssler*, Einl. TVG Rn. 25.
[35] Wiedemann/*Wiedemann*, Einl. TVG Rn. 351; HWK-*Henssler*, Einl. TVG Rn. 25.
[36] Vgl. BAG v. 30.01.1970 – 3 AZR 44/68, AP Nr. 142 zu § 242 BGB-Ruhegehalt.
[37] BAG v. v. 30.01.1970 – 3 AZR 44/68, AP Nr. 142 zu § 242 BGB-Ruhegehalt; BAG v. 14.12.1984 – 3 AZR 251/80, AP Nr. 1 zu § 1 BetrAVG-Besitzstand; BAG v. 10.10.1989 – 3 AZR 200/88, AP Nr. 3 zu § 1 TVG-Vorruhestand.
[38] Jacobs/*Krause*/Oetker, S. 50.
[39] Wiedemann/*Wiedemann*, Einl. TVG Rn. 378.
[40] HWK-*Henssler*, Einl. TVG Rn. 27; Wiedemann/*Wiedemann*, Einl. TVG Rn. 350.

Dies mag den Tarifpartnern auf den ersten Blick einen großen Gestaltungsspielraum einräumen, da sie grundsätzlich wohl auch benachteiligende Ethikvorschriften vereinbaren können. Insofern können beispielsweise durchaus nebenpflichterweiternde Ethikklauseln per Tarifvertrag eingeführt werden. Tatsächlich sind den Tarifvertragsparteien allerdings bereits durch die Bindung an Verfassung und Gesetz enge Grenzen gezogen. Mit einer Erweiterung von Nebenpflichten geht nämlich immer auch ein Grundrechtseingriff einher, der der Rechtfertigung bedarf.

Möglicherweise ergeben sich an dieser Stelle aber weiterreichende Kompensationsmöglichkeiten als etwa im Rahmen einer einzelvertraglichen Implementierung von Ethikregeln. Denkbar wäre beispielsweise ein Ausgleich besonders weitreichender oder strenger Ethikrichtlinien durch die Gewährung zusätzlicher Lohnbestandteile, auch wenn eine Stoffgleichheit zwischen arbeitnehmerseitig erlittenem Nachteil und gewährtem Vorteil nicht vorliegt.[41] Jedenfalls aber zieht § 138 BGB, dem die Tarifnormen aufgrund der Bindung an zwingendes Gesetzesrecht entsprechen müssen, allzu weitreichenden bzw. offensichtlich unangemessenen Kompensationslösungen eine Grenze.

IV. Günstigkeitsprinzip

Einer tarifvertraglichen Einführung von Ethikrichtlinien kann zudem das Günstigkeitsprinzip entgegenstehen, wenn die tarifvertraglich vereinbarte Ethikrichtlinie mit einer anderslautenden, etwa einzelvertraglich eingeführten Ethikrichtlinie kollidiert. Das Günstigkeitsprinzip sichert den Arbeitsvertragsparteien in diesen Fällen in Form einer Kollisionsregel eine sachliche Vorrangkompetenz: Entgegen der in § 4 Abs. 1 TVG angeordneten zwingenden Wirkung von Tarifnormen werden gemäß § 4 Abs. 3 TVG abweichende Abmachungen für zulässig erklärt, wenn sich dies für den Arbeitnehmer günstiger auswirkt.[42] Das Günstigkeitsprinzip gilt dabei zwingend; jede Umgehung dieses Gebotes etwa in Form von sogenannten negativen Inhaltsnormen, schuldrechtlichen Absprachen oder Verbandsbeschlüssen der Koalitionen ist nichtig.[43]

---

[41] Die Stoffgleichheit zwischen erlittenem Nachteil und kompensierendem Vorteil gehört zu den Voraussetzungen einer andäquaten Kompensation für benachteiligende AGB-Klauseln bei einer vertraglichen Einführung. Dazu oben unter § 13IV.3.b)bb)(2)(b) (S. 172 ff.).

[42] Wiedemann/Wank, § 4 TVG Rn. 381; HWK-*Henssler*, § 4 TVG Rn. 29 ff.; ErfK/*Franzen*, § 4 TVG Rn. 31 ff.; *Jacobs*/Krause/Oetker, Tarifvertragsrecht, S. 391 ff.

[43] BAG v. 15.12.1960 – 5 AZR 374/58 – AP Nr. 2 und 3 zu § 4 TVG Angleichungsrecht; BAG v. 26.02.1986 – 4 AZR 535/84 – AP Nr. 12 zu § 4 TVG Ordnungsprinzip; *Löwisch/Rieble*, § 4 TVG Rn. 268; *Heinze*, NZA 1991, 329, 335.

Bei dem vorzunehmenden Sachgruppenvergleich[44] zwischen der arbeitsvertraglichen und der tarifvertraglichen Ethikklausel erweist sich die arbeitsvertragliche Regelung für den Arbeitnehmer unter Umständen als günstiger. Dann verdrängt die Ethikklausel des Arbeitsvertrages die entsprechende Tarifnorm; das zwischen den Tarifpartnern ausgehandelte Regelwerk findet insoweit also keine Anwendung. Das Günstigkeisprinzip schützt dabei sowohl bestehende als auch nachfolgende Abmachungen[45], so dass es keinen Unterschied macht, ob die einzelvertragliche Einführung von Ethikrichtlinien vor oder nach dem Abschluss des Tarifvertrages stattgefunden hat. Auch wenn sich die Sozialpartner demnach auf ihrer Meinung nach angemessene Richtlinien einigen, verbleibt auf der arbeitsvertraglichen Ebene die Möglichkeit, aus Sicht des Arbeitnehmers günstigere – und mithin vorrangige – Ethikvorschriften zu vereinbaren.

Demzufolge eignet sich die tarifvertragliche Einführung von Ethikrichtlinien allenfalls dazu, einen verbreiteten „ethischen Mindeststandard" zu installieren. In der Praxis werden die Tarifvertragsparteien (abgesehen vom Fall eines Firmentarifvertrages) jedoch ohnehin nichts anderes beabsichtigen. Die einer Einführung von Ethikrichtlinien zugrunde liegenden Motive sind größtenteils auf das spezifische Unternehmen bezogen, wie etwa Imageerwägungen oder ökonomische Interessen.[46] Aus diesem Grunde sollte es dem Arbeitgeber und seiner Belegschaft – nicht jedoch den sie vertretenden Verbänden – überlassen werden, konkrete Richtlinienvorschriften für das einzelne Unternehmen zu finden. Die sachferneren Tarifvertragsparteien hingegen sollten allenfalls Rahmenvorschrifen vereinbaren, die – beispielsweise in Form von Programmsätzen – „ethische Grundsätze" für einen Wirtschaftsbereich aufstellen. Auf arbeitsvertraglicher Ebene bleibt Arbeitgeber und Arbeitnehmer dabei stets die Möglichkeit, unternehmensspezifische Ethikklauseln zu vereinbaren, die nach dem Günstigkeitsprinzip gegenüber der kollidierenden Tarifnorm möglicherweise Vorrang genießen.

Etwas anderes gilt freilich dann, wenn der Arbeitgeber selbst den Abschluss eines Firmentarifvertrages anstrebt. In diesem Fall ist nicht damit zu rechnen, dass auf der Ebene des Arbeitsvertrages abweichende und aus Arbeitnehmersicht günstigere Regelungen getroffen werden, die die entsprechenden Tarifnormen verdrängen könnten. In diesem Fall kann von den erweiterten Gestaltungsmöglichkeiten Gebrauch gemacht werden, die eine tarifvertragliche Einführung von Ethikrichtli-

---

[44] Vgl. allein BAG v. 23.05.1984 – 4 AZR 129/82, AP Nr. 9 zu § 339 BGB; BAG v. 20.04.1999 – 1 ABR 72/98, AP Nr. 9 zu Art. 9 GG; ErfK/*Franzen*, § 4 TVG Rn. 36 ff.
[45] *Löwisch/Rieble*, § 4 TVG Rn. 167 f.; Wiedemann/*Wank*, § 4 TVG Rn. 421.
[46] Vgl. oben unter § 4 (S. 15 ff.).

nien bietet, ohne dass mit Einschränkungen durch die Anwendung des Günstigkeitsprinzips zu rechnen wäre.

V. Ergebnis

Obwohl bei einer tarifvertraglichen Einführung von Ethikrichtlinien im Gegensatz zu anderen Umsetzungsinstrumenten keine Angemessenheits- und Billigkeitsprüfung vorzunehmen ist, ergeben sich allein aus der Bindung der Tarifvertragsparteien an europäisches oder internationales Recht, das Verfassungsrecht und anderes zwingendes Gesetzesrecht umfassende inhaltliche Schranken. Dennoch verbleibt den Tarifvertragsparteien insbesondere aufgrund der weitreichenden Kompensationsmöglichkeiten für benachteiligende Klauselinhalte ein weiter Gestaltungsbereich.

Die Anwendung des Günstigkeitsprinzips kann jedoch dazu führen, dass auf arbeitsvertraglicher Ebene vereinbarte Ethikvorschriften die entsprechenden Tarifnormen verdrängen. Grundsätzlich eignet sich der Tarifvertrag daher allenfalls zur Einführung eines „ethischen Mindeststandards" für einen bestimmten Wirtschaftsbereich. Zur Einführung konkreter Ethikrichtlinien eignet sich hingegen allein der Firmentarifvertrag, weil bei dieser Tarifvertragsform in aller Regel nicht damit zu rechnen ist, dass Tarifnormen aufgrund des Günstigkeitsprinzips verdrängt werden.

Teil D Betriebliche Mitbestimmung bei der Einführung von Ethikrichtlinien

§ 17 Mitbestimmungsrecht des Betriebsrates

Nachdem die Prinzipien einer Inhaltskontrolle von Ethikrichtlinien erörtert wurden, soll nun die Frage nach einem Mitbestimmungsrecht des Betriebsrates bei der Einführung von Ethikrichtlinien untersucht werden. Das Mitbestimmungsrecht des Betriebsrates steht dabei keineswegs bezugslos neben der Problematik einer Inhaltskontrolle von Ethikrichtlinien. Zwar ist die Wahrung der Mitbestimmungsrechte zweifelsfrei ein wichtiges Wirksamkeitserfordernis, darüber hinaus erfüllt die betriebliche Mitbestimmung allerdings auch die Funktion einer inhaltlichen Kontrolle, und zwar losgelöst von den unter §§ 14-17 dargestellten Kontrollmechanismen.

Bevor Ethikrichtlinien in einem bestimmten Betrieb eingeführt werden, hat der Betriebsrat nämlich aufgrund seiner Beteiligungsrechte die Möglichkeit, ein solches Klauselwerk zu überprüfen und dem Arbeitgeber etwaige Bedenken hinsichtlich bestimmter Richtlinieninhalte mitzuteilen oder seine Zustimmung zu verweigern. Im Gegensatz etwa zur AGB-Kontrolle ist diese Art der Kontrolle präventiver Natur: Noch bevor die strittige Regelung Geltung beansprucht, kann sie einer Kontrolle unterzogen werden. Wie praxisrelevant diese Form der inhaltlichen Überprüfung ist, zeigt die Tatsache, dass sich die Fachgerichte bisher nicht mit Fragen einer Inhaltskontrolle von Ethikrichtlinien – etwa nach §§ 307 ff BGB – auseinandersetzen mussten, wohl aber in bereits zwei Fällen die Frage nach einem Mitbestimmungsrecht des Betriebsrates zu entscheiden hatten.[1]

I. Mitbestimmungspflichtigkeit der Einführung von Ethikrichtlinien

Ob und inwieweit Ethikrichtlinien einem zwingenden Mitbestimmungsrecht des Betriebsrates unterfallen, war bis vor kurzem weitgehend ungeklärt. Dem Schrifttum ließ sich bislang keine eindeutige Antwort entnehmen. Einige Autoren gehen davon aus, dass die Einführung von Ethikrichtlinien generell mitbestimmungsfrei sei.[2] Andere Stimmen vertreten demgegenüber die Ansicht, dass in die-

---

[1] LAG Frankfurt v. 18.01.2007 – 5 TaBV 31/06 (n.r.), AiB 2007, 663; LAG Düsseldorf v. 14.11.2005 – 10 TaBV 46/05, NZA 2006, 63.
[2] Richardi/*Richardi*, § 87 BetrVG Rn. 195.

ser Angelegenheit stets ein Mitbestimmungsrecht nach § 87 Abs. 1 Nr. 1 BetrVG bestehe.[3]

Das *Bundesarbeitsgericht* hatte die erste Möglichkeit, sich zu dieser Problematik zu äußern, zunächst nicht wahrgenommen.[4] In dem vom Ersten Senat des *Bundesarbeitsgerichts* zu beurteilenden Fall schloss der Tendenzschutz des § 118 Abs. 1 Satz 1 BetrVG eine Mitbestimmung aus. Inzwischen hat das Bundesarbeitsgericht jedoch mit Urteil vom 22.07.2008[5] klargestellt, dass Ethikrichtlinien je nach Inhalt der einzuführenden Klauseln ein Mitbestimmungsrecht des Betriebsrates auslösen können.

Der Ansatz, ein Mitbestimmungsrecht des Betriebsrates anhand einer Ethikrichtlinie insgesamt beurteilen zu wollen, greift jedoch zu kurz.[6] Eine pauschale Beurteilung der Mitbestimmungspflichtigkeit wird der Vielseitigkeit der Richtlinieninhalte nicht gerecht, die sowohl mitbestimmungspflichtige als auch mitbestimmungsfreie Tatbestände enthalten können.[7] Es ist vielmehr eine differenzierte Betrachtungsweise vorzuziehen, die auf den Inhalt jeder einzelnen Ethikklausel abstellt.[8] Da die einzelnen Regelungsbereiche in Ethikrichtlinien oft klar voneinander abgrenzbar sind und jeweils für sich genommen eigenständig sinnvolle Verhaltensvorgaben enthalten, dürfte eine solche Einzelbetrachtung regelmäßig gelingen.[9] Richtigerweise wird man ein Mitbestimmungsrecht des Betriebsrates deshalb anhand der jeweils konkreten Vorschriften in der Ethikrichtlinie beurteilen müssen.[10] Die Ethikregeln müssen somit jeweils einzeln dahingehend untersucht werden, ob sie einem mitbestimmungspflichtigen Tatbestand unterfallen.

II. Mitbestimmungsrecht des Betriebsrates bei typischen Klauseln

Im Folgenden sollen diejenigen Tatbestände näher dargestellt werden, die im Rahmen einer Einführung von Ethikrichtlinien regelmäßig Mitbestimmungsrechte des Betriebsrates auslösen können.

---

[3] *Fitting*, § 87 BetrVG Rn. 71; wohl auch *Bachner/Lerch*, AiB 2005.
[4] BAG v. 28.05.2002 – 1 ABR 32/01, AP Nr 39 zu § 87 BetrVG 1972 Ordnung des Betriebes.
[5] 1 ABR 40/07, NZA 2008, 1248.
[6] So auch *Schuster/Darsow*, NZA 2005, 273, 274.
[7] *Schuster/Darsow*, NZA 2005, 273, 274.
[8] BAG v. 22.07.2008 – 1 ABR 40/07, NZA 2008, 1248; vgl. bereits *Wisskirchen/Jordan/Bissels*, DB 2005, 2190, 2191.
[9] *Simon/Kock*, DB 2005, 1800, 1801; *Wisskirchen/Jordan/Bissels*, DB 2005, 2190, 2191; *Meyer*, NJW 2006, 3606, 3609.
[10] So auch *Wisskirchen/Jordan/Bissels*, DB 2005, 2190, 2190; *Simon/Kock*, DB 1800, 1801; *Kolle/Deinert*, AuR 2006, 177, 182.

1. Regelungen zum Ordnungsverhalten, § 87 Abs. 1 Nr. 1 BetrVG

Nach § 87 Abs. 1 Nr. 1 BetrVG hat der Betriebsrat bei Fragen der Ordnung des Betriebes und des Verhaltens der Arbeitnehmer im Betrieb mitzubestimmen. Gegenstand der Mitbestimmung ist das betriebliche Zusammenleben und Zusammenwirken der Arbeitnehmer.[11] Nach dieser Vorschrift unterliegen insbesondere die Normierung und der Vollzug von Verhaltensregeln der zwingenden Mitbestimmung durch den Betriebsrat.[12] Dabei gilt es jedoch, den Gesetzes- und Tarifvorrang nach § 87 Abs. 1 Hs.1 BetrVG zu beachten, nach dem der Betriebsrat nur soweit mitzubestimmen hat, wie eine gesetzliche oder tarifliche Regelung nicht besteht. Als gesetzliche Regelung im Sinne des § 87 Abs. 1 Hs. 1 BetrVG wird dabei auch das sog. gesetzesvertretende Richterrecht aufgefasst, soweit es zwingende Vorgaben enthält.[13]

Ein Mitbestimmungsrecht des Betriebsrates nach § 87 Abs. 1 Nr. 1 BetrVG setzt zunächst den Kollektivbezug einer Regelung voraus, weil nur kollektive Tatbestände mitbestimmungspflichtig sind.[14] In einem solchen Sinne kollektiv ist eine Maßnahme immer dann, wenn sie nicht durch die konkreten Umstände des einzelnen Arbeitsverhältnisses bedingt ist und sich nicht auf dieses Arbeitsverhältnis beschränkt.[15] Da alle Arbeitnehmer eines Betriebes gleichermaßen an die Bestimmungen derselben Ethikrichtlinie gebunden sein sollen, weisen Ethikrichtlinien stets den erforderlichen Kollektivbezug auf.

Ein Mitbestimmungsrecht des Betriebsrates gemäß § 87 Abs. 1 Nr. 1 BetrVG setzt des Weiteren eine Angelegenheit voraus, in der Fragen der Ordnung des Betriebes und des Verhaltens der Mitarbeiter betroffen sind. Dies dürfte bei einer Vielzahl von Ethikrichtlinienbestimmungen grundsätzlich der Fall sein, weil Verhaltensvorschriften den Schwerpunkt von Ethikrichtlinien bilden.[16] Aufgrund der besonderen Bedeutung von konkreten Verhaltensanweisungen in Ethikrichtlinien enthält § 87 Abs. 1 Satz 1 BetrVG den wichtigsten Mitbestimmungstatbestand im Zusammenhang mit Ethikrichtlinien.[17]

Allerdings ist nicht jede Verhaltensanweisung auch mitbestimmungspflichtig nach § 87 Abs. 1 Nr. 1 BetrVG. Dem Wortlaut nach erfasst dieser Mitbestim-

---

[11] BAG v. 27.01.2004 – 1 ABR 7/03, AP Nr. 40 zu § 87 BetrVG 1972 Überwachung.
[12] *Richardi*/Richardi, § 87 BetrVG Rn. 174.
[13] HWK-*Clemenz*, § 87 BetrVG Rn. 8.
[14] GK-BetrVG/*Wiese*, § 87 Rn. 20 ff; MüArbR/*Matthes*, §332 Rn. 24.
[15] BAG v. 24.02.1987 – 1 ABR 18/85, AP Nr 21 zu § 77 BetrVG 1972.
[16] Dazu ausführlich § 5II.2. (S. 28 ff.).
[17] So auch *Wisskirchen/Jordan/Bissels*, DB 2005, 2190, 2191.

mungstatbestand zwar jegliches Verhalten von Arbeitnehmern im Betrieb. Diese Auffassung vertritt freilich auch das *Bundesarbeitsgericht*; es nimmt allerdings das sog. Arbeitsverhalten der Arbeitnehmer im Wege einer teleologischen Reduktion aus dem Anwendungsbereich des § 87 Abs. 1 Nr. 1 BetrVG heraus.[18] Nach der Rechtsprechung des *Bundesarbeitsgerichts* unterfällt nur das sog. Ordnungsverhalten der Arbeitnehmer der Mitbestimmung[19], nicht jedoch das reine Arbeitsverhalten oder Vorschriften, die das Verhältnis des Arbeitnehmers zum Arbeitgeber betreffen.[20] Maßgebliches Differenzierungskriterium ist der objektive Regelungszweck der Maßnahme, der sich nach ihrem Inhalt und der Art des zu beeinflussenden betrieblichen Geschehens bestimmt.[21]

Sofern eine Ethikrichtlinie demnach Vorschriften enthält, die den Arbeitnehmern ein bestimmtes Verhalten abverlangen, ist zwischen Arbeitsverhalten und Ordnungsverhalten zu unterscheiden, um die mitbestimmungspflichtigen und die mitbestimmungsfreien Verhaltenregeln der Ethikrichtlinie identifizieren zu können.

Das mitbestimmungsfreie Arbeitsverhalten betrifft alle Weisungen des Arbeitgebers, die bei der Erbringung der Arbeitsleistung selbst zu beachten sind, etwa welche Arbeiten auszuführen sind und in welcher Weise dies zu geschehen hat.[22] Nur Maßnahmen, die allein dem Arbeitsverhalten zugeordnet werden können und mit denen die Arbeitspflicht unmittelbar konkretisiert wird, bleiben demnach mitbestimmungsfrei.[23] Gegenstand der Mitbestimmung nach § 87 Abs. 1 Nr. 1 BetrVG ist nämlich die Gestaltung des Zusammenlebens und Zusammenwirkens der Arbeitnehmer im Betrieb. Daher unterfallen Maßnahmen des Arbeitgebers, die sich ausschließlich auf die arbeitsvertragliche Leistungsverpflichtung der Arbeitnehmer beziehen, nicht der Mitbestimmung durch den Betriebsrat.[24]

---

[18] BAG v. 11.06.2002 – 1 ABR 46/01, AP Nr. 38 zu § 87 BetrVG 1972 Ordnung des Betriebes.
[19] Vgl. etwa BAG v. 08.11.1994 – 1 ABR 22/94, AP Nr. 24 zu § 87 BetrVG 1972 Ordnung des Betriebs; BAG v. 21.01.1997 – 1 ABR 53/96, AP Nr. 27 zu § 87 BetrVG 1972 Ordnung des Betriebes; BAG v. 08.06.1999 – 1 ABR 67/98, AP Nr. 31 zu § 87 BetrVG 1972 Ordnung des Betriebes; BAG v. 18.04.2000 – 1 ABR 3/99, AP Nr. 34 zu § 87 BetrVG 1972 Ordnung des Betriebes; BAG v. 18.04.2000 – 1 ABR 22/99, AP Nr. 33 zu § 87 BetrVG 1972 Überwachung; *Fitting*, § 87 BetrVG Rn. 64 ff.
[20] *Richardi*/Richardi, § 87 BetrVG Rn. 178 m. w. N.; ; *Fitting*, § 87 BetrVG Rn. 64.
[21] BAG v. 11.06.2002 – 1 ABR 46/01, AP Nr. 38 zu § 87 BetrVG 1972 Ordnung des Betriebes; Richardi/*Richardi*, § 87 BetrVG Rn. 180.
[22] BAG v. 21.01.1997 1997 – 1 ABR 53/96, AP Nr. 27 zu § 87 BetrVG 1972 Ordnung des Betriebes.
[23] So auch BAG v. 21.01.1997 1997 – 1 ABR 53/96, AP Nr. 27 zu § 87 BetrVG 1972 Ordnung des Betriebes; *Richardi*/Richardi, § 87 BetrVG Rn. 180; *Fitting*, § 87 BetrVG Rn. 66.
[24] BeckOK/*Werner*, § 87 BetrVG Rn. 28.

Ist eine eindeutige Zuordnung der Maßnahme zum Arbeitsverhalten nicht möglich, betrifft die fragliche Maßnahme regelmäßig das Ordnungsverhalten und unterliegt daher der Mitbestimmung nach § 87 Abs. 1 Satz 1 BetrVG. Das Ordnungsverhalten erfasst die allgemeine betriebliche Ordnung und das Verhalten der Arbeitnehmer, soweit deren Zusammenleben und Zusammenwirken berührt wird und damit ein Bezug zur betrieblichen Ordnung besteht.[25] Dies gilt insbesondere dann, wenn nur wenige Berührungspunkte zur Erbringung der eigentlichen Arbeitsleistung bestehen.[26]

Ist eine Bestimmung allerdings so pauschal abgefasst, dass sie den Arbeitnehmern keine konkreten Verhaltensweisen abverlangt (etwa Programmsätze mit der Verpflichtung zu respektvollem Umgang mit Kollegen und seriösem Auftreten nach außen hin), bleibt sie stets mitbestimmungsfrei.[27]

Aufgrund der vielfältigen Ausgestaltung von Verhaltensregeln in Ethikrichtlinien ist es wenig aussichtsreich, die Mitbestimmungspflichtigkeit solcher Klauseln pauschal zu beantworten. Vielmehr soll im Folgenden eine Mitbestimmungspflicht anhand gängiger Fallgruppen erörtert werden.

a) Verschwiegenheitsverpflichtungen

Vorschriften zur Behandlung von Geschäfts- und Berufsgeheimnissen sowie Verschwiegenheitsanweisungen bleiben grundsätzlich mitbestimmungsfrei, weil Verschwiegenheitspflichten zu den typischen Nebenpflichten eines Arbeitsverhältnisses zählen[28] und diesbezügliche Weisungen des Arbeitgebers lediglich das Arbeitsverhalten konkretisieren[29].

b) Verhalten gegenüber Medienvertretern

Für Bestimmungen, mit denen das Verhalten von Mitarbeitern gegenüber Medien und Pressevertretern reglementiert wird, steht dem Betriebsrat mangels Regelungsspielraums dann kein Mitbestimmungsrecht zu, wenn die Richtlinie es den

---

[25] ErfK/*Kania*, § 87 BetrVG Rn. 18.
[26] *Fitting*, § 87 BetrVG Rn. 66.
[27] BAG v. 22.07.2008 – 1 ABR 40/07, NZA 2008, 1248 (unter Rn. 44); *Simon/Kock*, DB 2005, 1800, 1801; *Ohlendorf/Bünning*, Personal-Profi 2006, 200, 201.
[28] *Schuster/Darsow*, NZA 2005, 273, 274.
[29] ArbG Wuppertal v. 15.06.2005 – 5 BV 20/05, NZA-RR 2005, 476; *Wisskirchen/Jordan/Bissels*, DB 2005, 2190, 2191.

Mitarbeitern lediglich untersagt, im Namen des Arbeitgebers Pressemitteilungen abzugeben.[30] Eine solche Weisung kann der Arbeitgeber nämlich allein erteilen.[31]

Etwas anderes gilt jedoch dann, wenn die Richtlinie vorschreibt, wie sich die Mitarbeiter generell gegenüber Presse und Medienvertretern zu verhalten haben. Eine solche Bestimmung betrifft nämlich regelmäßig das Ordnungsverhalten und ist daher mitbestimmungspflichtig.[32]

c) Whistleblower-Klauseln

Ausführlich hat sich das Schrifttum bereits mit der Mitbestimmungspflicht sog. „Whistleblower"-Klauseln auseinandergesetzt, in denen die Mitarbeiter dazu aufgerufen werden, Verstöße gegen die Ethikrichtlinie oder einschlägige gesetzliche Vorschriften (zumeist an eine anonyme Telefonhotline) zu melden.[33] Auch die Rechtsprechung hatte sich bereits mit dieser Art von Ethikregel auseinanderzusetzen.[34]

Zunächst scheint ein Mitbestimmungsrecht des Betriebsrates bei Whistleblowing-Klauseln auszuscheiden, betrifft diese Angelegenheit doch in erster Linie das Verhältnis zwischen Arbeitgeber und Arbeitnehmer. Darüber hinaus obliegt dem Arbeitnehmer ohnehin eine Treuepflicht gegenüber dem Arbeitgeber, die ihn zur Anzeige und Auskunft über mögliche Schäden oder Schadensrisiken verpflichtet.[35] Eine solche Auskunftspflicht trifft den Arbeitnehmer – im Rahmen einer Zumutbarkeitsgrenze[36] – auch dann, wenn das Schadensrisiko von anderen Dienstverpflichteten ausgeht.[37] Stellt der Arbeitgeber die Anzeige von Verstößen gegen Inhalte einer Ethikrichtlinie demnach in das pflichtgemäße Ermessen des Arbeitneh-

---

[30] So auch LAG Düsseldorf v. 14.11.2005 – 10 TaBV 46/05, DB 2006, 162; anders noch ArbG Wuppertal v. 15.06.2005 – 5 BV 20/05, NZA-RR 2005, 476.
[31] LAG Düsseldorf v. 14.11.2005 – 10 TaBV 46/05, DB 2006, 162.
[32] *Wisskirchen/Jordan/Bissels*, DB 2005, 2190, 2191.
[33] Dazu ausführlich *Wisskirchen/Körber/Bissels*, BB 2006, 1567 ff; ferner *Bachner/Lerch*, AiB 2005, 229, 230; *Barthel/Huppertz*, Personal-Profi 2006, 204; *Bittmann/Lenze*, DB 2006, 165 f.; *Breinlinger/Krader*, RDV 2006, 60; *Kock*, MDR 2006, 673, 675; *Ohlendorf/Bünning*, Personal-Profi 2006, 200, 201; *Schuster/Darsow*, NZA 2005, 273, 276; *Wisskirchen/Jordan/Bissels*, DB 2005, 2190, 2191.
[34] BAG v. 22.07.2008 – 1 ABR 40/07, NZA 2008, 1248 (unter Rn. 47).
[35] BAG v. 03.07.2004 – 2 AZR 235/02, AP Nr. 45 zu 1 KSchG 1969 Verhaltensbedingte Kündigung; LAG Düsseldorf v. 14.11.2005 – 10 TaBV 46/05, DB 2006, 162; BGH v. 23.02.1989 – IX ZR 236/86, AP Nr. 9 zu § 611 BGB Treuepflicht.
[36] BGH v. 23.02.1989 – IX ZR 236/86, AP Nr. 9 zu § 611 BGB Treuepflicht.
[37] BGH v. 23.02.1989 – IX ZR 236/86, AP Nr. 9 zu § 611 BGB Treuepflicht; *Schuster/Darsow*, NZA 2005, 273, 276.

mers, besteht kein Mitbestimmungsrecht des Betriebsrates, weil der Arbeitnehmer dazu ohnehin verpflichtet ist.[38]

Regelmäßig gehen die entsprechenden Bestimmungen in Ethikrichtlinien über einen solchen Aufruf aber hinaus und legen dem einzelnen Arbeitnehmer Hinweispflichten auf, die seine vertraglichen Nebenpflichten übersteigen. Dies ist etwa dann der Fall, wenn der Mitarbeiter verpflichtet wird, sämtliche Verstöße gegen Bestimmungen einer Ethikrichtlinie, und zwar unabhängig von der Schwere dieser Verstöße oder den daraus resultierenden Schäden, an den Arbeitgeber zu melden.[39]

Ob die Einführung derart strenger Whistleblower-Klauseln mitbestimmungspflichtig ist, hat das *Bundesarbeitsgericht* in der bisher einzigen Entscheidung zu Whistleblowing-Klauseln offen gelassen, jedenfalls in Verbindung mit der Einrichtung hierfür vorgesehener „Telefon-Helplines" hat es ein Mitbestimmungsrecht nach § 87 Abs. 1 Nr. 1 BetrVG angenommen.[40] Jedenfalls ist das betriebliche Zusammenleben und Zusammenwirken der Arbeitnehmer und damit die betriebliche Ordnung im Sinne des § 87 Abs. 1 Nr. 1 BetrVG betroffen, wenn der Arbeitgeber im Rahmen der Whistleblower-Klausel ein Verfahren festlegt, wie die Mitarbeiter auf einen erkannten oder möglichen Verstoß gegen die Ethikrichtlinie zu reagieren hat.

Dem *Bundesarbeitsgericht* ist zuzustimmen, dass in diesen Fällen die betriebliche Ordnung betroffen ist und demnach ein Mitbestimmungsrecht besteht. Man wird aber auch für Klauseln eine Mitbestimmungspflicht zu bejahen haben, die eine Anzeigepflicht so umfassend gestalten, dass dies nachhaltige und negative Auswirkungen auf das Zusammenleben in der Betriebsgemeinschaft und den Betriebsfrieden haben könnte.[41] Auch ohne die Einführung eines bestimmten Verfahrens können umfassende Whistleblower-Klauseln negative Auswirkungen auf das betriebliche Sozialgefüge haben, weil etwa die Gefahr ständiger Denunziation das betriebliche Miteinander zu belasten droht.[42] Freilich werden entsprechende Bestimmungen in Ethikrichtlinien nicht immer derart intensiv formuliert sein. Da der Arbeitgeber

---

[38] *Wisskirchen/Körber/Bissels*, BB 2006, 1567, 1571; *Wisskirchen/Jordan/Bissels*, DB 2005, 2190, 2191; *Kock*, MDR 2006, 673, 675; *Schuster/Darsow*, NZA 2005, 273, 276.
[39] LAG Düsseldorf v. 14.11.2005 – 10 TaBV 46/05, DB 2006, 162;*Schuster/Darsow*, NZA 2005, 273, 276.
[40] BAG v. 22.07.2008 – 1 ABR 40/07, NZA 2008, 1248 (unter Rn. 47); ein Mitbestimmungsrecht bejahen dagegen B*ittmann/Lenze*, DB 2006, 165, 166.
[41] *Kock*, MDR 2006, 673, 675.
[42] Hierauf wurde bereits unter § 5II.3. (S. 38 ff.) hingewiesen.

aber ein starkes Interesse an der Einhaltung der Ethikrichtlinieninhalte haben dürfte, wird er im Regelfall eher strenge Klauseln in seine Ethikrichtlinie aufnehmen.

Es ist demnach davon auszugehen, dass Whistleblowing-Klauseln zumindest dann einer Mitbestimmung durch den Betriebsrat unterliegen, wenn sie die Meldung von Verstößen nicht bloß in das pflichtgemäße Ermessen des einzelnen Arbeitnehmers stellen. Den praktischen Regelfall dürften ohnehin weiterreichende Ethikklauseln kennzeichnen, so dass dort regelmäßig ein Mitbestimmungsrecht des Betriebsrates bei der Einführung solcher Klauseln zu beachten ist.

d) Zuwendungen Dritter

Dass sich Arbeitnehmer bei der Ausführung ihrer vertraglichen Aufgaben kein Schmiergeld versprechen lassen oder entgegennehmen dürfen, versteht sich von selbst. Die Vorschrift einer Ethikrichtlinie, nach der die Annahme von Schmiergeldern untersagt wird, bleibt daher mitbestimmungsfrei.[43]

Doch auch mit Kunden- und Lieferantengeschenken können Dritte Einfluss auf das Arbeitsverhalten einzelner Arbeitnehmer nehmen. Der Arbeitgeber versucht dies mit entsprechenden Vorschriften in Ethikrichtlinien zu verhindern, indem etwa eine Annahme von Geschenken ganz untersagt wird. Branchenübliche Werbegeschenke überschreiten jedoch regelmäßig nicht die Erheblichkeitsgrenze und bewirken keine Willensbeeinflussung.[44] Insofern dürften derartige Zuwendungen durchaus von den Beschäftigten angenommen werden, ohne dass sie dadurch gegen ihre arbeitsvertraglichen Pflichten verstoßen würden. Bei diesen in der Wirtschaft üblichen Gelegenheitsgeschenken, die keinen Einfluss auf das Verhalten der Mitarbeiter haben, hat der Betriebsrat aber ein Mitbestimmungsrecht, ob und in welchem Wert die Mitarbeiter diese gebräuchlichen Werbegeschenke behalten dürfen, wann sie sie an den Lieferanten zurückgeben, wann sie sie an den Arbeitgeber herausgeben müssen und schließlich in welchen Fällen der Vorgesetzte informiert werden muss.[45]

Die Annahme von Geschenken ist also grundsätzlich erlaubt, jedoch von der Einhaltung eines bestimmten Verfahrens abhängig. Die genaue Ausgestaltung dieses Verfahrens ist eine Frage des Verhaltens der Mitarbeiter dem Unternehmen

---

[43] LAG Düsseldorf v. 14.11.2005 – 10 TaBV 46/05, DB 2006, 162.
[44] LAG Düsseldorf v. 14.11.2005 – 10 TaBV 46/05, DB 2006, 162.
[45] LAG Köln v. 20.06.1984 – 5 TaBV 20/84, juris; LAG Düsseldorf v. 14.11.2005 – 10 TaBV 46/05, DB 2006, 162; a. A. GK-BetrVG/*Wiese*, § 87 Rn. 227.

gegenüber und nicht etwa gegenüber den Kunden und Lieferanten.[46] Schließlich bestimmen solche Vorschriften, wann Geschenke und Zuwendungen zurückgewiesen bzw. beim Arbeitgeber abgeliefert werden müssen und wann der Vorgesetzte zu informieren ist.[47] Derartige Regeln sind aber dem mitbestimmungspflichtigen Ordnungsverhalten der Arbeitnehmer zuzuweisen und nicht etwa einem mitbestimmungsfreien Arbeitsverhalten.

Sofern Ethikrichtlinien daher die Annahme von Geschenken reglementieren, hat der Betriebsrat bei der Ausgestaltung derartiger Klauseln regelmäßig mitzubestimmen.

e) Wiedergabe gesetzlicher Vorschriften

Untersagt der Richtlinientext Belästigungen und Beleidigungen oder wiederholt gesetzliche Regelungsinhalte zu dem Zweck, die einzelnen Arbeitnehmer auf ihre gesetzlichen Pflichten hinzuweisen, scheidet eine Mitbestimmungspflicht aus.[48] Schon allein aufgrund des Gesetzesvorbehaltes nach § 87 Abs. 1, 1. HS BetrVG ist ein Betriebsrat in diesen Fällen nicht zu beteiligen.[49]

Etwas anderes gilt allerdings, wenn die Ethikrichtlinie die gesetzlichen Vorschriften nicht bloß wiedergibt, sondern über die gesetzlichen Anforderungen hinausgeht, um im Falle von Zuwiderhandlungen durch Arbeitnehmer einen Anwendungsbereich zu schaffen, in dem trotz Pflichtverletzung ein Abstand zum gesetzeswidrigen, insbesondere strafbaren Verhalten verbleibt.[50] Mit derartigen Ethikklauseln möchte der Arbeitgeber einen „Sicherheitsabstand" zwischen Vertragspflichtverletzung und einem etwaigen strafbaren Verhalten einführen (etwa wenn jegliches sexuell deutbares Verhalten untersagt wird). Hier besteht dann ein Mitbestimmungsrecht des Betriebsrates.[51]

---

[46] BAG v. 22.07.2008 – 1 ABR 40/07, NZA 2008, 1248, Rn. 58; *Kock*, MDR 2006, 673, 675; krit. *Bittmann/Lenze*, DB 2006, 165, 166; dagegen aber *Schuster/Darsow*, NZA 2005, 273, 276; *Wisskirchen/Jordan/Bissels*, DB 2005, 2190, 2191.
[47] Vgl. LAG Düsseldorf v. 14.11.2005 – 10 TaBV 46/05, DB 2006, 162.
[48] *Wisskirchen/Jordan/Bissels*, DB 2005, 2190, 2191; *Kock*, MDR 2006, 673, 675; *Bittmann/Lenze*, DB 2006, 165, 166.
[49] *Bittmann/Lenze*, DB 2006, 165, 166.
[50] *Kock*, MDR 2006, 673, 675f.
[51] LAG Frankfurt v. 18.01.2007 – 5 TaBV 31/06, AiB 2007, 663.

f) Sog. „Liebesverbote"

Als die wohl am meisten Aufsehen erregende Klausel gängiger Ethikrichtlinien kann man sog. „Liebesverbote" bezeichnen, nach denen Liebesbeziehungen zwischen Beschäftigten eines Betriebes oder Unternehmens reglementiert werden sollen. Die Frage nach einem Mitbestimmungsrecht des Betriebsrates nach § 87 Abs. 1 Nr. 1 BetrVG bei der Einführung derartiger Klauseln könnte durchaus ausführlich diskutiert werden.[52]

Während das *LAG Düsseldorf*[53] ein Mitbestimmungsrecht mit dem Hinweis ablehnte, dass eine solche Klausel gegen Art. 1 GG und Art. 2 GG verstoße und es daher auch mangels Regelungsbereiches nichts mitzubestimmen gebe, bejaht das *Bundesarbeitsgericht*[54] ein Mitbestimmungsrecht des Betriebsrates. Zwar sei ein generelles Verbot von Liebesbeziehungen im Betrieb wegen des darin liegenden schwerwiegenden Eingriffs in das allgemeine Persönlichkeitsrecht der Arbeitnehmer regelmäßig unzulässig. Dies bedeute aber nicht, dass Regelungen über private Beziehungen im Betrieb von vornherein der Mitbestimmung entzogen wären.[55] Nach der Ansicht des *Bundesarbeitsgerichts* schließt die Unzulässigkeit einer konkret vom Arbeitgeber geplanten Regelung nicht die Mitbestimmung des Betriebsrats an dem Regelungsgegenstand aus. Der Betriebsrat soll vielmehr im Rahmen der Mitbestimmung gerade darauf achten, dass durch die Regelung Persönlichkeitsrechte der Arbeitnehmer nicht verletzt werden.

Aufgrund ihres Schutzzwecks ist demnach auch bei der Einführung von „Liebesverboten" in Ethikrichtlinien ein Mitbestimmungsrecht des Betriebsrates zu bejahen. Allerdings wird ein solches Verbot stets an den Voraussetzungen der Inhaltskontrolle scheitern.

g) Sanktionsklauseln

Schließlich unterliegen auch die in vielfältiger Form existierenden Sanktionsklauseln in Ethikrichtlinien nicht der Mitbestimmung. Dies beruht darauf, dass die Androhung disziplinarischer Maßnahmen bei einer Pflichtverletzung durch den Arbeitnehmer als Ausfluss des Direktionsrechts angesehen wird.[56] Der Arbeitgeber muss bei der Einführung derartiger Klauseln allerdings dafür Sorge tragen, dass der Sachverhalt, mit dem die Drohung verbunden ist, die disziplinarische Maßnahme

---

[52] So etwa bei *Kolle/Deinert*, AuR 2006, 177, 183.
[53] LAG Düsseldorf v. 14.11.2005 – 10 TaBV 46/05, DB 2006, 162.
[54] BAG v. 22.07.2008 – 1 ABR 40/07, NZA 2008, 1248.
[55] BAG v. 22.07.2008 – 1 ABR 40/07, NZA 2008, 1248 unter Rn. 63.
[56] *Schuster/Darsow*, NZA 2005, 273, 277.

rechtfertigen kann.[57] Typischerweise regeln Ethikrichtlinien aber gerade Verhaltensweisen, deren Verletzung so schwer wiegt, dass sie der Arbeitgeber auch ohne besondere Regelung in einer Ethikrichtlinie sanktionieren darf.[58] Insofern wiederholen Strafklauseln einer Ethikrichtlinie lediglich bestehende gesetzliche Regelungen und bleiben daher mitbestimmungsfrei (vgl. § 87 Abs. 1 Hs. 1 BetrVG). Die Einführung von Betriebsbußenregelungen in Ethikrichtlinien kann hingegen nur mit Beteiligung des Betriebsrates erfolgen.[59]

h) Fazit

Die vorstehenden Ausführungen haben gezeigt, dass eine ganze Reihe von wichtigen Richtlinieninhalten mitbestimmungspflichtig ist. Zentrale Anliegen einer Ethikrichtlinie kann der Arbeitgeber nur dann wirksam einführen, wenn der Betriebsrat an ihrer Ausgestaltung beteiligt wird. Der Mitbestimmungspflicht unterliegen dabei nicht nur einfache Verhaltensanweisungen, sondern auch Klauseln, mittels derer die Einhaltung der Richtlinieninhalte durch die Arbeitnehmer sichergestellt werden soll, wie etwa Whistleblowing-Klauseln. Allein die Beteiligungsrechte nach § 87 Abs. 1 Nr. 1 BetrVG sind daher schon so umfangreich, dass eine einzuführende Ethikrichtlinie umfassend und sorgfältig auf diese Mitbestimmungsrechte hin überprüft werden muss.

2. Technische Einrichtungen, § 87 Abs. 1 Nr. 6 BetrVG

Gemäß § 87 Abs. 1 Nr. 6 BetrVG hat der Betriebsrat bei der Einführung und Anwendungen von technischen Einrichtungen zur Überwachung von Arbeitnehmerverhalten mitzubestimmen. Im Zusammenhang mit Whistleblowing-Klauseln wird in Ethikrichtlinien vielfach auf die Einrichtung einer anonymen Telefonhotline hingewiesen, über die die Mitarbeiter ihre Hinweise melden können. Möglicherweise stellen diese Telefonhotlines eine technische Überwachungseinrichtung im Sinne von § 87 Abs. 1 Nr. 6 BetrVG dar.

Technische Überwachungseinrichtungen werden grundsätzlich nur dann von dem Mitbestimmungstatbestand erfasst, wenn sie unmittelbar, das heißt ohne Hinzutreten weiterer Mittel, Überwachungsergebnisse abliefern bzw. eine eigenstän-

---

[57] Vgl. oben unter § 13IV.2.a)cc)(3) (S. 155 ff.).
[58] *Schuster/Darsow*, NZA 2005, 273, 277.
[59] ErfK/*Müller-Glöge*, §§ 339–345 BGB Rn. 5.

ge Kontrollwirkung aufweisen[60] Das Telefon selbst ist aufgrund seiner technischen Gegebenheiten und seines konkreten Einsatzes zu Erfassung von Leistung und Verhalten der Arbeitnehmer aber nicht geeignet und weist keine eigenständige Kontrollwirkung auf.[61] Es ist vielmehr bloß technisches Kommunikationsmittel derjenigen Arbeitnehmer, die ohne Angaben zu ihrer Identität an den Arbeitgeber wenden und Verstöße anderer gegen die Ethikrichtlinie melden möchten.[62] Für sich genommen ermöglichen „Ethik-Hotlines" dem Arbeitgeber also nicht, das Verhalten oder die Leistung seiner Arbeitnehmer zu überwachen, und insofern besteht auch kein Mitbestimmungsrecht des Betriebsrates nach § 87 Abs. 1 Nr. 6 BetrVG.

Davon zu unterscheiden sind jedoch die Aufzeichnung des über die anonyme Hotline geführten Gespräches sowie die Erfassung der Telefondaten im Hinblick auf Zeitpunkt und Dauer des Gespräches sowie der Anschlussdaten. Eine Erfassung von Einzelverbindungen kann nämlich durchaus der Mitbestimmungspflicht unterliegen, wenn Verhaltens- oder Leistungsdaten derart erfasst werden, dass damit Rückschlüsse auf Verhalten und Leistung des einzelnen Arbeitnehmers ermöglicht werden.[63] Die im Rahmen einer „Ethik-Hotline" mögliche Datenerfassung beinhaltet beispielsweise die Anzeige und Speicherung der Rufnummer des ankommenden Anrufes (sog. CLIP-Verfahren, *Calling Line Identification Presentation*), Zeitpunkt des Gesprächsbeginns, Dauer des Anrufes sowie die Aufzeichnung des Gespräches. Da eine Feststellung dieser Daten es durchaus erlaubt, den Anrufer zu identifizieren, ist die Einführung einer Telefonhotline, die diese Leistungsmerkmale aufweist, mitbestimmungspflichtig.[64]

Es gilt zudem zu berücksichtigen, dass die dargestellte Datenerfassung zum gängigen Funktionsumfang moderner Telefonanlagen gehört[65] und nicht etwa den Einsatz von Zusatzgeräten erfordert. Im Zweifel ist demnach ein Mitbestimmungsrecht des Betriebsrates gemäß § 87 Abs. 1 Nr. 6 BetrVG zu bejahen, wenn per Ethikrichtlinie eine Telefonhotline zur Meldung von Verstößen gegen Ethikrichtli-

---

[60] BAG v. 06.12.1983 – 1 ABR 43/81, AP Nr. 7 zu § BetrVG 1972 Überwachung; BAG v. 14.09.1984 – 1 ABR 23/82, AP Nr 9 zu § 87 BetrVG 1972 Überwachung; Richardi/*Richardi*, § 87 BetrVG Rn. 503; *Fitting*, § 87 BetrVG Rn. 227.
[61] *Kock*, MDR 2006, 673, 676.
[62] So auch *Wisskirchen/Jordan/Bissels*, DB 2005, 2190, 2192; *Kock*, MDR 2006, 673, 675; *Simon/Kock*, DB 2005, 1800, 1800; *Barthel/Huppertz*, Personal-Profi 2006, 204, 206; a. A. noch ArbG Wuppertal v. 15.06.2005 – 5 BV 20/05, NZA-RR 2005, 476.
[63] GK-BetrVG/*Wiese*, § 87 Rn. 558.
[64] So auch *Kock*, MDR 2006, 673, 676; *Simon/Kock*, DB 2005, 1800, 1801; ferner GK-BetrVG/*Wiese*, § 87 Rn. 559.
[65] Dazu GK-BetrVG/*Wiese*, § 87 Rn. 559.

nien eingerichtet werden soll, weil die ein Mitbestimmungsrecht auslösenden Überwachungsfunktionen zum Standardumfang moderner Telekommunikationsanlagen gehören.[66]

3. Arbeits- und Gesundheitsschutz, § 87 Abs. 1 Nr. 7 BetrVG

Eine ganze Reihe gängiger Ethikrichtlinien beinhalten auch Regelungen zum Arbeitsschutz. Insoweit wird etwa in der Ethikrichtlinie der Altana AG zu „aktivem Mitdenken" und „Gefahrenbewusstsein" der Mitarbeiter aufgerufen[67], andere Richtlinien fordern dagegen zu erhöhter Sorgfalt auf[68]. Es ist möglich, dass derartige Klauseln ebenfalls mitbestimmungspflichtig sind, weil der Betriebsrat nach § 87 Abs. 1 Nr. 7 BetrVG zu beteiligen wäre.

Ethikrichtlinien beschränken sich im Zusammenhang mit Arbeitssicherheit allerdings in der Regel darauf, generelle Grundsätze oder Verhaltensmaßstäbe (etwa „Gefahrbewusstsein") aufzustellen. Sie rufen demgegenüber die Arbeitnehmer nicht zu konkreten Verhaltensweisen auf. Ähnlich wie für pauschale Verhaltensregeln ohne konkrete Anweisungen[69] müssen auch derartige Vorschriften zur Arbeitssicherheit mitbestimmungsfrei bleiben, da sie die Arbeitnehmern nicht zu einem konkreten Verhalten verpflichten.

4. Personalfragebögen, § 94 BetrVG

Ein weiteres Mitbestimmungsrecht des Betriebsrates kommt in Betracht, wenn Ethikrichtlinien die Verwendung von Personalfragebögen vorsehen. Gemäß § 94 Abs. 1 Satz 1 BetrVG bedarf nämlich deren Einführung der Zustimmung des Betriebsrates. Denkbar ist in diesem Zusammenhang die Einführung von Formblättern zur Erfassung des persönlichen Wertpapierbesitzes, etwa um eine unabhängige Berichterstattung durch Redakteure einer Wirtschaftszeitung sicherzustellen.[70]

Das *LAG Düsseldorf* hat bei einer vom Arbeitgeber vorformulierten Erklärung ein Mitbestimmungsrecht des Betriebsrates nach § 94 Abs. 1 Satz 1 BetrVG jedoch verneint, weil es in einer solchen Erklärung allein keine standardisierte Informati-

---

[66] So auch *Wisskirchen/Jordan/Bissels*, DB 2005, 2190, 2192.
[67] Punkt 3 Abs. 4 Code of Conduct der Altana AG.
[68] Sec. F. Nr. 2 Abs. 2 der Business Conduct Guidelines der Siemens AG.
[69] LAG Düsseldorf v. 14.11.2005 – 10 TaBV 46/05, DB 2006, 162; *Simon/Kock*, DB 2005, 1800, 1801; *Ohlendorf/Bünning*, Personal-Profi 2006, 200, 201.
[70] Vgl. etwa BAG v. 28.05.2002 – 1 ABR 32/01, AP Nr 39 zu § 87 BetrVG 1972 Ordnung des Betriebes.

onserhebung erblicken konnte.[71] Allein hieraus kann aber nicht auf die grundsätzliche Mitbestimmungsfreiheit solcher Datenerhebungen geschlossen werden.[72] Richtigerweise ist im Einzelfall zu entscheiden, ob die verwendeten Formblätter als Personalfragebögen im Sinne des § 94 Abs. 1 Satz 1 BetrVG zu qualifizieren sind. Dass die Rechtsprechung zu einer weiten Auslegung des Schutzbereiches der Vorschrift neigt[73], sollte dabei nicht unberücksichtigt bleiben.

5. Auswahlrichtlinien, § 95 Abs. 1 BetrVG

Gemäß § 95 Abs. 1 Satz 1 BetrVG hat der Betriebsrat bei Richtlinien über die personelle Auswahl bei Einstellungen, Versetzungen, Umgruppierungen und Kündigungen mitzubestimmen. Eine Auswahlrichtlinie liegt dann vor, wenn der Arbeitgeber seine Personalentscheidungen nach einem konkreten Auswahlsystem trifft.[74] An der Ausgestaltung einer Auswahlrichtlinie ist der Betriebsrat zu beteiligen, die Betriebsparteien haben dabei aber die Grundsätze des § 75 BetrVG zu beachten.[75]

Ethikrichtlinien können mitbestimmungspflichtige Auswahlrichtlinien enthalten. Dies ist etwa dann der Fall, wenn eine Ethikrichtlinie einen Drogentest als Teil des Einstellungsprozesses vorsieht.[76] Gängige Klauseln verlangen beispielsweise einen Drogentest von allen Bewerbern für einen Arbeitsplatz als Teil des Einstellungsprozesses und schließen jeden Bewerber, der positiv auf Drogen getestet wird, von einer Anstellung aus.[77] Derartige Bestimmungen unterliegen als Auswahlrichtlinien in der Regel der Mitbestimmung durch den Betriebsrat nach § 95 BetrVG.[78]

6. Allgemeine Informations- und Beratungspflichten

Abgesehen von den vorstehend erörterten Mitbestimmungsrechten des Betriebsrates hat der Arbeitgeber bei der Einführung von Ethikrichtlinien weitere Be-

---

[71] LAG Düsseldorf v. 29.05.2001 – 3 TaBV 14/01, AP Nr 36 zu § 87 BetrVG 1972 Ordnung des Betriebes; das BAG hat diese Frage in der Revisionsinstanz offen gelassen, weil der Senat im Hinblick auf die Verwendung des Formblattes bereits ein Mitbestimmungsrecht nach § 87 Abs. 1 Nr. 1 BetrVG angenommen hat. Ferner *Wisskirchen/Jordan/Bissels*, DB 2005, 2190, 2192.
[72] So auch *Wisskirchen/Jordan/Bissels*, DB 2005, 2190, 2192.
[73] Etwa BAG v. 21.09.1993 – 1 ABR 28/93, AP Nr 4 zu § 94 BetrVG 1972.
[74] GK-BetrVG/*Kraft/Raab*, § 95 Rn. 10 ff.; *Fitting*, § 95 BetrVG Rn. 9.
[75] *Fitting*, § 95 BetrVG Rn. 18.
[76] LAG Baden-Württemberg v. 13.12.2002 – 16 TaBV 4/02, NZA-RR 2003, 417; *Fitting*, § 95 BetrVG Rn. 10.
[77] Eine derartige Klausel enthielt die Ethikrichtlinie des *Wal-Mart*-Konzerns, vgl. ArbG Wuppertal v. 15.6.2005 – 5 BV 20/05, NZA-RR 2005, 476.
[78] *Wisskirchen/Jordan/Bissels*, DB 2005, 2190, 2192.

teiligungsrechte des Betriebsrates zu beachten: So ist er nach §§ 2 Abs. 1, 80 Abs. 2 BetrVG verpflichtet, den Betriebsrat bereits vor Einführung einer Ethikrichtlinie rechtzeitig und umfassend über das von ihm geplante Ethikkonzept zu unterrichten.[79] Sofern sich aufgrund von Richtlinieninhalten der organisatorische Ablauf von Arbeitsprozessen ändern sollte, steht dem Betriebsrat des Weiteren ein Unterrichtungsrecht nach § 90 Abs. 1 Nr. 3 BetrVG zu.[80] Schließlich kommt im Zusammenhang mit der Einführung von Ethikrichtlinien auch dem gemeinsamen Schutzauftrag von Betriebsrat und Arbeitgeber nach § 75 Abs. 2 BetrVG eine Bedeutung zu.[81] Da Ethikrichtlinien häufig in den Schutzbereich des Persönlichkeitsrechts der einzelnen Arbeitnehmer eingreifen, hat der Betriebsrat das Recht, den Arbeitgeber auf derartige Eingriffe hinzuweisen, Schutzmaßnahmen vorzuschlagen und auf Abhilfe zu drängen.[82] Ein eigenständiger Unterlassungsanspruch steht dem Betriebsrat in diesem Zusammenhang allerdings nicht zu.[83]

III. Ausübung der Mitbestimmungsrechte

Nachdem das Vorliegen eines Mitbestimmungsrechtes des Betriebsrates in Bezug auf eine Reihe üblicher Richtlinienbestimmungen nachgewiesen wurde, fragt es sich, auf welche Weise der Betriebsrat seine Mitbestimmungsrechte in diesem Zusammenhang ausüben kann. Es ist denkbar, dass der Betriebsrat seine Mitbestimmungsrechte im Zusammenhang mit der Einführung von Ethikrichtlinien nur dann wirksam wahrnimmt, wenn er darüber eine Betriebsvereinbarung mit dem Arbeitgeber abschließt. Insofern wäre der Arbeitgeber bei Ethikrichtlinien mit mitbestimmungspflichtigem Inhalt möglicherweise auf eine Einführung per Betriebsvereinbarung festgelegt.

Zunächst spricht einiges dafür, dass der Arbeitgeber ausschließlich mit dem Abschluss einer Betriebsvereinbarung die Mitbestimmungsrechte des Betriebsrates wirksam wahrt: Nach Sinn und Zweck des § 87 BetrVG sollen einzelvertragliche Vereinbarungen zwischen Arbeitgeber und Arbeitnehmer insbesondere hinsichtlich betriebseinheitlicher Arbeitsbedingungen wegen der gestörten Vertragsparität durch das Mitbestimmungsrecht auf die Ebene der Betriebsvereinbarung verlagert werden.[84]

---

[79] *Borgmann*, NZA 2003, 352, 356.
[80] *Fitting*, § 90 BetrVG Rn. 23 ff.; *Borgmann*, NZA 2003, 352, 356.
[81] GK-BetrVG/*Kreutz*, § 75 BetrVG Rn. 88; Richardi/*Richardi*, § 75 BetrVG Rn. 38; *Fitting*, § 75 BetrVG Rn. 74 ff..
[82] *Borgmann*, NZA 2003, 352, 356.
[83] *Borgmann*, NZA 2003, 352, 356.
[84] BAG v. 24.02.1987 – 1 ABR 18/85, AP Nr 21 zu § 77 BetrVG 1972.

Der Wortlaut des § 87 BetrVG gibt demgegenüber aber keinen Anlass zu der Annahme, dass die Betriebsparteien bei der Regelung mitbestimmungspflichtiger Angelegenheiten auf den Abschluss einer Betriebsvereinbarung beschränkt wären. Der Gesetzgeber hat nämlich keine erkennbare Anordnung getroffen, auf welche Weise das Mitbestimmungsrecht nach § 87 BetrVG auszuüben wäre.[85] Entscheidend wird man vielmehr darauf abstellen müssen, dass der Arbeitgeber die mitbestimmungspflichtigen Teile einer Ethikrichtlinie, die er – gleich auf welche Weise – zu installieren gedenkt, nicht ohne vorheriges Einverständnis des Betriebsrates einführt.[86]

Für ein wirksames Einverständnis des Betriebsrates bedarf es dabei keiner Betriebsvereinbarung, sondern es genügt bereits eine formlose Betriebsabsprache oder eine zwischen Arbeitgeber und Betriebsrat geschlossene Regelungsabrede.[87] Demnach nimmt der Betriebsrat sein Mitbestimmungsrecht nicht nur dann wirksam wahr, wenn er in der Angelegenheit eine Betriebsvereinbarung mit dem Arbeitgeber abschließt, sondern auch etwa dann, wenn er dem Arbeitgeber die einseitige Regelung der Angelegenheit nach vorheriger Absprache formlos gestattet.

In der Praxis dürfte der Arbeitgeber jedoch stets den Abschluss einer Betriebsvereinbarung anstreben, wenn er Ethikrichtlinien einzuführen gedenkt. Hinsichtlich der mitbestimmungspflichtigen Teile einer Ethikrichtlinie hat er den Betriebsrat nämlich ohnehin zu beteiligen. Dann jedoch stellt die Betriebsvereinbarung das vorteilhafte Einführungsinstrument dar, weil sie gegenüber der Betriebsabsprache bei gleichem Verhandlungsaufwand eine unmittelbare und zwingende Wirkung (§ 77 Abs. 4 BetrVG) bietet, so dass die Ethikrichtlinien mit der Einigung zwischen Arbeitgeber und Betriebsrat sogleich Wirkung entfalten. Schließt der Arbeitgeber demgegenüber nur eine formlose Absprache oder eine Regelungsabrede mit dem Betriebsrat, wahrt er damit allein die Mitbestimmungsrechte des Betriebsrates. Um der Ethikrichtlinie jedoch zu einer Wirkung zu verhelfen, muss er dann aber eine zusätzliche (Einzel-)Vereinbarung mit den Arbeitnehmern schließen.

IV. Einigungsstellenverfahren

Es kann jedoch vorkommen, dass sich Arbeitgeber und Betriebsrat nicht einigen können, auf welchem Wege oder mit welchem Inhalt eine bestimmte Ethik-

---

[85] Richardi/*Richardi*, § 87 BetrVG Rn. 76; GK-BetrVG/*Wiese*, § 87 Rn. 86; *Fitting*, § 87 BetrVG Rn. 579.
[86] GK-BetrVG/*Wiese*, § 87 Rn. 86; *Fitting*, § 87 BetrVG Rn. 578.
[87] GK-BetrVG/*Wiese*, § 87 Rn. 86; Richardi/*Richardi*, § 87 BetrVG Rn. 76; *Fitting*, § 87 BetrVG Rn. 582.

richtlinie eingeführt wird. Da der Arbeitgeber zumindest im Bereich der erzwingbaren Mitbestimmung ohne Zustimmung des Betriebsrates aber nicht rechtswirksam handeln kann[88], liefe ein Scheitern der Verhandlungen mit dem Betriebsrat darauf hinaus, dass der Arbeitgeber dauerhaft daran gehindert wäre, Ethikrichtlinien einzuführen. Um diese Situation zu vermeiden bietet sich dem Arbeitgeber die Möglichkeit – und im Bereich der erzwingbaren Mitbestimmung die Notwendigkeit – die Einigungsstelle anzurufen (vgl. § 76 BetrVG).[89]

Die Einigungsstelle entscheidet in ausdrücklich bestimmten Fällen für beide Seiten verbindlich über die Angelegenheiten, in denen sie angerufen wurde (sog. verbindliches Einigungsstellenverfahren)[90], in weiteren Fällen ist die freiwillige Anrufung der Einigungsstelle möglich[91]. In der Praxis dürfte sich die Einleitung eines erzwingbaren Einigungsstellenverfahrens bei Streitigkeiten zwischen Arbeitgeber und Betriebsrat im Zusammenhang mit einer Einführung von Ethikrichtlinien in den meisten Fällen aus § 87 Abs. 2 Satz 1 BetrVG ergeben.

Der Einigungsstelle gehören gemäß § 76 Abs. 2 BetrVG eine gleiche Anzahl an Beisitzern, die jeweils von Arbeitgeber und Betriebsrat bestimmt worden sind, sowie ein unparteiischer Vorsitzender an, auf den sich beide Seiten einigen müssen (§ 76 Ab. 2 BetrVG). Der Vorsitzende hat sich bei der Beschlussfassung zunächst der Stimme zu enthalten, kann jedoch – sofern eine Stimmenmehrheit zuvor nicht zustande gekommen ist – bei einer erneuten Beschlussfassung mitabstimmen (vgl. § 76 Abs. 3 BetrVG).

Der Spruch der Einigungsstelle kann beim erzwingbaren Einigungsstellenverfahren die Wirkung einer Betriebsvereinbarung oder einer Regelungsabrede haben.[92] Soweit die Betriebsparteien aber über den Abschluss einer Betriebsvereinbarung streiten oder durch den Spruch Rechte oder Pflichten der Arbeitnehmer begründet, aufgehoben oder geändert werden sollen, kommt dem Spruch der Charakter einer Betriebsvereinbarung zu.[93] In Fällen eines freiwilligen Einigungsstellenverfahrens hingegen ist es erforderlich, dass sich beide Seiten dem Spruch im Voraus unterworfen oder ihn nachträglich angenommen haben (vgl. § 76 Abs. 6 BetrVG).

---

[88] Vgl. dazu den folgenden Abschnitt unter V.
[89] *Lieb/Jacobs*, Rn. 730.
[90] Vgl. die Auflistung bei WP/*Preis*, § 76 BetrVG Rn. 11; *Lieb/Jacobs*, Rn. 731.
[91] Dazu WP/*Preis*, § 76 BetrVG Rn. 8.
[92] WP/*Preis*, § 76 BetrVG Rn. 39; ErfK/*Kania*, § 76 BetrVG Rn. 27.
[93] WP/*Preis*, § 76 BetrVG Rn. 39.

Können sich Arbeitgeber und Betriebsrat demnach nicht über die Einführung einer Ethikrichtlinie einigen, so führt dies nicht etwa zu einer Blockadesituation, sondern es kann die Einigungsstelle angerufen werden. Da übliche Ethikrichtlinien Tatbestände enthalten, die nach § 87 Abs. 1 BetrVG mitbestimmungspflichtig sind, kann im Hinblick auf diese Sachverhalte das verbindliche Einigungsstellenverfahren nach § 87 Abs. 2 BetrVG eingeleitet werden. Das von Arbeitgeber und Betriebsrat eingesetzte Vermittlungsgremium verhandelt dann über die konkrete Ausgestaltung der Ethikrichtlinie. Die Einigungsstelle hat dabei gemäß § 76 Abs. 5 Satz 3 BetrVG die Belange des Betriebs und der betroffenen Arbeitnehmer zu berücksichtigen und nach billigem Ermessen zu entscheiden. Dem Spruch der Einigungsstelle kommt dann die Wirkung einer Betriebsvereinbarung zu, weil Ethikrichtlinien typischerweise Rechte oder Pflichten der Arbeitnehmer zum Gegenstand haben. Binnen einer Frist von zwei Wochen, vom Tage der Zuleitung des Beschlusses an gerechnet, können Arbeitgeber oder Betriebsrat gemäß § 76 Abs. 5 Satz 4 BetrVG aber die Überschreitung der Grenzen des Ermessens beim Arbeitsgericht geltend machen.

V. Rechtsfolgen einer Missachtung von Mitbestimmungsrechten

Es ist möglich, dass es der Arbeitgeber – versehentlich oder absichtlich – unterlässt, den Betriebsrat im Vorfeld einer Einführung von Ethikrichtlinien zu beteiligen oder nach gescheiterten Verhandlungen eine Ethikrichtlinie einführt, ohne zuvor die Einigungsstelle anzurufen. Ein solcher Verstoß gegen die erzwingbaren Mitbestimmungsrechte des Betriebsrates hat jedoch umfangreiche Konsequenzen: Nach der von der Rechtsprechung entwickelten „Theorie der Wirksamkeitsvoraussetzung" ist die tatsächlich durchgeführte Mitbestimmung zunächst Voraussetzung für die Wirksamkeit von Maßnahmen zum Nachteil des Arbeitnehmers.[94] Die mitbestimmungspflichtigen Inhalte entfalten daher keine Rechtswirkung, bis mit dem Betriebsrat darüber eine Einigung erzielt wurde.[95] Dies gilt auch dann, wenn der Arbeitgeber individualrechtlich zu einer einseitigen Einführung von Ethikrichtlinien befugt wäre[96].

---

[94] St. Rspr., BAG v. 29.03.1977 – 1 ABR 123/74, AP Nr. 1 zu § 87 BetrVG 1972 Provision; BAG v. 26.04.1988 – 3 AZR 168/86, AP Nr. 16 zu § 87 BetrVG 1972 Altersversorgung; BAG v. 17.12.1980 – 5 AZR 570/78, AP Nr. 4 zu § 87 BetrVG 1972 Lohngestaltung; BAG v. 20.08.1991 – 1 AZR 326/90, AP Nr. 50 zu § 87 BetrVG 1972 Lohngestaltung; BAG v. 03.12.1991 – GS 2/90, AP Nr. 51 zu § 87 BetrVG 1972 Lohngestaltung.
[95] *Borgmann*, NZA 2003, 352, 355.
[96] *Fitting*, § 87 BetrVG Rn. 599.

Darüber hinaus hat der Betriebsrat möglicherweise gemäß § 23 Abs. 3 BetrVG einen Anspruch auf Unterlassung derjenigen Maßnahmen, die unter Verletzung seiner Mitbestimmungsrechte durchgeführt werden.[97] Der Betriebsrat kann auf diesem Wege eine Ethikrichtlinie notfalls per einstweiliger Verfügung[98] zumindest in Teilen für unwirksam erklären lassen.[99] Die Arbeitnehmer können dann gegen die Vorschriften der Ethikrichtlinie verstoßen, ohne Sanktionen befürchten zu müssen. Die gilt allerdings nicht für solche Verstöße, die den Arbeitgeber auch nach den allgemeinen Grundsätzen zur Abmahnung oder Kündigung des Arbeitnehmers berechtigen.

Um sicherzustellen, dass eine Ethikrichtlinie auch im Konfliktfall eine tragfähige Grundlage für die Durchsetzung der mit ihr verwirklichten Leitbilder darstellt, hat der Arbeitgeber also bereits im Vorfeld der Einführung sorgfältig zu prüfen, ob und im Hinblick auf welche Regelungsinhalte der Betriebsrat zu beteiligen ist.

VI. Die teilmitbestimmte Ethikrichtlinie

Da sich die Beurteilung einer Mitbestimmungspflichtigkeit, wie bereits oben dargestellt, nach jeder Richtlinienvorschrift einzeln bemisst, werden regelmäßig nicht alle Vorschriften einer einzuführenden Ethikrichtlinie der Mitbestimmungspflicht unterfallen. Eine Ethikrichtlinie wird deshalb fast immer einen mitbestimmungspflichtigen und einen mitbestimmungsfreien Teil aufweisen. In einem solchen Fall liegt eine „gemischte" Ethikrichtlinie vor.

Dass die Einführung einer Ethikrichtlinie nur hinsichtlich eines Teils ihrer Vorschriften der Mitwirkung des Betriebsrates bedarf, eröffnet dem Arbeitgeber zwei unterschiedliche Handlungsoptionen: Ihm bietet sich zunächst die Möglichkeit, die Richtlinie aufzuspalten und den Betriebsrat nur im Hinblick auf die der zwingenden Mitbestimmung unterliegenden Teile der Richtlinie zu beteiligen. Den mitbestimmungsfreien Teil kann der Arbeitgeber hingegen ohne Beteiligung des Betriebsrates einführen. Auf den ersten Blick erscheint eine solche Vorgehensweise vorteilhaft: Die Anzahl der zur Disposition stehenden Vorschriften lässt sich durch die Teilung der Richtlinie verringern und das Einführungsverfahren deutlich beschleunigen, weil mit dem Betriebsrat nur über diejenigen Vorschriften verhandelt

---

[97] Vgl. BAG v. 22.02.1983 – 1 ABR 27/81, AP Nr. 2 zu § 23 BetrVG 1972; BAG v. 03.05.1994 – 1 ABR 24/93, AP Nr. 23 zu § 23 BetrVG 1972; Richardi/*Thüsing*, § 23 BetrVG Rn. 74 ff.; *Fitting*, § 87 BetrVG Rn. 596.
[98] *Fitting*, § 87 BetrVG Rn. 596.
[99] Vgl. LAG Düsseldorf v. 14.11.2005 – 10 TaBV 46/05, DB 2006, 162; ArbG Wuppertal v. 15.06.2005 – 5 BV 20/05, NZA-RR 2005, 476.

wird, bei denen er zwingend mitzubestimmen hat. Tatsächlich ist eine Einführung auf diesem Wege aber sehr problematisch, weil allein die Teilung der Richtlinie in zwei unterschiedliche Hälften äußerst unpraktisch ist – ein einheitliches Regelwerk ließe sich sowohl der Belegschaft als auch der Öffentlichkeit besser vermitteln. Zudem dürfte es zu Differenzen mit dem Betriebsrat führen, wenn ihm gezielt Inhalte der Richtlinie vorenthalten würden. Nur eine vollständige Unterrichtung über das veranschlagte Ethikkonzept kann dem Erfordernis einer vertrauensvollen Zusammenarbeit zwischen Arbeitgeber und Betriebsrat entsprechen.

Sicherer erscheint es deswegen, mit dem Betriebsrat über die gesamte Ethikrichtlinie, einschließlich des mitbestimmungsfreien Teils, zu verhandeln und eine Mischung aus freiwilliger und erzwingbarer Betriebsvereinbarung abzuschließen. Dies hat den Vorteil, dass die freiwillige Beteiligung des Betriebsrates am mitbestimmungsfreien Teil der Ethikrichtlinie zu einer höheren Akzeptanz des Kodices bei den Beschäftigten führen kann.[100] Diesem Vorteil steht aber freilich der Nachteil gegenüber, dass die Angelegenheit insgesamt abschließend geregelt wird und die Ethikrichtlinie damit der einseitigen Disposition auch hinsichtlich des an sich mitbestimmungsfreien Teils entzogen bleibt.[101] Eine Änderung der Ethikrichtlinie ist dann nur im Zusammenwirken mit dem Betriebsrat möglich.[102] Nach Ablauf der Kündigungsfrist der Betriebsvereinbarung hat der Arbeitgeber zudem eine mögliche Nachwirkung der Betriebsvereinbarung zu beachten.[103] Die Rechtsprechung hat eine Nachwirkung der gesamten Betriebsvereinbarung – und damit auch des mitbestimmungsfreien Teils – anerkannt, wenn der Arbeitgeber mit der Kündigung der Betriebsvereinbarung nicht deren Abschaffung, sondern inhaltliche Änderung bezweckt.[104]

Beide hier aufgezeigten Möglichkeiten, die Mitbestimmungsrechte des Betriebsrates durch Abschluss einer Betriebsvereinbarung über die Einführung von Ethikrichtlinien zu wahren, bieten somit Vor- und Nachteile. Eine Trennung der Richtlinie in mitbestimmungsfreie und mitbestimmungspflichtige Teile führt zu praktischen Schwierigkeiten und dürfte auf den Widerstand des Betriebsrates stoßen. Beim Abschluss einer teilmitbestimmten Betriebsvereinbarung bestehen derar-

---

[100] *Borgmann*, NZA 2003, 352, 354.
[101] *Borgmann*, NZA 2003, 352, 354.
[102] *Wisskirchen/Jordan/Bissels*, DB 2005, 2190, 2190.
[103] Vgl. für die unterschiedlichen Fallgestaltungen BAG v. 18.11.2003 – 1 AZR 604/02, AP Nr. 15 zu § 77 BetrVG 1972 Nachwirkung; GK-BetrVK/*Kreutz*, § 7 BetrVG Rn. 405 ff.
[104] BAG v. 21.08.1990 – 1 ABR 73/89, AP Nr. 5 zu § 77 BetrVG 1972 Nachwirkung; BAG v. 18.11.2003 – 1 AZR 604/02, AP Nr. 15 zu § 77 BetrVG 1972 Nachwirkung.

tige Probleme nicht; die mögliche Nachwirkung auch des an sich mitbestimmungsfreien Teils lässt den Betriebsrat allerdings langfristig auch an späteren Änderungen der Ethikrichtlinie teilhaben.

VII. Zusammenfassung

Die vorangegangene Untersuchung hat gezeigt, dass eine Vielzahl üblicher Richtlinieninhalte der Mitbestimmungspflicht durch den Betriebsrat unterliegt. Maßgeblich hat der Arbeitgeber insbesondere den ein Mitbestimmungsrecht auslösenden Tatbestand des § 87 Abs. 1 Nr. 1 BetrVG zu beachten. Darüber hinaus bestehen aber auch noch weitere Mitbestimmungsrechte des Betriebsrates, so etwa nach § 94 BetrVG oder § 95 BetrVG.

Da viele Richtlinieninhalte der Mitbestimmungspflicht unterliegen, bietet sich der Abschluss einer Betriebsvereinbarung im Zuge des Beteiligungsverfahrens ohnehin an, statt den Betriebsrat zunächst anzuhören und dann eine individualrechtliche Einführung vorzunehmen. Dem Arbeitgeber steht es dabei offen, nur den mitbestimmungspflichtigen Teil der geplanten Richtlinie der zuständigen Arbeitnehmervertretung zuzuführen oder eine teilmitbestimmte Ethikrichtlinie als eine Mischung aus freiwilliger und erzwingbarer Betriebsvereinbarung abschließen. In der Praxis wird es sich allerdings als vorteilhaft erweisen, mit dem Betriebsrat eine teilmitbestimmte Betriebsvereinbarung über die Einführung einer Ethikrichtlinie abzuschließen, auch wenn eine mögliche Nachwirkung der Betriebsvereinbarung auch bei späteren Änderungen der Richtlinie eine Beteiligung des Betriebsrates sicherstellt.

Teil E   Ergebnis

Die Ergebnisse der Untersuchung können mit folgenden Thesen zusammengefasst werden:

- Als „Ethikrichtlinien" werden betriebliche Regelwerke beschrieben, mit denen allgemein formulierte, ethische Anforderungen in mehr oder weniger konkrete Verhaltensanweisungen bzw. Organisationsstrukturen übertragen werden. Ethikrichtlinien sind dabei als eine Form der Betriebsordnung zu qualifizieren.

- Zu den zentralen Motiven einer Einführung von Ethikrichtlinien gehören die Verbesserung des Unternehmensimages, der Arbeitnehmerschutz, die Sicherstellung eines neutralen Wirtschaftsverhaltens, der Schutz des Unternehmens sowie die Erfüllung rechtlicher Vorgaben.

- Im deutschen Rechtsraum besteht weder die gesetzlichen Pflicht zur Einführung von Ethikrichtlinien noch werden konkrete Richtlinieninhalte vorgegeben. Die einschlägigen Vorschriften des US-amerikanischen Börsenrechts führen allenfalls zu einer faktischen Notwendigkeit, Ethikregeln einzuführen und enthalten lediglich zwingende Regelungsbereiche, die eine Ethikrichtlinie abdecken muss, nicht hingegen konkrete Klauselinhalte.

- Grundsätzlich lassen sich die Klauseln einer Ethikrichtlinie drei unterschiedlichen Klauseltypen zuordnen: Programmsätze sind Klauseln ohne konkrete Verhaltensanweisungen, die allerdings Beweggründe und Motive zur Einführung einer Ethikrichtlinie erläutern, sowie einen hohen ethischen Standard und Geschäftsmoral vermitteln sollen. Verhaltensanweisungen sind demgegenüber Klauseln, mit denen durch konkrete Handlungsanweisungen die Inhalte der Programmsätze umgesetzt werden sollen. Sanktionsklauseln schließlich beinhalten, je nach Art und Schwere des Verstoßes gegen Ethikvorschriften, unterschiedliche Strafen.

- Als besondere Ausprägungen von Verhaltensvorschriften in Ethikrichtlinien sind sog. Whistleblowing-Klauseln hervorzuheben. Whistleblowing-Klauseln rufen typischerweise nicht nur zur Einhaltung aller Vorschriften der Ethikrichtlinie, sondern auch zur Meldung von Verstößen gegen Richtlinieninhalte durch Kollegen auf.

- Der Arbeitgeber kann Ethikrichtlinien einseitig oder per Vereinbarung einführen. Als einseitige Einführungsinstrumente kommen das Direktionsrecht und der Ausspruch einer Änderungskündigung in Betracht. Eine Umsetzung kann jedoch auch durch Arbeitsvertrag oder durch Zusatzvereinbarung erfolgen. Der Arbeitgeber kann darüber hinaus mit dem Einzel-, Gesamt- oder Konzernbetriebsrat (soweit dieser gebildet wurde) über eine Einführung per Betriebsvereinbarung und mit dem Tarifpartner über eine Einführung per (Firmen-)Tarifvertrag verhandeln.

- Der Arbeitgeber kann grundsätzlich mit dem Einzelbetriebsrat eine Betriebsvereinbarung über die Einführung einer Ethikrichtlinie vereinbaren. Dies gilt jedoch nicht in Unternehmen mit mehreren Betriebsräten. Im originären Zuständigkeitsbereich des Gesamtbetriebsrates kann der Einzelbetriebsrat nämlich nicht tätig werden, wenn (gesetzwidrig) kein Gesamtbetriebsrat errichtet wurde. Aufgrund der originären Zuständigkeit des Gesamtbetriebsrates in diesen Angelegenheiten setzt eine wirksame Einführung von Ethikrichtlinien per Betriebsvereinbarung deshalb in diesen Fällen voraus, dass ein Gesamtbetriebsrat existiert und seine originären Mitbestimmungsbefugnisse wahrnimmt.

- Eine originäre Zuständigkeit des Konzernbetriebsrates dürfte dagegen im Regelfall allenfalls dann vorliegen, wenn eine konzernweite Ethikrichtlinie für einen Konzern mit einheitlicher Geschäftsstruktur oder eine Rahmenrichtlinie eingeführt werden soll.

- Die Konzernspitze kann außer mit dem Konzernbetriebsrat auch noch mit den Einzelbetriebsräten und Gesamtbetriebsräten der Tochterunternehmen über die Einführung von Ethikrichtlinien verhandeln. Dies bietet den Vorteil, dass die Einführung auf Arbeitgeberseite von zentraler Stelle vorangetrieben werden kann. Voraussetzung hierfür ist jedoch eine wirksame Bevollmächtigung der Konzernspitze durch den betriebsverfassungsrechtlich vorgesehenen Verhandlungspartner, regelmäßig also die Unternehmensleitung des Tochterunternehmens.

- Art und Umfang der Inhaltskontrolle ist abhängig von der Art des gewählten Einführungsinstrumentes: Ethikrichtlinien unterliegen bei vertraglicher Einführung einer AGB-Kontrolle nach §§ 305 ff. BGB. Bei einer Einführung per Betriebsvereinbarung unterliegen sie einer Billigkeitskontrolle, die sich bei einer einseitigen Einführung per Direktionsrecht nach § 106 GewO richtet. Der Ausspruch einer Änderungskündigung zur Einführung von Ethikrichtlinien hat demgegenüber § 2 KSchG zu entsprechen. Erfolgt eine Umsetzung per Tarifvertrag, so ist lediglich eine Rechtskontrolle vorzunehmen.

- Einer AGB-Kontrolle halten grundsätzlich nur solche Ethikklauseln stand, die bestehende arbeitsvertragliche Nebenpflichten lediglich wiedergeben oder konkretisieren oder als nebenpflichterweiternde Ethikklauseln adäquate Kompensationsmechanismen beinhalten. Eine adäquate Kompensation setzt dabei voraus, dass der gewährte Vorteil den erlittenen Nachteil angemessen aufwiegt und zwischen beiden ein Sachzusammenhang besteht.

- Die Untersuchung der Grundsätze einer Inhaltskontrolle von Betriebsvereinbarungen hat ergeben, dass eine Einführung von Ethikrichtlinien durch Betriebsvereinbarung zwar verfahrenstechnische Vorteile bietet, nicht jedoch das Potential, weiterreichender Ethikrichtlinien einzuführen, als dies bei einer vertraglichen Einführung möglich wäre.

- Mit dem Direktionsrecht des Arbeitgebers können Ethikrichtlinien nur eingeführt werden, wenn die Regelung eine gesetzliche Pflicht oder eine vertragliche Nebenpflicht konkretisiert, ein ausreichender Arbeitsbezug vorliegt und die jeweilige Regelung zudem den Erfordernissen billigen Ermessens entspricht. Die Möglichkeit, weiterreichende Inhalte durch adäquate Kompensationslösungen einzuführen, besteht hingegen nicht.

- Über Änderungskündigungen können Ethikrichtlinien demgegenüber grundsätzlich nicht wirksam eingeführt werden. Der Ausspruch einer Druckänderungskündigung zur Einführung von Ethikrichtlinien kann jedoch im Ausnahmefall zulässig sein, wenn andernfalls die wirtschaftliche Existenz des Unternehmens bedroht wäre.

- Eine tarifvertragliche Einführung von Ethikrichtlinien bietet sich insbesondere in Form eines Firmentarifvertrages an. Da Tarifnormen lediglich einer Rechtskontrolle, nicht jedoch einer Billigkeits- oder Angemessenheitsprüfung unterliegen, bietet sich den Tarifvertragsparteien insbesondere im Hinblick auf Kompensationsmöglichkeiten für benachteiligende Vorschriften ein erweiterter Gestaltungsspielraum. Die Anwendung des Günstigkeitsprizips führt jedoch dazu, dass einzelne Tarifnormen möglicherweise verdrängt werden, wenn auf einzelvertraglicher Ebene Ethikvorschriften vereinbart wurden.

- Unabhängig von den inhaltlichen Anforderungen, denen Ethikvorschriften im Hinblick auf die jeweiligen Einführungsinstrumente entsprechen müssen, hat der Arbeitgeber bei der Einführung von Ethikrichtlinien umfangreiche Mitbestimmungsrechte des Betriebsrates, insbesondere nach § 87 Nr. 1 BetrVG, zu wahren.

Im Ergebnis ist dem Arbeitgeber, der ein ethisches Regelwerk in seinem Unternehmen installieren möchte, eine Einführung per Betriebsvereinbarung zu empfehlen. Auf diesem Wege lässt sich – bei im Wesentlichen gleichen inhaltlichen Schranken – eine einheitliche Einführung von Ethikrichtlinien realisieren, ohne mit den einzelnen regelungsunterworfenen Arbeitnehmern verhandeln zu müssen. Zudem bietet sich eine Einführung auf diesem Wege an, weil der Betriebsrat aufgrund seiner umfangreichen Beteiligungsrechte bei der Einführung von Ethikrichtlinien ohnehin zu beteiligen wäre. Eine Verhandlung mit dem Betriebsrat über die konkreten Inhalte der Richtlinie vermag darüber hinaus auch die Akzeptanz der Vorschriften auf Seiten der Arbeitnehmer zu erhöhen. Auch aus Arbeitnehmersicht ist eine Einführung auf diesem Wege durchaus mit Vorteilen verbunden: Der Betriebsrat kann dem Arbeitgeber – anders etwa als die einzelnen Arbeitnehmer – mit nahezu gleichwertigem Verhandlungsgewicht entgegentreten und insofern bereits im Vorfeld die Aufnahme von unangemessenen Richtlinieninhalte vermeiden.

Literaturverzeichnis

Ahrens, Martin
Eingeschränkte Rechtskontrolle von Betriebsvereinbarungen, NZA 1999, S. 686 – 690.

Annuß, Georg
Grundstrukturen der AGB-Kontrolle von Arbeitsverträgen, BB 2006, S. 1333 – 1339.

Ascheid, Reiner /
Preis, Ulrich /
Schmidt, Ingrid (Hrsg.)
Kündigungsrecht,
Großkommentar zum gesamten Recht der Beendigung von Arbeitsverhältnissen,
3. Auflage,
München 2007.

Zitiert: APS/*Bearbeiter*

Bachner, Michael /
Lerch, Sascha
Ethik- und Verhaltensrichtlinien, Arbeitsrecht im Betrieb 2005, S. 229 – 232.

Barthel, Thomas /
Huppertz, Christiane
Arbeitsrecht und Datenschutz bei „Whistleblower-Klauseln",
AuA 2006, S. 204 – 209.

Barwasser, Franz
Zur Zulässigkeit von Betriebsvereinbarungen über materielle Arbeitsbedingungen in nichttarifgebundenen Betrieben, insbesondere in Mischbetrieben,
DB 1975, 2275 – 2277.

Bauer, Jobst-Hubertus /
Diller, Martin
Nachvertragliche Wettbewerbsverbote: Änderungen durch die Schuldrechtsreform,
NJW 2002, S. 1609 – 1615.

Baumbach, Adolf / *Hueck, Alfred (Hrsg.)*	GmbH-Gesetz, 18. Auflage, München 2006. Zitiert: Baumbach/Hueck/*Bearbeiter*
Becker, Thomas	Die Auslegung des § 9 Abs. 2 AGB-Gesetz, Heidelberg 1986.
Bengelsdorf, Peter	Alkohol im Betrieb – Die Aufgaben des Vorgesetzten, NZA 1999, S. 1304 – 1311.
Bengelsdorf, Peter	Arbeitsrechtlicher Aufhebungsvertrag und gestörte Vertragsparität, BB 1995, S. 978 – 984.
Berger-Delhey, Ulf	Die Leitungs- und Weisungsbefugnis des Arbeitgebers, Der Betrieb 1990, S. 2266 – 2270.
Bergler, Reinhold (Hrsg.)	Das Eindrucksdifferential, Bern 1975.
Berkowsky, Wilfried	Die verhaltensbedingte Kündigung - Teil 1, NZA-RR 2001, S. 1 – 20.
Birk, Rolf	Die arbeitsrechtliche Leitungsmacht, Köln 1973.
Bittmann, Barbara / *Lenze, Stephanie*	Anmerkung zu LAG Düsseldorf v. 14.11.2005 – 10 TaBV 46/05, Der Betrieb 2006, S. 165 – 166.

Blomeyer, Wolfgang	Das Günstigkeitsprinzip in der Betriebsverfassung – Die Betriebsvereinbarung zwischen Individual- und Tarifvertrag, NZA 1996, S. 337 – 346.
Bopp, Peter	Der Arbeitsschutz, Stuttgart 1976.
Borgmann, Bernd	Ethikrichtlinien und Arbeitsrecht, NZA 2003, S. 352 – 357.
Borgmann, Bernd / Faas, Thomas	Das Weisungsrecht zur betrieblichen Ordnung nach § 106 S. 2 GewO, NZA 2004, S. 241 – 244.
Borngräber, Sven	Die inhaltliche Kontrolle von Betriebsvereinbarungen, Frankfurt am Main 2005.
Böttner, Walter	Das Direktionsrecht des Arbeitgebers, Marburg 1971.
Breinlinger, Astrid / Krader, Gabriela	Whistleblowing – Chancen und Risiken bei der Umsetzung von anonym nutzbaren Hinweisgebersystemen im Rahmen des Compliance-Managements von Unternehmen, RDV 2006, S. 60 – 70.
Brox, Hans / Rüthers, Bernd / Henssler, Martin	Arbeitsrecht, 16. Auflage, Stuttgart 2004.
Buchner, Herbert	Rechtswirksamkeit der tarifvertraglichen Regelung über die Flexibilisierung der Arbeitszeit in der Metallindustrie, DB 1985, 913 – 923.

Bunte, Herman-Josef	Die Begrenzung des Kompensationseinwandes bei der richterlichen Vertragskontrolle, in: Festschrift für Herman Korbion, S. 17 – 26 Düsseldorf 1986.
Burgi, Martin / Waldhorst, Nicola	Primärrechtliche Anforderungen an Bestimmtheit und Transparenz von Tariftreueverpflichtungen, RdA 2006, S. 85 – 92.
Burkiczak, Christian	Grundrechtsbindung der Tarifvertragsparteien oder Relevanz grundrechtlicher Schutzpflichten – Erfurter Einerlei? RdA 2007, S. 17 – 22.
Büssow, Thomas / Taetzner, Tobias	Sarbanes-Oxley Act Section 404: Internes Kontrollsystem zur Sicherstellung einer effektiven Finanzberichterstattung im Steuerbereich von Unternehmen - Pflicht oder Kür?, BB 2005, S. 2437 – 2444.
Calliess, Christian	Die grundrechtliche Schutzpflicht des mehrpoligen Verfassungsrechtsverhältnisses, JZ 2006, S. 321 – 330.
Canaris, Claus-Wilhelm	Funktionelle und inhaltliche Grenzen kollektiver Gestaltungsmacht bei der Betriebsvereinbarung, Arbeit und Recht 1966, S. 129 – 140.
Canaris, Claus-Wilhelm	Grundrechtswirkungen und Verhältnismäßigkeitsprinzip in der richterlichen Anwendung und Fortbildung des Privatrechts, JuS 1989, S. 161 – 172.

Canaris, Claus-Wilhelm	Grundrechte und Privatrecht, Berlin 1999.
Canaris, Claus-Wilhelm	Grundrechte und Privatrecht, AcP 184, S. 201 – 246.
Däubler, Wolfgang	Das Grundrecht auf Mitbestimmung und seine Realisierung durch tarifvertragliche Begründung von Beteiligungsrechten, 2. Aufl. Frankfurt am Main 1974.
Deinert, Olaf	Die Druckkündigung im Lichte der Diskriminierungsverbote, RdA 2007, 275 – 283.
Dieterich, Thomas	Die Grundrechtsbindung von Tarifverträgen, in: Festschrift für Günter Schaub, S. 117 - 134 München 1998.
Dieterich, Thomas	Flexibilisiertes Tarifrecht und Grundgesetz, RdA 2002, S. 1 – 17.
Dieterich, Thomas / Hanau, Peter / Schaub, Günter (Begr.)	Erfurter Kommentar zum Arbeitsrecht, 8. Auflage, München 2008. zitiert: ErfK/*Bearbeiter*
Dürig, Günter	Grundrechte und Zivilrechtsprechung, in: Festschrift für Hans Nawiasky, S. 157 – 190 München 1956.

Dütz, Wilhelm	Arbeitsrecht, 8. Auflage, München 2003.
Ehrich, Christian	Die Zuständigkeit des Gesamtbetriebsrats nach § 50 Abs. 1 Satz 1 BetrVG und ihre Bedeutung bei den betrieblichen Beteiligungsrechten, ZfA 1993, S. 427 – 468.
Eisenbeis, Ernst / *Nießen, Christoph*	Auf Kollisionskurs: Ethikrichtlinien nach US-amerikanischem Vorbild und deutsches Arbeitsrecht, in: Festschrift für Wolfgang Leinemann, S. 697-721, Neuwied 2006.
Fastrich, Lorenz	Betriebsvereinbarung und Privatautonomie, RdA 1994, S. 129 – 140.
Fastrich, Lorenz	Richterliche Inhaltskontrolle im Privatrecht, München 1992.
Fezer, Karl-Heinz	Diskriminierende Werbung – Das Menschenbild der Verfassung im Wettbewerbsrecht, JZ 1998, S. 265 – 275.
Fischermeier, Ernst	Die betriebsbedingte Änderungskündigung, NZA 2000, S. 737 – 744.
Fitting, Karl (Hrsg.)	Betriebsverfassungsgesetz, Handkommentar, 23. Auflage München 2006. Zitiert: *Fitting*

Gach, Bernt / *Rützel, Stefan*	Verschwiegenheitspflicht und Behördenanzeigen von Arbeitnehmern, BB 1997, S. 1959 – 1963.
Gamillscheg, Franz	Die Grundrechte im Arbeitsrecht, Berlin 1989.
Grobys, Marcel	Wal-Mart – Ethikrichtlinien auf dem arbeitsrechtlichen Prüfstand, NJW Heft 39/2005, S. I.
Häfelin, Ulrich	Wertung und Interessenabwägung in der richterlichen Rechtsfindung, in: Festschrift für Dietrich Schindler, S. 585 – 596 Basel 1989.
Hammen, Horst	Die „richterliche Inhaltskontrolle" von Betriebsvereinbarungen (Sozialplänen) durch das Bundesarbeitsgericht insbesondere aus revisionsrechtlicher Sicht, RdA 1986, S. 23 – 30.
Hammer, Michael	Die betriebsverfassungsrechtliche Schutzpflicht für die Selbstbestimmungsfreiheit des Arbeitnehmers, Heidelberg 1998.
Hanau, Peter	Rechtswirkungen der Betriebsvereinbarung, RdA 1989, S. 207 – 211.
Hanau, Peter / *Adomeit, Klaus*	Arbeitsrecht, 14. Auflage, Neuwied 2007.

Hartmann, Christian	Der Schutz der GmbH vor ihren Gesellschaftern – Zu den Grenzen gesellschafterlicher Disposition über die Treuepflicht gegenüber der Gesellschaft, GmbHR 1999, S. 1061 – 1069.
Heinze, Meinard	Zur Abgrenzung von Betriebsbuße und Abmahnung, NZA 1990, S. 169 – 175.
Heinze, Meinhard	Tarifautonomie und sogenanntes Günstigkeitsprinzip, NZA 1991, S. 329 – 336.
Henssler, Martin	Flexibilisierung der Arbeitsmarktordnung, ZfA 1994, S. 487 – 515.
Henssler, Martin	Arbeitsrecht und Schuldrechtsreform, RdA 2002, 129 – 140.
Henssler, Martin / Willemsen, Heinz Josef / Kalb, Heinz-Jürgen (Hrsg.)	Arbeitsrecht Kommentar, 2. Auflage, Köln 2006. zitiert: HWK-*Bearbeiter*
Herrmann, Elke	Kollektivautonomie contra Privatautonomie - Arbeitsvertrag, Betriebsvereinbarung und Mitbestimmung, NZA Sonderbeilage zu Heft 3/2000, S. 14 – 23.
Hesse, Konrad	Grundzüge des Verfassungsrechts in der Bundesrepublik Deutschland, 20. Auflage, Heidelberg 1995.

Hessel, Philipp	Die Betriebsordnung nach § 56 Betriebsverfassungsgesetz, DB 1953, S. 801 – 803.
Hoyningen-Huene, Gerrick v.	Die Billigkeit im Arbeitsrecht, München 1978.
Hromadka, Wolfgang	Schuldrechtsmodernisierung und Vertragskontrolle im Arbeitsrecht, NJW 2002, S. 2523 – 2530.
Hromadka, Wolfgang	Arbeitsordnung und Arbeitsverfassung, ZfA 1979, S. 203 – 218.
Hromadka, Wolfgang	Möglichkeiten und Grenzen der Änderungskündigung, NZA 1996, S. 1 – 14.
Hromadka, Wolfgang (Hrsg.)	Änderung von Arbeitsbedingungen, Heidelberg 1989.
Hubmann, Heinrich	Grundsätze der Interessenabwägung, AcP 155, S. 85 – 134.
Hubmann, Heinrich	Das Persönlichkeitsrecht, 2. Auflage Köln 1967.
Hueck, Alfred / Nipperdey, Hans Carl	Arbeitsrecht, Band I, 7. Auflage Berlin 1963.
Hueck, Alfred / Nipperdey, Hans Carl	Arbeitsrecht, Band I, 2. Auflage Mannheim 1928.

Hunold, Wolf	Rechtsprechung zur Nebentätigkeit des Arbeitnehmers, NZA-RR 2002, S. 505 – 511.
Jacobs, Matthias / Krause, Rüdiger / Oetker, Hartmut	Tarifvertragsrecht, München 2007.
Jähnke, Burkhard / Laufhütte, Heinrich / Odersky, Walter	Strafgesetzbuch, Leipziger Kommentar, 11. Auflage Berlin 2005. Zitiert: LK-*Bearbeiter*
Jarass, Hans D.	Das allgemeine Persönlichkeitsrecht im Grundgesetz, NJW 1989, S. 857 – 862.
Joost, Detlev	Die betriebsverfassungsrechtliche Vertretung und Repräsentation des Arbeitgebers, in: Festschrift für Albrecht Zeuner, S. 67 – 78, Tübingen 1994.
Junker, Abbo	Konzernweite "Ethikregeln" und nationale Betriebsverfassungen, BB 2005, S. 602 – 605.
Junker, Abbo	Internationales Arbeitsrecht im Konzern, Tübingen 1992.
Kempen, Otto Ernst	Betriebsverfassung und Tarifvertrag, RdA 1994, S. 140 – 152.
Kirchhof, Ferdinand	Private Rechtsetzung, Berlin 1987.

Kittner, Michael	Leichter kündigen als änderungskündigen?, NZA 1997, S. 968 – 975.
Klein, Oliver	Das Untermaßverbot – Über die Justiziabilität grundrechtlicher Schutzpflichterfüllung, JuS 2006, S. 960 – 964.
Koch, Jürgen	Die Arbeitsordnung, 3. Auflage, Heidelberg 1963.
Kock, Martin	Einführung einer Ethikrichtlinie im Unternehmen, MDR 2006, S. 673 – 676.
Kolle, Tina / Deinert, Olaf	Liebe ist Privatsache – Zu den Grenzen einer arbeitsvertraglichen Regelung zwischenmenschlicher Beziehungen, AuR 2006, S. 177 – 184.
Konzen, Horst	Geschäftsführung, Weisungsrecht und Verantwortlichkeit in der GmbH und GmbH & Co KG, NJW 1989, S. 2977 – 2987.
Kraft, Alfons	Sanktionen im Arbeitsverhältnis, NZA 1989, S. 777 – 783.
Kraft, Alfons (Begr.) / Wiese, Günther / Kreutz, Peter / Oetker, Hartmut / Raab, Thomas / Weber, Christoph / Franzen, Martin	Betriebsverfassungsgesetz, Gemeinschaftskommentar, 8. Auflage, München 2005. Zitiert: GK-BetrVG/*Bearbeiter*

Kreutz, Peter	Grenzen der Betriebsautonomie, München 1979.
Krichel, Ulrich	Ist der Firmentarifvertrag mit einem verbandsangehörigen Arbeitgeber erstreikbar?, NZA 1986, S. 731 – 736.
Kropff, Bruno / Semler, Johannes	Münchner Kommentar zum Aktiengesetz, 2. Auflage, München 2000. Zitiert: MüKo-AktG/*Bearbeiter*
Künzl, Reinhard	Arbeitsvertragliche Nebenpflicht zur Durchführung einer Alkoholtherapie? NZA 1998, S. 122 – 127.
Lakies, Thomas	Das Weisungsrecht des Arbeitgebers (§ 106 GewO) – Inhalt und Grenzen, BB 2003, S. 364 – 369.
Larenz, Karl / Wolf, Manfred	Allgemeiner Teil des Bürgerlichen Rechts, 9. Auflage München 2004.
Latour, Margarete	Die Rechtsnatur der Betriebsordnung, Bonn 1937.
Lerche, Peter	Zur Bindung der Tarifnormen an Grundrechte, insbesondere an das Grundrecht der Berufsfreiheit, in: Festschrift für Ernst Steindorff, S. 897 – 910 Berlin 1990.

Leßmann, Jochen	Die Grenzen des arbeitgeberseitigen Direktionsrechts, Der Betrieb 1992, S. 1137 – 1142.
Lieb, Manfred / Jacobs, Matthias	Arbeitsrecht, 9. Auflage, Heidelberg 2006.
Lingemann, Stefan	Allgemeine Geschäftsbedingungen und Arbeitsvertrag, NZA 2002, S. 181 – 192.
Löwisch, Manfred	Grundrechtsbindung der Tarifvertragsparteien, Anmerkung zu BAG v. 05.10.1999, RdA 2000, S. 312 – 314.
Löwisch, Manfred	Arbeitsrecht, 7. Auflage, Düsseldorf 2004.
Löwisch, Manfred / Rieble, Volker	Tarifvertragsgesetz, Kommentar, 2. Auflage München 2004.
Matzick, Christiane	Arbeitsrechtliche Maßnahmen zur Vermeidung bzw. Sanktionierung von Interessenkollisionen bei Wirtschaftsjournalisten, Bielefeld 1995.
Mayer, Anneliese / Mayer, Ralf Ulrich	Imagetransfer, Hamburg 1987.
Meyer, Uwe	Ethikrichtlinien internationaler Unternehmen und deutsches Arbeitsrecht, NJW 2006, S. 3606 – 3609.

Moll, Wilhelm (Hrsg.)	Münchner Anwaltshandbuch Arbeitsrecht, München 2005. Zitiert: Moll/*Bearbeiter*
Müller, Gerhard	Die Stellung des Gesamtbetriebsrates und des Konzernbetriebsrates nach dem neuen Betriebsverfassungsgesetz, in: Festschrift für Günter Küchenhoff, S. 283 - 300 Berlin 1972.
Müller, Michael	Whistleblowing – ein Kündigungsgrund? NZA 2002, S. 424 – 437.
Neumann-Duesberg, Horst	Betriebsverfassungsrecht, Berlin 1960.
Nikisch, Arthur	Arbeitsrecht, 2. Auflage, Tübingen 1944.
Ohlendorf, Bernd / Bünning, Birte	Ethikrichtlinien – Mitbestimmung nach BetrVG, Personal-Profi 2006, S. 200 – 203.
Oldiges, Martin	Neue Aspekte der Grundrechtsgeltung im Privatrecht, in: Festschrift für Karl Heinrich Friauf, S. 281 – 308, Heidelberg 1996.
Oligmüller, Peter	Nebentätigkeitsproblematik im Individualarbeitsrecht, Düsseldorf 1979.

Ossenbühl, Fritz	Die Freiheiten des Unternehmers nach dem Grundgesetz, AöR 115, S. 1 – 32.
Palandt, Otto (Begr.)	Bürgerliches Gesetzbuch, 66. Auflage, München 2007. Zitiert: Palandt/*Bearbeiter*
Poscher, Ralf	Grundrechte als Abwehrrechte, Tübingen 2003.
Preis, Ulrich	Prinzipien des Kündigungsrechts bei Arbeitsverhältnissen, München 1987.
Preis, Ulrich	Grundfragen der Vertragsgestaltung im Arbeitsrecht, Neuwied 1993.
Preis, Ulrich	Praxislehrbuch zum Individualarbeitsrecht, 2. Auflage, Köln 2003.
Preis, Ulrich	Praxislehrbuch zum Kollektivarbeitsrecht, Köln 2003.
Preis, Ulrich (Hrsg.)	Der Arbeitsvertrag, 2. Auflage, Köln 2005. Zitiert Preis/*Bearbeiter*
Preis, Ulrich / Rüfner, Stefan	Religiöse Symbole und Arbeitsrecht, in: Festschrift für Wolfgang Rüfner, S. 653 – 680 Berlin 2003.

Preu, Peter	Freiheitsgefährdung durch die Lehre von den grundrechtlichen Schutzpflichten, JZ 1991, S. 265 – 271.
Ramm, Thilo	Grundrechte und Arbeitsrecht, JZ 1991, S. 1 – 16.
Ramm, Thilo	Die Aufspaltung der Arbeitgeberfunktionen (Leiharbeitsverhältnis, mittelbares Arbeitsverhältnis, Arbeitnehmerüberlassung und Gesamthafenarbeitsverhältnis), ZfA 1973, S. 263 – 295.
Rebmann, Kurt / Säcker, Franz Jürgen / Rixecker, Roland (Hrsg.)	Münchner Kommentar zum Bürgerlichen Gesetzbuch, Band 2, Schuldrecht – Allgemeiner Teil, §§ 241 – 432, 5. Auflage, München 2007. Zitiert: MüKo/*Bearbeiter*
Rebmann, Kurt / Säcker, Franz Jürgen / Rixecker, Roland (Hrsg.)	Münchner Kommentar zum Bürgerlichen Gesetzbuch, Band 4, Schuldrecht – Besonderer Teil II, §§ 611 – 704, 4. Auflage, München 2005. Zitiert: MüKo/*Bearbeiter*
Richardi, Reinhard	Kollektivvertragliche Arbeitszeitregelung, ZfA 1990, 211 – 243.

Richardi, Reinhard	Die Betriebsvereinbarung als Rechtsquelle des Arbeitsverhältnisses, ZfA 1992, 307 – 330.
Richardi, Reinhard	Leistungsstörungen und Haftung im Arbeitsverhältnis nach dem Schuldrechtsmodernisierungsgesetz, NZA 2002, 1004 – 1012.
Richardi, Reinhard	Kollektivgewalt und Individualwille bei der Gestaltung des Arbeitsverhältnisses, München 1968.
Richardi, Reinhard	Formzwang im Arbeitsverhältnis, NZA 2001, S. 57 – 63.
Richardi, Reinhard	Die Zuständigkeit des Gesamtbetriebsrats zur Mitbestimmungsausübung, in: Festschrift für Wolfgang Gitter, S. 789 – 800, Wiesbaden 1995.
Richardi, Reinhard (Hrsg.)	Betriebsverfassungsgesetz mit Wahlordnung, 10. Auflage, München 2006. Zitiert: Richardi/*Bearbeiter*
Richardi, Reinhard / Wlotzke, Otfried (Hrsg.)	Münchner Handbuch zum Arbeitsrecht, 2. Auflage, München 2000. zitiert: MüArbR/*Bearbeiter*
Rieble, Volker	Der Tarifvertrag als kollektivprivatautonomer Vertrag, ZfA 2000, S. 5 – 27.

Rieble, Volker	Delegation an den Gesamt- oder Konzernbetriebsrat, RdA 2005, S. 26 – 31.
Rolfs, Christian	Die Inhaltskontrolle arbeitsrechtlicher Individual- und Betriebsvereinbarungen, RdA 2006, S. 349 – 356.
Rolfs, Christian / Giesen, Richard / Kreikebohm, Ralf / Udsching, Peter	Beck'scher Online-Kommentar Arbeitsrecht München 2006. Zitiert: BeckOK/*Bearbeiter*
Rupp, Hans Heinrich	Verfassungsprobleme der Gewissensfreiheit, NVwZ 1991, S. 1033 – 1038.
Rüthers, Bernd / Beninca, Jürgen	Die Verwirklichung des Tendenzschutzes in Pressebetrieben im Rahmen des Direktionsrechts bei Versetzungen von Redakteuren, AfP 1995, 638 – 644.
Sachs, Michael (Hrsg.)	Grundgesetz Kommentar, 4. Aufl. München 2007. Zitiert: Sachs/*Bearbeiter*
Säcker, Franz Jürgen / Oetker, Hertmut	Grundlagen und Grenzen der Tarifautonomie, München 1992.
Schäfer, Horst	Pflicht zu gesundheitsförderndem Verhalten? NZA 1992, S. 529 – 534.

Schaub, Günter (Hrsg.)   Arbeitsrecht Handbuch
11. Auflage,
München 2005.

Zitiert: Schaub/*Bearbeiter*

Schlachter, Monika   Mitbestimmung bei der Einführung von „Ethikregeln" in transnationalen Wirtschaftseinheiten,
in: Festschrift für Reinhard Richardi,
S. 1067 – 1080
München 2007.

Schliemann, Harald   Zur arbeitsgerichtlichen Kontrolle kollektiver Regelungen,
in: Festschrift für Peter Hanau,
S. 577 – 606,
Köln 1999.

Schmidt, Karsten   Gesellschaftsrecht,
4. Auflage
Köln 2002.

Schmidt-Rimpler, Walter   Grundfragen einer Erneuerung des Vertragsrechts,
AcP 147, S. 130 – 197.

Schmitt-Rolfes, Günter   US-amerikanische Ethikrichtlinien und deutsches Arbeitsrecht,
AuA 2005, 321.

Schneider, David / Sittard, Ulrich   Ethikrichtlinien als Präventivmaßnahmen i. S. des § 12 AGG?,
NZA 2007, S. 654 – 657.

Schneider, Wolfgang   Arbeitgebermoral im Betrieb,
AiB 2006, 10 – 12.

Schnorr, Gerhard	Inhalt und Grenzen der Tarifautonomie, JZ 1966, S. 327 – 334.
Schuppert, Gunnar Folke	Funktionell-rechtliche Grenzen der Verfassungsinterpretation, Königstein 1980.
Schuster, Doris-Maria / Darsow, Ingeborg	Einführung von Ethikrichtlinien durch Direktionsrecht, NZA 2005, S. 273 – 277.
Schwabe, Jürgen	Die sogenannte Drittwirkung, München 1971.
Siebert, Wolfgang	Kollektivnorm und Individualrecht im Arbeitsverhältnis, in: Festschrift für Hans Carl Nipperdey zum 60. Geburtstag, S. 119 – 145 München 1955.
Siebert, Wolfgang	Kollektivmacht und Individualsphäre beim Arbeitsverhältnis, BB 1953, S. 241 – 243.
Simon, Stefan / Kock, Martin	Anmerkung zu ArbG Wuppertal v. 15.06.2005 (5 BV 20/05), Der Betrieb 2005, S. 1800 – 1801.
Singer, Reinhard	Arbeitsvertragsgestaltung nach der Reform des BGB, RdA 2003, S. 194 – 204.
Singer, Reinhard	Tarifvertragliche Normenkontrolle am Maßstab der Grundrechte? ZfA 1995, S. 611 – 638.

Singer, Reinhard	Vertragsfreiheit, Grundrechte und der Schutz des Menschen vor sich selbst, JZ 1995, S. 1133 – 1141.
Söllner, Alfred	Grenzen des Tarifvertrags, NZA 1996, S. 897 – 906.
Söllner, Alfred	Einseitige Leistungsbestimmung im Arbeitsverhältnis, Wiesbaden 1966.
Spiegel, Bernt	Die Struktur der Meinungsverteilung im sozialen Feld. Bern und Stuttgart 1961.
Stahlhacke, Eugen / Preis, Ulrich / Vossen, Reinhard (Hrsg.)	Kündigung und Kündigungsschutz im Arbeitsverhältnis, 9. Auflage, München 2005. Zitiert: Stahlhacke/*Bearbeiter*
Staudinger, Julius v. (Begr.)	Kommentar zum Bürgerlichen Gesetzbuch mit Einführungsgesetzen und Nebengesetzen, Buch 2, Recht der Schuldverhältnisse, §§ 305 – 310, UKlaG, Berlin 2006. Zitiert: Staudinger/*Bearbeiter*
Staudinger, Julius v. (Begr.)	Kommentar zum Bürgerlichen Gesetzbuch mit Einführungsgesetzen und Nebengesetzen, Buch 2, Recht der Schuldverhältnisse, §§ 611 – 615 (Dienstvertragsrecht I), Berlin 2005. Zitiert: Staudinger/*Bearbeiter*

Stoffels, Markus	AGB-Recht, München 2003.
Struck, Gerhard	Interessenabwägung als Methode, In: Festschrift für Josef Esser, S. 171 – 191 Kronberg 1975.
Tettinger, Peter / Wank, Rolf	Gewerbeordnung, 7. Auflage, München 2004.
Thüsing, Gregor	Die Erstreikbarkeit von Firmentarifverträgen verbandsangehöriger Arbeitgeber, NZA 1997, S. 294 – 296.
Thüsing, Gregor	Was sind die Besonderheiten des Arbeitsrechts? NZA 2002, S. 591 – 595.
Travlos-Tzanetatos, Dimitrios	Die Regelungsbefugnis der Betriebspartner und ihre Grenzen zum Einzelarbeitsverhältnis, Berlin 1974.
Tschöpe, Ulrich (Hrsg.)	Anwalts-Handbuch Arbeitsrecht, 5. Auflage, Köln 2007. Zitiert: Tschöpe/*Bearbeiter*
Tschöpe, Ulrich / Pirschner, Andrea	Der Arbeitnehmer als Verbraucher im Sinne des § 13 BGB? - Eine immer noch offene Frage, RdA 2004, S. 358 – 367.

Ulmer, Peter / *Brandner, Hans Erich /* *Hensen, Horst-Diether* *(Hrsg.)*	AGB-Recht, Kommentar zu den §§ 305 – 310 BGB und zum Unterlassungsklagengesetz, 10. Auflage, Köln 2006. Zitiert: Ulmer/Brandner/Hensen/ *Bearbeiter*
Umbach, Dieter C. / *Clemens, Thomas*	Grundgesetz, Mitarbeiterkommentar und Handbuch, Heidelberg 2002. Zitiert: Umbach/Clemens/*Bearbeiter*
v. Hoyningen-Huene, *Gerrick*	Die Billigkeit im Arbeitsrecht, München 1978.
Waltermann, Raimund	Zuständigkeiten und Regelungsbefugnisse im Spannungsfeld von Tarifautonomie und Betriebsautonomie, RdA 1996, 129 – 139.
Waltermann, Raimund	Rechtsetzung durch Betriebsvereinbarung zwischen Privatautonomie und Tarifautonomie, Tübingen 1996.
Waltermann, Raimund	Gestaltung von Arbeitsbedingungen durch Vereinbarung mit dem Betriebsrat, NZA 1996, S. 357 – 365.
Waltermann, Raimund	Kollektivvertrag und Grundrechte, RdA 1990, S. 138 – 144.

Wiedemann, Herbert	Zur Verfassungswidrigkeit des HGB § 90a Abs 2 S 2 und eines vertraglich vereinbarten Berufsverbots sowie zur Bedeutung der Grundrechte für das Vertragsrecht und die richterliche Inhaltskontrolle von Verträgen, JZ 1990, S. 695 – 697.
Wiedemann, Herbert (Hrsg.)	Tarifvertragsgesetz, 7. Auflage, München 2007.
Wiedemann, Herbert / Peters, Harald	Neuere Rechtsprechung zur Bedeutung des Gleichheitssatzes für Tarifverträge, RdA 1997, S. 100 – 108.
Windbichler, Christine	Arbeitsrecht im Konzern, München 1989.
Wisskirchen, Amrei	Außerdienstliches Verhalten von Arbeitnehmern, Berlin 1999.
Wisskirchen, Gerlind / Jordan, Christopher / Bissels, Alexander	Arbeitsrechtliche Probleme bei der Einführung internationaler Verhaltens- und Ethikrichtlinien, Der Betrieb 2005, S. 2190 – 2195.
Wisskirchen, Gerlind / Körber, Anke / Bissels, Alexander	‚Whistleblowing' und ‚Ethikhotlines', BB 2006, S. 1567 – 1572.
Wlotzke, Otfried / Preis, Ulrich (Hrsg.)	Betriebsverfassungsgesetz, Kommentar, 3. Auflage, München 2006.

Zitiert: WP/*Bearbeiter*

Wolf, Manfred / *Horn, Norbert /* *Lindacher, Walter*	AGB-Gesetz, Kommentar, 4. Auflage, München 1999.
Zöllner, Wolfgang	Immanente Grenzen arbeitsvertraglicher Regelungen, RdA 1989, S. 152 – 162.
Zöllner, Wolfgang	Der Arbeitsvertrag: Restposten oder Dokument der Selbstbestimmung? – Zum Stellenwert der Arbeitsvertragsfreiheit, NZA Beilage 2000 Heft 3, S. 1 – 7.
Zöllner, Wolfgang	Das Wesen der Tarifnomen, RdA 1964, S. 443 – 450.
Zöllner, Wolfgang	Privatautonomie und Arbeitsverhältnis, AcP 176, S. 221 – 246.
Zöllner, Wolfgang	Kölner Kommentar zum Aktiengesetz, 2. Auflage, Köln 1988. Zitiert: KölnKomm-AktG/*Bearbeiter*
Zundel, Frank	Wirksamkeit arbeitsvertraglicher Klauseln insbesondere unter dem Aspekt der AGB-Kontrolle, NJW 2006, S. 1237 – 1242.

Quellennachweis zitierter Ethikrichtlinien

	Ethikrichtlinie abrufbar unter:
Allianz AG	http://www.allianz.com/images/pdf/saobj_1221185_verhaltenskodex.pdf
Altana AG	http://www.altana.com/downloads/ALTANA_AG_Code_of_Conduct_d_3326bddbbc.pdf
BASF AG	http://corporate.basf.com/de/ueberuns/vision/compliance/?id=EhDZi95V8bcp2TE
Bayer AG	http://www.bayer.de/de/corporate_compliance_de.pdfx
Daimler AG	http://www.daimlerchrysler.com/Projects/c2c/channel/documents/1069927_20070330_Code_of_Ethics.pdf
Deutsche Bank AG	http://www.db.com/ir/de/download/Code_of_Conduct_Okt2005_DE.pdf
Deutsche Telekom AG	http://www.download-telekom.de/dt/StaticPage/22/99/Code_of_Conduct_dtag.pdf_22996.pdf
Fresenius Medical Care AG & Co. KgaA St.	http://www.fmcna.com/documents/BUSCONDUCT.PDF
SAP AG	http://www.sap.com/company/governance/pdf/Misc_CoBC.pdf
Siemens AG	http://www.siemens.com/Daten/siecom/HQ/CC/Internet/About_Us/WORKAREA/about_ed/templatedata/Deutsch/file/binary/bcg_de_1032824.pdf

■ FORUM ARBEITS- UND SOZIALRECHT ■

■ Ascheid, Reiner: **Beweislastfragen im Kündigungsschutzprozeß.**
Bd. 1, 1989, 215 + XIX S., ISBN 3-89085-268-8, 24,54 € (vergriffen)

■ Braunert, Ulrich: **Schranken der kollektivrechtlichen Regelung flexibler Arbeitszeitverträge.** *Bd. 2, 1990, 298 S., ISBN 3-89085-490-7, 35,28 €*

■ Oberklus, Volkmar: **Die rechtlichen Beziehungen des zu einem Tochterunternehmen im Ausland entsandten Mitarbeiters zum Stammunternehmen**
Bd. 3, 1991, 223 + XLVI S., ISBN 3-89085-510-5, 22,50 €

■ Urbatsch, Peter: **Grundzüge der betrieblichen Altersversorgung und des Versorgungsausgleichs.** *Bd. 4, 1991, 514 + LII S., ISBN 3-89085-603-9, 29,65 €*

■ Hübner, Bettina: **Die individualrechtliche Versetzungsbefugnis und Versetzungspflicht des Arbeitgebers unter besonderer Berücksichtigung von Schwerbehinderten und älteren Arbeitnehmern.** *Bd. 5, 1992, 233 + XXXV S., ISBN 3-89085-636-5, 24,54 €*

■ Boerner, Dietmar: **Altersgrenzen für die Beendigung von Arbeitsverhältnissen in Tarifverträgen und Betriebsvereinbarungen.** *Bd. 6, 1992, 356 S., ISBN 3-89085-705-1, 35,28 €*

■ Schartel, Klaus: **Rechtsprobleme unternehmensübergreifender Sozialplandotierung.**
Bd. 7, 1992, 205 + XXXV S., ISBN 3-89085-711-6, 29,65 €

■ Fecker, Jörg: **Rechte, Pflichten und Regelungsmöglichkeiten des privaten Arbeitgebers im Hinblick auf Alkoholkonsum von Arbeitnehmern.** Unter Berücksichtigung der Alkoholkrankheit. *Bd. 8, 1992, 297 + LX S., ISBN 3-89085-709-4, 34,77 €*

■ Schulenburg, Werner Graf von der: **Der tarifliche Rationalisierungsschutz im deutschen und schweizerischen privaten Bankgewerbe.**
Bd. 9, 1993, 239 S., ISBN 3-89085-718-3, 29,65 €

■ Federlin, Ulrich: **Der kollektive Günstigkeitsvergleich.**
Bd. 10, 1993, 207 + XXX S., ISBN 3-89085-762-0, 29,65 €

■ Ricken, Oliver: **Rechtliche Probleme bei der Standortplanung von medizinisch-technischen Großgeräten.** *Bd. 11, 1994, 224 S., ISBN 3-89085-979-8, 35,28 €*

■ Robben-Vahrenhold, Andrea: **Die Haftung der Treuhandanstalt für Sozialplanansprüche der Arbeitnehmer.** *Bd. 12, 1995, 142 S., ISBN 3-89085-998-4, 29,65 €*

■ Lohse, Eva: **Grenzen gesetzlicher Mitbestimmung.** Eine Untersuchung neuerer Tendenzen der Rechtsprechung zur Mitbestimmung in Arbeitszeitfragen.
Bd. 13, 1995, 194 + XXXIV S., ISBN 3-8255-0053-5, 34,77 €

■ Poletti, Elisabeth: **Auswirkungen fehlender oder fehlerhafter Beteiligung des Betriebsrats bei der Versetzung auf das Einzelarbeitsverhältnis.**
Bd. 14, 1996, 226 + XXII S., ISBN 3-8255-0057-8, 35,28 €

■ Sievers, Jochen: **Die mittelbare Diskriminierung im Arbeitsrecht.**
Bd. 15, 1997, 192 S., ISBN 3-8255-0136-1, 35,28 €

■ Trefz, Ulrich: **Der Rechtsschutz gegen die Entscheidung der Schiedsstellen nach § 18 a KHG.** *Bd. 16, 2002, 386 S., ISBN 3-8255-0385-2, 34,80 €*

■ www.centaurus-verlag.de ■

■ FORUM ARBEITS- UND SOZIALRECHT ■

■ Schneider, Monika: **Die Koordinierung der Leistungen der sozialen Pflegeversicherung in der Europäischen Union.**
Bd. 17, 2003, 202 S., ISBN 3-8255-0423-9, 26,90 €

■ Kowalski, Nina: **Vom passiven zum aktiven Sozialplan.** Vergleich zwischen dem gesetzlichen Förderungsinstrument der §§ 254 ff. und dem Transfer-Sozialplan-Konzept des BAVC e.V. Bd. 18, 2004, ca. 240 S., ISBN 3-8255-0472-7, ca. 28,– €

■ Schumacher-Mohr, Marion: **Die vorzeitige Beendbarkeit des Anstellungsverhältnisses eines AG-Vorstandmitglieds gegen seinen Willen.**
Bd. 19, 2004, 206 S., ISBN 3-8255-0473-5, 26,50 €

■ Seeger, Silke: **Organisationskonflikte und Tarifvertrag.** Dargestellt am Beispiel der Tarifzuständigkeit der DGB-Gewerkschaften im industriellen Dienstleistungsbereich.
Bd. 20, 2005, 218 S., ISBN 3-8255-0474-3, 26,50 €

■ Fandel, Stefan: **Die Angabepflicht nach § 5 Abs. 1 Nr. 9 UmwG.**
Bd. 21, 2004, 242 S., ISBN 3-8255-0483-2, 25,90 €

■ Trautmann, Arnim: **Der Vertrag der ärztlichen Gemeinschaftspraxis.** Vertragsarzt-, berufs- und gesellschaftliche Anforderungen unter besonderer Berücksichtigung von Junior-/Seniorpartnerschaften. Bd. 22, 2005, 398 S., ISBN 3-8255-0526-X, 29,90 €

■ Rönsberg, Ute: **Die gemeinschaftsrechtliche Koordinierung von Leistungen bei Arbeitslosigkeit.** Die Verordnung (EWG) Nr. 1408/71 und ihre Reformbedürftigkeit.
Bd. 23, 2006, 268 S., ISBN 3-8255-0604-5, ca. 28,– €

■ Wahlers, Ulrich: **Die Umsetzung der Richtlinie über die Arbeitnehmerbeteiligung in Spanien.** Bd. 24, 2006, 378 S., ISBN 3-8255-0608-8, 30,90 €

■ Meißner, Matthias: **Familienarbeit in der Alterssicherung nach europäischem Sozialrecht.** Bd. 25, 2005, 264 S., ISBN 3-8255-0613-4, 27,50 €

■ Vaupel, Christian: **Die Kompensation von Ungleichgewichtslagen im Arbeits- und Verbraucherrecht.** Bd. 26, 2006, 354 S., ISBN 3-8255-0639-8, 30,90 €

■ Dunker, Daniela: **Unternehmensbezogene Tarifverträge.** Rechtsfragen einer unternehmensbezogenen Tarifpolitik. Bd. 27, 2007, 455 S., ISBN 978-3-8255-0635-5, 59,50 €

■ Aldoney Ramirez, Rodrigo: **Der strafrechtliche Schutz von Geschäfts- und Betriebsgeheimnissen.** Bd. 28, 2009, ca. 330 S., ISBN 978-3-8255-0705-3, 32,90 €

■ Strelczyk, Christoph: **Die Strafbarkeit der Bildung schwarzer Kassen.** Eine Untersuchung zur schadensgleichen Vermögensgefährdung sowie zur objektiven Zurechnung finanzieller Sanktionen infolge schwarzer Kassen als Vermögensnachteil i.S.d. § 266 StGB. Bd. 29, 2008, 248 S., ISBN 978-3-8255-0709-1, 27,90 €

■ Vergho, Raphael: **Der Maßstab der Verbrauchererwartung im Verbraucherschutzstrafrecht.** Bd. 30, 2009, 394 S., ISBN 978-3-8255-0731-2, ca. 35,– €

■ Gawlick, Jörg: **Die stufenweise Wiedereingliederung arbeitsunfähiger Arbeitnehmer in das Erwerbsleben nach § 28 SGB IX / § 74 SGB V.** Eine arbeitsrechtliche Betrachtung. Bd. 31, 2009, 338 S., ISBN 978-3-8255-0725-1, ca. 32,– €

Besuchen Sie unsere Internetseite

■ www.centaurus-verlag.de ■

MIX
Papier aus verantwortungsvollen Quellen
Paper from responsible sources
FSC® C105338

If you have any concerns about our products,
you can contact us on
ProductSafety@springernature.com

In case Publisher is established outside the EU,
the EU authorized representative is:
**Springer Nature Customer Service Center GmbH
Europaplatz 3, 69115 Heidelberg, Germany**

Printed by Libri Plureos GmbH
in Hamburg, Germany